信史立国

当代中国史研究纵横谈

程中原 ◎ 著

上海人民出版社

目 录 | Contents

第一编　国史研究的理论与方法

3 / 研究编修中华人民共和国史的重要意义和指导思想

16 / 中华人民共和国史的主题、主线、主流

22 / 中华人民共和国史和中共党史的联系与区别

24 / 怎样认识和体现中华人民共和国史的特点?

26 / 中华人民共和国史的历史分期问题

30 / 当代人能不能写当代史?

32 / 谈谈国史党史人物研究和传记写作的若干问题

59 / 谈谈四重证据法
　　　——以考证解决中共党史上七个疑难问题为例

86 / 谈谈口述史的若干问题

92 / 附录:胡乔木论研究编撰中共党史的指导思想和方法

第二编　国史研究的历程和经验

107 / 中华人民共和国史研究的回顾和前瞻

120 / 中国特色社会主义研究的最新进展

130 / 中华人民共和国史研究的最新进展

138 / 《中华人民共和国史稿》的编写经过、指导思想和主要特点

143 / 《中华人民共和国史稿》取得成功的宝贵经验

147 / 参与《中华人民共和国史稿》编写工作的一些体会

162 / 一部全面展现共和国发展历程的信史
　　　　——高校教材《中华人民共和国史》评介

176 / 三十年党史国史研究的回顾
　　　　——回答《晋阳学刊》编辑李卫民提问

197 / 回望"1975—1982年伟大历史转折"
　　　　——"历史转折三部曲"《前奏》、《决战》、《新路》图文版
　　　　简要评介

第三编　国史若干问题研讨

207 / **与国内学者研讨中华人民共和国史**

209 / 中华人民共和国国名、国体、政体是怎样确定的？中华人民
共和国中央人民政府成立的程序是怎样规定的？

215 / 毛泽东进行"第二次结合"的探索取得哪些成果？对中国特
色社会主义的形成有何意义？

224 / 国史稿是怎样看待和记述"三年困难时期"的？

225 / 关于"文化大革命"历史评价的几个问题

229 / 应该怎样全面认识1974年10月毛泽东关于学习理论、反
修防修的指示？

232 / 怎样评价毛泽东的"三个世界划分"?

233 / 1975 年整顿中断的原因是什么?

235 / 应该怎样指称丙辰年清明节前后的群众运动? 称"四五运动",还是"天安门事件"?

238 / 怎样评价四五运动中党和人民群众的关系? 四五运动是不是党领导下发生的?

240 / 粉碎"四人帮"是否合法? 是不是一场政变? 是不是军事阴谋?

242 / "文革"结束时,中国的国民经济是否"几乎到了崩溃的边缘"?

244 / 恢复高考和推倒"两个估计"起了怎样的历史作用?

249 / 农村改革经历了怎样的曲折历程? 它对各方面改革产生了怎样的影响?

266 / 怎样评价经济领域的思想解放与国务院务虚会?

276 / 是"两年徘徊",还是"在徘徊中前进的两年"?

279 / 华国锋有没有阻挠邓小平复出?

285 / 十一届三中全会前对外开放有哪些举措?

290 / 怎样评价十一届三中全会?

305 / 邓小平为什么要提出坚持四项基本原则? 有何重大意义?

309 / 十一届三中全会后实行改革开放做了哪三件大事?

328 / 怎样评价国庆三十周年讲话和《关于建国以来党的若干历史问题的决议》在探索中国特色社会主义历程中的历史地位?

330　/　邓小平怎样提出中国特色社会主义？

343　/　怎样从总体上认识和评价历史转折时期？

347　/　新时期军事战略方针作了怎样的调整？

349　/　新时期外交政策作了怎样的调整？

357　/　**与美国哈佛大学学者研讨转折年代（1975—1982）的邓小平及其他**

359　/　十一届三中全会前后的邓小平

369　/　关于整理毛泽东的《论十大关系》

371　/　关于军队整顿

373　/　关于派性和铁路整顿、钢铁整顿

375　/　邓力群与《论总纲》以及国务院政治研究室的命运

379　/　1975 年整顿为何中断？

381　/　关于"四人帮"篡改毛主席的嘱咐

383　/　关于恢复高考

390　/　关于实践是检验真理的唯一标准的讨论

392　/　关于农村改革

393　/　胡耀邦与平反冤假错案

397　/　思想解放运动中的胡乔木与胡耀邦

400　/　关于中国社会科学院的成立及其后胡乔木等人的工作

402　/　关于邓小平何时居于主导地位

404　/　陈云的贡献和他同邓小平的配合合作

409　/　后记

第一编

国史研究的理论与方法

研究编修中华人民共和国史的
重要意义和指导思想

在粉碎"四人帮"后拨乱反正的进程中,研究、编修中华人民共和国史的任务被提上日程。1978年1月11日,胡乔木在中国社会科学院制订科研计划和规划的动员会上,就提出:中华人民共和国成立以后的历史,现在还没有人着手认真地进行研究,要赶快着手研究。2月,他即将"中华人民共和国史"列入"马克思主义基本著作选题一百例",并提议创办中华人民共和国史研究所。3月28日,胡乔木、邓力群向邓小平汇报社科院拟新建包括"中华人民共和国史研究所"等五六十个研究所的计划,得到邓小平的赞同和支持。邓小平叮嘱胡乔木、邓力群"要赶快做"①。1978年9月13日,胡乔木在全国哲学社会科学规划会议预备会上的讲话中对研究、编写《中华人民共和国史》提出指导意见:"我国的革命和建设,什么时候发展得顺利,什么时候发展得不顺利,中间的规律是什么？这就是社会科学研究的对象。"要根据马克思列宁主义、毛泽东思想的基本原理"总结建国以来正反两方面的经验"。1982年5月,胡乔木在青年社会科学工作者座谈会上倡议,要对建国以来各条战线的历史经验作出有科学价值的总结,编写专著。有关方面决定组织编写一套"当代中国"丛书,目的之一是为以后编修中华人民共和国史做好准备。

"八九风波"平息后,胡乔木听取李政道的意见,向中央建议设立一个专门机构,左史记言,右史记事,有突发事件时代表官方发表"白皮书",说明事实真相,以正视听。这个建议对研究、编修国史的专门机构的成立起了催生的作用。胡乔木

---

① 据邓力群传达邓小平这次谈话精神的记录稿,参见《邓小平年谱(1975—1977)》(下),中央文献出版社2004年版,第289页。

于 1989 年 11 月找中央党史研究室、中央文献研究室、中国社会科学院等单位负责同志谈话，说："中华人民共和国成立四十多年了。我们应当对共和国的历史进行研究，编写共和国的历史。"并就正式成立专门机构当代中国研究所向党中央、国务院写了报告，把组织编写中华人民共和国历史提上日程。报告说："我国建国已四十余年，建国以来的历史已占党的历史的大部分，而至今对于建国以来国家和党的历史的研究工作都极为薄弱。亟需有计划、有组织、有领导地予以加强。"中央常委很快批准了这个报告，当代中国研究所于 1990 年 7 月正式成立。

1990 年 12 月，在西安召开了"中华人民共和国史编纂工作研讨会"。这次会议的《纪要》对研究、编修中华人民共和国史的意义作了简明扼要的阐述："中华人民共和国是中国几千年历史长河中一个崭新的阶段，中华人民共和国的历史是全部中国历史中划时代的新篇章。新中国在资本主义包围下建立、存在和发展，中国人民在中国共产党的领导下，坚持走社会主义道路，这在国际共运史上，在整个世界和平与进步事业的发展史上，占有极其重要的地位。开展当代中国史的研究，系统地深刻地总结中国社会主义革命和建设的历史经验，必将对我国，乃至全世界产生深远的影响。中华人民共和国史的研究，与当前现实联系密切，可为党和国家大政方针的制定和实施提供历史的借鉴。中国社会主义建设和改革已取得巨大的成就，正面和反面的经验，包括'左'的和右的错误教训，都是极为宝贵的精神财富。只有对四十多年来党和国家各个时期的路线、方针、政策的成功与失误进行研究，具体分析它们形成的历史背景、社会环境和思想政治根源，从而得出带规律性的认识，才有助于提高决策的科学性和执行政策的自觉性。中华人民共和国史的研究，可为社会主义精神文明建设提供丰富生动的历史教材，在对广大干部、群众及青年进行爱国主义和社会主义教育、马克思主义世界观和革命人生观的教育中，发挥它应有的启迪作用。中华人民共和国史的研究，还可为反驳资产阶级自由化的种种谬论提供有力的历史论据。开展中华人民共和国史的研究，不仅是一项适应形势需要的迫切的政治任务，而且是一桩具有长远意义的马克思主义历史科学的重要建树。"

历代中共中央领导集体，都十分重视历史研究、编撰和宣传教育工作。

毛泽东是一位历史知识渊博的政治家。众所周知，他热衷读史，善于"古为今用"，重视历史研究，多次号召全党都要"读点历史"。他把学习和研究历史同学习和研究理论、同调查研究实际情况看得一样重要,提到关系革命成败的高度。

1939 年,毛泽东在党的六届六中全会上号召:"一切有相当研究能力的共产党员,都要研究马克思、恩格斯、列宁、斯大林的理论,都要研究我们民族的历史,都要研究当前运动和趋势……指导一个伟大的革命运动的政党,如果没有革命理论,没有历史知识,没有对于实际运动的深刻的了解,要取得胜利是不可能的。"①在延安整风运动中,他批评认真研究中国的历史不浓厚,许多党员对近百年的和古代的中国史"还是漆黑一团","许多马克思列宁主义的学者也是言必称希腊,对于自己的祖宗,则对不住,忘记了"。②"特别重要的是中国共产党历史和鸦片战争以来的中国近百年史,真正懂得的很少。近百年的经济史,近百年的政治史,近百年的军事史,近百年的文化史,简直还没有人认真动手去研究"。③他指出:"学习我们的历史遗产,用马克思主义的方法给以批判的总结,是我们学习的另一任务。我们这个民族有数千年的历史,有它的特点,有它的许多珍贵品。对于这些,我们还是小学生。今天的中国是历史的中国的一个发展";"我们是马克思主义的历史主义者,我们不应当割断历史。从孔夫子到孙中山,我们应当加以总结,承继这一份珍贵的遗产"。④"我们必须尊重自己的历史,决不能割断历史。但是这种尊重,是给历史以一定的科学的地位,是尊重历史的辩证法的发展,而不是颂古非今,不是赞扬任何封建的毒素。对于人民群众和青年学生,主要地不是要引导他们向后看,而是要引导他们向前看"。⑤指出:"在这种态度下,就是不要割断历史。不单是懂得希腊就行了,还要懂得中国;不但要懂得外国革命史,还要懂得中国革命史;不但要懂得中国的今天,还要懂得中国的昨天和前天。"⑥他主持党中央会议做出决定,号召全党同志"学会应用马克思列宁主义的立场、观点和方法,认真地研究中国的历史,研究中国的经济、政治、军事和文化,对每一个问题要根据详细的材料加以具体的分析,然后引出理论性的结论来"。⑦他要求:"对于近百年的中国史,应聚集人材,分工合

---

① 《毛泽东选集》第 2 卷,人民出版社 1991 年版,第 532—533 页。
② 《毛泽东选集》第 3 卷,人民出版社 1991 年版,第 797 页。
③ 《毛泽东选集》第 3 卷,人民出版社 1991 年版,第 798 页。
④ 《毛泽东选集》第 2 卷,人民出版社 1991 年版,第 533—534 页。
⑤ 《毛泽东选集》第 2 卷,人民出版社 1991 年版,第 708 页。
⑥ 《毛泽东选集》第 3 卷,人民出版社 1991 年版,第 801 页。
⑦ 《毛泽东选集》第 3 卷,人民出版社 1991 年版,第 814 页。

作地去做，克服无组织的状态。应先作经济史、政治史、军事史、文化史几个部门的分析的研究，然后才有可能作综合的研究。"①1942 年 3 月 30 日，毛泽东在中央学习组专门谈了《如何研究中共党史》的问题。②他指出："要把党的路线政策的历史发展搞清楚。这对研究今天的路线政策，加强党内教育，推进各方面的工作，都是必要的。""如果不把党的历史搞清楚，不把党在历史上所走的路搞清楚，便不能把事情办得更好。""我们要研究哪些是过去的成功和胜利，哪些是失败，前车之覆，后车之鉴。……我们要用这样的研究来使我们对今天的路线和政策有更好的认识，使工作做得更好，更有进步。"毛泽东指出，研究历史的根本方法是马克思列宁主义的"全面的历史的方法"。研究问题必须收集当前的与历史的、中国的与外国的各种材料、论著，加以分析与综合。结合研究中国共产党的历史，他提倡应该采用"古今中外法"。这种方法，"就是弄清楚所研究的问题发生的一定的时间和一定的空间，把问题当作一定历史条件下的历史过程去研究。所谓'古今'就是历史的发展，所谓'中外'就是中国和外国，就是己方和彼方。"毛泽东具体分析了到那时为止的中国共产党历史发展的三个阶段，就革命的任务、联合的群众、打击的目标和党的路线，其正确错误、成败得失，进行了历史具体的分析，为怎样运用这个科学方法作出了示范。阐明"'古今中外法'，也就是历史主义的方法。我们研究党史，必须全面看，这样研究党史，才是科学的。""马克思主义的历史观不是主观主义，应该找出历史事件的客观原因。……还必须看到领导者的作用"。

　　毛泽东撰写的《战争和战略问题》、《中国革命和中国共产党》、《新民主主义论》等重要著作，是历史著作的范本。他对许多历史事件、人物及文献、著作的评论，对历史研究很有启发和教益。他的关于中国历史的思想理论，包括：要研究社会的基本矛盾，要研究阶级和阶级斗争在社会发展中的地位和作用，要突出人民群众在历史发展中的主体地位，要批判地总结和继承历史遗产，要运用事物发展的对立统一规律分析社会历史现象，等等，对党史、国史的研究和编撰，具有深远的指导意义。他把对中国历史的研究同对中国现状的研究一样，作为马克思列宁主义普遍真理同中国革命和建设的具体实践相结合的重要一环，这种理论联系实际的学风，也是

---

① 《毛泽东选集》第 3 卷，人民出版社 1991 年版，第 802 页。
② 这篇讲话收入《毛泽东文集》第 2 卷，以下引文均据该书，人民出版社 1993 年版，第 399—408 页。

史学工作者学习的典范。

在毛泽东以后,中央领导同志,从邓小平到江泽民、胡锦涛、习近平,都非常关注、十分重视中华人民共和国史的研究、编修和宣传教育。二三十年来,对中华人民共和国史研究、编修和宣传教育的重大意义、指导思想、方针任务,作过许多论述,有不少直接的重要指示。还有一些论述和指示,虽是针对整个历史研究或中共党史研究而发,其精神对国史研究同样是适用的。对他们的这些论述和指示,要认真学习研究,并用以指导国史研究、编修的实践。

邓小平对建国以来历史的论述非常广泛、全面和深刻。对于研究国史的意义和编修国史的理论、原则与方法都有精到的论述。

邓小平指出:"要懂得些中国的历史,这是中国发展的一个动力。"[1]"我们要用历史教育青年,教育人民。"[2]"总结过去是为了引导大家团结一致向前看。"[3]他又指出:"对建国三十年来历史上的大事,哪些是正确的,哪些是错误的,要进行实事求是的分析,包括一些负责同志的功过是非,要做出公正的评价。"[4]"我们是历史唯物主义者,研究和解决任何问题都离不开一定的历史条件。……我们的革命导师马克思、列宁、毛泽东同志历来重视具体的历史条件,重视从研究历史和现状中找出规律性的东西来指导革命。"[5]

江泽民对学习、研究中华人民共和国史的重要意义和研究、编修共和国史的指导思想方面,都有很多宝贵的意见和指示。

1991 年 3 月 9 日夜,江泽民给李铁映、何东昌写了关于进行近现代史及国情教育的信。信中说:"近两年来我在教育界座谈会上两次讲过,要对小学生(甚至幼儿园的孩子)、中学生一直到大学生,由浅入深、坚持不懈地进行中国近代史、现代史及国情的教育","目的是要提高中国人民特别是青少年的民族自尊心、民族自信

---

① 邓小平:《振兴中华民族》(1990 年 4 月 7 日),《邓小平文选》第 3 卷,第 357—358 页。

② 邓小平:《用中国的历史教育青年》(1987 年 2 月 18 日),《邓小平文选》第 3 卷,第 205—206 页。

③ 邓小平:《对起草〈关于建国以来党的若干历史问题的决议〉的意见》(1980 年 3 月—1981 年 6 月),《邓小平文选》第 2 卷,第 292—293 页。

④ 邓小平:《对起草〈关于建国以来党的若干历史问题的决议〉的意见》(1980 年 3 月—1981 年 6 月),《邓小平文选》第 2 卷,第 292 页。

⑤ 邓小平:《在全军政治工作会议上的讲话》(1978 年 6 月 2 日),《邓小平选集》第 2 卷,第 119、121 页。

心,防止崇洋媚外思想的抬头。当然,也不能重新制造'左'的气氛"。①

1996 年 6 月 21 日,江泽民在建党七十五周年座谈会上作题为《努力建设高素质的干部队伍》的讲话,指出:我们中华民族以历史悠久而著称于世。我们党在领导革命、建设和改革的过程中,一贯重视历史经验的借鉴和运用。毛泽东同志多次要求全党要学习历史,他曾经讲过,指导一个伟大革命运动的政党如果没有革命理论,没有历史知识,没有对于实际运动的深刻的了解,要取得胜利是不可能的。一个民族如果忘记了自己的历史,就不可能深刻地了解现在和正确地走向未来。……希望我们的各级领导干部,认真地读一点历史,首先要了解中国的历史。中国的发展离不开世界,为了适应扩大国际交往的需要,更好地学习借鉴世界各国的长处,还要了解世界的历史。以史为鉴,可以知兴替。今天的中国是历史的中国的发展,作为当代中国的领导干部,如果不了解中国的历史,特别是中国的近代史、现代史和我们党的历史,就不可能把握中国社会发展的客观规律,继承和发扬我们党在长期斗争中形成的光荣传统,也就不能胜任领导建设有中国特色社会主义的职责。

1999 年 6 月 30 日上午,江泽民会见"当代中国"丛书暨电子版完成总结大会代表时讲话。江泽民说,"当代中国"丛书暨电子版的完成,是全国国史研究和文化出版事业的一件喜事,我向所有参加这项工作的同志,表示热烈的祝贺。江泽民指出,总结历史,说明现在,探索规律,启示未来,是我们从事历史研究和其他研究工作的同志们的光荣而艰巨的使命。"当代中国"丛书,为我们研究有中国特色社会主义的伟大事业的发展进程、经验和规律,为在广大干部和群众中开展爱国主义、集体主义、社会主义思想教育,提供了丰富的史料和生动的教材。大家应该充分运用这部丛书的科研成果,为资政育人服务,为推进改革开放和现代化建设服务。

在建党八十周年纪念日来临前夕,江泽民 6 月 12 日在上海参观了党的一大会址纪念馆,6 月 20 日又和其他中央领导同志一起观看了纪念建党 80 周年图片展。江泽民反复强调:"中国共产党成立以来的八十年,是全体共产党人为民族独立和人民解放、为国家富强和人民幸福不懈奋斗的八十年,也是全国各族人民为振兴中华而团结奋斗的八十年。中国共产党和全国各族人民长期奋斗的历程,是一部内

---

① 《人民日报》1991 年 6 月 1 日。

容丰富、蕴意深刻的爱国主义教材。在全党和全国人民隆重庆祝中国共产党成立八十周年的历史时刻,我们一定要充分运用它来教育广大干部群众,鼓舞他们继续为实现社会主义现代化和中华民族的伟大复兴而团结奋斗。"(见《江泽民在庆祝中国共产党成立八十周年大会上的讲话》,《人民日报》2001年7月1日。)

胡锦涛直接指导过当代中国研究所的工作,多次论述关于研究、编修中华人民共和国史和学习中外历史的意义、目的任务和方法等问题。

2001年12月10日下午,胡锦涛主持中央书记处第27次办公会议,讨论并原则通过了当代中国研究所三年科研规划(2001—2004)。胡锦涛对国史研究作了重要指示。他说:"我们的国史,就是党领导人民群众的奋斗史、国家发展史,说到底,与党史有密切联系。你们也讲,党史是国史的核心。我们写国史,除了要继承发扬我国历史上修史的传统外,也要为全党全国工作的大局服务,也要资政育人,这与党史是一样的,我们搞国史的同志也要有这根弦。"他要求,当代中国研究所"各项工作围绕国史编撰进行","确保拿出来的东西是有权威性的、经得起历史考验的,是精品。"

2003年11月24日下午,中央政治局进行第九次集体学习("十五世纪以来大国兴衰的历史")。胡锦涛在主持学习时发表讲话,论学习历史,强调进一步认识和把握并自觉地运用共产党执政规律、社会主义建设规律和人类社会发展规律,增强推进改革发展的自觉性、主动性。他强调,在全面建设小康社会、加快推进社会主义现代化的新形势下,在深刻变化的国际环境中,我们要更加重视学习历史知识,善于从中外历史的经验教训中进一步认识和把握历史发展和社会进步的规律,认识和把握时代发展大势,提高治国理政的才干,不断开创中国特色社会主义事业的新局面。

胡锦涛指出,浩瀚而宝贵的历史知识既是人类总结昨天的记录,又是人类把握今天、创造明天的向导。一部人类文明史就是人类不断在以往历史的基础上有所发现、有所发明、有所创造、有所前进的历史。中华民族历来就有治史、学史、用史的传统。我们党在领导革命、建设和改革的过程中,一贯重视对历史经验的借鉴和运用。在新形势下,我们要更加重视学习历史知识,更加注重用中国历史特别是中国革命史来教育党员干部和人民。不仅要学习中国历史、还要学习世界历史,不仅要有深远的历史眼光、而且要有宽广的世界眼光。

胡锦涛强调，领导干部在着力加强马克思主义理论学习、研究现实问题的同时，加强对历史知识的学习，既是提高领导水平和领导能力的现实要求，也是培养科学文化素质和综合能力的重要途径。领导干部学习历史知识，必须把深入理解国情、切实解决中国的问题作为立足点。要坚持以辩证唯物主义和历史唯物主义为指导，认真学习我们党的历史、中国历史、世界历史，深入思考，科学分析，不断提高对共产党执政规律、社会主义建设规律和人类社会发展规律的认识水平，不断提高自觉运用这三个规律的能力，更好地促进社会主义物质文明、政治文明和精神文明的协调发展。要通过学习历史知识，深入了解党的基本理论、基本路线、基本纲领和基本经验产生的历史背景和实践基础，进一步增强贯彻党和国家大政方针的主动性和自觉性，更加积极主动地在实践中把它们坚持好、贯彻好、运用好。要十分珍惜我国在革命、建设和改革的长期实践中积累的宝贵经验，也要认真研究和借鉴其他国家历史发展提供的经验教训，站在世界文明发展的历史高度，进一步认清当今世界风云变幻的规律性趋势，进一步认清我国的基本国情和发展大势，更好地掌握加快我国发展的主动权。

2003 年 12 月 5 日，胡锦涛在全国宣传思想工作会议上讲话，指出："要深入开展党的基本理论、基本路线、基本纲领和基本经验教育，深入开展中国革命、建设和改革的历史教育和国情教育，引导广大干部群众正确认识社会发展规律，正确认识国家的前途和命运，树立正确的世界观、人生观和价值观，不断坚定建设中国特色社会主义的理想信念。"

2006 年 6 月 30 日，胡锦涛在庆祝中国共产党成立八十五周年暨总结保持共产党员先进性教育活动大会上发表讲话，精辟地论述中国共产党在八十五年里干了三件大事。他说："中国共产党已经走过了八十五年不平凡的历程。在这八十五年里，我们党紧紧依靠和紧密团结全国各族人民，干了三件大事。在新民主主义革命时期，我们经过 28 年艰苦卓绝的斗争，推翻了帝国主义、封建主义、官僚资本主义的反动统治，实现了民族独立和人民解放，建立了人民当家作主的新中国。在社会主义革命和建设时期，我们确立了社会主义基本制度，在一穷二白的基础上建立了独立的比较完整的工业体系和国民经济体系，使古老的中国以崭新的姿态屹立在世界的东方。在改革开放和社会主义现代化建设时期，我们开创了中国特色社会主义道路，坚持以经济建设为中心、坚持四项基本原则、坚持改革开放，初步建立起社会主义市场经济体制,大幅度提高了我国的综合国力和人民生活水平,为全面建设小康社会、基本实现社会主义现代化开辟了广阔的前景。这三件大事,从根本上改变了中国人民的前途命运,决定了中国历史的发展方向,在世界上产生了深刻而广泛的影响。"

2006 年 7 月 25 日,胡锦涛总书记在主持政治局第 33 次集体学习时讲话,强调坚持不懈地学习中国革命史,发扬光大党的光荣革命传统。这篇讲话对中华人民共和国史的学习与研究同样有着重大指导意义。

胡锦涛强调:只有铭记历史,特别是铭记我们党领导人民创造的中国革命史,才能深刻了解过去、全面把握现在、正确创造未来。我们必须坚持不懈地学习中国革命史,进一步从历史和现实的比较中加深对我国国情和中国特色社会主义道路的理解和认识,进一步从理论和实践的结合上增强贯彻党的基本理论、基本路线、基本纲领、基本经验的自觉性和坚定性,进一步结合新的时代条件发扬光大我们党在革命战争时期形成的光荣革命传统。

胡锦涛指出:在改革发展任务艰巨繁重的新形势下,在深刻变化的国际环境中,我们要更加注重用中国历史特别是中国革命史来教育干部和人民。

他强调:要把学习中国革命史与推进马克思主义的中国化紧密结合起来;要把学习中国革命史与加强理想信念教育紧密结合起来;要把学习中国革命史与加强党的先进性建设紧密结合起来。他说:学习中国革命史,首先要注重学习以毛泽东同志为代表的中国共产党人善于运用马克思主义立场、观点、方法剖析中国社会的特点,研究中国革命实际问题、揭示中国革命发展规律的科学态度;学习他们善于把党和人民取得的实践经验不断上升为理论并在实践中不断检验、丰富、发展理论的创新精神;学习他们善于运用民族语言和人民大众喜闻乐见的形式回答和阐明中国革命理论和政策问题的理论方法。我们要坚持以毛泽东思想、邓小平理论和"三个代表"重要思想为指导,全面贯彻落实科学发展观,加强对中国特色社会主义经济建设、政治建设、文化建设、社会建设和党的建设的重大现实问题的理论研究,不断开拓马克思主义理论发展的新境界。

2008 年 12 月 18 日,胡锦涛在纪念党的十一届三中全会召开三十周年大会上讲话指出:"全党全国各族人民要永远铭记党的三代中央领导集体的伟大历史功绩!"讲话从怀念毛泽东、邓小平等老一辈革命家入笔,概括了他们的伟大历史功绩,扼要地评述了中国共产党确立毛泽东的领导地位以来、特别是中华人民共和国建立以来的历史。胡锦涛说:"没有以毛泽东同志为核心的党的第一代中央领导集体团结带领全党全国各族人民浴血奋斗,就没有新中国,就没有中国社会主义制度。没有以邓小平同志为核心的党的第二代中央领导集体团结带领全党全国各族人民改革创新,就没有改革开放历史新时期,就没有中国特色社会主义。此时此刻,我们要向以江泽民同志为核心的党的第三代中央领导集体致以崇高的敬意,他们团结带领全党全国各族人民高举邓小平理论伟大旗帜,继承和发展了改革开放伟大事业,把这一伟大事业成功推向21世纪。"

习近平总书记把学习党史和国史,作为建设学习型政党的重要任务,作为实现中华民族伟大复兴的中国梦的重要途径,提到全党全国人民的面前。习近平指出:"中国历史是中国人民、中华民族坚持不懈的创业史和奋斗史。""1840年鸦片战争以来的中国近现代史,是一部中国人民为实现中华民族独立、解放和伟大复兴而不懈奋斗的历史。"①他又指出:"中国共产党的历史是中国近现代以来历史最为可歌可泣的篇章,学习近现代史要特别注意学习中国共产党的历史。历史在人民探索和奋斗中造就了中国共产党,中国共产党领导人民又造就了新的历史辉煌。"②

习近平说:"历史、现实、未来是相通的。历史是过去的现实,现实是未来的历史。"③他把学习党史、国史提到前所未有的高度,指出:"历史是最好的教科书。学习党史、国史,是坚持和发展中国特色社会主义、把党和国家各项事业继续推向前进的必修课。这门功课不仅必修,而且必须修好。"④他以党九十年历史经验加以论证,说:"回顾党的历史可以清楚地看到,重视对历史的学习和对历史经验的总结和运用,善于从不断认识和把握历史规律中找到前进的正确方向和正确道路,这是我们党九十年来之所以能够领导中国革命、建设、改革不断取得胜利的一个重要原因。"⑤进而强调学好这门必修课的目的:"学习中国近现代史,就要深刻认识历史和人民选择中国共产党、选择马克思主义、选择社会主义道路、选择改革开放的历史必然性,增强建设中国特色社会主义事业的信心。""我们要牢牢把握党的历史发

---

①②⑤ 《领导干部要读点历史》(2011年9月1日),《学习时报》2011年9月5日。

③ 《以更大的政治勇气和智慧深化改革,朝着十八大指引的改革开放方向前进》,《人民日报》2013年1月2日。

④ 2013年6月25日主持中共中央政治局第七次集体学习时的讲话。

展的主题和主线、主流和本质,从党的辉煌历程和伟大业绩中获得继往开来的强大动力,始终坚定中国特色社会主义信念和共产主义远大理想,永葆共产党人的政治本色。""我们学习党的历史,认识党的光荣伟大,不仅要充分认识她带领人民取得了光荣伟大的业绩,而且要充分认识她带领人民在应对各种困难和风险的考验中披荆斩棘、不断开辟胜利道路所展示出来的巨大勇气、巨大智慧和巨大力量。"①"要把党的十八大确立的改革开放重大部署落实好,就要认真回顾和深入总结改革开放的历程,更加深刻地认识改革开放的历史必然性,更加自觉地把握改革开放的规律性,更加坚定地肩负起深化改革开放的重大责任。"②

中央领导同志的这些重要讲话,阐述了学习历史,特别是学习建国以来革命、建设和改革开放的历史的重要意义及其目的要求,为中华人民共和国史的研究、编修和宣传、教育指出了方向,提出了任务,明确了指导思想。而中央领导同志的重视与指示,无疑是搞好中华人民共和国史这门新学科建设的强大动力。

通过学习、研究邓小平、江泽民、胡锦涛、习近平的论述和指示,对国史编研的指导思想,我们试作如下表述:以马克思列宁主义、毛泽东思想、中国特色社会主义理论为指导,研究和编修中华人民共和国历史,叙述中华人民共和国建立、巩固和发展的历史进程,科学地总结社会主义革命、建设和改革开放的历史经验,探索、认识和把握建设中国特色社会主义的规律,资政育人,推进改革开放和社会主义现代化建设,为构建和谐社会,为全面建设小康社会、实现中华民族伟大复兴的宏伟目标服务。

在国史编研工作中贯彻和坚持这个指导思想,我们体会必须注意做到以下几点:

(1) 必须用马克思列宁主义、毛泽东思想、中国特色社会主义理论武装自己,努力学习和运用历史唯物主义的立场、观点、方法。在这方面,《马克思、恩格斯、列宁、斯大林论历史科学》和《马克思、恩格斯、列宁、斯大林论历史人物评价问题》这两本书可以作为基础读物。要着重学习与研究以下四个方面:①从马克思到毛泽东、邓小平,马克思主义经典作家关于历史科学的基本理论;②从马克思到毛泽东、

---

① 《领导干部要读点历史》(2011年9月1日),《学习时报》2011年9月5日。
② 《以更大的政治勇气和智慧深化改革,朝着十八大指引的改革开放方向前进》,《人民日报》2013年1月2日。

邓小平，马克思主义经典作家研究和评价历史、历史事件和历史人物的实践经验；③运用唯物史观研究中华人民共和国历史已经取得的成绩和经验；④国史研究中有哪些有待解决的重大问题，怎样通过学习马克思主义经典著作予以解决。

（2）必须认真学习、研究建国以来党中央、国务院文件，党和国家领导人的重要讲话，在政治上和党中央保持一致，遵循《关于建国以来党的若干历史问题的决议》及党的有关决议、决定，把党性和科学性结合起来，服从和服务于党的工作大局。

（3）国史研究和编撰，必须紧紧抓住历史发展的主流，把重点放在成就和经验上。要自觉地注重科研成果的转化工作，从正面普及国史知识，宣传建国以来的伟大成就；要自觉地关注意识形态领域的斗争，用自己的研究成果批驳丑化、歪曲、诋毁中华人民共和国历史的各种错误言行，维护中华人民共和国的利益和荣誉。

应该看到，研究、谈论中华人民共和国史的人，在指导思想上并不是一致的，有的甚至是根本对立的。上面讲了我们的指导思想，从中华人民共和国史的性质这个角度来讲，强调四点：一是创业史、奋斗史；二是人民群众的历史；三是中国共产党领导下的社会主义胜利前进的历史；四是维护中华人民共和国的利益和荣誉。对立的观点则与此相反，把中华人民共和国的历史说成是不断犯错误的历史，是失败的历史，目的是损害中华人民共和国的利益，诋毁中华人民共和国的荣誉，丑化、妖魔化中华人民共和国和中国人民。

国际、国内都有两种不同立场、不同态度的人和观点。这里举两个最为严重的例子。

一个观点认为：中国共产党执政没有法律依据，没有到民政部去登记。

这个十分荒唐可笑的观点是要否定中国共产党的领导，认为没有合法性，不合法，请你下台。这种说法很可笑：第一，你去问人民英雄纪念碑；第二，你去问中国人民解放军手里拿的枪杆子；第三，你去读中华人民共和国宪法。十分明显，中华人民共和国是中国共产党领导中国人民浴血奋斗创建的；中国共产党的领导地位是由国家的根本大法——《中华人民共和国宪法》确立的；中国人民解放军是保卫共和国的武装力量，你想推翻共产党领导的社会主义中国，创造这个共和国的枪杆子不答应。

还有一个观点说：从1908年以来，至今没有一部真正的宪法。这是2009年10

月 12 日一家电视台一个什么大讲堂的主持人向高等学校的学生讲的。

这种观点,完全漠视建国以来宪政建设的成就。1949 年,新中国成立的时候,毛泽东、周恩来领导、中国人民政治协商会议第一次会议通过了具有临时宪法作用的《共同纲领》。1954 年,毛主席亲自带领有关人员在杭州刘庄起草、经全民讨论修改后由全国人民代表大会通过了第一部有中国特色的社会主义宪法。1982 年及其后,宪法又经过几次修订,与时俱进,反映改革开放以来经济社会发展和民主法制建设的成就。怎么可以说"至今没有一部真正的宪法"呢?

中华人民共和国史是一门政治性、理论性很强的学科,对于一切贬损、歪曲、造谣、诬蔑中华人民共和国历史的言论和行动,我们一定要用历史的事实,科学的分析,理直气壮地予以坚决的驳斥,坚定不移地维护中华人民共和国的利益和荣誉。

中华人民共和国史的主题、主线、主流

中国共产党领导中国人民为建设现代化社会主义强国而奋斗，这就是中华人民共和国史的主题。

从毛泽东在中华人民共和国成立时宣告"中国人从此站立起来了"，"我们将以一个具有高度文化的民族出现于世界"①，到社会主义社会主义改造完成后预言"进到二十一世纪的时候，中国的面目更要有大变。中国将变为一个工业国"，"中国应当对人类作出较大的贡献"②，到 1964 年周恩来在三届全国人大一次会议上提出"把我国建设成为一个具有现代农业、现代工业、现代国防和现代科学技术的社会主义强国"，到邓小平提出建设有中国特色的社会主义，党的十二大确定到二十世纪末全国工农业总产值翻两番、人民生活达到小康水平的奋斗目标，再到江泽民在党的十六大提出"全面建设小康社会"的奋斗目标，胡锦涛在党的十七大强调"高举中国特色社会主义伟大旗帜，为夺取全面建设小康社会新胜利"而奋斗，在新进中央委员会的委员、候补委员学习贯彻党的十八大精神研讨班开班式上，习近平强调："中国特色社会主义，是科学社会主义理论逻辑和中国社会发展历史逻辑的辩证统一，是根植于中国大地、反映中国人民意愿、适应中国和时代发展进步要求的科学社会主义，是全面建成小康社会、加快推进社会主义现代化、实现中华民族伟大复兴的必由之路。"始终突出"建设现代化社会主义强国"这个主题。

围绕这个主题，在革命、建设、改革的实践、探索中，中国共产党开创了一条中

---

① 毛泽东：《在中国人民政治协商会议第一届全体会议上的开幕词》(1949 年 9 月 21 日)，《新华月报》创刊号(1949 年 11 月 15 日出版)，第 4—5 页。

② 毛泽东：《纪念孙中山》(1956 年 11 月)，《人民日报》1956 年 11 月 12 日。

国特色社会主义道路,形成了有完整体系的中国特色社会主义理论,建立了中国特色社会主义制度。中国特色社会主义的奠基、开创和发展,构成中华人民共和国历史的主线。

习近平总书记在2014年10月13日下午中共中央政治局第十八次集体学习时发表讲话指出:"我们党在领导革命、建设、改革的进程中,一贯重视学习和总结历史,一贯重视借鉴和运用历史经验。历史虽然是过去发生的事情,但总会以这样那样的方式出现在当今人们的生活之中。"他又指出:"中华优秀传统文化是我们最深厚的文化软实力,也是中国特色社会主义植根的文化沃土。我们开辟了中国特色社会主义道路不是偶然的,是我国历史传承和文化传统决定的。"他强调:"历史是人民创造的,文明也是人民创造的。要本着择其善者而从之、其不善者而去之的科学态度,牢记历史经验、牢记历史教训、牢记历史警示,为推进国家治理体系和治理能力现代化提供有益借鉴。"①

关于主线问题,在认识基本一致的前提下,有不少不同意见的讨论。大多认为主线是一条,只是表述有繁简。一种表述是:以建立、巩固和发展人民民主专政的社会主义国家,探索和形成建设中国特色社会主义道路,建设社会主义现代化强国为主线。一种关于党史主线的表述是:新中国成立以来的历史,是中国共产党领导中国人民,把科学社会主义的普遍真理与中国具体实际相结合,探索适合中国国情的社会主义道路,逐步形成中国特色社会主义的理论和实践的历史。也有认为有三条主线,即探索中国特色的社会主义道路,维护国家主权和领土完整,争取早日实现工业化。我们认为,既是主线,应该是一条。主线的表述以在能够概括全部历史的前提下越简练越好。简明扼要地说来,中华人民共和国历史的主线就是:中国特色社会主义的奠基、开创和发展。

新中国成立以后六十多年的历史,是围绕这个主题、遵循这条主线展开的。在社会主义革命和建设时期,我们确立了社会主义基本制度,在一穷二白的基础上建立了独立的比较完整的工业体系和国民经济体系,使古老的中国以崭新的姿态屹立在世界的东方。在改革开放和社会主义现代化建设时期,开创了中国特色社会主义道路,坚持以经济建设为中心、坚持四项基本原则、坚持改革开放,初步建立起

---

① 《人民日报》2014年10月14日。

社会主义市场经济体制，大幅度提高了我国的综合国力和人民生活水平，为全面建设小康社会、基本实现社会主义现代化开辟了广阔的前景。

中华人民共和国的历史是社会主义革命和建设的历史，是改革开放和社会主义现代化建设的历史，是马克思主义中国化的历史。应该肯定，新中国成立以来的六十多年，是中国共产党带领全国各族人民为实现国家富强、人民幸福富裕不懈奋斗的六十多年；是中国社会主义经济建设、政治建设、文化建设、社会建设、生态建设等方面取得辉煌成就的六十多年；是国家面貌和人民物质文化生活状况发生历史性变化的六十多年。中华人民共和国的历史是成功的历史，其主流是胜利、成绩、经验。这就决定了中华人民共和国史的主旋律是肯定成绩，占第一位的是，充分叙述党领导人民进行的奋斗和创造，取得的胜利、成就和经验。当然，同时应该看到，历史不是也不可能是一条直线前进的，其间有错误和挫折，有失败和灾难。

从理论到实践，要做到正确把握中华人民共和国历史的主题、主线、主流，必须解决两个关键问题。一个是正确认识和对待错误和挫折，一个是正确认识和处理"两个三十年"。

应该看到，错误和挫折常常是胜利和成功的先导。胜利和成功，往往是总结错误和失败的教训、战胜困难和灾难以后取得的。恩格斯说："伟大的阶级，正如伟大的民族一样，无论从哪方面学习都不如从自己所犯错误的后果中学习来得快。"[①]

研究、编撰中华人民共和国史不应该回避错误、挫折和失败，但对待错误、挫折和失败应该采取正确的态度、运用正确的方法，不应该以此否定中华人民共和国的历史。应该运用唯物史观，从事实出发，采取历史主义的、辩证分析的态度，力求客观公正，不溢美，不掩过；重在总结经验，探索规律，力求做到历史与逻辑的统一。应该：(1)如实地看到失策、失误、错误带来的挫折、困难以至造成的灾难；(2)具体分析其原因；(3)说明发现和纠正错误、克服困难的经过；(4)写出怎样接受错误和挫折的教训，从自己所犯错误中学习，变得聪明起来，吸取教训，认识规律，从失败走向成功。

同时，在方法论上，要以毛泽东一贯倡导的实事求是的思想路线为指导，要遵循毛泽东关于历史研究的方法。毛泽东在《反对本本主义》中提倡的调查研究的方

---

① 《英国工人阶级状况》德文第 2 版序言引 1892 年 1 月 11 日写的该书英国版序言中的话，见《马克思恩格斯选集》第 4 卷，人民出版社 1995 年版，第 432 页。

法；在《实践论》中论述的认识和实践统一的思想，实践、认识，再实践、再认识，循环往复以至无穷的思想；在《改造我们的学习》中强调的"实事求是"的方法，指出的"详细地占有材料，加以科学的分析和综合的研究"，从其中引出固有的而不是臆造的规律性，得出正确的、科学的结论的方法；在《整顿党的作风》中强调的"有的放矢"的方法；在《如何研究中共党史》中倡导的"古今中外法"；在《驳第三次"左"倾路线》中提出的"自由是对必然的认识和对世界的改造"、"在认识世界中改造世界，在改造世界中认识世界"的思想；在《人的正确思想是哪里来的？》指出的从生产斗争、阶级斗争和科学实验三项实践中经过两次飞跃、多次反复取得指导社会主义革命和建设的正确思想方法。总之，要学习和运用毛泽东的哲学思想，学习和运用毛泽东倡导和践行的历史研究的方法，这样才能够正确认识、总结中华人民共和国的历史，才能正确认识和对待中华人民共和国发展历程中的错误，使之成为正确的先导。

邓小平也说："我们既要接受成功的经验，也要接受犯错误的教训；既要善于学习国际的经验，也要善于学习自己的经验。"①

研究中华人民共和国历史，可以清楚地看到，中国共产党从错误中学习，吸取教训，从而在理论上和实践上取得巨大进展的史实。

（1）20 世纪 50 年代中期，吸取苏共二十大教训，面对当时国际（波匈事件，世界反共浪潮）、国内（闹事等）问题，毛泽东提出探索马克思主义与中国革命和建设实际的第二次结合，产生了《论十大关系》、《关于正确处理人民内部矛盾的问题》等理论成果，确定了中共八大路线。正确分析了在社会主义改造完成、基本上解决了无产阶级和资产阶级的矛盾以后，我们面对的主要矛盾是先进的社会制度同落后的社会生产力之间的矛盾，规定了全党和全国人民的主要任务是保护和发展社会生产力，进行社会主义经济建设，把中国尽快地从落后的农业国变为先进的工业国。

（2）发动大跃进、人民公社化运动以及三年自然灾害带来了严重经济困难。为克服困难，纠正"左"的错误，使生产关系与生产力相适应，上层建筑与经济基础相适应，党中央总结经验教训，采取了一系列措施：发布并贯彻落实《关于农村人民公社当前政策问题的紧急指示信》（1960 年 11 月 3 日）；贯彻实施"调整、巩固、充

---

①　邓小平：《今后的主要任务是搞建设》，《邓小平文选》第 1 卷，人民出版社 1983 年版，第 264 页。

实、提高"的八字方针；大兴调查研究之风，制定《农村人民公社六十条》和各种条例；召开七千人大会和西楼会议……终于领导全国人民渡过了三年困难，国民经济得到恢复和发展。

（3）"文化大革命"内乱，总结经验，吸取教训，进入改革开放新时期。邓小平说得好："过去的成功是我们的财富，过去的错误也是我们的财富。我们根本否定'文化大革命'，但应该说'文化大革命'也有一'功'，它提供了反面教训。没有'文化大革命'的教训，就不可能制定十一届三中全会以来的思想、政治、组织路线和一系列政策。"[①]"文化大革命"结束以后，我们总结经验教训，认识到社会主义建设不能违背经济规律和自然规律，从提出要从中国实际出发，认真研究两个规律，努力走出一条适合我国国情的现代化道路，到指明我国正处在社会主义"初级的阶段"，走这条现代化道路应该抓好两个文明的建设，不仅物质文明建设方面要达到四个现代化，同时，还要改革和完善社会主义政治制度，发展高度的社会主义民主和完备的社会主义法制，建设高度的精神文明，并明确规定了体现这条道路具体内涵的十个要点，再到提出建设"中国式的现代化"的目标和要求，直至中共十二大提出"建设有中国特色的社会主义"。有力地说明中国共产党善于从错误中学习，求得发展，走上正确的道路。

在实践中，党也善于团结带领人民应对困境和危局，攻坚克难，走向胜利。在中共十一届三中全会前，我们有效应对了1959年至1961年三年严重经济困难时期，恢复和发展了国民经济；有效应对了"文化大革命"造成的严重内乱局面，开创了改革开放和现代化建设的新时期。在改革开放和社会主义现代化建设时期，我们同样在攻坚克难中前进。我们有效应对了长江特大洪水灾害、非典严重疫情、汶川特大地震、玉树强烈地震、舟曲特大山洪泥石流等重大自然灾害，做好了灾后重建工作；有效应对了国际金融危机的冲击所造成的困难，继续保持经济和社会发展的良好态势。同时还办好了奥运会、世博会以及博鳌论坛等盛事、大事，中国在全世界树立了负责任的社会主义大国形象。

另一个问题是必须正确认识和处理"两个三十年"的关系。

中国共产党领导中国人民进行社会主义建设，有改革开放前和改革开放后两个历史时期，通称"两个三十年"。这"两个三十年"是既相互联系又有重大区别的时期，

---

① 《邓小平文选》第3卷，人民出版社1993年版，第272页。

但本质上都是党领导人民进行社会主义建设的实践探索。中国特色社会主义是在改革开放新时期开创的,但也是在新中国已经建立起社会主义基本制度、并进行了二十多年建设和探索的基础上开创的。虽然这"两个三十年"在进行社会主义建设的指导思想、方针政策、实际工作上有很大差别,但两者决不是彼此割裂的,更不是根本对立的。应该明确肯定前三十年的重要基础性地位,突出显示改革开放三十年来的伟大成就。不能用后三十年否定前三十年,也不能用前三十年否定后三十年。

应该看到,前三十年,以毛泽东为核心的党的第一代领导集体带领全党全国各族人民建立了新中国,建立了社会主义基本制度,取得了社会主义建设的伟大成就。特别是根据中国国情确立了人民民主专政的国体,创建了人民代表大会制度、中国共产党领导的多党合作和政治协商制度、民族区域自治制度等基本政治制度。这些实践成果,都为党在新时期开辟中国特色社会主义道路、创立中国特色社会主义理论体系,奠定了根本的政治前提和制度基础。无庸讳言,前三十年出现了严重失误。其根本原因之一,是在社会主义改造基本完成之后,还以阶级斗争为纲,长期把发展生产力的任务推到次要地位。

后三十年之所以能带领人民在国家发展中取得举世瞩目的成就,根本的一条就是坚定不移地把党和国家的中心任务放在经济建设上,聚精会神搞建设,一心一意谋发展。改革开放是党的历史上的一次伟大觉醒,孕育了新时期从理论到实践的伟大创造。中共十一届三中全会以来的三十多年,是世界发生大变化大调整的时期,也是中国发生广泛而深刻变革的时期。这一时期最鲜明的特点是改革开放,最显著的成就是快速发展,最突出的标志是与时俱进。三十多年来,从农村到城市,从沿海到沿江沿边到内陆,从东部到中西部,从经济领域到政治、文化、社会、生态等各个领域,全面改革和对外开放的进程势不可当、蓬勃向前。这场历史上从未有过的大改革大开放,极大地调动了亿万人民的积极性,使我国成功实现了从高度集中的计划经济体制到充满活力的社会主义市场经济体制、从封闭半封闭到全方位对外开放的伟大历史转折,使中国的社会生产力获得新的巨大解放,社会主义在中国焕发出前所未有的强大生命力,马克思主义在中国焕发出前所未有的强大感召力。改革开放还带来了党的建设的新进步,使中国共产党的面貌发生了历史性变化。改革开放以来的三十多年,是中国综合国力和人民生活水平提高最快的三十多年。中国的经济总量已经跃居世界第二。全国人民的生活总体达到小康水平。

中华人民共和国史和中共党史的联系与区别

　　这两个学科有着天然的联系和共同的基本点。中国共产党是执政党，是领导我们事业的核心力量。中共党史是共和国史的核心。共和国史是在中共党史的社会主义时期的基础上独立出来、发展起来的。国史和党史的社会主义革命与建设时期都是研究中华人民共和国成立以来的历史，都必须以马克思列宁主义、毛泽东思想、邓小平理论、"三个代表"重要思想和科学发展观为指导，都必须为党和国家工作的大局服务，都有资政、育人、护国的功能。

　　但是，它们又有着很多明显的区别。

　　一是研究的对象和范围不同。党史是政党史，是专史，它研究新中国成立后中国共产党作为执政党的历史。其主要内容，一是怎样执政，即怎样把马克思主义与中国实际和时代特征相结合，提出社会主义革命、建设与改革开放的理论、路线、方针、政策，一方面通过宪法和法律把它们变成国家的意志，贯彻到国家生活的各个领域；一方面通过其各级组织、各级干部，团结全党、全军、全国各族人民，运用广泛的统一战线，调动一切积极因素，实现宏伟的社会主义建设目标。二是执政党自身的建设，包括党的思想建设、组织建设、作风建设，党的队伍的发展壮大，党的干部的培养教育，党的优良传统和作风的继承发展，党纪党规的确立和监督检查，中国共产党与各民主党派的关系，等等。执政党的建设，基本上是国史无需涉及的内容。党史和国史内容发生交叉、重合，主要是在怎样执政这一方面。从学科性质来看，区别也是比较清楚的。与政党史不同，国史是国家史，是通史。它要涉及整个国家、民族经济社会生活的各个方面、各个领域。举凡政党的活动，政权的建设，宪法和法律的制订、修改和执行，政治体制的改革，经济社会的发展，改革开放的进程,文化、教育、体育、卫生事业的发展,科学技术的成就,各民族经济文化的发展变化,军队、国防建设和军事行动,对外关系的发展变化,以及疆域、气候、灾害、人口、语言、婚姻、风俗习惯、伦理道德观念等自然环境和人文因素的现状和变化,都在国史研究的范围之内,其中的某一方面都可能成为某一时段国史所要反映的重要内容。而所有这些,在通常情况下中共党史是可以不必涉及的。

另一是研究、编写的重点各有侧重。党史侧重研究和编写党中央的决策过程,从中央到地方执行过程中的突出成绩、成功经验和党员干部中的先进事迹,总结执政的规律和执政党建设的经验教训。国史侧重研究、编写全国人民代表大会及其常委会和国务院的活动,其决策和实施过程,各种国务活动,国家权力机关、国家行政机关、国家公安检察司法机关的大事,国家重大经济建设项目的确定、实施,全国各族人民在各条战线上的实践活动、突出成就和英雄模范人物,国家机关的建设,全国人民政治经济社会生活中的重大事件,等等。

有同志做过一个很好的比喻,党史和国史好比两个同心圆。中共党史是内圈,中华人民共和国史是外圈。党史是国史的核心,决定着国史的大局、走向;而国史的范围比党史要宽广得多,从全中国的发展变化观照出共产党的作用和影响。

怎样认识和体现中华人民共和国史的特点？

首先，体现国史的特点必须包括以下基本要素：

(1) 版图(包括疆域、边界、领土)和祖国统一。

(2) 行政区划。

(3) 人民代表大会。

(4) 共产党的领导和多党合作、政治协商。

(5) 国防和军队(包括武装冲突和战争)。

(6) 人口(包括人口政策的变化，计划生育国策的确定与实施，人口普查的情况和结果，等等)。

(7) 生产力的解放和发展，综合国力的提高(包括重要建设项目的兴建、完成、效能及经验教训等)。

(8) 科技进步、发明创造，科技成就及其应用推广。

(9) 生产力和生产关系的矛盾和演变。

(10) 经济成分和经济结构的状况及其演变。

(11) 阶级、阶层和阶级、阶层关系及其演变。

(12) 民主与法制建设，宪法和法律的制定、修改和实施。

(13) 政权机构及其演变。

(14) 文化建设和文教卫生体育事业的发展。

(15) 人民生活的提高与人的解放和全面发展。生态文明建设，人和环境的协调发展。

(16) 社会建设。

（17）民族区域自治的实施和各少数民族经济社会的发展。

（18）宗教政策和宗教问题。

（19）改革开放。

（20）西部开发和东、中、西部协调发展。

（21）中央和地方关系。

（22）对外关系和国际环境。

（23）自然灾害及对自然灾害的抵御。

同时，要体现通史特点，与专史、专题研究相区别。不能搞成专题的组合。

中华人民共和国史的历史分期问题

过往的历史是铁定的，不能变更。对历史的认识却可以不同。为了全面正确地认识和评价历史，进行历史分期是必要的。对历史怎样分期，也体现了对历史的基本认识。历史的进程很复杂，要做到正确的分期是不容易的。关于中国封建社会始于何时，郭沫若和范文澜有不同意见。为解决这个问题，中共中央专门成立了历史问题委员会，展开讨论。百家争鸣的方针也由此提出。毛泽东当年写《新民主主义论》，写到一半，才逐渐明确中国近百年历史前八十年是一个阶段、后二十年是一个阶段。[①]

对历史分期的分歧，往往是由于采取不同角度、不同标准以至不同需要引起的。不过，有一些对历史发展发生重大影响的历史事件，它的界碑意义是不容忽视、也是无法否定的，因此人们对历史分期的分歧，经过讨论和争论，总可以取得一致的或相近的认识。同时应该看到，不同的分期，对历史的认识可以互补，它们并不一定都是排他的。

在讨论中华人民共和国史的历史分期问题之前，先要解决一个 1840 年鸦片战争一百多年以来中国历史的分期问题。也就是中华人民共和国史在整个中国现代历史中所处的位置问题。

在较长时期内，对 1840 年以来一百多年历史的分期采用的是近代史、现代史、当代史这样的三分法。近代史，即自 1840 年鸦片战争开始，帝国主义列强的侵略使中国沦为半封建半殖民地社会，同时，中国开始了旧民主主义革命的时代。现代

---

① 《毛泽东文集》第 7 卷，人民出版社 1999 年版，第 15 页。

史,1919 年五四运动至 1949 年中华人民共和国成立。1919 年五四运动开始,中国革命有了工人阶级领导,其性质是以推翻帝国主义、封建主义、官僚资本主义为目标的新民主主义革命。中华人民共和国成立标志着这个革命任务的完成。当代史,即中华人民共和国史,是 1949 年中华人民共和国成立以后社会主义革命和建设的历史,改革开放和社会主义现代化建设的历史。

对这一百多年历史的分期,以鸦片战争为起点,从未有过异议;辛亥革命、五四运动、中华人民共和国成立可以作为界碑,也被普遍认同。但由于视角不同、标准不一,分法也不一样。主要着眼于政权更迭的,以辛亥革命为界碑,分为晚清史和中华民国史,延续下来,就是中华人民共和国史;主要着眼于革命性质不同的,以五四运动为界碑,分为旧民主主义革命和新民主主义革命两个时期,延续下来,就是社会主义革命和建设时期;主要着眼于社会性质变革的,以中华人民共和国成立为界碑,分为近代史和现代史。中国社会科学院近代史研究所编写、出版的《中国近代通史》,其时限就是 1840 年到 1949 年。理由是这一百多年社会性质没有改变,都是半封建半殖民地社会。其不足是两个不同性质的民主革命区分不够鲜明,从而五四运动和中国共产党创立与领导的新民主主义革命不够突出。事实上,同一社会形态、同一社会性质有不同的发展阶段,是可以甚至应该划分为若干历史时期的。高校政治理论课教材《中国近现代史纲要》的分期,避免了这种不足。教材统称为"近现代史",分为三编:上编,从鸦片战争到五四运动前夜(1840—1919);中编,从五四运动到新中国成立(1919—1949);下编,从新中国成立到社会主义现代化建设新时期(1949—2006)。这三编,相对应说来,就是近代史、现代史、当代史。这种分期同毛泽东在《新民主主义论》中对 1840 年以来百年历史的分期是一致的。这样的历史分期为大家接受,说明三分法还是有它的生命力。

值得探讨的一个问题是:中华人民共和国史是与中华民国史、清史、明史、元史、宋史……相应的称谓,与古代史、近代史、现代史相应,中华人民共和国史称当代史行不行? 答案应该是肯定的。

在中国,二十四史,是按皇朝更迭,或者说按朝代来编修的。这是一个传统。在汉语里,指称当前所处的时代,过去通常称本朝、当朝,现在称当代、当今,这是通行的讲法,没有也不会引起任何歧义。《当代中国史研究》这本杂志,顾名思义,谁都知道是研究当代中国即中华人民共和国的历史的。倒是"当代中国研究所"这个名称容易被认为是研究当今中国现实问题的。有了这个"史"字，与近代史、现代史区分得很清楚。应该说，"当代中国史"或"中国当代史"及其简称"当代史"，概念的内涵和外延明确，符合历史实际，没有歧义，是站得住、用得着、废不了的。

那末，当代中国史即中华人民共和国史应该怎样分期呢？

中华人民共和国的成立开辟了历史新纪元。以 1949 年 10 月 1 日开国大典为标志，中国的历史揭开了全新的一页。国体、政体，国号、国旗、国歌、国徽等全都变了。总之，压在中国人民头上的帝国主义、封建主义、官僚资本主义三座大山被推翻了，建立了以工人阶级为领导的（通过中国共产党）、以工农联盟为基础的人民民主政权。中华人民共和国的成立是中国历史分期的一个界碑。这是一个毫无疑义的事实，是否认不了的。但应该看到，忽视或漠视者有，企图抹杀者也并不是没有。不过，那种看法实在太无视历史、太没有道理，我们可以置之不论。

严格说来，中华人民共和国成立以来六十年的历史划分段落，并不是一般意义上的历史分期，而是这一历史时期内的分段。但习惯叫做"分期"。我们姑且采用习惯的说法。分期的主要依据，是在一定时期内做什么与怎样做的不同，即目标、任务与路线、方针的发展、变换。在建国后社会主义革命和建设时期的历史分期问题上，看法基本上是一致的，都认为国史的分期同党史的分期没有什么不同，都采用《关于建国以来党的若干历史问题决议》（以下简称《历史决议》）的分法，即：社会主义基本制度的确立；开始全面建设社会主义；"文化大革命"时期；历史转折时期的准备。

也有一些不同看法。最主要的分歧是：对粉碎"四人帮"到党的十一届三中全会这两年怎么看。有人认为应该放在"文化大革命"时期一起，理由是"文化大革命"的一套还在延续。多数人认为，粉碎"四人帮"结束了"文化大革命"，开始了一个新的历史段落，不能说粉碎"四人帮"以后还是"文化大革命"时期。与此相关联的，这两年应该放在新时期里面吗？对此也有不同看法。《历史决议》的态度很鲜明，这两年就是放在"历史转折时期"这个部分来叙述的。邓小平说："粉碎'四人帮'以后三年的前两年，做了很多工作，没有那两年的准备，三中全会明确地确立我们党的思想路线、政治路线，是不可能的。所以，前两年是为三中全会做了准备。"①看来，把这两年作为一个段落是恰当的，可以称为"历史转折的准备阶段"，

----

① 《邓小平文选》第 2 卷，人民出版社 1994 年版，第 242 页。

或按《历史决议》的提法,称为"在徘徊中前进时期"。

关于改革开放和社会主义现代化建设时期历史的分段问题,普遍认同的意见是从 1978 年冬的党的十一届三中全会(包括三中全会前的中央工作会议)开始,把以下四件事作为分段的界碑:1982 年党的十二大;1992 年春邓小平南方谈话;2000 年春江泽民提出三个代表重要思想;2003 年 10 月党的十六届三中全会作出《关于完善社会主义市场经济体制若干问题的决定》、正式提出科学发展观。

还有一种经常使用的分期方法,就是把中华人民共和国成立以来六十年的历史,以党的十一届三中全会为界碑,分为前三十年和后三十年,分别称为"社会主义革命和建设时期"与"改革开放和社会主义现代化建设时期"。在这两个时期内,各划分上面所说的若干段落。我以为这样来分期、分段,对认识和把握中华人民共和国的历史较为全面。

当代人能不能写当代史？

　　中国史学的确有后代修前代历史、当代人不写当代史的传统。但应该看到，这是封建时代形成的传统。其断代的依据是皇朝的更替。在封建皇权的专制主义下，史官要编写本朝历史，局限颇多，且各种资料的收集也很不便，难以得到全面的认识。即使是具体事实的记录，史官的忠实记载同皇家的利益、避讳也时有冲突。形成对当朝事只撰实录，而不修历史的传统，是可以理解的。但历史发展到现代社会，当代人修当代史的不利因素大多已不复存在。更重要的是，在人民群众当家作主的社会主义中国，广大干部群众关心经济社会的发展，有了解共和国历史的强烈愿望，有认识中国特色社会主义规律的迫切要求，而编修中华人民共和国史又具有如上所说的重大意义，满足这种要求是当代史学工作者责无旁贷的义务。再则，以历史唯物主义为指导的史学工作者，经过努力，是可以写出比较符合客观实际的当代史的。在这方面，马克思的《法兰西内战》对巴黎公社的历史总结做出了成功的范例。马克思"在伟大历史事变还在我们眼前展开或者刚刚终结时，就能准确地把握住这些事变的性质、意义及其必然后果"①。中国修史的传统，也有先例。司马迁的《史记》共 130 篇，其中写西汉初年人物和事件的有 51 篇，还有 15 篇重点写这一时期的人物和事件，合计占《史记》篇幅一半多，就是当代人可以写当代史的很好的佐证。②

　　诚然，马克思的眼光与才能我们难以企及。一般说来，历史事件刚在萌芽状

---

　　① 《法兰西内战·恩格斯写的 1891 年单行本导言》，《马克思恩格斯选集》第 3 卷，人民出版社 1995 年版，第 1 页。

　　② 据田居俭：《当代人要治当代史》，《光明日报》1994 年 4 月 11 日。

态,或尚在发展过程之中,不能贸然做出结论、率尔载入史册。当代人写当代史当然更应该遵循实践是检验真理的唯一标准的思想路线。经过实践检验,经过历史沉淀,是必要的。保持严谨的、客观的、科学的、实事求是的态度,也是当代史家写好当代史不可缺少的品质。

谈谈国史党史人物研究和传记写作的若干问题

　　国史、党史人物的研究和传记的写作是一个十分复杂的问题，很难谈得好。对这个问题，我没有专门研究。只是三十年来一直在做这件事，在实践中有一些认识和体会。我想列出几个问题来，偏重于讲我在实践中的一些认识体会。

　　这些年来，在人物研究和传记写作方面，我主要做了三件事：第一件事，是张闻天研究。从 1978 年开始，十五年后，1993 年出版了《张闻天传》。又经过十五年，2008 年修订三版第二次印刷。第二件事，是邓小平与 1975 年整顿研究。1991 年到当代中国研究所后与一位同志合作进行。2003 年出版了专著《历史转折的前奏》和论文集《邓小平与 1975 年整顿》。在此基础上扩展，成立"历史转折研究"课题组，写了三部曲：《前奏》、《决战》、《新路》。有学术版和通俗的图文版两种版本。应约为《邓小平传》1975 年至 1977 年这一段写了初稿。第三件事，是胡乔木研究。从 1993 年开始，有一个传记编写组。邓力群同志是组长，我协助他。编了十几本胡乔木的专题文集、两本回忆胡乔木的回忆录，写了若干论文。《胡乔木传》于2006 年写出初稿，多次送审，几经修改，基本完成了。所谓实践中的体会，主要是从做这三件事来。这是首先要说明的。

　　其次，要说明的，人物研究是传记写作的基础。但人物研究形诸笔墨不限于传记。包括在事件的叙述中讲到人物，在专题史、通史中写到人物，更不用说在大传中写到与传主有关系的人物了。也就是说，不写传记，只要治史，必然要进行人物研究。我在这里讲人物研究，以大传为主，也包含其他史书中的人物问题。

　　这里我想讲以下五个问题：

　　第一个问题，写史要写人：人物研究和传记写作的重要性与现状。

第二个问题,指导思想。

第三个问题,研究什么? 也就是人物研究的主要内容与重点。

第四个问题,怎么做? 也就是研究方法问题。

第五个问题,怎么写? 就是写作方法的一些问题。不可能也没有必要系统讲,只就自己有体会的举一点例子来讲一讲。

第一个问题,写史要写人:关于人物研究和传记写作的重要性与现状

第一,写史要写人,这首先是由个人的历史创造作用决定的。

马克思主义经典作家指出:"根据唯物史观,历史过程中决定性因素**归根到底**是现实生活的生产和再生产。"但经济因素并不是唯一决定性的因素。"经济状况是基础,但是对历史斗争的进程发生影响并且在许多情况下主要决定着这一斗争的**形式**的,还有上层建筑的各种因素"①。同时又指出:"历史必然性的思想也丝毫不损害个人在历史上的作用,因为全部历史正是由那些无疑是活动家的个人的行动构成的。"②唯物史观在承认群众创造历史的同时,承认个人的历史创造作用。下面引述马恩列斯的有关论述来说明。

"历史"并不是把人当做达到自己目的的工具来利用的某种特殊的人格。历史不过是追求着自己目的的人的活动而已。(马克思、恩格斯:《神圣家族》(1944 年9—11 月),《马克思恩格斯全集》第 2 卷,第 118—119 页)

马克思主义一点也不否认卓越人物的作用,或者说,一点也不否认人们创造历史。

马克思主义从来没有否认过英雄的作用。恰恰相反,马克思主义认为这种作用是相当大的,但是要有我刚才所讲的那些附带条件。(斯大林:《和德国作家艾米

---

① 恩格斯:《致约·布洛赫(1890 年 9 月 21 日)》,《马克思恩格斯选集》第 4 卷第 477 页,转引自《马克思、恩格斯、列宁、斯大林论历史人物评价问题》,黎澍主编,人民出版社 1981 年版,第 2 页。黑体是原有的。

② 列宁:《什么是人民之友以及他们如何攻击社会民主主义者?》(1894 年),《列宁选集》第 1 卷第 26 页,转引自《马克思、恩格斯、列宁、斯大林论历史人物评价问题》,黎澍主编,人民出版社 1981 年版,第 1 页。

尔·路德维希的谈话(1931 年 12 月 13 日)》，转引自《论历史人物评价问题》第 10 页。)

如爱尔维修所说的，每一个社会时代都需要有自己的大人物，如果没有这样的人物，它就要把他们创造出来。(马克思：《1848 年至 1850 年的法兰西阶级斗争》，《马克思恩格斯选集》第 1 卷，人民出版社 1995 年版，第 432 页。爱尔维修，克劳德·阿德里安(1715—1771)：法国哲学家，法国的革命资产阶级的思想家。)

历史早已证明，伟大的革命斗争会造就伟大人物，使过去不可能发挥的天才发挥出来。(列宁：《悼念雅·米·斯维尔洛夫》(1919 年 3 月 18 日)，转引自《论历史人物评价问题》，第 75 页。)

"思想家"所以配称为思想家，就是因为他走在自发运动的前面，为它指出道路，善于比其他人更先解决运动的"物质因素"自发地遇到的一切理论的、政治的、策略的和组织的问题。(列宁：《同经济主义的拥护者商榷》(1901 年 12 月 6 日)，转引自《论历史人物评价问题》，第 20 页。)

我们之所以有今天的一切，都应当归功于他(指马克思)；现代运动当前所取得的一切成就，都应归功于他的理论的和实践的活动；没有他，我们至今还会在黑暗中徘徊。(恩格斯：《致威廉·李卜克内西(1883 年 3 月 14 日)》，《马克思恩格斯选集》第 4 卷，人民出版社 1995 年版，第 655—656 页。)

马克思比我们大家都站得高些，看得远些，观察得多些和快些。马克思是天才，我们至多是能手。没有马克思，我们的理论远不会是现在这个样子。所以，这个理论用他的名字命名是理所当然的。(恩格斯：《路德维希·费尔巴哈和德国古典哲学的终结》中的一条注释，《马克思恩格斯选集》第 4 卷，人民出版社 1995 年版，第 242 页。)

后来，我们评论毛泽东、邓小平，都沿用了恩格斯对马克思的评论(上引最后两段)。

第二,历史人物的评价,特别是领袖人物的评价,是同党和国家的历史的发展、同党和国家的兴亡相联系的。

赫鲁晓夫在苏共二十大做秘密报告,全盘否定斯大林,导致全球掀起反苏反共浪潮,国际共产主义运动跌入低谷。中共接连发表"一论"、"再论"无产阶级专政的历史经验,全面评价斯大林,坚持十月革命的社会主义道路,成为国际共产主义运动的中流砥柱。十一届三中全会前后,邓小平针对当时右的思潮的泛滥,提出坚持四项基本原则,起草《历史决议》时提出根本的指导思想是确立毛泽东的历史地位和毛泽东思想的指导地位,既解放思想,纠正毛泽东的晚年错误,又肯定毛泽东的历史地位,坚持和发展毛泽东思想,保证了安定团结,推动了社会主义事业的发展。

第三,重视写人,用纪传体(当然不仅是纪传体,但纪传体是主体部分)写史,是中国史学的优良传统。

司马迁的《史记》是中国第一部纪传体通史。开创了中国史学的这一优良传统。全书148篇,有112篇是用不同体例写不同层次的人物的传记(包括本纪12,世家30,列传70[有独传,有合传])。另外18篇是表(10)和书(8)。这112篇传记,包括了农民起义的领袖,社会生活各方面的闻人(刺客,游侠,商贾,俳优以及少数民族……),用"太史公曰"加以总评。具体、生动地反映了历史人物的活动和广阔的社会生活面貌,使得中国的正史不仅是帝王将相的"家谱",而且记录了许多历史人物(包括下层群众)、事件和社会生活。鲁迅说:"我们自古以来,就有埋头苦干的人,有拼命硬干的人,有为民请命的人,有舍身求法的人,……虽是等于为帝王将相作家谱的所谓'正史',也往往掩不住他们的光耀,这就是中国的脊梁。"(《中国人失掉自信力了吗》,《且介亭杂文》)之所以可以从正史看到"中国的脊梁",同司马迁开创的体例有关。

在实际修史工作中,有一个干部群众中的突出人物要不要写入史书的问题。什么人青史留名? 在这个问题上,在革命和建设中奋斗、创业,作出贡献的各级干部,人民群众中涌现出来的英雄、模范,杰出的科学家、作家、艺术家,没有问题。不在上述范围而有影响的,要不要写? 比如"四五"运动中悼念周总理、反对"四人帮"的突出人物,参加粉碎"四人帮"行动的8341部队干部、战士,要不要上名字?《中华人民共和国史稿》第三卷采取的办法是上他们的名字,有的在正文中,有的在注文中。如：1976 年 2 月贴小字报揭露江、张、姚的中央广播事业局干部窦守芳（注中出现名字），编写总理遗言的杭州汽轮机厂青年工人李君旭，3 月 19 日第一个在天安门人民英雄纪念碑献花圈的牛坊小学学生，3 月 24 日南京首先抬花圈送至雨花台的江苏新医学院学生，3 月 28 日、29 日在火车上、长途汽车上刷大标语的南京大学师生李西宁等。列为 001 号"反革命案件"重点追查的小诗作者山西共青团员王立山（"欲哭闻鬼叫，我哭豺狼笑，洒泪祭雄杰，扬眉剑出鞘。"），4 月 8 日在上海人民广场中心旗杆上升起一面白色绸旗的黄永生（旗上一幅总理像，下书"沉痛悼念，恩来总理"）。参加执行拘捕"四人帮"行动的 8341 部队干部战士，已经知道姓名的都记在史稿的注文中。

第四，当代中国十分重视历史人物的研究和人物传记的编写、出版。

20 世纪七八十年代以来，在思想解放、拨乱反正的历史大潮中，领袖人物传记的写作和出版成为一个热点、重点。创造性地继承和发扬了中国史学的优良传统。其中有深刻的社会历史背景。首先，总结历史经验教训，拨乱反正，分清历史是非，纠正冤假错案，才能继续前进。"文革"中颠倒是非、混淆黑白，搞得混乱不堪，需要拨乱反正，恢复历史的本来面目，给历史人物以公正的评价（如：刘少奇、彭德怀、张闻天等等）。同时，怎样认识建国以来的历史，需要对建国以来历史问题做出决议，统一全党全国人民的思想。这是继续前进所绕不开的、必须解决的问题。其关键是对毛泽东和毛泽东思想的评价问题，这是最大的一个对历史人物的评价问题。历史人物的评价问题，牵涉到怎样看待建国以来的历史，中国怎样继续前进的问题。

可以说，中共十一届三中全会以来，是中国现当代人物传记写作出版最繁荣的时期。以领袖人物而言，现在一般都形成所谓七大件的规模，即：文集（包括选集、专题文集等）、回忆录、年谱、传记、画册、文献片、故事片。最重要的人物毛、周、邓，出版物都有几百种、上千种。最重要的人物传记作品有：中央文献研究室编写的中央领导人的传记、年谱；《当代中国人物传记》丛书；《中共党史人物传》。以发表人物传记或生平活动为主的刊物也不少。

在当代中国研究所成立前后，对当代中国史的编纂有一个宏大的计划。包括：中华人民共和国史（简本、多卷本），这是主干；当代中国丛书，地方史、部门史、行业史，这是史志结合的，横向的；当代中国人物传记丛书，预计选一百个人物；还有当代中国企业丛书，以后又增加了城市发展丛书，历史小丛书。这样一种总体的规划,形成多姿多彩的中华人民共和国史的灿烂画卷。

第二个问题,指导思想问题

毫无疑问,应该以马克思主义的世界观和方法论做指导,也就是要用历史唯物主义和辩证唯物主义做指导。

概括地说,我以为,要做到八个字:实事求是,全面科学。邓小平说过:"评价人物和历史,都要提倡全面的科学的观点,防止片面性和感情用事。"[①]

具体地讲,有八条要求,或者说八项原则。这八条是从马克思主义经典作家的论述中引述或概括的,是否恰当,大家一起研究。这八条是:

(1) 研究和评价历史人物,应当从历史事实出发;在分析任何一个社会问题时,要把问题提到一定的历史范围之内;个人活动受社会历史条件的制约,必须考察个人活动背后的社会历史条件,发现历史规律,才能了解历史活动的实质。马克思论《济金根》悲剧时说:"这就构成了历史的必然要求和这个要求的实际上不可能实现之间的悲剧性冲突。"[②]

(2) 不是从琐碎的个人欲望而是从所处的历史潮流来看历史人物的动机。

(3) 判断一个人,不是看他的声明,而是看他的行动(一个行动,胜过十打纲领)。不但要看他们做什么,还要看他们怎样做。

(4) 判断历史功绩要看他们比他们的前辈提供了什么新的东西;看他们对社会发展起到推动、加速的作用还是阻挠、延缓的作用。

(5) 不是孤立地而是把历史人物的活动联系起来考察。

(6) 应当具体地、全面地评价历史人物的功过,对其著作也应作全面分析。

(7) 应当从发展的观点并放在整个社会的发展过程中如实地评价历史人物。

(8) 应当指出前人的历史局限性,但不要苛求于前人。

达到这八条要求,就能"有所发现,有所发明,有所创造,有所前进"。也就是有创新和突破。

在这里,我向大家介绍一本书和一个范例。

---

① 《邓小平文选》第 2 卷,人民出版社 1994 年版,第 244 页。
② 《马克思恩格斯选集》第 4 卷,人民出版社 1995 年版,第 560 页。

一本书是：《马克思、恩格斯、列宁、斯大林论历史人物评价问题》，黎澍主编，人民出版社出版。

一个范例是：邓小平评价毛泽东和毛泽东思想。粉碎"四人帮"以后，邓小平领导全党对毛泽东和毛泽东思想作出正确恰当的、全面科学的历史评价，高举毛泽东思想旗帜继续前进，创造了运用马克思主义唯物史观和辩证法评价伟大历史人物的范例，也丰富了马克思主义关于历史人物评价问题的理论。

我写过一篇文章，题为《在历史转折过程中邓小平怎样坚持毛泽东思想》。我在这篇文章中指出，"重温邓小平在历史转折过程中怎样坚持毛泽东思想的理论和实践，对客观公正地、科学地评价历史和历史人物，写好中国共产党和中华人民共和国的历史，也是有意义的"。

正确评价毛泽东的功过是非，正确认识毛泽东思想的形成过程、历史作用和指导意义，这是确立毛泽东的历史地位和毛泽东思想的指导地位的前提。从批判"两个凡是"开始，到中共十一届六中全会通过《关于建国以来党的若干历史问题的决议》，邓小平在实现伟大历史转折过程中做出了许多重大贡献，正确评价毛泽东，坚持毛泽东思想，是贯穿全过程而又具关键性的一个方面。邓小平提出了一个基本原则，并作了具体分析和精辟论述，提出明确要求。这个基本原则就是"实事求是，恰如其分"八个大字[1]。他指出：

(1) 历史决议要集中讲毛泽东的功绩和正确的东西。他说："总之，中心问题是两个，一个问题是毛泽东同志的功绩是第一位，还是错误是第一位？第二，我们三十二年，特别是'文化大革命'前十年，成绩是主要的，还是错误是主要的？是漆黑一团，还是光明是主要的？"[2]他认为："毛泽东同志晚年在理论和实践上的错误，要讲，但是要概括一点，要恰当。主要的内容，还是集中讲正确的东西。因为这符合历史。"[3]

(2) 要把毛泽东思想的科学体系写清楚。他要求"要把毛泽东思想的主要内容，特别是今后还要继续贯彻执行的内容，用比较概括的语言写出来"[4]。"要给人

---

① 《邓小平文选》第2卷，第307页。
② 《邓小平文选》第2卷，第306页。
③ 《邓小平文选》第2卷，第297页。
④ 《邓小平文选》第2卷，第292页。

一个很清楚的印象,究竟我们高举毛泽东思想旗帜、坚持毛泽东思想,指的是些什么内容"①。他还要求,"要写毛泽东思想的历史,毛泽东思想形成的过程"②。写出"毛泽东思想是马克思列宁主义在中国的运用和发展"③;"我们党用毛泽东思想教育了整整一代人,使我们赢得了革命战争的胜利,建立了中华人民共和国"④。"要说清楚关于社会主义革命和社会主义建设,毛泽东同志有哪些贡献。"⑤

(3) 要毫不含糊而又实事求是、恰如其分地批评毛泽东的错误。邓小平指出,对于毛泽东同志的错误"一定要毫不含糊地进行批评,但是一定要实事求是,分析各种不同情况"⑥;"不能写过头。写过头,给毛泽东同志抹黑,也就是给我们党、我们国家抹黑。这是违背历史事实的"。⑦邓小平按以上要求对建国以来不同的发展阶段毛泽东的功过作了简要的分析。

邓小平还对怎样做到"实事求是、恰如其分"提出并运用以下原则:

(1) 从不同角度区分,把毛泽东的错误放在恰当的位置上。第一是把功绩与错误的主次加以区分,肯定功绩是第一位的,错误是第二位的;第二是把毛泽东思想的科学体系和毛泽东晚年错误加以区分,明确毛泽东思想不包括毛泽东的错误;第三是把作为伟大革命家的毛泽东所犯的错误同阴谋家、野心家林彪、"四人帮"所犯的罪行加以区分,指明其性质的根本不同。

(2) 要着重分析错误的历史背景,不能把错误的原因归结到个人品质上去。

(3) 不能把错误的责任放在毛泽东一个人身上。

(4) 不提毛泽东的错误是路线错误。

第三个问题,研究什么? 也就是人物研究的内涵、范围这些问题

我的体会,通过研究,主要要弄清楚、把握好互相联系的这样三个方面。

第一个方面,是历史人物的道德品质、生平业绩和思想理论。古人说:"立德,立功,立言,虽久不废,此之谓三不朽。"(《左传·襄公二十四年》)按此标准来掌握

---

① ⑤ 《邓小平文选》第 2 卷,第 297 页。
② 《邓小平文选》第 2 卷,第 292 页。
③ 《邓小平文选》第 2 卷,第 299—300 页。
④ 《邓小平文选》第 2 卷,第 300 页。
⑥ 《邓小平文选》第 2 卷,第 301 页。
⑦ 《邓小平文选》第 2 卷,第 301—302 页。

史料，抓住重点，理清楚来龙去脉，前因后果。

关于"三不朽"，杨振宁 2008 年 5 月 18 日在上海浦江创新论坛上讲《什么是创新》，说："立德、立功、立言，是中华传统文化里面的重要观念，以立德为先。而西方只讲立功，不讲立言，不讲立德。这是中国文化跟西方文化一个原始性的深层不同。"①

显而易见，不同历史人物有不同的特点，立德、立功、立言，自然也各有特点，各有特别突出的方面。

第二个方面，要联系历史人物所处的时代背景、社会环境、生活环境，联系具体的时代要求、历史条件、所处环境以及人物之间的相互关系，来研究人物的发展变化及其作为、贡献。也就是说，"三不朽"不是孤立的、静止的，要联系环境、背景和条件来看，还要通过发展变化来看。

第三个方面，历史作用和历史地位的评价。包括：忠奸善恶、功过是非、成败得失。首要的，是对历史人物的一生作出概括的总体评价：三七开、二八开还是倒三七、倒二八？ 同时，对人物在某一历史段落、某一历史事件中的作用，也要作出评价。这里的根本原则是实事求是，恰如其分，既不溢美，也不掩过。所谓写出信史，所谓良史的品格，要在这里得到体现，受到检验。

在研究清楚这三个问题的基础上，对人物的总体或局部，要有一个总的评价。在不同的文体、不同的场合，表述自然可以也应该不同。

前者如：我在哈佛大学讲胡乔木与毛泽东关系结束时对毛主席有一个总体评价，是这样讲的：

> 最后，我想套用英国首相丘吉尔对斯大林的评论来评论毛泽东，作为我这次讲演的结束语。在 1959 年 12 月 21 日斯大林八十诞辰之际，丘吉尔在英国下议院发表演说。他说："斯大林是一位杰出的人物"，"是天才而且坚忍不拔的统帅"。斯大林接受的是还在使用木犁的俄罗斯。而他留下的却是装备了原子武器的俄罗斯。毛泽东是中国人民的伟大领袖和导师。他创立中华人民共和国的时候，中国还不会造一辆汽车，而他走的时候，中国不仅有了原子弹、氢弹，而且已经能够准确地回收人造卫星，跨进了太空俱乐部的大门。今天的

① 《光明日报》2008 年 9 月 4 日第 10、11 版。

中国,更把神舟六号载人飞船送上了太空。①

后者如:华国锋在粉碎"四人帮"这个历史事件中的作用。《华国锋同志生平》是这样写的:

> 同年(1976)10月,他和叶剑英等中央领导同志代表中央政治局,执行党和人民的意志,采取断然措施,一举粉碎"四人帮",挽救了党,挽救了社会主义事业,党和国家事业的发展翻开了新的一页。华国锋同志在粉碎"四人帮"这场关系党和国家命运的斗争中起了决定性作用。党和人民不会忘记他作出的重要贡献。②

对有错误、失误、缺点、不足的局部,评论也要恰如其分。如关于华国锋与邓小平复出,这是华国锋评价的一个关节点。华国锋有没有有意阻挠邓小平复出? 要用事实来说明(详见收入本书第三辑的《华国锋有没有阻挠邓小平复出》一文)。

第四个问题,怎么做? 也就是怎样开展研究? 涉及研究方法问题

首先,要详细地占有材料。通过查档(包括查阅历史报刊、互联网)、采访与实地考察等搜集材料。第二,经过研究,编著一级产品:文集,回忆录(包括自述),撰写专题论文(论述性的)或专题记事(叙述性的)等。求得对人物的总体了解和全面把握,求得对重要事件和重要问题评价问题的解决。第三,编写年谱(开头是按阶段,甚至按事件)。这三件事,可以同时进行,交叉进行。第四,写出传记(从某一段落的,从小到中到大再到小;试写先易或先难)。大体说来是这么四步。

这里,我想从几个不同的角度,结合自己的实践,举一点例子来说一说。

关于搜集材料,三个途径:案头工作,采访,实地考察。

第一,案头工作。

包括查阅历史报刊,档案,利用互联网,研究传主的著作。所谓案头,也不是不要跑,不要请教人,访问人。"跑材料",离开了跑,是搞不到材料,搞不好材料的。

[**查阅历史报刊**] 最初搜集张闻天的早期活动和作品:从南京龙盘里图书馆到上海徐家汇藏书楼。寻找《南京学生联合会日刊》,从第二历史档案馆到南京大

---

① 讲演在 2005 年 10 月 14 日,前一天神舟六号发射成功。
② 《人民日报》2008 年 9 月 1 日。

学图书馆；找《南鸿》从南京到雅安，到徐州。查材料要下苦功夫，有韧性，坚忍不拔。皇天不负苦心人，功夫下去，自然会有成效。通过查阅历史报刊，从时事新报的《学灯》、民国日报的《觉悟》、《少年中国》到《南鸿》、《河海校刊》，掌握张闻天发表的诗文、主编或参与编辑的作品，还有他的著作和翻译，大体了解了早年活动的情况。在两方面有很大收获：张闻天在五四运动中的贡献；张闻天在新文学运动中的贡献。写了一些评介文章（如：《关于张闻天同志的早年活动》、《一代青年的生活旅程——读张闻天早年的长篇小说〈旅途〉》以及《张闻天和〈南京学生联合会日刊〉》等），编辑了《张闻天早期文学活动资料》、《张闻天早年文学著译编目》等资料，编辑了《张闻天早年文学作品选》、《张闻天早期译剧集》两本文集，分别请茅盾和成仿吾作序，在人民文学出版社和中国戏剧出版社出版，引起广泛注意。这样，恢复了张闻天在五四新文学运动中的地位，确立了张闻天是最早传播马克思主义的先进人物之一、是五四时期先进青年的杰出代表之一的历史地位。现在河海大学校园里树立了张闻天的铜像，应该说，这些材料的发现、搜集和研究也有促进作用。

有些情节和细节，不少具体的活动也是从报刊上得来的。如：报考、录取河海专门工程学校的情况；张闻天到南京上学的时候适逢火车提速，从上海到南京七个小时；加入少年中国学会的时间同毛泽东几乎同时；张闻天在河海专门工程学校时是校足球队主力，踢右中卫，100码冠军和400码亚军；赴美留学时坐什么船，航行时遇大风浪情景，等等。也可以从其他有关材料上借鉴，如从莫斯科回到上海那天（年初一）的天气，就是从鲁迅日记得来的；长征中几个重要事情发生的时间、地点、环境、气候等等，是从几个人的长征日记和当时的电报、文件上来的。

［研究传主的著作和各种资料］　其重要性是不言而喻的。对于张闻天、胡乔木这样的思想家、理论家来说特别重要。背景、内容、作用、影响、地位，都要搞清楚、透彻。此外，还有日记，手记，手稿，信札，电报，笔记，照片，等等。

［查阅档案］　其重要性更是不说自明。我在完成《张闻天传》以后写过一篇文章《档案是人物传记写作的基石》，有兴趣的同志可以找来看。

这里，我想举四个例子说明：没有档案解决不了问题；没有研究基础发现不了档案中有用的、宝贵的材料；不进行深入研究，进行考证、考释，也搞不清楚档案的内涵，无法全面认识档案材料的价值。我举例来讲，想加深这样的印象：进行历史研究，写作人物传记，一定要十分重视档案的查阅、研究和利用。查阅档案贯穿在人物研究和传记写作的全过程。

例一，歌特文章(参见收入本书的《谈谈四重证据法》一文)。

例二，扎西会议(参见收入本书的《谈谈四重证据法》一文)。

例三，邓小平的二十四次谈话(参见收入本书的《谈谈四重证据法》一文)。

例四，《中国共产党的三十年》写作与发表经过。

还要说明的是：(1)档案材料不一定都在档案馆，传主及其亲属、朋友处多有保存，要征集，要利用。(2)档案也不完全保存在中央档案馆，地方、部门的档案馆也有不少收藏。

在材料搜集上，我的体会是既要有目的地系统、专门搜集，又要广泛地通过多种渠道搜集，还要心存问题，随时留意，事事与你的人物研究联系起来。

第二，采访。

访问当事人和知情者，取得口述史料。文字记载是有限的，不少了解人物不可少的方面，档案、报刊、著作中很少记载。如：人物的许多活动，非正式场合的交谈、策划，生活细节、生活习惯，人物的性格、情感世界，还有对人物的理解、评价，等等。

举一些例子来讲：

耿飙讲：黄平桔林谈话/华国锋为改乔冠华联合国讲话稿问计于耿飙。

杨尚昆谈：遵义会议推举张闻天为总书记/对张闻天的评价还要拨乱反正。

刘英谈：监护生活情况和"人不相见心相见"/一根"牙签"。

马洪、刘英及左东启谈：马太爷的账本子和一把计算尺(《张闻天传》，第551—552页)。留美时置办，在当驻苏大使时还用。写一件事综合几个人谈话。

口述史料与档案要互相参证。如：刘英谈长征中两河口会师以后，毛泽东、洛甫与张国焘又团结又斗争。

读已有的别人对传主的回忆录，请知情人写回忆录，写张闻天、胡乔木的传记之前，都编了回忆文集出版，还按时间顺序把回忆文集中写到的事编纂起来；阅读传主的自述或回忆录，包括"文革"中的检查交代材料，揭发、证明材料。在写《张闻天传》之前，编了一本《张闻天自述》，很有用。

第三，实地考察。

传主的家乡，上过的学校，活动过的地方，尽可能跑到。无法到实地的，通过照片，影视资料，文字描写，对亲历者的访谈，以及互联网。举例来说：庐山会议期间张闻天的住处(河东路 177 号)、彭德怀的住处(河东路 176 号)，都实地去看过，对那里环境和他们交往的叙述和描写，就有独特性(《张闻天传》，第 730—731 页)。张闻天在美国旧金山勤工俭学生活的描叙，主要靠当时照片、报纸和同时代在美国留学的人介绍，也很生动具体(《张闻天传》，第 72—73 页)。

关于研究。搞清事实真相，发掘新的材料，以解决历史悬案、疑案、冤案，恢复长期被埋没的功绩。研究的目的，一方面是澄清错误评价，把涂抹的油彩洗掉；一方面是恢复历史功绩，把堆积的尘土擦掉。总的讲是还历史的本来面目。这件工作非常重要，是正确评价人物，写好传记的关键。对张闻天这样长期蒙冤的人物尤其重要。如：张闻天在遵义会议上的作用和当选总书记的问题(长期说是推选毛，毛没有同意)；张闻天在和平解决西安事变中的作用问题；胡乔木与邓小平"主题报告"的起草问题(有一种说法是因为胡乔木反对思想解放，所以邓小平不要他起草)；胡乔木、邓力群与邓小平的中共十二届二中全会上的讲话问题(有一种说法是邓小平讲思想战线不能搞精神污染是上了胡乔木、邓力群的当)。

研究要有重点，首先要着重解决历史关节点。下功夫发掘，考证考辨，研究分析。张闻天研究中，上面已经说到，几个关键之处解决得比较好：(1)张闻天在五四运动中传播马克思主义，发表《社会问题》一文。(2)歌特文章的发现和考证("个人惯用语"的发现)，认识到张闻天从"左"到反"左"的思想发展历程(胡乔木的指点)，及此文在左联发展史上的意义。(3)扎西会议的研究(过程、作用、地位的论定)，对传记来说，丰富和充实了传主张闻天一生中最辉煌的一页；对党史军史〔特别是长征史〕来说，增添新的重要内容；对地方来说，扎西〔今威信〕确认为老区，享受老区优惠政策。

不经过深入的分析研究，一个事件、一个思想，以至一句话，其重要意义、历史作用和地位，就认识不清，讲不到点子上。比方说，"让一部分人先富(好)起来"，邓小平这句话该怎么认识？杨振宁的分析就比较到位。他说：邓讲的这句话是一个重大的创新，"这一句话，改写了中华民族的历史。最近三十年中国的 GDP，从 1980 年到今天成长了三十多倍，就是翻了五番。所以能够翻五番，一个基本的观念，就是邓小平那个创新。对于中华民族，对于整个世界的未来，其影响是没法以道里计的"。

通过调查、研究，要逐步搞出一个比较全面的简明扼要的年表。已有的生平介绍、悼词，是基础，但往往还不够，有缺漏，有失准。通过研究要补充，搞准确。对全局做到心中有数，重点突出。传主的情况不同，现成的材料多少也不一样，做法因人而异。如对胡乔木，写了三篇文章：一篇是结合在《新文学史料》上发表胡乔木与文艺工作者的一批通信（也是为了澄清认为胡乔木与作家、文艺工作者对立的误解），写了《胡乔木的诗词情缘》；一篇是配合四卷本《乔木文丛》的出版和《胡乔木集》编辑的需要，写了关于胡乔木的学术评传《百科全书式的马克思主义学者——胡乔木》，涉及新闻出版、语言文字、文学艺术、中共党史等学术领域；还有一篇是同纪念毛主席相关的，评述胡乔木与毛泽东关系的文章：《从学徒、助手到党内第一支笔——1941—1981：胡乔木与毛泽东》，顺着胡与毛的关系，从 40 年代初一直到 80 年代初、毛逝世后做历史决议，这四十多年胡的经历、贡献从同毛的关系这一角度讲了一遍。以后又写了胡与邓的关系：《邓小平开辟中国特色社会主义新路的得力助手——1977—1982：胡乔木与邓小平》，对粉碎"四人帮"以后，改革开放以来胡乔木的经历、贡献，从同邓小平的关系这一角度讲了一遍。这样，通过文学、学术、政治这三个不同的角度，对胡乔木的一生走了三遍，基本上把握了胡乔木的生平、事业、思想、性格。同时，对胡乔木的著作、书信和主要活动也大致研究了一遍，在胡乔木生前编定的三卷文集之外，又编了七本书：胡乔木谈中共党史、谈新闻出版、谈语言文字、谈文学艺术，诗词集，书信集，还有一本精选的《胡乔木集》，和一本增订本《胡乔木回忆毛泽东》（增补了 24 篇文稿）。此外，还先后编了两本回忆录《回忆胡乔木》和增订再版的《我所知道的胡乔木》，并从回忆文章里辑录了一份胡乔木生平活动的资料。做了这些工作，写他的传记就有了一个较好的基础。当然，真正要写传，这些还不够，还要编写出年谱，首先是逐段（可以与传记相应的章节对应），然后才贯穿一生。对每一件事，还要做或简或繁的整理和研究。这种工作常常得益于学术界和社会的推动。如：话剧《于无声处》的进京调演。

　　一般说来，从实际需要着眼，要写两类文章，来记录研究成果，传播研究成果。一类是拨乱反正，辨析为主的，主要是论文，以论证为主以至进行驳论。一类是恢复历史原貌，重在叙述，夹叙夹议，史事记叙的文章。要写文章，把研究的结果形诸笔墨。光在脑子里转不够。从脑子里转到写成文章，是一个提高，一个飞跃。

　　从搜集材料到进行初步的进而至于深入的研究，形成一些成品。以张闻天研究为例，大致由四个方面的出版物展现研究成果。

一是张闻天的著作。形成一些目录，分类的，总的；著作，翻译，编辑；有些书的各种版本目录，如《中国现代革命运动史》。编辑出版一卷本的《张闻天选集》。这是第一重要的工作。确定的编选标准是：文章、讲话提出的问题和观点是第一次提出（也就是说有独创性、创新性，带有纠正原来的错误、提出新的路线、方针、政策和口号，作出新的分析等等，跟在别人后面说，说得再好也不入选）、并在实践中发挥了作用经实践检验是正确的东西（错误的不收，因为这是群众性的政治读物，不是学术研究资料）。执笔为党中央或以组织名义写的、发表的东西，符合上述要求可以收入个人的选集。最初确定以遵义会议决议为开卷篇，后来因发现了在 30 年代初写的反对"左"倾错误的文章《文艺战线上的关门主义》（化名歌特）和批判托陈取消派的文章《中国经济之性质问题的研究》后，这点有了突破。这个选集的编辑，基本上是按列宁关于评价历史人物要看他提供了什么新的东西的要求来做的。这部选集，经过邓力群为组长的编辑组七八年的工作才完成。

在这前后，编辑出版了各种专题文集：《张闻天早年文学作品选》、《张闻天早期译剧集》、《张闻天译文集》、《张闻天早期文集》、《张闻天晋陕调查文集》、《张闻天东北文选》、《张闻天庐山会议发言》、《张闻天社会主义论稿》等，还编辑出版了四卷本的《张闻天文集》。

张闻天自述、回忆（写的各种各样自传，填写的履历表——如留苏一段，各种检讨检查——整风运动中、庐山会议及其后，"文革"中的交待材料、回答外调的材料）中有的部分收到文集中公开发表。如：胡乔木主持编辑的《遵义会议文献》，选了《从福建事变到遵义会议》，十分重要。

二是对张闻天的回忆。从报刊上最初的回忆文章，到结集出版《悼念张闻天》、《怀念张闻天》、《回忆张闻天》、《纪念校友张闻天》，刘英的《我与张闻天命运与共的岁月》、《刘英自述》等。

三是研究张闻天的论文、文章和专著。先后编了四本张闻天研究文集。张培森出版了论文集《张闻天与二十世纪中国》。本人先后出版了《张闻天论稿》（1990年）和在此基础上进行增删的《张闻天论》（2000 年）、《说不尽的张闻天》（2008 年）。专著如《张闻天与新文学运动》（程中原）、《张闻天思想研究——东北工作时期》（施松寒）、《张闻天经济思想研究》（马文奇等）等。

四是以张闻天活动地点为题，将回忆、研究、文献等合在一起的专集。如：《纪念校友张闻天》《张闻天在无锡》《张闻天在合江》《张闻天在辽东》《张闻天在肇庆》《张闻天与遵义会议》。

关于编写年谱。按说应该是先编写年谱,在此基础上再写传记。实际上因为各种原因,不一定按这个程序。如张传,年谱是分工分段写的,进度不一,详略不一,不少段落是先写传记,有的段落依托的是相对较简要的年谱草稿,东北、外交相对比较详尽。整个年谱是在传记出版以后若干年才完成的。现在正在进行编写的《胡乔木传》,情况也是这样。规范的、也是多快好省的做法,应是先搞年谱长编,再写传记并整理出年谱(相对长编来说不附资料、考证)。

写传。写一部大传,确实是一个大工程。就我来说,因为不是单打一的就写传,还有许多别的工作,加上水平有限,经验不足,进行得比较慢。《张闻天传》从准备到完成出版大约十二三年。1980年至1988年九年准备。1988年初秋动笔写传,到1992年暮春完稿,将近四年。大致是七比三。

写这样一部传记也不是个人力量所能做好的,即使是个人执笔,也是因为有整个小组集体研究的支持,还仰仗领导的指导和十分具体的帮助——审读,提意见,修改,定稿。同时,还应该看到,"人物传记不单是传记作者个人研究和写作的成果,同时也是对这一人物研究的总体水平和它所涉及的相关领域总体学术水平的反映。所以,人物传记质量的提高,固然需要作者不间断的努力,但更为重要的是,要仰仗于学术界以至全社会对传主生平、事业、思想及其历史背景的进一步认识,有赖于史料的发掘与披露,研究的深入和提高"。我在《张闻天传》"修订再版后记"中这一段话是深有体会写下的。《张闻天传》1993年出版后七年修订再版,反映了这方面研究的深入和水平的提高。

第五个问题,也是最后一个问题,怎么写? 关于写作方法的一些问题

传记写作的方法,作者不同,方法不一。可说是各有各法,并无成法。在这里,我结合自己的体会来谈谈。

我想,首先要确定目标,要达到什么要求? 什么水准? 当然要高标准、严要求。我给自己定的目标、提的要求,主要是两条:一是信史,是史料翔实,评价公允的信史,另一条是文质彬彬,也就是内容与形式和谐统一,既言之有物,又生动感人。呈现在读者面前的人物是有血有肉的人,是思想活跃、感情丰富的活生生的人。

为达到这个目标，我体会，在写的时候要解决好这样一些问题。

第一，要写信史，写真实的历史。

写信实的历史，这是根本之点，是传记的生命线。达到这个要求的关键，是真实，是真实的历史，不是虚假的历史。这就要求说真话，不说假话，还历史的本来面目。史料翔实，评价公允，这是达到信史的要求的最重要的元素。而关键是作者要把实事求是的思想路线贯彻到底，无所畏惧，发扬直书、实录的传统。这里有两个重要关卡，一个是不溢美、不拔高，一个是不掩过、不推诿。做到这点不容易。举几个例子。

例一，张闻天到美国后，给他的朋友郁达夫、汪馥泉写信，诉说自己经历的精神"危机"，很消极、颓唐。写不写？ 这个问题牵涉对传主的缺点、弱点、错误怎么写的问题。采取的办法是写，但要作必要的说明和批评。

《张闻天传》第 42 页是这样写的：

> 在 1922 年 11 月 11 日给郁达夫的信中，张闻天倾诉了他在美国的"无味"和"孤独"。他一走出图书馆的门"就颤抖"，觉得"又走到人生的末路了"。说"那些曾经装点过春天的"、到了冬天落在地上的黄叶是"我们的象征"。他希望达夫第二年春间到那里，做他"在撒哈拉沙漠中的同伴"。在 1923 年 1 月 6 日给汪馥泉的信中，同样抒发了内心的烦闷、焦灼和矛盾。他写道："我现在的生活是无'过去'、'现在'、'未来'的生活。""像我们这种人在社会上是狂人，是不为大众了解的。我要去了，到黑暗无声的地方去，或者到鲜红的海浪中去。"（意思是自杀或者流血牺牲）从某种角度来看，这未尝不可说是一种渴望"高尚的生命"的"热情者底心理"，但这种心理终究带着无病呻吟的痕迹，表现了未经磨练的小资产阶级知识分子的脆弱与彷徨。

例二，张闻天遵义会议以后的任职：是否是总书记？ 有不同意见，怎么写？

《张闻天传》第一版第 206 页是这样写的：

> 就在这一天，中央常委会讨论分工问题，决定由张闻天代替博古，担任党中央书记，在党内"负总的责任"。……不过，在日常生活中，习惯上还是称呼总负责人为"总书记"。

修订版第 140 页作了重要修改：

> 这一天晚间常委会开会讨论分工，作出决定，以洛代博，由张闻天任中共

中央总书记,在党内"负总的责任"。

在这句话下面加了一条一千多字的长注,举出七条材料做根据。分别是张闻天自己、周恩来、邓小平、陈云、彭德怀、杨尚昆、伍修权讲的。其中六人明确说总书记,一人不肯定,说"是否叫总书记我记不清"。邓小平代表中共中央致的悼词说"被推选为总书记"。这是权威的论定。

例三,邓小平在长征途中的职务变动怎么写? 遵义会议时他担任中央队秘书长还是中央秘书长?

《张闻天传》第135页:"邓小平当时是中央队秘书长,担任会议记录"。加了一条注:据刘英:《难忘的三百六十九天》。该文有一节"调任中央队秘书长",叙述她在遵义会议后大约1935年4月间接替邓小平担任此职的经过甚为详尽。长征途中担任此职的顺序为:邓颖超、邓小平、刘英、肖向荣、吴亮平。

例四,毛泽东给张闻天五个字评语,怎么写?

《张闻天传》第一版考虑到都写出来有损毛泽东的形象,故只说"还给张闻天下了五个字的评语",哪五个字没有明说,通过作者的表示不平的议论来暗示是哪几个字,同张闻天的实际是怎样的不符合。这段话是:

毛泽东的这些批评,同张闻天的实际是不符合的。跟毛泽东过去每每称赞张是"明君",不争权,作风民主这些评语也是矛盾的。张闻天听了很委屈。从中央苏区后期,到长征路上,直至抗战初期,他同毛一起,站在第一线,同博古、李德,同张国焘,同王明,进行了坚决的、尖锐的斗争,何怯之有! 他拥戴毛泽东为全党、全军的领袖,自己甘当"配角",使毛的正确方针、主张畅通无阻,还一次又一次主动让权,真是毫无自私自利之心。他跟着毛泽东,和全党同志一起,脚踏在中国的土地上,实现了从内战到抗战的转变,开创了历史新局面……这几个字的评语,从何说起呢?

这段话实际上也是对张闻天从中央苏区后期到抗战初期革命历程的一个总结,一曲赞歌。

修订再版时情况不同了,这五个字有的老同志已经公开说了,就把毛泽东评价张闻天的这五个字:"狭、高、空、怯、私",写了出来。(见第300页)

要做到写真的历史,作出客观公正的评价,很不容易。有几点要特别注意:

(1)避免误读和曲解。例如:1973年12月15日,毛主席为邓小平复出参加军委、进政治局，同部分中央政治局委员和北京、沈阳、济南、武汉军区负责人谈话。毛主席对着邓小平说："你呢，人家有点怕你，我送你两句话，柔中有刚，绵里藏针。外面和气一点，内部是钢铁公司。过去的缺点，慢慢地改一改吧。"这段话，有初中文化水平就可以理解，是毛说邓的缺点或不足，是对邓的批评，或者可以说是劝勉。可是有些论者说是毛主席赞扬邓小平的优点是"柔中有刚，绵里藏针"。显然是一种曲解。

（2）发现差错、误传，要正视，毫不犹豫地加以纠正。例如：关于《中国共产党的三十年》的写作过程和署名问题。过去都说是胡乔木为刘少奇写的纪念会上的讲话稿，毛主席决定署名胡乔木发表，刘少奇就自己重写一篇讲话稿。首先是刘少奇编研组查阅档案，发现不是那么回事。我们也到档案馆查阅了档案。原来是为纪念三十年写的党史资料，起草过程中刘少奇进行指导，作了不少修改（大大小小的修改有 200 多处）。陈伯达不同意用马列学院的名义发表。刘建议用人民日报或胡乔木个人的名义发表。毛在文稿的封面上和内文的标题下写上了胡乔木的名字。

（3）认识是随着研究逐步深入的。有了新的认识，要设法弥补。例如：张闻天庐山会议发言，记录稿中有一句话："不是要把富的向穷的拉平，而是要把穷的向富的提高。"整理稿中未放进去。在传记里面写了上去：

> 他指出，不是要把富的向穷的拉平，而是要把穷的向富的提高。"想来一个拉平，用平均主义的态度对待贡献大、生活富裕的农民，批判多劳多得而生活较好的人，说他们有资本主义思想，等等"，这种错误做法应该纠正。（《张闻天传》第 418 页）

再如：《生产关系两重性问题》一文，没有收入《张闻天选集》。当时对文中有些提法没有把握。后来，一些经济学家，如孙尚清、鲁从明，认为这篇理论文章水平很高，就收到《张闻天文集》第四卷中去了。

第二，爬好"文山"，过好"会海"。

对第一把手、会议主持人，对思想家理论家的传记，这个问题尤其要注意解决好。前提是掌握会议、文献的背景、精神实质、来龙去脉，得其要领，才能写得精粹。具体写作中，会议要注意写出前后的联系，关于主要问题的争论、交锋，突出传主的观点与作用，如：关于解决西安事变的中央政治局会议，庐山会议发言。文件要明确针对性,文件所起的作用,说的新话,首创的、创新的东西是什么,经过历史检验的评价。这方面下的功夫不小,但不都是成功的。相对说来,会议比文件要好写些。夏征农同志指出,《张闻天传》主要的缺点是文件、讲话的内容介绍看起来沉闷。《胡乔木传》也碰到这个问题。

第三,关于"史论结合"的问题。具体些说,就是怎样做到:人从事出,论从史出,寓论于史。

第四,关于夹叙夹议。叙述应是人物传记采用的主要表达方法,但议论和抒情也是不可缺少的。夹叙夹议实际上是"史论结合"在表述上的要求。以叙为主适当议论,在叙述的基础上议论、点评,起到画龙点睛的作用。议论与抒情的语言要适称、和谐,恰到好处。

下面举一些例子,作一点分析,来说明第三、四两点是怎么做的。

人从事出,论从史出。

例一:《张闻天传》第143页在对《遵义会议决议》内容作了具体分析之后,又作了总的概括评论,然后肯定张闻天的历史贡献。对决议和张闻天结论性的话是这样写的:

> 遵义会议是中国共产党历史上第一次独立自主地运用马克思列宁主义基本原理解决自己的路线、方针和政策的会议。它是中国共产党历史上生死攸关的转折点,标志着中国共产党从幼稚达到成熟。《遵义会议决议》是这次会议的最主要的文件。它是反"围剿"战争经验教训的历史总结,是党和军队集体智慧的结晶,是以毛泽东的军事思想为指导,又是对毛泽东关于中国革命战争的战略战术的第一次系统论述,是在全党、全军开展与深入进行"反对军事上的单纯防御路线的斗争","彻底纠正过去军事领导上所犯的错误,并改善军委领导方式",实现"从阵地战战术(短促突击)到运动战战术的坚决的迅速的转变"的纲领性文献,为中央红军与全国各地红军突围转移和粉碎"围剿",取得长征的胜利,奠定了思想、理论基础。作为"提纲"的执笔者和"反报告"的发言人,《决议》的起草者和扎西会议的主持人,张闻天有着不可磨灭的历史功勋。

联系张闻天的思想发展历程,简评转变的必然性,说明担任总负责人是历史的选择。(见《张闻天传》第144页)

例二：写张闻天在1941年九月政治局会议上自觉检讨之后，有一段对张闻天遵义会议前后直到此时的功劳和他对错误不断检讨的概述，然后有两句评论，一句赞扬，一句讲好的影响："张闻天责己如此之严，对党如此之忠诚，令人敬佩。他的服从真理、修正错误的精神，为第三次'左'倾路线统治时期犯错误的同志做出了样子。"(《张闻天传》第301页)

例三："文革"中张闻天接受外调，在叙述219起接待后有几句评论："张闻天在自己不断挨斗，蒙受不白之冤的时候，以确凿的事实，为许多同志洗刷掉泼到他们身上的污水，证明他们的清白。无论从旧道德还是以新道德来衡量，都是令人敬佩的。"(《张闻天传》第466页)

例四："文革"中关于六十一人案讲张闻天明知前途凶险，但是没有屈服于压力。叙事之后有几句评论："'时穷节乃见'！张闻天的回答，表现了共产主义知识分子至大至刚的一身浩然正气！""'逼供信'这一套，在张闻天这里是没有用处的。"(《张闻天传》第469页)

寓论于史。

例一：1936年10月悼念鲁迅的活动，叙述后有一句话是叙也是评："而代表党中央进行指导的是张闻天。"(《张闻天传》第195页)

例二：从任弼时给共产国际报告中引用的阎锡山论几支军队的话，看张闻天《把山西成为北方游击战争的战略支点》文章(1937年11月15日)的作用：

> 张闻天这篇文章提出的战略任务，同毛泽东关于太原失守后华北八路军任务和军事部署的指示是完全一致的。此后，八路军各部即在山西敌后农村进一步开展独立自主的山地游击战争，创建了晋察冀、晋西北和大青山、晋冀豫、晋西南等抗日根据地，山西新军也迅速发展壮大(到1939年底有9个旅50个团)。真是"八路助新军发展游击，收复失邑，成绩昭然"。山西全省山区、乡村成为广大的敌后战场。阎锡山深得其惠，感慨地说，现在共产党八路军在山西，是有十支洋烛的光，晋绥军是一支洋烛的光，中央军呢，只有一根香火的光。(《张闻天传》第254—255页)

例三：关于在驻苏大使任上对国家工业化的贡献。《张闻天传》从第372页起讲张闻天关心国内经济，讲了对工业化问题的建议(迎头赶上，较快速度；稳步前进；立即开始；自力更生与取得外援结合)，对钢铁工业布局的意见(东北，西北，西南与中原);对航空工业建设的两份电报,然后讲张闻天"是在苏联落实156项工程的总负责人",在叙述之后只淡淡地说了一句:"这些项目的确立都在张闻天大使任上。"贡献不言自明。(《张闻天传》第374页)

特别要致力于写出个人特色——独特贡献,独特特点。写出这一个。

前者要重点写人物的科学预见,过人之处以至料事如神之处。

例四:以张闻天来说,他第一个提出的重要意见要突出写,如:和毛泽东一起首先提出马克思主义中国化。(《张闻天传》第265页)指出张国焘坚持错误"前途必然是组织第二党"(1935年9月12日俄界会议)、"结果必然会走到叛徒的道路上去"(1937年11月党的活动分子大会)。(《张闻天传》第260—261页)分析五种经济成分(1948年9月)。(《张闻天传》第342—346页)

后者要写别人所无、唯他所有之处。

例五:搞外交,张闻天是理论家搞外交,是理论家外交家,这就有他的特点;抓主要矛盾,提出驻外使馆的主要任务是充当国家的耳目,了解驻在国的政治经济等情况,使馆要设立研究室;分析世界格局,指出世界大战有可能避免,和平共处是主要趋势,但曲折和波浪式的起伏经常会有,局部战争和事端不断;民族主义国家还有生命力,不存在世界革命的形势;朝鲜战场五次战役正激烈进行时,张闻天分析各方情况,认为通过谈判达到停战会被各方接受;五次战役结束后,他进一步分析情况,看到美国目前有在三八线求得停战的趋向,写研究报告建议中央领导作好和谈准备。(《张闻天传》第365—369页)

夹叙夹议。

可以有多种方法。也举一些例子来说明。把背景、场面、人物等写得浑然一体,使读者如临其境、如见其人。这是最基本的方法。先举两个例子。

例一,邓小平第二次复出。

1973年4月12日晚七点半,人民大会堂一楼宴会厅灯火辉煌,周恩来在这里盛宴欢迎视察柬埔寨解放区后于12日返回北京的西哈努克亲王和夫人。邓小平以国务院副总理的身份出席宴会。这是自1967年邓销声匿迹以后,第一次在公开场合同中外人士见面。虽然他坐的位置并不显眼,却吸引了全场的目光。他没有说一句话,甚至还显得有点孤单,但无论是中国人还是外国人,都感觉到他重新登上中国政治舞台的分量。(《历史转折的前

奏》第 22 页)

例二,邓小平挨批。

在全国党政军高层领导中传达讨论《打招呼的讲话要点》的同时,12 月份中央政治局连续开会,批判邓小平。会议场景十分奇特。主持者就是被批判者。邓小平到场宣布"开会"以后,就像一尊铜像一般,稳稳地坐在那里,不言,不动,一任"四人帮"一伙大张挞伐,诬蔑攻击。时间到了,说声"散会",若无其事,离席而去。(《历史转折的前奏》第 576—577 页)

下面再举几个例子,说明怎样就情节的叙述来生发议论。

例三:张闻天赴美留学。

远行之前,他回到家乡,与父母、乡亲告别。他在家中后院栽下一株芭蕉留作纪念,还在他从小读书的养正小学校园的一棵树上刻了一个记认。村上最年长的吃素老太,用包头巾裹了一块故乡热土,颤颤巍巍地捧到张闻天跟前。张闻天感动得热泪盈眶,双手接过,揣在怀里。近两个月来一种飘忽不定的情绪,顿时觉得稳定了下来。是的,他现在就要到大洋彼岸的加利福尼亚州去了,可他的根是在这里,他的一切属于养育他的这一片中华大地。他漂洋过海,远走异国他乡,不就是为了将来把贫穷落后的中国改造成为繁荣富强的乐土吗?(《张闻天传》第 39 页倒 4 行至 40 页第 4 行)

不是平铺直叙而是有一定的历史感,叙述角度又像作者,又像传主,是为传主设想的可能的感受,但又没有强加于他。

例四:张闻天上庐山。

6 月 30 日,张闻天启程赴庐山,与北京上山开会的人同乘一火车专列前往武汉。又是一次巧合,他同彭德怀、贺龙、康生在一节车厢。车上随便交谈,又自然地谈论起"大跃进"以来的情况。彭德怀认为形势非常严峻,张闻天也忧虑"大跃进"以来出现的许多问题。

就是这样,张闻天和彭德怀都清醒地看到了"大跃进"和人民公社化运动带来问题的严重性,并且从不同的角度和层面上抓住了"左"倾错误的要害。一个怀着"不要我讲,我愈是要讲"的忠贞,一个想着家乡父老"要为人民鼓咙胡"的嘱托,一起登上了庐山。(《张闻天传》第 407 页倒 2 行至 408 页第 6 行)

从互相交谈,写到思想情绪,写到性格,为下文作了一定的铺垫。

以上两例可以说是即事议论。下面的例子可以说是即言议论。

例五:张闻天庐山发言中评论、支持彭德怀的发言。叙述这方面的内容之前加简要说明,叙述后又加评论、赞颂:

> 张闻天发言的内容其实就是从理论与实际结合上对彭信的全面支持。然而张闻天没有到此为止。他特意正面发表评论,肯定彭德怀的"这份意见书提出了一些问题,中心内容是希望总结经验,本意是好的"。对于彭德怀信中为人所诟病的七个问题,张闻天以同志式的讨论方式说明自己的看法。例如,有些人认为,彭德怀关于各方面关系的紧张具有政治性的说法"不恰当"。张闻天说:看怎样讲。在刮"共产风"时,各方面关系确实紧张。有些人对彭德怀信中关于浮夸风的严重程度有不同看法。张闻天提醒大家注意,他讲浮夸风,是从北戴河会议时对粮食估产过高说起的。还说,浮夸风确实是严重的,是很大的问题,现在也并不是完全解决。到会的许多同志都觉得,"小资产阶级狂热性,使我们容易犯'左'的错误"这句话说得"过火"了。张闻天却说:"这个问题不说可能更好一点,说了也可以,究竟怎样,可以考虑。但是,刮'共产风',恐怕是小资产阶级狂热性。"如此等等。张闻天这一番话,有澄清,有辩护,有赞同,有发挥,也有不少是对彭信有欠周到之处的补苴罅漏。他以理服人,举重若轻,将对彭德怀信的一切误会、曲解、非议、责难,像拂拭蛛丝一样轻轻抹去。在这充满风险的紧张时刻,张闻天仍然坚持真理,坚持独立见解,是多么难能可贵!(《张闻天传》第419页第一、二段)

例六:下庐山后对刘英的回答和与何方的对谈。充分表现个人特点,很有个性。我只是忠实记录了他们的回忆。下面关于讲真话的议论是我的发挥,这里的关键是历史人物的思想感情及其遭遇和传记主人公在现实生活中的思想感情及其遭遇,其共同之处与不同之处,要把握得比较准确或者说恰如其分。《张闻天传》第428页记张闻天同何方交谈:

> 晚上散步,来看他的身边工作人员何方也为他庐山发言惹祸惋惜。张闻天讲了一番哲学上偶然与必然的关系,说不上山也可能不发这个言,但那是偶然性;有意见要讲,则是必然性。他还引用唐代散文家韩愈的话说:"'物不得其平则鸣。'脑袋里装了那么多东西,心里有那么多话,能够不说吗? 我是共产

党员，应该讲真话！"

接着，从张闻天的话发了一番议论：

> 这"讲真话"三字，确是张闻天的可敬可佩处，也是他的可悲可叹处。套用一句韩愈的话，张闻天"之鸣信善矣"，然而"不知天将和其声而使鸣国家之盛耶？抑将穷饿其身，思愁其心肠，而使自鸣其不幸耶？"历史已经铸定，张闻天的鸣给他带来的是"不幸"。不过，张闻天和屈原以来的旧时代的人物不同，他并不"自鸣其不幸"，他还是坚忍不拔地鸣社会主义中国的兴盛！而党和人民，终将会"和其声"的。（《张闻天传》第428—429页）

也可以以论引事（以论引叙）。

例七：胡乔木"文革"中被隔离审查长达八年，他自我解嘲说是被冷藏了起来。《在软禁中》一节写他的读书、研究情况。先发议论：

> 胡乔木虽被"冷藏"却未休眠。他书生本色不减。读书，研究，依然抓得很紧。不肯让宝贵的光阴白白流逝。

然后具体讲他读《资本论》、《圣经》、《宋词选》和研究汉字。

例八：张闻天下庐山后继续挨斗以致病重住院。

这个情节没有简单处理，而是以一种带有抱怨的议论开头，带出情节的叙述。这样以论引叙，比较感人：

> 喜、怒、忧、思、悲、恐、惊，这情态方面的七种表现，中医称为"七情"。几个月来，除了头一个"喜"字同张闻天无缘，其余六个字，他都占全了。张闻天已值花甲之年，再是胸怀坦荡，豁达大度，也经受不住如此沉重的打击。各种疾病先后袭来。先是高血压病犯了。血压猛增，引起晕眩、心悸。他不能休息，仍然撑持着去接受批判。到9月中旬，在庐山上已经开始发作的前列腺肥大症又突然加剧了。尿中毒威胁着他的生命。他实在无法支撑下去，被送进了医院。（《张闻天传》第429页第4段）

例九：相仿的例子还有，如《五百二十三天"监护"》一节的开头一段：

> 汉语以词汇的纷繁著称于世。汉语构词的灵活性，使得新词层出不穷，尤其是在史无前例的"文化大革命"中，简直天天都有同前所未有的事相应的前所未有的词出现。这"监护"就是其中的一个。说是"监禁"吧，并不进监狱；说是"保护"吧，又完全没有自由。1968年5月17日，下午，北京卫戍区司令部奉

命派一个班武装,进驻景山后街甲 1 号张闻天寓所,宣布对张闻天、刘英实行"监护"。(《张闻天传》第 469 页)

更多的是即景议论,从景物、从情景、场面来议论、抒情,力求达到情景交融。

例十:"监护"中的放风一段:

> ……唯一可以接触一点新鲜空气的是每天 20 分钟的"放风"。看门的士兵打开紧闭的门,领着张闻天通过走道,到屋子西头廊下立定。这时张闻天才可以吹到风,看到天空,晒到太阳。他可以朝南走,左边贴墙是低矮的女贞树的绿篱,右边是一个煤堆。他可以脚踏在地上,一步,两步……走十一步,抬头,迎面是一个持枪的哨兵。他只能折回头,用十一步来回丈量这条黑色和绿色之间的小路。张闻天牙齿不好,有一次乘放风的机会捡了两根可以用来剔牙的细枝子,小心地夹在书里。第二天早晨起来读书时,发现细枝子已经被没收了。监视之细致,叫人苦笑。(《张闻天传》第 470 页)

例十一:长征中到扎西后改变了中央领导,做出并传达、贯彻了遵义会议决议,军委纵队离开扎西一段,是这样写的:

> 说来也巧,那时刚过春节,连日阴雨,下得人心烦。2 月 10 日张闻天作了关于反对五次"围剿"总结报告以后,当天夜里竟下了一场大雪。第二天早晨,军委纵队离开扎西镇时,遍地皆白,仿佛是天公给红军有意另造了一个世界。不久放晴,红艳艳的太阳悬在空中,极目远望,红妆素裹,分外妖娆。听过传达的干部们,心头乐融融的,感到格外温暖。(《张闻天传》第 146 页)

还有一种议论的方式是引用或借用。恰当地用别人对传主的评论,这比作者直接出面讲,更恰切、更可信。

例十二:毛泽东在中共七大几次讲话中肯定和赞扬张闻天的历史作用:

> 毛泽东说:"遵义会议是一个关键,对中国革命的影响非常之大。但是,大家要知道,如果没有洛甫、王稼祥两位同志从第三次'左'倾路线中分化出来,就不可能开好遵义会议。同志们把好的账放在我的名下,但绝不能忘记他们两个人。"(《张闻天传》第 318—319 页)

例十三:李维汉在中央政治局会议上发言,对张闻天的评论:

> 罗迈(李维汉)在 10 月 22 日会议的发言中,谈了自己对博古、洛甫两人的"观感":对博是"敬而畏",对洛是"敬而爱"。这的确说出了张闻天在党内同志

心目中的印象。(《张闻天传》第301页)

例十四：郭沫若1949年11月16日复张羹美信中赞洛甫兄弟：

洛甫确即闻天先生，在东北曾晤面。健尔似已去世，不知其详。古人云："国尔忘家，公尔忘私"，悬为道德之最高标准。中国革命深幸有如洛甫先生兄弟者多，故得庆成功。(《张闻天传》第360页)

最后，总括一句话，人物传记的生命是真实，要写出信史。历史不同于文学。文学的真实，允许甚至离不开虚构。历史的真实，可以选择，不能推测，不能虚构。人物传记要丰满、要有感情。邓力群同志审读了《张闻天传》的书稿，除提了宝贵的修改意见外，说了两句肯定的话，一句是：写得很饱满，不干巴；一句是：真会调动人的感情啊。后一句话有他的感情因素在里面。一般的读者读了怕不见得会如此。

谈谈四重证据法

——以考证解决中共党史上七个疑难问题为例

考证是解决难题写出信史的基础

历史撰述,是过去的人和事的记录,是对前人经验教训的总结,对社会发展规律的探索。实证,是历史学最鲜明的学科特征之一,是还原历史、总结经验、探索规律的基础。写历史要求用事实说话,讲究言必有据,不说空话,不说假话。所谓"通儒之学,必自实事求是始"。写历史推崇秉笔直书,要求"实录",做到"不虚美,不隐恶"。这样写出来的历史,才可能是"信史"。为达到这些要求,最重要的、基础性的因素是全面地、翔实地占有真实的史料。而为了确定史料的真实、可靠,破解历史的疑案,就需要下功夫进行考证,做搜集证据,鉴别真伪,辨析关联,解释内涵等工作。做好这一重要而艰难的基础工作,需要史学工作者具有史德、史学、史才、史识,需要史学工作者为此付出心血。

在中国古代史研究中,20世纪二三十年代中国学术界曾经出现过一股疑古思潮。顾颉刚的《古史辨》为其代表。其历史贡献是通过对史料的辨伪求真,摧毁伪古史系统,促成新古史学派的建立。但辨伪也有过头之处,出现以真为伪的情况在所难免。在运用"层累地造成中国古史说"研究古史传说还原为神话的过程中,认为夏代并不存在这一轰动一时又备受讥讽的观点就是一例。鲁迅在《故事新编》的《理水》(1935年11月作)中写一个考古的学究鸟头先生,考证出来"其实并没有所谓禹,'禹'是一条虫",就是影射讽刺顾颉刚的。①王国维利用地下发掘出来的甲骨

---

① 顾颉刚在《古史辨》中据《说文解字》对鲧字解释说,鲧是一条鱼;对禹字解释说,禹是蜥蜴一类的虫(该书第1册第63、119页)。"鸟头"这个名字是从顾字而来。繁体字的顾从页雇声,雇是一种鸟,页本义是头。鲁迅相对应的用《说文解字》的解释来影射讽刺。

文，进行识读，说明甲骨文上有多种写法的夏字，记录着夏代发生的事情；说明甲骨文的记录和《史记·夏本纪》以及《尚书》、《孟子》等典籍上记载的夏禹治水事迹传说的一致性。王国维运用地下新史料证实纸上旧史料的这种方法，被称为"二重证据法"。

一些学者在人类学、民族学、民俗学、中国古代史等学科的研究中运用"二重证据法"并加以发展，先后提出了"三重证据法"（加上"口碑材料"，有黄现璠说、饶宗颐说）、"四重证据法"（加上"文物与图像"，有叶舒宪说）。

在近现代史研究中，在中共党史研究中，同样会遇到若干问题需要通过搜集史料，对其进行考证、考辨、考释，以求得问题的解决。同人类学、民族学、古代史等学科的研究相比，运用的手段和方法，有其共通之处，也有其自身的特点。

弄清历史真相，需要多重证据

我从事党史研究工作是从中共党史人物张闻天研究开始的。涉及许多人和事，几乎每走一步都离不开对史料的搜集与考证，体会到弄清历史真相，需要多重证据。

人物研究一开始碰到的问题，就是这人叫什么名字？何时何地出生？张闻天在高小读书时的名册上用的名字是"应皋"、"荫皋"，1917 年考入河海专门学校时才用"闻天"。张闻天这个名字，首见于 1917 年 7 月 20 日上海《申报》上登出的"上海录取新生通告"上面。这是怎么一回事？访问与张闻天同辈的人，他们说，张闻天的名字是塾师张柱唐起的，出自《诗经》。经查，《诗经·小雅》中的《鹤鸣》篇有云："鹤鸣九皋，声闻于天。"可见应皋是名，闻天是字。后以字行世。张闻天的出生年月日怎么又成了问题呢？他的生日是农历八月初六，这一年是闰八月。这个八月初六是前八月还是后八月呢？谁也说不清楚。老人说，张闻天出生前一个月，其父将住房翻修了一次。在翻修后厅屋北墙中间的隔扇上刻有四首唐宋人的诗，落款为："庚子巧秋中浣柱唐张国栋涂。"这是一个非常有价值的物证。庚子，公历 1900 年；巧秋，农历七月；中浣，中旬。可以确定：张宅翻修完成的时间是庚子年七月中旬。一个月后张闻天出生，当在前八月初六，公历为 1900 年 8 月 30 日。可见，近现代史研究、中共党史研究，不仅要利用人证之便，也需要依靠物证。

人物重要活动的经过，相对而言比较容易掌握一些。但具体的起讫时间，当事人也很难说得准确、确切,必须仰仗于历史的记录。例如:张闻天何时又是怎样赴美国留学的? 何时又是怎样回国的? 从《少年中国》第 3 卷第 10 期《少年中国学会消息》、《学生杂志》第 9 卷第 9 号《最近出洋的学生》、1922 年 9 月 22 日上海《时报》刊载的《太平洋上月出口船舶》以及 8 月 20 日上海《民国日报·觉悟》刊载的张闻天的诗《别》可知,张闻天是 1922 年 8 月 20 日从上海乘"南京号"远洋轮前往美国旧金山的。张闻天到达旧金山后,"美洲中国文化同盟"于 1922 年 9 月 23 日下午在唐人街杏花楼举行了一个欢迎茶话会,消息《文化同盟茶会记》刊登在第二天《大同晨报》的"本埠新闻"栏。在张闻天 1923 年 11 月给胞弟张健尔的信中说:"我大约今年年底就想回国"。此信由张健尔录入他写的《落日》一文,发表于《民国日报·觉悟》1923 年 12 月 2 日。离开旧金山的确切时间,从他的朋友孟寿椿送给他的一本《十九世纪文学史》扉页题字可知:"敬赠闻天兄以为金门之别的纪念　寿椿 一九二三年十二月二十九日"。轮船在太平洋上航行半个多月,到达上海的时间在 1924 年 1 月 20 日左右。

又如:张闻天赴莫斯科留学,也存在同样的问题:他是何时又是怎样离开上海和到达莫斯科的? 又是何时回到上海的? 据张闻天进入莫斯科中山大学后于 1925 年 11 月 26 日填写的第一张表格《旅莫中国国民党支部党员登记表》和俞秀松(当时这一批赴莫斯科留学生的带队人之一)1926 年 8 月 2 日给父母的信,可知:他们是于 1925 年 10 月 28 日晚,从上海外滩码头乘小船到吴淞口外,登上一艘准备返回海参崴的苏联运煤船。在海上航行半个月后,船抵海参崴,当夜即径直坐上西行的火车,于 1925 年 11 月 23 日抵达莫斯科。关于回国经过,张闻天传记记载:1931 年元旦过后,张闻天同杨尚昆一起走陆路回国,于 1931 年 2 月 7 日(农历辛未年正月初一)大雪纷飞中到达上海。依据的材料是:张闻天在 1967 年写的一份材料,杨尚昆写的回忆文章《坚持真理　竭忠尽智——缅怀张闻天同志》。当天天气据当时住在上海的鲁迅的日记。

上述这些来自档案、报刊、书籍、书信、题词、日记等等的书面材料,可以统称之为书证。

有些细节很能表现传主的特点,是由多人回忆、口述形成的。如张闻天随身带有一把计算尺。这个细节首先是由张闻天的夫人刘英提供的。她讲到在 1942 年进行杨家沟调查时,算地主马维新家自清道光二十五年(1845 年)直到目下近百年的各种账本，马洪打算盘，张闻天则拉计算尺。这把计算尺还是他在美国留学时买的，随身带了十五六年了。又过了大约十年，张闻天在驻苏大使任上，苏联农业问题是他关心研究的课题之一。有一次同留苏学生左东启交谈，当他得知左东启学的是水利专业时，立即发问：苏联种一亩小麦要用多少水？还从怀里摸出那把计算尺，和这位同学一起将公顷和亩的用水量进行换算。一把计算尺联接了传主张闻天20年代在旧金山、40年代在杨家沟、50年代在莫斯科这四十年间三国三地的活动，很能表现人物的特点。

有些事情要联系人物的活动甚至联系历史情况进行具体分析，进行考释，才能说得清楚，说得准确。例如，1942年3月9日，公祭、安葬张浩后，执绋抬棺的中央领导人坐着休息，有人拍下了这一排领导人的照片，并在每人下面写上了名字。边上一位标明是洛甫（即张闻天）。这张照片流传很广。多少年过去了，没有人提出疑问。但联系人物活动的历史情况进行具体分析，这里的洛甫肯定是标错了。因为这时洛甫不在延安。他于1942年1月率延安农村调查团赴陕北和晋西北进行社会调查，直到1943年3月才返回延安。洛甫同张浩纵然友情深厚，也不可能出现在这个葬礼上。经研究，这位影中人实际是博古。

更加复杂的事情更需要联系具体情况进行考释。例如，对张闻天1919年8月19日至21日发表在《南京学生联合会日刊》上的《社会问题》一文应该如何评价。首先是分析《社会问题》一文的内容和张闻天在此前后的思想、主张。在《社会问题》中，张闻天明确提出，要用马克思主义的唯物史观来考察中国社会问题。他还具体运用马克思在《〈政治经济学批判〉序言》中社会形态演进经过"四大变动"的观点，分析当时军阀统治下的中国社会，指出是从辛亥革命后一度出现的共和时代退回到封建专制时代去了。在科学分析中国社会历史与现状的基础上，张闻天提出解决中国社会问题的方法是革命，是"依靠劳农界人"起来革命，"铲除士大夫阶级"。他还认识到中国革命的发展要经历两个不同的阶段。他指出："劳农界人去士大夫阶级的革命"取得胜利，"实行普选的民主政治"，"这是吾们第一步的办法"。在民主革命胜利之后，"再讲第二步"即社会主义："组织，是劳动者把资本家推翻，由劳动者自己组织。一切生产机关都归政府掌握，实行中央集权。用国家资本组织一国家银行，有总理一切的权。它很重视国家，所以亦重视政权。经济，是集合主义。就是把生产机关收归公有。所生产的物品，除可以作生产的，仍许私人所有。各尽所能,各取所值。"文章还全文摘录了《共产党宣言》第二章中的十条纲领,宣传共产主义理想,说明实行共产主义的方法"各国不同","若是很进化的国家,以下条例是很适用的。"张闻天在发表《社会问题》以前,在《"五七"后的经过和将来》(1919年7月11日)、《中华民国平民注意》(1919年7月22日)两文中,都写到解决中国社会问题不能采取温和的办法,为"扫除以前种种痛苦",要"想别的法子,去做牺牲也不要怕"。"武力政治、强横的中央集权、卖国贼、安福系、腐败的政党,一切废除,然后建设这健全的民主共和国。"说明他在《社会问题》中的主张是稳定、成熟的主张。

我们考察了当时传播马克思主义的情况。在青年人中,在当时有影响的刊物如《湘江评论》、《觉悟》中,都没有人达到这样的水平。几乎与张闻天发表此文同时出版的一家著名刊物的《宣言》就主张"群众联合,向强权者为持续的'忠告运动',实行'呼声革命'","不主张起大纷扰,行那没效果的'炸弹革命'、'有血革命'。"张闻天则断然否定这些温和方式,说这些"无用的","不要去做",应该抱定"做牺牲也不要怕"的决心,"铲除"封建军阀的统治,中国才有出路。从全国范围来看,李大钊最早运用"唯物史观"这个概念见于1919年8月17日《每周评论》第35号《再论问题与主义》一文。他主编的《新青年》第6卷第5号"马克思研究号"因印刷延误是在1919年9月问世的。陈望道的《共产党宣言》中文全译本的出版是在1920年5月。在张闻天之前,成舍我以"舍"的笔名在1919年4月6日出版的《每周评论》第16号"名著"栏里以《共产党宣言》为题摘译了十大纲领;1919年5月1日出版的《新潮》第1卷第5号发表的谭鸣谦(平山)的《"德谟克拉西"之四面观》一文中对"十大要领"作了扼要介绍。张闻天在《社会问题》一文中摘录的《共产党宣言》,见于1919年8月21日,是俄国十月革命后在中国公开报刊上第三次出现的"十大纲领"的白话译文。经过这一番历史情况的研究和对此文意义的考释,我们论定:张闻天是中国五四时期传播马克思主义的先进人物之一,是首先尝试运用马克思主义解决中国实际问题的先进人物之一,在当时的青年学生中,他站到了时代的最前列。

在传统的中国古代史研究中,有"经史互参"的方法。在近现代史研究和中共党史研究中,继承这种传统,联系历史,结合现实,对史料进行考释,通过具体分析,求得问题的解决,作出恰如其分的评价,也是十分必要的。这种方法,姑且简称之为史证。

一般说来，解决近现代史、中共党史、中华人民共和国史中遇到的需要考证的问题，运用上面说到的人证、书证、物证和史证中的一两种方法就可以了。遇到特殊的、疑难的问题，则需要综合运用人证、书证、物证和史证这四种方法才能解决。

解决张闻天研究的两大难题

第一大难题：歌特是谁？

在张闻天研究中，我们遇到的一个大难题是："歌特"是谁？

1981 年 10 月，我们在中央档案馆查阅 30 年代党内刊物《斗争》和《红旗周报》，发现了署名"歌特"的三篇重要文章，即：《文艺战线上的关门主义》(载 1932 年 11 月 3 日《斗争》第 30 期)、《在走向粉碎四次"围剿"的路上》(载 1932 年 11 月 18 日《斗争》第 31 期，又载 1932 年 12 月 10 日《红旗周报》第 53 期)、《论我们的宣传鼓动工作》(载 1932 年 11 月 18 日《斗争》第 31 期)。"歌特是谁"？这是必须解决的问题。

我们首先就"歌特是谁"的问题展开广泛的调查，希望找到人证。我们请教了当年在上海临时中央和中央文委工作过的许多人，包括杨尚昆、吴亮平、李一氓、王学文、阳翰笙、周扬、夏衍、胡乔木、丁玲、黄玠然、李华生、楼适夷、章文晋、羊牧之、季楚书、祝伯英等，以及研究 30 年代左翼文艺运动的学者唐弢、李何林等。同时，我们在《新文学史料》上发表了《文艺战线上的关门主义》和对于此文的评介文章，希望得到一切识者的指教。

老同志回答了张闻天选集传记组的查询，学者们也陈述了自己的看法。虽然没有人提供明确的答案，但他们对"歌特是谁"分别作了种种不同的推测。这样，就把一切可能化名"歌特"的人都提了出来，得到了一张 16 人的名单。他们是：张闻天、瞿秋白、陈云、博古、康生、刘少奇、杨尚昆、冯雪峰、凯丰、周扬、夏衍、阳翰笙、潘梓年、耶林(叶林、张眺)、章文晋、胡兰畦。

直接的人证既然无法找到，原稿、手迹等更其渺茫，"歌特是谁"的答案只有从原初的书证即歌特文章本身保存的信息中去寻找了。

从文本中寻找内证进行考证的工作，从宏观到微观，从表层到深层，大致经历了三个阶段。

第一阶段,从"歌特"三篇文章的内容和口吻,概括出作者至少必须同时具备的五个条件:(1)是党内负责同志,很可能是临时中央的负责同志。(2)有较高的文艺素养而又熟悉当时的文坛情况。(3)主管或指导宣传鼓动工作。(4)了解全国各根据地的情况和反"围剿"斗争的全局。(5)当时在上海,并有时间从 10 月下旬至 11 月中旬的半个月内写出这三篇文章。对上述名单中 16 人逐个分析的结果,只有张闻天同时具备五个条件。

张闻天当时是临时中央政治局常委,主管宣传工作,主编党中央机关刊物《红旗周报》(铅印)和《斗争》(油印),还管理着同共产国际联络的电台。张闻天同文学的关系密切,他是五四新文学家,对文学上的各种思潮、流派素有研究,对小资产阶级作家的心理有切身体验,对他们的特点和作用也充分了解。30 年代初期在上海,通过同当时在宣传部、文委、左联、社联工作的瞿秋白、冯雪峰、潘汉年、祝伯英、王学文等人的联系,通过同茅盾、胡愈之等人的接触,对左翼文艺运动和上海文坛比较熟悉。从当时的临时中央会议记录和张闻天的自传材料,我们了解到,1932 年 10 月 25 日或此后的一天,张闻天居住的团中央机关爱文义路平和里 27 号遭到破坏,张闻天即离开了原来的住地和中央的日常工作,到中央设在摩律斯新村(时人讹为马律师新村)的一个机关内住了一个月。这就有时间具体研究当时文坛的论争,写下《文艺战线上的关门主义》这样的文章。至于宣传鼓动工作和鄂豫皖、湘鄂西苏区反四次"围剿"的问题,正是 10 月 25 日中央政治局常委会和 10 月 27 日中央政治局会议讨论的主要问题。张闻天在这两次会议上作报告和结论。张闻天在会后写成《文艺战线上的关门主义》、《在走向粉碎四次"围剿"的路上》和《论我们的宣传鼓动工作》,完全顺理成章。

不过,仅凭上述分析,还难确证,还无法排除其他人写的某种可能性,也无法排除其中一篇为某人所写或某人起草的可能性。这就促使我们的考证深入一步,进入第二阶段,研究文章的个人风格。

张闻天在五四运动中即有不少文章在报刊上发表。20 年代初期就已经是颇有声名的文学家了。他曾经去日本自修,赴美国勤工俭学,后来又先后在莫斯科中山大学和红色教授学院攻读、任教,具有相当高的理论水平和文字修养,在长期的写作实践中形成了个人风格。其主要特点是:周到绵密,平和稳健,圆熟流畅中略带欧化。拿"歌特"文章跟张闻天的文风特点比照,的确显示出这三个特点,可以体认出歌特文章是张闻天的手笔。

然而，如果就此得出"歌特"即张闻天的结论，却总觉得说服力不够，不过硬，还不能"铁板钉钉子"。这样，对于"歌特是谁"的考证进入第三阶段。我们采用乾嘉朴学和统计方法，终于从原初的书证——歌特文章本身中发现了"个人惯用语"这个信息，找到了鉴定历史文献作者的"试纸"。

在我国考据学上，常常依据词语的使用乃至字的写法来判断作品的真伪，确定作品的年代、地域、作者。用这种方法研究张闻天的文章，我们发现确有一些词语的使用是很独特的，是张闻天的"个人惯用语"。文章中是不是使用这些"个人惯用语"，可以成为验证与判断文章作者是不是张闻天的依据。我们对已知 1932 年张闻天所发表的 54 篇署名文章中的用语进行计量分析，从若干词语使用频率的比较中确认："虽是"（不用"虽然"，两词之比为 46:2，即"虽是"出现 46 处，"虽然"仅 2 处，这 2 处也可能是刻钢板者按习惯误写）、"如若"（不用"如果"，31:1）、"表示"（不用"表现"，26:1）、"一直到现在"（不用"直到现在"，12:0）、"与"（不用"和"，N:0）这五个词语是张闻天主要的"个人惯用语"。用这五个词语来测试"歌特"的三篇文章，得到的统计结果为："虽是"与"虽然"是 6:0，"如若"与"如果"是 3:0，"表示"与"表现"是 1:0，"一直到现在"与"直到现在"是 3:0，"与"与"和"是 65:0。说明"歌特"的"个人惯用语"就是张闻天的"个人惯用语"，歌特与张闻天是同一个人，歌特是张闻天的化名。

为慎重起见，我们又做了两项工作。

一项工作是，从张闻天思想观点的连续性和贯串性进行验证。我们查阅了张闻天一生所有论文艺、宣传与反"围剿"的文章，"歌特"文章中的观点和提法在张闻天这些著述中得到印证，并清楚地显示出发展的轨迹；我们查阅了 1932 年 10 月下旬两次中央会议的记录，在 10 月 25 日常委会上，张闻天作报告总结鄂豫皖地区反"围剿"斗争的历史和教训，指出"开始时没有集中力量给敌人以一个有力的打击"，"不了解开拓新的阵地以威胁敌人"，"机械地死守原来的地区"等问题，指示"现在既已过路西，就可以在那一带去开展新的阵地。"在 10 月 27 日中央政治局会议上，张闻天作报告谈论党内反倾向斗争，指出"党内左倾情绪的增长，自北方会议后，的确是值得我们注意的。"在结论中进一步指出："左的问题，我们今天的提出，确与过去提的是不同的。在革命危机在全国增长中左倾是易发生的。"几天后的歌特文章正是会上报告、结论的继续和发挥,是对会议精神的贯彻。

又一项工作是,运用前述方法论证 16 人名单中其他 15 人之不可能为"歌特"。选集传记组同志查阅了《斗争》从创刊号起(1932 年 1 月)至刊载歌特第一篇文章的第 30 期(1932 年 11 月)止,除张闻天的文章以外的全部 133 篇文章,确实没有一篇像"歌特"文章那样使用张闻天的"个人惯用语"的。还查阅了瞿秋白那一时期发表在《斗争》和《布尔什维克》上的 13 篇文章,其中除有两处用"表示"(不用"表现")之外,在"歌特"文中大量出现的张闻天的"个人惯用语"也完全没有出现。至于"与"与"和",瞿秋白是混用的,而"和"的使用频率大大超过"与"。从个人惯用语可以证明,"歌特"不是瞿秋白。

综合以上对于"歌特"文章探究所得,我们写出了一篇考证"歌特"是张闻天化名的考据文章《"歌特"试考》,印发征求意见。杨尚昆复信同意我们的考证,确认"歌特""是闻天同志的笔名"。[1]胡乔木表示:"同意程中原同志的考证"。李何林认为考证文章"说服力很强"。唐弢说:"你们的考证是可信的"。[2]

同时,也有人提出质疑。夏衍在充分肯定"歌特"文章重要意义的同时,对"歌特"即张闻天之说表示怀疑。他说:"从 1931 年 9 月以博古为首的临时中央在上海成立起,到中央红军开始长征为止,临时中央一直由博古和张闻天主持。在这个时期之内,临时中央依然推行极左的政治路线……张闻天同志当时还是博古的主要合作者,因此,我认为歌特即张闻天之说,也还是值得研究的。"[3]

夏衍的质疑,提醒和启发我们认识到,对"歌特"文章的考证虽然已经做了大量溯源探流的工作,寻找了有力的史证,但毕竟主要着眼于文艺、宣传方面,有局限性。应该把"歌特"文章放到张闻天思想体系的发展演变中去考察,放到 1931 年至 1935 年党从第三次"左"倾路线到遵义会议实现伟大历史转折的过程中去考察,并尽可能弄清楚中央领导核心内部思想、策略以至路线上的一致与分歧,组织上的聚合与分化,才能在更深广的层次上、更有力地论证"歌特"即张闻天的结论。在这

---

① 杨尚昆:《给刘英的信》(1983 年 3 月 26 日),载《文献和研究》1984 年第 2 期。

② 张闻天选集传记组整理:《有关"歌特"考证的通信和谈话》,《张闻天论》,河海大学出版社 2000 年版,第 117、118 页。

③ 夏衍同张闻天选集传记组同志的谈话(1983 年 1 月 22 日),谈话记录经本人审阅后基本上写入他的《懒寻旧梦录》一书的《歌特的文章》一节,以上引文引自该书,三联书店 1985 年版,第 214 页。

时,胡乔木指出,此文说明"张闻天当时思想中既有'左'倾的一面,也有反'左'倾的一面"。经他这一点拨,我们豁然开朗。

在夏衍的启示和胡乔木的点拨下,我们比较系统地研究了张闻天从"左"到反"左"的思想演变轨迹,并进一步认清张闻天之所以能写出"歌特"文章的原因及其在张闻天思想发展过程中的意义。

诚然,张闻天在"九一八"事变以后一开始并没有认识到民族危机下国内阶级关系的变动,他一度宣传了中间势力是最危险的敌人的"左"的观点,写过像《满洲事变中各个反动派别怎样拥护着国民党的统治?》那样的打击中间势力的文章。但客观形势的发展使他的思想起了变化。特别是经过"一·二八"淞沪抗战,十九路军将士奋起抵抗,上海各界民众抗日热情高涨,更使张闻天有了实际的体会。因此,在"歌特"文章之前,将小资产阶级作为革命力量加以团结,已经是张闻天明确的重要策略思想;对一些"左"的现象、提法和错误做法也有所觉察并提出批评;张闻天也认识到中间势力并非最危险的敌人,他曾力图争取胡秋原,想通过胡秋原去做十九路军将领陈铭枢等的统战工作。

1933 年 2 月进入中央苏区后,张闻天参加了反"罗明路线"的错误斗争。但没有多久,由于接触了苏区的实际,他即从比较熟悉的经济、文教政策开始,批评和反对"左"倾错误政策。在对待福建事变和十九路军反蒋行动的态度上,他同博古的策略主张完全不同。中共六届五中全会和二苏大会以后,张闻天的地位明升暗降。从党中央排挤到中央政府,又从中央政府排挤出去。组织上呈现分化的趋势,在策略思想和路线上则出现明显的冲突。首先是在广昌战役失败后的中央军委会议上博洛发生了公开的激烈的争论。接着,张闻天著文公开批评流行的"'左'倾总要比右倾好些"的观点。到长征出发前,张闻天在撰写的动员长征的社论中,对"左"倾军事路线进攻中的冒险主义、防御中的保守主义采取了否定态度,宣传了国内革命战争的长期性,保持有生力量等毛泽东的军事思想,站到了毛泽东为代表的正确路线的一边。在长征途中,同毛泽东、王稼祥结成中央队三人团,同错误军事路线作斗争,直到取得遵义会议的胜利。

由夏衍的质疑引起的这一番探究,我们进一步认识到,在第三次"左"倾路线时期,张闻天的思想经历了一个由"左"倾到反对"左"倾的发展过程。在"九一八"事变特别是"一·二八"事变以后,反对"左"倾的一面逐步发展起来。首先在熟悉的文艺、宣传方面有所突破。到中央苏区以后,又从比较熟悉的经济、文教逐步扩展到统一战线、军事指挥、肃反等领域,最后上升到反倾向斗争、战略思想等高度。在反对"左"倾的一面逐渐发展的过程中,张闻天同"左"倾中央主要领导的关系也经历了一个思想上由一致到分歧而至对立、组织上由聚合到疏松而至分化的发展过程。掌握了 1931 年至 1934 年长征出发前张闻天思想变迁的径路,理清了张闻天自觉转变的过程,再来看"歌特"的文章,显而易见,它绝不是一个孤立的现象。它是张闻天挣脱"左"倾错误的起步,是它对"左"倾思想的第一次突破。"歌特"之为张闻天,是完全可以理解的;作为"左"倾中央的主要负责人之一,张闻天首先开始在局部反对"左"倾错误,写出《文艺战线上的关门主义》这样的反"左"文章,是完全可能的。而此文的发表,不仅指导左翼文艺运动开始自觉地摆脱"左"倾关门主义,成为左翼文艺运动前后期划分的界碑,而且说明"左"倾临时中央领导核心的指导思想开始出现了分歧。对于张闻天来说,恰正成为他从"左"倾错误开始向反对"左"倾转变的标志。

我们的考证得到各方面的认可。《文艺战线上的关门主义》和《论我们的宣传鼓动工作》收入 1985 年人民出版社出版的《张闻天选集》;1991 年出版的《中国共产党的七十年》评论张闻天化名歌特于 1932 年 11 月发表的这两篇文章是"对'左'的指导思想的突破"的"征兆"(该书第 113 页)。

第二大难题:博(古)洛(甫)交接在何时何地进行?

在张闻天研究中,我们遇到的又一个大难题是:博洛交接在何时何地以怎样的方式完成的?

对于这个党史上的重大问题,1984 年 9 月中共中央党史资料征集委员会《关于遵义政治局扩大会议若干情况的调查报告》作出如下回答:"洛甫同志接替博古同志的职务,是 1935 年 2 月 5 日前后在鸡鸣三省一带,当中央政治局常委进行分工时决定的。"这个回答是对的,但还不够。人们要问:鸡鸣三省一带,究竟是哪里?2 月 5 日前后,是前还是后?究竟是哪一天?我们在征委会调查的基础上进行了一番考证。

关于博洛交接地点的考证。陈云当年的遵义会议传达提纲、周恩来 1972 年的讲话、杨尚昆 1975 年的回忆文章,都说博洛交接的地点是在鸡鸣三省。那末,鸡鸣三省在哪里呢?它是一个什么样的地方呢?旧地图上标明为鸡鸣三省的地点,位于四川、云南、贵州三省交界、赤水河与渭河交汇处,亦称"岔河"。这是一个渡口,周围峰峦环绕,都是悬崖峭壁,无路直通扎西。实地考察,中央纵队那么多人马根本没有办法在此处宿营过夜。经调查,事实上长征中也没有红军部队在这里驻过。所以,博洛交接的地点鸡鸣三省不可能是特指的这个鸡鸣三省即岔河。

鸡鸣三省同时又是一个泛称。是说这里地处三省交界,公鸡啼鸣,三省皆闻。

这样,博洛交接的确切地点自然要到泛称鸡鸣三省的地域范围内去寻找。由此产生了分歧。曾经有贵州毕节县林口、四川古蔺县石厢子和云南扎西县(今威信县)水田寨诸说。何说为是? 它必须满足两个条件:一是属鸡鸣三省范围,一是中央纵队在这里住一夜。现存电报、日记证明,同时符合这两个条件、有资格被确认为博洛交接的确切地点的是水田寨附近之高坎(或花房子)。1935 年 2 月 3 日 22 时朱德致各军团首长的电报、2 月 4 日 23 时半朱德致各军团首长的电报,这两则电报说明,中央纵队 2 月 3 日抵石厢子,在那里住了两夜,定 2 月 5 日"进到水田寨宿营"。又,2 月 5 日 21 时半,朱德致林彪电、2 月 6 日 22 时,朱德致林彪电,这两则电报说明,中央纵队 2 月 5 日在水田寨地域住了一夜,2 月 6 日走出鸡鸣三省范围,到达石坎子。

当时的电报、日记又告诉我们,2 月 5 日晚上中央纵队并没有驻在水田寨街上。2 月 5 日 21 时半朱德致林电说到,水田寨街上"滇军一部守老堡与我对峙";军委三局政委伍云甫 2 月 5 日日记:"由石厢子出发,经水田寨,团匪据炮楼二座扰乱,绕山道至花屋子宿营";五军团参谋长陈伯钧有病坐担架行军,2 月 5 日日记也记,到水田寨"因敌固守碉堡,不能立即攻克,造成对峙形势","晚间弯过敌堡","到宿营地时已次日二时了!"一些当时在军委工作的老同志如吕黎平(军委一局作战科参谋)、李质忠(军委总部机要科机要员)、曾三(红军通讯学校校长兼政委)等回忆,同电报、日记所说类似。①

经实地调查,中央军委驻地在水田寨街西边二三里路的几个小村寨,由东向西为:楼上、花房子、高坎、芭蕉湾。从实地考察和访问当年目击者的结果分析,芭蕉湾不够安全;花房子架了很多电线,是通讯部门驻地;高坎居中,中央负责同志在此开会较为相宜。不过,花房子有前后两造,不排除中央负责同志在此开会的可能。

---

① 均见《红军长征过昭通》一书。

地点基本肯定下来,时间从上述电报、日记所载可以确定为 2 月 5 日。

肯定博洛交接的时间为 2 月 5 日还有重要的书证:2 月 4 日和 5 日中央苏区与中共中央之间的来往电报。1935 年 2 月 4 日,留在中央苏区的中央书记处书记项英致电中共中央和中央军委,提出"目前行动方针必须确定",究竟采取什么方针"均应早定",并批评党中央和中央军委"自出动以来无指示,无回电,也不对全国布置总方针"。①2 月 5 日,中央分局又电中央,提出关于中央苏区"行动方针"的"两个意见"和"对各个苏区的领导"问题,"请立复"。②要求中央决策真是到了十万火急的地步,改变中央领导状况到了刻不容缓的地步。张闻天感到,现在是到了执行遵义会议决定的"常委中再进行适当的分工"的时候了。于是就提出"要变换领导"。项英的这两份电报可以从一个侧面说明"洛甫那个时候提出要变换领导"的直接动因,同时也是博洛交接在 2 月 5 日进行的一个契机。正因如此,张闻天接替博古担任党中央总书记后所要解决的第一个重大问题,就是中央苏区的战略方针和组织领导问题。2 月 5 日中央书记处给中央苏区分局的电文就是实现博洛交接后张闻天主持中央发出的第一个电文。电文开头称"政治局及军委讨论了中区的问题",指示"应在中央苏区及其临近苏区坚持游击战争","不许可有任何动摇",并要求"立即改变你们的组织方式与斗争方式";关于组织问题,重新任命了革命军事委员会中区分会的组成成员,其中重要的一点是让陈毅重新回到军事领导岗位。电文结尾又说:"先此电达,决议详情续告。"③这就清楚地说明,2 月 5 日实现博洛交接后召开了政治局会议,讨论确定了中央苏区的战略方针和组织问题。

2 月 4 日至 5 日的这些电报,确实是确定博洛交接的时间为 2 月 5 日的有力证据。

张闻天从 2 月 5 日就任总书记后,立即同毛泽东配合合作,团结政治局和军委领导同志,贯彻落实遵义会议精神,纠正"左"倾军事路线错误,把领导全党、全军实现战略转变,粉碎敌人围追堵截的历史重任承担起来。从现存有关文件、电报、日记和回忆材料,结合历史状况和实地调查,我们对博洛交接后洛甫的作为进行了考察和必要的考证。说明:从 2 月 6 日至 10 日,从水田寨至扎西镇,一路行军一路开

---

①② 见《中共党史资料》第 22 辑,中央党史资料出版社 1987 年版。

③ 详告 2 月 5 日会议决定的长电于 2 月 13 日发出。

会，作出了回兵黔北的决策(2月6日至7日在石坎子、大河滩)，通过了《遵义会议决议》(2月8日在院子)，作出中央红军缩编的决定和二、六军团战略方针和组织问题的决定(2月9日在扎西镇江西会馆)，召开了军委纵队干部大会，传达了遵义会议精神和中央的战略决策与当前任务(2月10日在扎西镇)。可见，张闻天就任总书记以后于2月上旬召开的扎西会议是党史、军史上的一次重要会议。它是遵义会议的继续和完成。2月上旬的扎西，成为长征途中落实遵义会议精神、实现全党全军伟大历史转折的总指挥部。

这个问题的解决同样得到各方面的认同。2011年7月出版的《中国共产党历史大事记》第一次如实作了以下记录："(遵义会议)会后，中共中央政治局在云南扎西(今威信)连续召开会议，决定以张闻天代替博古负中央总的责任，审查通过《关于反对敌人五次"围剿"的总结决议》，并决定加强对中央苏区和中央分局以及对红二、六军团和红四方面军的领导。"(该书第28页)

从破解张闻天研究两大难题中概括出"四重证据法"

从破解两大难题的实践中，我们体会到，对重要、复杂的问题进行考证，要综合运用四种方法，这就是：

(1) 人证，口述历史，证言。包括大量回忆录、访谈录。

(2) 书证，即书面的、文字的证据。通常说的档案是最主要的内容。包括：日记，书信，电报，文件，批示，讲话，谈话，会议记录、纪要、简报，报刊资料(新闻报道)，书籍，等等。当然，对其真实性、可靠性、正确性，也需要考辨。

(3) 物证。除了实物之外，包括实地考察、社会调查等。

(4) 联系事件的来龙去脉，人物的思想发展，理论观点的源流影响，人物之间的相互关系、相互影响，不同事件、人物的比较、对照，国际、国内大势的影响，等等，这是正确认识和解决现当代历史事件和人物研究中遇到的问题时需要应用的重要证据。姑且叫做"史证"。

通过综合运用人证、书证、物证、史证四种方法，分析研究，使史料成为证据，来考定历史人物的作为、著述，历史事件的真相。这种方法，套用王国维"二重证据法"的概括，我把它称为"四重证据法"。其要义是从四个方面寻找史料并进行考辨、考释，使之成为证据，得出结论或者证实结论。

运用"四重证据法"解决中共党史上的五个重大疑难问题

上面说的四重证据法,是事后归纳出来的。当初只是遇到了问题,按照唯物史观从事实出发、在联系和发展中进行研究的要求,想各种各样的办法来求得解决。归纳出四重证据法以后,遇到问题就比较自觉地综合运用这四种方法来解决问题了。在运用的过程中,证明综合运用四重证据法是有效的,是可以帮助我们较好地解决问题的。在以后的研究工作中,我们比较自觉地运用四重证据法,解决了党史、国史上的五个重大的疑难问题。

遵义会议后张闻天担任的职务是不是中共中央总书记?

这是一个广受关注的重大问题。何方、张培森等都写有专文。我在《张闻天传》、《转折关头:张闻天在 1935—1943》等著作中也作了论证。为证明遵义会议后张闻天担任的职务是中共中央总书记,可以列举包括张闻天本人在内的九个重要人证:

(1) 张闻天本人。他在延安写的《反省笔记》(1943 年 12 月 16 日)[①]中写道:"在遵义会议上,我不但未受打击,而且我批评了李德、博古,我不但未受处罚,而且还被抬出来代替了博古的工作。""当时政治局许多同志推举我当书记"。张闻天又写道,1938 年 9 月中共六届六中全会之前,在王稼祥传达了共产国际的指示(中共中央领导机关以毛泽东为首)后,张闻天就已"多次提出解放总书记";并"确曾向毛泽东同志提过"党中央总书记的职务应该由毛泽东来担任了,但"当时他不主张提这个问题"。毛泽东认为目前还不是提出这个问题的时候,要张闻天继续担任下去。张认为毛既然要他名义上仍"任总书记",也就"没有表示坚决让位的态度"。张闻天检讨,"当时没有坚持推举毛泽东同志为中央总书记,是我的一个错误"。不过,"我虽未把总书记一职辞掉,但我的方针是把工作逐渐转移,而不是把持不放"。

(2) 周恩来。他在 1971 年 7 月的一次讲话中说:我们在扎西川滇贵三省交界叫"鸡鸣三省"的地方住了一天,把博古换下来,张闻天当总书记,我印象很深。[②]

(3) 邓小平。他《在张闻天同志追悼会上致悼词》(1979 年 8 月 25 日)中说,

---

① 手写稿存中央档案馆。
② 转引自《张闻天[图册]》,中共党史出版社 2005 年版,第 61 页。

1935 年 1 月,在我党具有重大历史意义的遵义会议上,张闻天同志"被推选为总书记。"邓小平在《建设一个成熟的有战斗力的党》(1965 年 6 月 14 日同亚洲一位共产党领导人的谈话)中说:"毛泽东同志那时候没有当总书记,博古的总书记当然当不成了,但还是由曾经站在王明路线一边的洛甫当总书记。"①

(4) 陈云。他在《遵义政治局扩大会议传达提纲》(1935 年 2 月或 3 月)中写道:"在由遵义出发到威信的行军中,常委分工上,决定以洛甫同志代表博古同志负总的责任。"②陈云在 1977 年 8 月 23 日同遵义会议纪念馆负责人的谈话中说:"遵义会议后决定让张闻天在中央负总责,这是毛主席的策略。是否叫总书记我记不清。"③

(5) 彭德怀。他写的自传材料在讲到 1935 年 8、9 月间张国焘对张闻天的态度时说:"当时张闻天是总书记,他们并没有放在眼下。"④

(6) 杨尚昆。他在 1997 年 3 月 22 日同刘英谈话时说:"遵义会议以后,不知你们注意没有,有一段时间没有总书记。这是什么原因呢? 这是因为闻天同志谦虚。在遵义会议上,形成比较一致的意见是由洛甫代替博古担任总书记。但闻天同志非常谦虚,再三推辞。毛泽东同志也说自己参加军事指挥较好。于是这个问题就搁置起来。拖了二十来天,不能再拖了,中央常委作出决定,闻天同志这才挑起这副担子。张闻天当时当总书记,是得到大家拥护的。"⑤

(7) 伍修权。他在回忆长征和回忆张闻天的文章中说:"会后解除了博古同志的总书记职务……选举张闻天为总书记。"⑥"尔后他又被选为中央总书记,取代博古主持了中央领导工作"。⑦

(8) 黄克诚。他在一篇文章中说:"遵义会议的情况,我是在三军团听毛主席亲自传达的……但担任总书记的是张闻天(洛甫)同志。"⑧

① 《邓小平文选》第 1 卷,1994 年版,第 339 页。
② 《遵义会议文献》,人民出版社 1985 年版,第 43 页。
③ 《陈云文集》第 3 卷,中央文献出版社 2005 年版,第 435 页。
④ 《彭德怀自述》,人民出版社 1981 年版,第 202 页。
⑤ 《百年潮》1998 年第 6 期。
⑥ 《伟大的长征》,《回忆与研究》,中央党校出版社 1991 年版,第 125 页。
⑦ 《追求真理锲而不舍》,《回忆与研究》,中央党校出版社 1991 年版,第 560 页。
⑧ 《关于对毛主席评价和对毛泽东思想的态度问题》,《解放军报》1981 年 4 月 10 日。

(9) 刘英。她在同何方、程中原谈党史时多次谈到并一再肯定,张闻天担任的职务是中共中央总书记。她在一篇文章中说:"闻天同志在担任总书记期间,遵循党的民主集中制,坚持党的集体领导制度。"①

张闻天接替的是博古的职务。博古是张闻天的前任。他在中共中央的职务是不是总书记,是解决张闻天是不是总书记这一问题的关键。在历史材料中我们找到了博古的职务是总书记的证据。

1933 年 1 月 19 日,博古到达瑞金。1 月 30 日,即主持召开会议,传达共产国际代表的意见,说上海的临时中央政治局委员与苏区中央局合并起来,选一位负责人。会上,博古提任弼时,多数人推博古为总书记。

张闻天在 1943 年 12 月写的《反省笔记》中叙述了此事经过:"博古到后曾召集了一个会议,到的有上海临时中央政治局委员(博古、陈云、洛甫、刘少奇)及中央苏区原有中央局委员(项英、毛泽东、任弼时、邓发)。博古做了简短的传达,……于是多数即推他为总书记。对总书记一职,博古不但未推辞,而且很高兴。……我当时想,我们原来在上海新中央成立时,曾经申明中央无总书记,一到中央苏区,他却弄起总书记来了。这当然使我不满意。"

张闻天当年写的这篇反省笔记是可信的。当时曾送请毛泽东过目。毛泽东看后到张闻天住的窑洞,说:我一口气把它读完了,写得很好!②

由此可见,经过上海临时中央政治局与中央苏区中央局的这次合并会议,博古担任了中共中央总书记。

1934 年 1 月 15 日至 18 日,中共六届五中全会召开。五中全会选出中央书记处五人:博古、周恩来、项英、洛甫、陈云。博古为总书记。这个选举结果得到共产国际的批准。在 1934 年 5 月的《红色中华》上,刊登了 1934 年 5 月 17 日少年先锋队中央总部领导作的动员报告,登出的这个报告由党代表周恩来、总队长张爱萍署名。报告中说:"中国共产党中央总书记,对我们说:在今天我们没有别的选择,唯一的选择和光荣的事业就是到前线去,到红军中去。"可见,博古担任中共中央总书记,在当时是公开的、大家都知道的事情。

---

① 刘英:《深切怀念张闻天同志》,《人民日报》1979 年 8 月 26 日。
② 刘英:《我和张闻天命运与共的历程》,中共党史出版社 1997 年版,第 127 页。

不赞成说张闻天担任的职务是总书记的理由，概括起来有三条。运用史证进行辨析，这三条理由，貌似有力，实则是经不起推敲的。

否定的理由之一是，向忠发被捕叛变后，中央政治局会议决定以后不再设总书记。这是不错的。不仅陈云记得，洛甫、博古写的材料中都有记载。可是，实际上并没有严格遵守这个决定。上面已经说到，1933 年 1 月，博古等到达瑞金后，主持召开了一个临时中央政治局同苏区中央局合并的会议。会议推选博古为总书记。对此，张闻天颇为不满，在 1943 年延安《反省笔记》中说，向忠发叛变后中央决定不再设总书记，可是一到中央苏区，博古却又弄起总书记来。

否定的理由之二是，中共五大党章有设总书记的规定（第 27 条），六大党章取消了，没有设总书记的规定。同事实对照，这一条是不足为据的。向忠发担任总书记，谁都承认，没有人否定。他这个总书记不是在六大以后担任的吗？事实是，六大党章虽然没有设总书记的规定，但六届四中全会以后还是设了总书记。那时，党还在幼年时期，又在白色恐怖之下，离开党章办事的情况不是没有的。如几个人先后进常委，就没有经过中央全会。向忠发叛变投敌后，因为卢福坦想当总书记，又不合适，政治局确实议定不再设总书记。可是，情况发生了变化，临时中央到中央苏区后，成立新的中共中央局的会议上，又决定由博古担任总书记了。

否定的理由之三是，1938 年 4 月 12 日至 14 日武汉《新华日报》刊登的《张闻天（洛甫）启事》。张闻天针对 1938 年 3 月 26 日广州《救亡日报》发表的该报记者对他的采访记《张闻天论当前抗日诸问题》中称他为中共中央总书记，特意声明："中共中央设有由数同志组织之书记处，但并无所谓总书记。"联系历史情况仔细辨析，这条史料恰好说明中共中央在"设有由数同志组织之书记处"之前是有总书记的。1937 年 12 月中央书记处进行改组以后才不设总书记。对此，胡乔木在 1981 年 1 月 5 日复夏衍信中肯定了以下说法："1937 年 11 月，王明从莫斯科回到延安，带回了共产国际的意见，中央书记处于 12 月进行了改组，中央不再设总书记，而由数同志组织之书记处领导全党工作，张闻天同志仍然是书记处书记，毛泽东同志在党内职务也是书记处书记。"①胡乔木的意思很清楚，在中央书记处进行改组以后，中央不再设总书记。也就是说，改组以前是有总书记的。

---

① 《胡乔木书信集》，人民出版社 2002 年版，第 311 页。

在党中央负总责,说的是担负的职责或职能,无法成为一种称谓。总书记的职称和负总责的职责是一致的。既然当时和后来,党内,包括像悼词,像《关于"六十一人案"的调查报告》①这样庄重的中央正式文件上,都称张闻天为总书记,他实际也在党中央负总的责任,而且做得很好,称张闻天的职务是中共中央总书记,是适宜的,是符合历史实际的。我们的考证得到各方面的认同。2006 年修订再版的《张闻天传》,单列了《担任中共中央总书记》一节(该书第 139—141 页)。2012 年出版的《转折关头:张闻天在 1935—1943》封面肩题写明:"讲述中共中央总书记岗位上的张闻天。"

鲁迅致中共中央祝贺红军胜利的是"东征贺信"还是"长征贺电"?

鲁迅给党中央和红军致"贺电"或"贺信"一事,向来为人们关注。长期以来,一直说是鲁迅与茅盾曾致电中共中央祝贺红军长征胜利。但仔细查考下来,这个贺电并不存在。事实是,1936 年春红军渡黄河东征,引起全国各界支持,鲁迅与茅盾致信祝贺。为证实是"贺信"而非"贺电",通过长期搜集、积累史料,进行考辨、考释,得到了比较满意的结果。我写了"贺信贺电问题之我见"的文章②,举出七条证据,证明"鲁迅、茅盾的'东征贺信'史料确凿,应该肯定下来"。这七条证据是:

(1) 1936 年 4 月 17 日出版的《斗争》第 95 期上刊登了鲁迅、茅盾获悉"最近红军在山西的胜利"以后于 3 月 29 日给中共中央的信。信的主要内容,一是拥护中国共产党和红军的抗日救国主张,一是赞扬红军英勇斗争,祝贺东征胜利。

(2) 1936 年 5 月 8 日,毛泽东在中央政治局扩大会议上作的《目前形势与今后战略方针》报告中,提到鲁迅、茅盾,说共产党新的政策"鲁迅、茅盾等都公开拥护"。

(3) 1936 年 5 月 20 日,中共中央和红一方面军领导人 12 人联名签发的给正在长征途中的红二、四方面军领导人的一封谈目前形势和策略的长电中,提到红军东征后鲁迅、茅盾的来信:"党的十二月政治决议与七次政治宣言与绍禹同志在七次国际大会的报告,均得到全国广大人民包括知识界最大多数人的同情和拥护,红

① 1978 年 12 月中共中央批准的《关于"六十一人案"调查报告》中说:"1936 年,张闻天同志是中央的总书记,他的批复应该看作是代表中央的。"(《刘少奇传》(上),中央文献出版社 1998 年版,第 229 页。)
② 此文发表于《新文学史料》1998 年第 1 期,题为《应该肯定下来的和需要继续考证的——"贺信贺电问题"之我见》。

军的东征引起华北、华中民众的狂热赞助，上海许多抗日团体及鲁迅、茅盾、宋庆龄、覃振等均有信来，表示拥护党与苏维埃中央的主张。"

(4) 1936 年 7 月 24 日，杨尚昆在《前进！向着抗日战争的胜利前进！——纪念 1936 年的"八一"》一文中(刊登于 9 月 15 日出版的《火线》第 61 期)引用了我们的战友、中国文化界人士鲁迅、茅盾给中共中央的信中的一段话。①

(5) 1936 年 10 月 28 日出版的《红色中华》，在"鲁迅先生的话"标题下"摘鲁迅来信"，摘录的这一段话就是《斗争》第 95 期上发表的鲁迅、茅盾来信中的一段，也就是《火线》第 61 期上杨尚昆 7 月文章中引用的那一段话。

(6) 冯雪峰奉派前往上海，是在党中央收到鲁迅、茅盾来信以后。张闻天夫人刘英回忆，张闻天、周恩来 4 月初回到瓦窑堡后，把还在黄河东山西前线的冯雪峰调回来，分别向冯交代任务。张闻天交代冯雪峰："到了上海，先去找鲁迅、茅盾，他们是靠得住的。"②刘英回忆派出冯雪峰的时间正是在收到鲁迅、茅盾来信之后，而张闻天说鲁迅、茅盾"是靠得住的"，其现实根据就是刚刚收到的他们的 3 月 29 日的来信。冯雪峰也多次说明，1936 年 4 月党中央派他前往上海，同鲁迅、茅盾的"贺电"(冯又说贺电是书信形式)直接有关。

(7) 最早以大事记形式记载此事的报纸山东军区滨海军区政治部《民兵报》(1945 年 12 月)，《新华日报》(太行版)(1947 年 7 月 27 日)，均说是红军东渡黄河，鲁迅先生曾写信庆贺，说"在你们身上，寄托着人类和中国的将来"。

综上所述，鲁迅、茅盾 1936 年 3 月 29 日的"东征贺信"全文登载在 1936 年 4 月 17 日出版的《斗争》第 95 期上；有关此信的情况、内容和文字，在 5 月 8 日的中央政治局会议记录中，在党和红军领导人 5 月 20 日的电报中，在公开发表于 9 月 15 日出版的《火线》第 61 期的杨尚昆的文章中，在 10 月 28 日的《红色中华》上，都有记载。可以确证，鲁迅、茅盾的"东征贺信"是客观存在的史实，没有任何根据怀疑它的存在。

邓小平怎样通过国务院政治研究室协助他进行 1975 年整顿？

国务院政治研究室是邓小平组建的协助他进行 1975 年整顿的参谋班子和写

---

① 这段话是："英勇的红军将令和士兵们，你们的英勇的斗争，你们的伟大胜利是中华民族解放史上最光荣的一页！全中国民众期待着你们更大的胜利。全中国民众正在努力奋斗，为你们的后盾，你们每一步前进，将遇到热烈的拥护和欢迎！"

② 《刘英自述》，人民出版社 2012 年版，第 80—81 页。

作班子。经采访当事人得知，邓小平领导 1975 年整顿的一个重要途径和方法是，通过同政研室胡乔木等七位负责人在"三座门"一起审读《毛选》第五卷文稿时的谈话。但这些谈话的具体时间、场合，谈话的内容，其背景、贯彻落实情况，当事人也说不清楚。人证不足，乃转而寻求书证。在 1975 年冬到 1976 年春"四人帮"刮起的"批邓、反击右倾翻案风"中，国务院政治研究室的七位负责人不得不检查、交代、揭发邓小平在主持 1975 年整顿期间同他们的谈话以及相关的种种史实。档案中保存有当年国务院政研室的四十多期《运动情况简报》和各种检查、揭发材料以及会议记录。我们运用"辑佚"这种文献整理的传统方法，辑录出了自 1975 年 1 月 6 日至 1976 年 1 月 17 日间邓小平同胡乔木等人的二十四次谈话，并通过对谈话所涉及的人和事的调查研究，获得大量人证、书证，弄清了重要事件的前因后果，来龙去脉，抓住了邓小平领导 1975 年整顿的主要线索，肯定了国务院政研室在 1975 年整顿中所作的四件大事①。邓小平的二十四次谈话及谈话前后进行的活动和斗争，对于研究 1975 年整顿和"文化大革命"的历史，对于研究邓小平的生平事业、思想理论与领导艺术，对于编写胡乔木的传记，对于总结同"四人帮"斗争的经验，都极有意义。人民出版社出版了专著《邓小平的二十四次谈话》(2004 年 9 月)，《邓小平年谱(1975—1997)》记录了其中 22 次谈话。

华国锋对邓小平第三次复出是阻挠还是拖延？

华国锋逝世后，2008 年 8 月 30 日新华社发表《华国锋同志生平》，对他七十年革命生涯作出全面评价，肯定华国锋在粉碎"四人帮"的斗争中起决定性作用，肯定他在随后担任中央最高领导职务期间，为拨乱反正、揭批"四人帮"和动员全党全国各族人民建设社会主义现代化强国方面作出了很大努力。

既然已经作出了如此全面公正的评价，为什么还要谈华国锋的评价问题呢？因为在华国锋评价问题上实际上还有一个虽不影响全局却也具有关节点意义的问题需要解决。这就是：华国锋是否有意阻挠邓小平复出？

---

① 这四件大事是：一、对思想文化工作进行了一些调查研究，上报了一些材料，转呈了一些信件。关于电影《创业》《海霞》，关于《鲁迅书信集》的编辑出版，关于聂耳、冼星海纪念音乐会的举办，关于长篇小说《李自成》的写作和出版，等等，得到毛泽东的批示，推动了文艺政策的调整。二、参加起草和修改国务院的一些文件。其中影响最大的是《工业二十条》和《科学院汇报提纲》。三、撰写理论文章《论全党全国各项工作的总纲》。四、代管中国科学院哲学社会科学部，协助筹办理论刊物《思想战线》。

　　要回答这个问题，主要看华国锋的言行。

　　应该说，粉碎"四人帮"，为恢复邓小平在中央的领导职务，重新出来工作，创造了前提条件。怎样对待和处理邓小平第三次复出？可供选择的办法有三种：第一种是让邓小平马上复出，再一种是尽快让邓小平复出，第三种是等一等，等条件成熟再解决。华国锋采取的是第三种办法。用华国锋的话来说，要做到"瓜熟蒂落，水到渠成"。

　　这时，公开的提法还是集中批"四人帮"、"连带批邓"。在内部，则采取措施，逐步恢复邓小平的生活待遇和政治待遇。12月初，邓小平犯病，中央采取了积极的治疗措施和安全措施。12月14日，中央决定恢复邓小平阅读中央文件的权利。12月16日，华国锋批准邓小平进行手术治疗的方案。此后，华国锋和叶剑英、李先念、汪东兴一起向邓小平谈了粉碎"四人帮"的经过。1977年1月6日，华国锋在中央政治局会议对粉碎"四人帮"后邓小平为什么不能马上出来工作或者很快出来工作的道理作了解释，说明"往后拖，这样有利"，提出：小平同志出来工作的问题，应做到"瓜熟蒂落，水到渠成"。

　　1977年1月8日纪念周恩来逝世一周年时，广大群众表达了要求邓小平复出的强烈愿望，党内一批老同志提出应尽快让邓小平出来工作。华国锋认为时机还不成熟。但邓小平的待遇有了进一步改善。邓小平和全家住进了北京西山中央军委疗养地，华国锋正在主持编辑的《毛泽东选集》第五卷也改变了对邓小平的处理方针，凡是讲邓小平好的地方，原来全部删除，现在一概不删，毛泽东称赞邓小平的地方有十多处。这是为邓小平复出做准备。但同时也应看到，华国锋没有完全顺应要求邓小平复出和为天安门事件平反的历史潮流，说明他这时处于犹豫徘徊、等待时机的状态。

　　在三月中央工作会议期间，华国锋和中央政治局常委们议论过邓小平复出的问题。在政治局会议上，华国锋提出要请小平同志在中央会议上堂堂正正地出来工作，为此要做好群众的工作。3月14日，华国锋在中央工作会议全体会议上讲话，积极回应党内外的呼声。在保持对天安门事件错误定性和肯定"批邓、反击右倾翻案风"的同时，明确指出：群众在清明节到天安门去悼念周总理是合乎情理的；"四人帮"批邓另搞一套，是他们篡党夺权阴谋的重要组成部分；"四人帮"对邓小平的一切诬蔑不实之词都应当推倒。明确表态：邓小平同志的问题应当解决，但是要有步骤,要有一个过程。我们的方针是,高举毛主席的伟大旗帜,多做工作,在适当的时机让邓小平同志出来工作。他代表中央政治局宣布:中央政治局意见是,经过党的十届三中全会和党的第十一次代表大会,正式作出决定,让邓小平同志出来工作,这样做比较适当。①3 月工作会议后,华国锋为邓小平复出进行了实际准备。华国锋主持的中央政治局于 5 月 3 日将邓小平致党中央的两封信转发至县团级,实际上向全党通报了邓小平即将复出的信息。过后,华国锋又同邓小平会见、交谈。接着,主持召开中共十届三中全会,于 7 月 17 日通过《关于恢复邓小平同志职务的决议》:"全会一致决定,恢复邓小平同志中共中央委员、中央政治局委员、常委、中共中央副主席,中共中央军委副主席,国务院副总理、中国人民解放军总参谋长的职务。"

从以上华国锋对待邓小平复出的态度和做法可见,他确实采取了"等一等"、"往后拖"的办法,但并不是久拖不决,也没有蓄意阻挠,而是要尽量做到"瓜熟蒂落,水到渠成"。

我们又运用四重证据法对邓小平两次复出进行了对比,说明华国锋主持下的第三次复出同第二次复出相比,时间相差无几。

邓小平第二次复出,从 1972 年 8 月毛泽东批示启动,到 1973 年 3 月恢复工作、4 月公开露面,经过七八个月。具体过程是:1972 年 8 月 14 日,毛泽东对邓小平 8 月 3 日的信批示,指出邓小平应与刘少奇区别。讲了邓的四点好处:一、中央苏区挨整,是所谓毛派头子。二、没有历史问题。三、打仗得力,有战功。四、到莫斯科谈判,没有屈服于苏修。这个批示,为邓小平复出铺平了道路。第二天,8 月 15 日,周恩来即在政治局传达。此后三四个月未见下文。12 月 18 日,周恩来利用毛泽东指示应让谭震林"回来"的机会,在致信纪登奎、汪东兴传达这个指示精神的同时,提出要纪、汪二人考虑一下邓小平要求做点工作的问题,说主席也曾提过几次。同日,还约纪、汪二人谈话。12 月 27 日,纪登奎、汪东兴提出邓小平仍任副总理。1973 年 2 月 22 日,邓一家回到北京。3 月 10 日,中央发出邓小平恢复副总理职务的决定。4 月 12 日,邓小平在欢迎西哈努克的宴会上公开露面。

①　据李先念 1980 年 12 月 25 日在中央工作会议上的发言。参见《邓小平年谱(1975—1997)》(上),第 1556 页。

邓小平第三次复出，即使从 1976 年 10 月 6 日粉碎"四人帮"算起，到 1977 年 7 月 17 日中共十届三中全会通过决议决定恢复邓小平职务，也不过八九个月。具体过程是：1977 年 1 月政治局会议华国锋提出应做到"瓜熟蒂落，水到渠成"。1977 年 3 月中央工作会议政治局决定"在适当的时机让邓小平同志出来工作"，"经过党的十届三中全会和党的十一次代表大会，正式作出决定，让邓小平同志出来工作"。1977 年 5 月 3 日，把邓小平 1977 年 4 月 10 日信和 1976 年 10 月 10 日信转发至县团级。5 月上旬，邓小平得知马上要出来工作。7 月 21 日，中共十届三中全会正式决定恢复邓小平职务。7 月 30 日晚，邓小平在北京工人体育场看足球比赛，公开亮相。

从第三次复出的经过，从前后两次复出的比较，恐怕不能得出华国锋阻挠邓小平复出的断语。在邓小平复出的问题上，华国锋的方针是邓小平的问题要解决，但要等待时机成熟，所谓"瓜熟蒂落，水到渠成"。这没有什么不对。粉碎"四人帮"后邓小平不能"马上"出来，要晚一点，是稳妥的。对"尽快"的要求，华采取"拖"的办法，从原则上讲，无可厚非。但跟当时的党心民意，确实是不一致的，说不符合党心民意，甚至说有违党心民意，都不为过。至于具体时机的选择，见仁见智，也难专必。回过头来看，1977 年 3 月中央工作会议，陈云、王震等提出让小平复出，为天安门事件平反，那时华国锋如顺势完成这件大事，是最佳时机。但受历史的局限和认识的局限，华没有在这时作出决断，还是继续做让邓小平复出的准备，虽然不能说不积极①，但还是延迟了。所以，说华在邓复出的问题上"拖延"，无论从华的主观意图，还是客观效果，是符合实际的。不过，这也不是华个人的专断，都是当时中央领导集体决定的。在这个问题上，同样不必过多地追究个人的责任。

2012 年 9 月，经中央批准公开出版的《中华人民共和国史稿》第四卷（1976—1984）关于华国锋对邓小平第三次复出的态度问题，采取了上述经考证论证的"拖延"说。②

---

①   收到邓 4 月 10 日信后，即给回复，提出修改意见（可见准备向党内发的）。华得到邓 4 月 14 日修改情况的回信后，当天就批示，要汪东兴将邓来信及附件印发中央政治局同志，"研究确定印发范围"。并委派汪东兴、李鑫去同邓谈。邓拒绝按要求修改，华和中央政治局也没有为难邓，还是于 5 月 3 日将邓两信印发全党。5 月 24 日邓小平与王震、邓力群谈话，就说马上要出来工作；至 7 月邓就正式复出了。

②   见该书人民出版社、当代中国出版社 2012 年 9 月版第 8—11 页关于邓小平第三次复出的叙述。

胡乔木有没有参与起草邓小平中共十一届三中全会的"主题报告"?

这本来是一个简单明了的问题。可是,由于同时参与起草的一位同志完全漠视客观事实,竭力否定胡乔木参与其事,使问题变得复杂起来,需要进行考证。

另一位当事人、当时担任胡乔木秘书的朱佳木,不仅根据他的亲历而且依据他当时的工作日记,对事情的经过作了详细的说明,提供了有力的证据。

朱佳木说明,邓小平这篇讲话稿的初稿,是胡乔木按邓小平确定的主题"实行全党工作重点的转移"起草的。稿子于11月8日写成后即送邓小平处。邓小平出访新加坡、马来西亚、泰国三国回到北京,看过稿子后于11月16日上午与胡乔木谈修改意见。胡乔木按邓小平的要求(结合当前实际论述重点转移的战略方针和实事求是的思想路线),经三天修改形成初稿,让秘书朱佳木抄清送邓小平阅改。中央工作会议开始以后,形势发生了好的变化,重点转移问题比较一致,天安门事件已经平反,重大历史问题的解决也较顺利。邓小平敏锐地觉察到,原来准备着重讲的重点转移问题不需要特别加以强调了;解放思想、实事求是等问题需要结合现实讲得更加深透;同时,在历史转折关头,许多新情况、新问题凸现出来,需要党的领导人及时提出,作出回答,指明前进方向。在这样的情况下,邓小平决定讲话稿要重起炉灶。

12月2日,邓小平为重新起草讲话稿约见胡乔木。胡乔木当时忙于修改农业文件,就邀于光远一同前往,以便让于了解意图,先行组织人着手起草。这天,邓小平按事先写好的3页提纲讲了准备谈的七个问题。两天以后,写出一份讲话稿。对重新起草的这份稿子,邓小平不满意。12月5日,找胡乔木谈修改意见。胡乔木带组织起草此稿的于光远、林涧青一起前往。邓小平对讲话稿谈了新的构思,对许多问题谈了新的观点、新的提法,胡乔木作了记录。按照邓小平新的意见,起草人员连夜重写。对重写稿再作修改后于12月7日先后印出两稿。第二稿送胡乔木修改。那天晚上他并没有动笔。半夜两点起来用两个多小时改好,第二天早饭后交秘书付印。对经胡乔木仔细修改过的这一稿邓小平比较满意。12月9日又约胡乔木等谈了一些具体的修改意见。邓小平在12月10日清样稿上亲笔作了修改,再次约谈。胡乔木因主持起草农业问题文件的会议无法分身,遂由胡耀邦带于光远、林涧青前往。事后,胡乔木主持研究了对讲话稿的修改。当天,讲话稿基本完成,在标题下署上了邓小平的名字。

中央工作会议预定在 12 月 13 日下午举行。在闭幕会上邓小平将在叶剑英、华国锋之前讲话。12 月 13 日午饭后，胡乔木关起房门，对邓小平的讲话稿进行最后的修改加工，直到下午两点钟才脱手，立即让秘书朱佳木直送邓小平家。邓小平审阅改定后，在下午四点钟中央工作会议闭幕会上发表了后来称为中共十一届三中全会主题报告的重要讲话。

朱佳木的《胡乔木与党的十一届三中全会》一文，有力地说明了胡乔木是协助邓小平起草主题报告的得力助手。胡乔木自始至终参与了起草工作，是这篇划时代的重要文献的主要执笔者。

在朱佳木提供重要的人证、物证的同时，我们从档案中找出了重要的书证。计有：12 月 2 日起草的讲话稿的手写抄清稿(8 开稿纸 30 页)，上有胡乔木二十多处删、改；邓小平 12 月 5 日谈话胡乔木所作记录(记在上述手写抄清稿第 30 页的背面)；胡乔木在 12 月 7 日第二稿上的简要修改(二十多处)和批语(三十多条，指明这些地方需要修改、加工)；胡乔木对 12 月 7 日第二稿仔细修改补充后印出的 12 月 7 日第三稿(胡乔木在 12 月 7 日至 8 日夜作了重要补充修改的 12 月 7 日第二稿没有保存下来，将 12 月 7 日第三稿与第二稿对照，可知胡乔木所作重要补充修改)；12 月 11 日稿的修改手稿；12 月 16 日中央工作会议秘书组印发的 12 月 13 日讲话稿定本(与 12 月 11 日稿对读，可知 12 月 11 日稿印出后两天里，特别是 12 月 13 日下午讲话前，邓小平、胡乔木等又作了哪些修改)。

在朱佳木的人证、物证面前，在档案提供的书证面前，在从 11 月最初草稿到 12 月讲话稿多次修改过程的历史贯串性和随情况发展变化中，胡乔木在起草邓小平主题报告中所作出的历史贡献终于得到确认。《邓小平年谱(1975—1997)》在 1978 年 10 月底、11 月 16 日、12 月 2 日、5 日、9 日各条下，连续记述了胡乔木参与起草邓小平主题报告的情况。

期望"四重证据法"在运用中发展

正确认识和评价历史事件、历史人物，把历史著作、人物传记放在实证的基础之上，放在客观的、科学的基础之上。这是需要大家共同努力去做的。恩格斯说得好："即使只是在一个单独的历史事例上发展唯物主义观点，也是一项要求多年冷静钻研的科学工作，因为很明显，在这里只说空话是无济于事的，只有靠大量的、批判地审查过的、充分地掌握了的历史资料,才能解决这样的任务。"①

　　应该看到,从党史、国史研究实际中概括出来的四重证据法,体现了鲜明的学科特点。这里指明的人证,是古代史等学科研究中严重缺乏而近现代史研究中相当丰富的。这里所说的书证和物证,没有拘囿于时间、空间的限制,跳出了地下、地上,过往、当前的分界;也不仅局限于符号系统的变换,而更着重于载体的不同。因而具有更强的概括力,也就具有更大的包容性,更广的适用率。至于史证一法,明显是运用唯物史观与辩证方法,强调从联系与发展来考察事件和人物的结果。本说不只是在"二重证据法"上做加法,它是继承"二重证据法"的精髓,融会贯通,创造出的一种切合学科特点的新的系统。

　　期望四重证据法的运用,能够对取得恩格斯所要求的那种大量的批判地审查过的、充分地掌握了的历史资料有所助益,并在实践的过程中,经受检验,得到修正补充,丰富发展。

---

　　①　恩格斯:《卡尔·马克思〈政治经济学批判·第一分册〉》,《马克思恩格斯文集》第 2 卷,人民出版社 2009 年版,第 598 页。

谈谈口述史的若干问题

1. 口述史的性质问题

如果要给口述史下一个简明的定义，我想用下面八个字：亲历者叙述的历史。

这个定义，指出口述史要具备三个要素。

第一个要素是亲历者（或者说当事人），是亲历者叙述的历史。有几种情况，第一种是历史事件的主角：决策者（策划者）、组织者、实施者，等等；第二种是历史事件的参与者，身在其中，参与其事，知道事情（全过程或某一段落，全部或局部）的始末原委；第三种是其他知情人，虽未参与，但亲见亲闻其人其事。这几种亲历者，由于与历史事件、人物联系的相关程度不同，对历史事件、人物了解的程度也就不同，所叙述的历史，其价值也有高低之别，全面性、真实性也有等差。

第二个要素是历史，亲历者（或者说当事人）叙述的必须是历史。不是亲历者（或者说当事人）叙述的什么事情都可以说是口述史，必须是历史才算。当然，历史的概念也是变动的，看怎么要求、怎么界定。上家史、村史，还是上国史、党史，要求是不一样的。

第三个要素就是叙述。我以为口述和笔写两种叙述方式都应该包括在内，都应该承认。名为口述史，当事人口述，别人记录整理，这种方式当然是主要方式，是正宗。担当这个记录整理者的角色的，毫无疑问，主要是史学工作者。还有史学工作者把口头流传的史实记录下来，写到各种历史作品中去，像司马迁早就做过的那样，也是一种方式。那么，当事人无需别人代劳，自己用笔写下亲身的经历，算不算在口述史之内呢？我主张算在内。因为按照"亲历者叙述的历史"这个定义来说，是符合的，它同亲历者口述、别人笔录只是方式和工具不同，实质是一样的。要不然,就要局限于"亲历者口述的历史",把自己写的排除在外,范围就狭窄了。我是主张宽泛一点的。太严格了,事实上也不好把握。如:茅盾的回忆录《我走过的道路》,前面是亲笔写的,后来眼睛不好了,身体也不好了,就由他讲,儿子和儿媳妇记录整理。再如:胡乔木的《回忆张闻天同志》,第一页是他笔写的,后面因为眼疾,写不了,他找我们张闻天选集传记组的同志去谈,根据他的口述整理,再交他改定。如果当事人口述的才算,亲笔写的不算,这就很难办。

依据"叙述"这个用语,我以为口述史目前在中国有四种主要的存在形式:口述史、访谈录、回忆录(其中也包含别人记录整理的)、写到人物传记和历史著作中的各种口述史料。以上四种都是文字记录方式,此外,还有录音、录像的记录和音像形式的传播。

2. 口述史的类型

从存在形式来看,有上面讲的四种主要类型。从叙述人来看,有两种情况:一种是个人,一种是群体。从叙述的对象、内容来看,有两个系列:一是人物,一是事件。不同的叙述人和不同的对象、内容以及不同的存在方式,排列组合起来,呈现出口述史的丰富性、多样性。目前我国的口述史作品大致有这样几类:群体叙述一位伟大人物或重要历史人物的;群体叙述重要历史事件的(如反右派斗争,知识青年上山下乡等);个人叙述一生或一段经历的,往往有人有事,有自己有他人(如当代中国出版社出版的汪东兴、吴德的回忆录,都是口述整理的);个人叙述伟大人物、重要人物或重大事件的(如《胡乔木回忆毛泽东》、吴冷西的《十年论战》)。这些都是用亲历者第一人称写的。还有一种是访谈录的形式,用第三人称写,大量的是亲历者的回忆、谈话,但更多地加入了访谈整理者的引导和评论、意见。

3. 口述史的传统和现状

在中国,口述史的工作是富有革命传统的。建国以后,这种传统得到继承和发展。进入改革开放历史新时期以后,更出现了空前繁荣的局面。

经文化工作者、历史工作者组织的叙述历史事件的口述史,大致有两种类型,一种是许多亲历者叙述重大历史事件的群体性的口述历史,从20世纪30年代中期的《长征记》(丁玲主编),到建国后五六十年代的《星火燎原》、《红旗飘飘》,政协的《文史资料》，其中有自己写的，有口述记录的；还有一种是许多亲历者叙述一天的情形，如20世纪70年代反映"四五运动"（从一天看一个事件）的《丙辰清明纪事》。

许多人回忆叙述重要历史人物的，当首推鲁迅。包括从鲁迅逝世后对鲁迅的纪念，到建国后冯雪峰、许广平对鲁迅的回忆录以及许多人的忆述。

重要人物较为系统地叙述个人经历和历史事件方面，也有很好的传统。从陈云（化名廉臣）的《随军西行闻见录》到吴玉章的《辛亥革命》、黄炎培的《八十年来》、刘伯承的《回顾长征》，都是典范性的作品。李维汉的《回忆与研究》则开创了本人的回忆与研究相结合的新格局。

粉碎"四人帮"后，随着拨乱反正，平反冤假错案，出现了一个回忆老革命家、叙述他们的革命功绩和曲折遭遇的热潮，涌现了一大批口述史作品。以《彭德怀自述》为代表的一批自叙传性质的作品面世，影响巨大。该书由人民出版社于1981年12月出版，第一次就印了13万册。刘英的《身处逆境的岁月》（写"文革"）、《难忘的三百六十九天》（写长征）等在《人民日报》等报刊发表，很受欢迎。纪念毛泽东逝世一周年时发表的陈云和几位老帅的文章，正面阐述实事求是思想路线，实际是针对"两个凡是"而发，为真理标准的讨论作了思想、理论上的准备。20世纪90年代中后期以来，先后逢到毛、周、刘、邓、陈等的百年诞辰，回忆他们生平业绩、思想品格形成热点。而不少老同志从工作岗位上退下来，撰写回忆录蔚然成风，以薄一波的《若干重大决策与事件的回顾》为代表，到近年出版的黄克诚、汪东兴、吴德、张震、谷牧、李岚清、唐家璇等的回忆录，形成一个新的高潮。而群众性的群体的口述历史，以反右、知青等为题材，也出现了一些颇有分量和影响的作品。

实践的丰富多样，提出了对中国口述史工作的历史和现状进行总结的要求，并必将催生"中国口述史学"学科的诞生。

4. 口述史的价值

口述史的主要价值是史料，从亲历者、当事人、知情者那里了解历史的真相，认识历史的本来面貌。历史的信息，最重要的载体，一是记录历史的档案，一是亲历者的记忆。所谓文献，就是书面的记载和口头的流传。史料从何而来，保存在哪里：一是档案，一是口述。没有口述史料，写不出好的历史著作。所以，口述史是历史研究的一项重要工作。从亲历者、当事人那里不仅了解史实，而且加深理解。在材料和观点两方面都可以得益。

　　我在写作《张闻天传》的实际工作中体会到,通过访问当事人取得口述史料,其收获主要在以下方面:(1)了解重要的、关键的史实,解决历史关节问题。如:关于遵义会议。遵义会议前张闻天同王稼祥在黄平橘林关于要毛泽东出来指挥军事的谈话(耿飚谈);遵义会议上张闻天第一个站出来做"反报告",批判"左"倾错误军事路线(杨尚昆谈);遵义会议上,大家一致推选张闻天代替博古担任党中央总书记(杨尚昆谈)。这些情节,长期湮没,亲历者解放思想讲出来,历史的真相才大白于天下,张闻天才得到应有的历史地位。(2)了解许多显现人物性格、品质的细节。如:张闻天庐山会议发言前前后后的情况,"文革"中虽受迫害但始终坚持共产主义信念、保持高风亮节的情况。(3)深刻理解历史和人物。如:关于歌特文章的意义,胡乔木指出,其重要意义之一是从中看到人物的复杂性和转变的历程,说明张闻天在执行"左"倾错误路线的同时,存在反对"左"倾的一面,而且反对"左"倾的因素在不断增长。用这个观点进行观察,便可认识张闻天思想转变的历史进程。

　　为写《张闻天传》,笔者先后访谈 83 人。从全书 1 271 条注释可见,大约 20% 的材料是从采访中获得的口述史料。

　　可见,离开了口述史料,关于历史人物和事件的著作都是写不好的。从这里,我们深刻地认识到口述史工作的重要性和紧迫性。这是历史研究的基础工作,是时不我待的工作,带有抢救性质。应该重视这项工作、组织力量开展这项工作。

5. 史学工作者的职责、任务和素质

　　首先,在口述史工作中历史工作者扮演重要的角色,负有重要的职责。按照不同的情况、不同的需求,历史工作者在三个不同的层次上担负责任,发挥作用:(1)记录、整理者。这是最基本的责任和作用。在多数情况下,主动者是历史的叙述人,史学工作者帮助记录、整理。(2)引导者。史学工作者经过对历史人物、事件和叙述人的相当研究,提出有质量的、具有内在逻辑的问题,引导叙述人回忆、口述。(3)组织者。群体性的对某一人物、某一事件或某一阶段的口述历史,需要史学工作者进行组织、联络。从采访到记录、整理,到核对、修改,到成稿以至发表,要做大量工作。

　　本人参与组织回忆张闻天、回忆胡乔木和刘英回忆录等三部书的工作,为研究 1975 年整顿这段历史采访了不少当事人,搜集了不少口述史料,大致做了这样一

些事：（1）了解和确定叙述的人选，包括了解人物一生活动各个阶段的人，与人物有交往的各方面的人。（2）进行访谈，商量写什么，怎么写，是帮他整理还是由他自己动手。（3）提供有关史料。叙述人知道某一件重要的史实，但由于年代久远，记忆不确切、不清晰了，要协助查找档案，整理提供。如：杨尚昆回忆胡乔木制定 1982 年宪法的情况，阎明复回忆胡乔木修改莫斯科宣言稿的情况，都为他们查找和整理了有关的重要档案材料。（4）查对档案，核实回忆。如：在刘英回忆长征中两河口会议等重要会议的情况时，我们都同刘英一起到中央档案馆查对了当年刘英所做的会议记录。应该说，回忆与研究相结合，把亲历者的回忆，同档案资料对照、查核，搞得很准确，这样才能产生上乘之作。

　　这里产生一个问题，就是脱口而出的回忆与深思熟虑的回忆，哪个更真实。我以为不能一概而论，要具体分析。口述史的整理也有一个辨伪的问题，要下去伪存真的功夫。一般说来，经过深思熟虑的回忆更接近或符合历史的真实。现在国内出版的一些重要的口述史著作，都是口述与研究（包括查证档案）相结合、叙述人与史学工作者相结合（稿子在他们之间多次反复修改补充才完成），解决了回忆差错、遗漏的问题，并使历史的逻辑更清楚、内容更丰富，像薄一波、杨尚昆、胡乔木、张震等的回忆录，都是这样做的，搞了好多年。我以为这种做法应该提倡。

　　口述史工作的主要队伍组成应该是史学工作者，各方面的人士参与这项工作，也应该具有史学工作者应有的基本素质，即所谓才、学、识、德的要求。当然，还有一些从这项工作的独特性产生的要求。如：在德这方面，特别需要吃苦耐劳、坚忍不拔、无私奉献的精神。在学这方面，特别需要对叙述人经历的历史、接触的人物以至涉及的有关风土人情、方言及个人爱好、性格特点等各方面的知识加以了解。在才这方面，特别需要落落大方，近距离、短时间赢得采访对象的信任，具有进行对谈的能力；既要有稳定性又要有灵敏度，要稳重朴实而又才思敏捷，等等。

6. 口述史的对象与题材

　　这里主要有三个问题：找谁讲？（历史的叙述者问题）讲什么？（题材问题）怎样讲？（零碎片断地讲还是系统地讲）

　　找谁讲、讲什么的问题，要由目的和需要来定。从我们搞国史研究的实际需要和实践来看，要突出主角兼顾多方面，重点应该是要人大事。

采访重要人物,请他们讲述重大历史事件的决策和实施经过,以及其间重要人物的功过、人民群众的作用(包括创造),等等;或者请各种亲历者回忆、讲述重要人物的言行、思想,重要历史事件的经历、影响,等等。这些是主要的对象和题材,有些带有抢救性质。当然,采集普通群众的口述史料也是有意义的。历史从上层看和从下层看,都需要,而且只有这样才全面。但人力有限,我们单位做,还是先抓住决策者、领导干部。可以按各自的意愿、需求和条件去做。不能说搞普通群众的东西才叫口述史,甚至对老一辈革命家、对领导干部加以排斥。零碎片断的史料和系统全面的叙述,两者都是需要的,各有各的用处,看目的是什么,要解决什么问题。一般而论,重点还是要放在系统全面的叙述上。

解决对象、题材、方法这些问题,还是要采取既是两点论又有重点论的方法论来认识和处理。当前,我们的做法,简言之,主要是:请决策者系统地讲大事。

7. 口述史的工作规范问题

要立哪些规矩? 随着工作的展开,遇到的矛盾会越来越多,会不断地提出需要解决的问题,在解决问题的同时就会立下一些规矩,制定出工作的规范。这有一个逐步完善的过程。当前还在起步阶段,可以先订立一些,以利于工作的开展。

就本人已经做的工作来看,最主要有这样几条:

(1) 记录要忠实于叙述人的原意,取得叙述人认可。引用或发表须经叙述人同意。最基本的办法是经当事人审阅修改并签名。

(2) 注意保守国家机密,关于重大事件、重要人物的史料,未经审批,不得公开发表,不得外传。

(3) 保护叙述人的隐私。未经授权,无权传播。

(4) 知识产权问题。口述史料或经整理的口述史著作,知识产权首先属于口述者。整理者有局部署名权,如署名为"记录整理者"或在后记中说明。双方权益由口述者与整理者商定。

(5) 口述史中涉及对人的批评(包括指责、斥责),应十分慎重,注重政治,有理有据。

(6) 公职人员的口述历史资料(包括录音录像)属于公共精神财富,最终应交档案部门保存。

附录：胡乔木论研究编撰中共
党史的指导思想和方法

　　自 1951 年发表《中国共产党的三十年》以后，胡乔木即以中共党史专家著称。1980 年 1 月，中共中央党史研究室成立，胡乔木任主任。到任不久，他就提出编写一部大型的《中国共产党历史》的任务。1982 年 4 月离任以后，作为中央党史领导小组副组长，仍然指导该室和全国的党史工作。可以说，从事和指导中共党史研究、编撰和宣传，是他毕生的事业，成为他生活的重要组成部分。他所提出的研究、编撰中共党史的指导思想和方法，是留给党史学界的宝贵财富。

　　胡乔木认为党史工作是党的工作的一个重要组成部分，和党的其他思想工作一样，是为着支持党的领导，坚持中国的社会主义事业。因此，不能把党史工作看成是平静的、书斋里的事业，它是在思想斗争最前线的一项战斗性的工作。①他注重党史工作的战斗性，又强调党史工作的科学性。他说："党史工作的战斗性所以有力量，是因为我们依靠的是科学，依靠的是真理。这种战斗就是科学与反科学的战斗，是真理与谎言的战斗"。因此，"我们需要用科学的态度、科学的方法、科学的论证来阐明党的各种根本问题"②；"必须加强对在国外论著中经常出现的许多比较重要的、有影响的错误观点和歪曲我们党的历史的言论，进行针锋相对的、有理有据的分析和批判。"③根据胡乔木的指示，中共中央党史研究室和中共中央文献

---

　　①②　据沙健孙：《胡乔木同志谈党史工作》，《我所知道的胡乔木》，当代中国出版社 1997 年版，第 54 页。

　　③　转引自沙健孙：《胡乔木同志谈党史工作》，《我所知道的胡乔木》，当代中国出版社 1997 年版，第 57 页。

研究室曾多次联合召开评析国外中共党史研究状况的座谈会。每次座谈会，胡乔木都从头至尾参加。党史研究室编辑出版的《国外中共党史研究动态》杂志，也是在他的关心和支持下创办的。

胡乔木怀着强烈的政治责任感从事党史工作。他不止一次地说过，党史不应当是一个自我封闭的体系。党史工作要改革，而要改革就必须开放。只有开放的工作才能产生开放的党史。①为了改进和提高党史工作，把中共党史写成一部开放的党史，一部具有科学性的著作，他发表过许多重要的、指导性的意见。

1. 研究党史，要注意四面八方

胡乔木指出："党的历史与一定的社会政治、经济发展的历史是不能分开的。""离开社会的发展，孤立地讲党史是不符合马克思主义方法的。"②他认为，注意四面八方，党史就必须写以下几个方面：

（1）要写人民群众。党史要表现党是在人民中间奋斗的，党的斗争是反映群众要求的，是依靠群众取得胜利的。要让人们看了党史以后，真正感到党是把人民放在中心位置的，是尊重人民的；而不只是党自己在照镜子，左顾右盼。

（2）要写朋友。党是依靠与党密切合作的人共同奋斗的，这些人，如宋庆龄、陈友仁，如鲁迅、邹韬奋，如杜重远、阎宝航等等，在党史中应当有他们的地位。我们党在困难时得到人家的帮助，作为胜利者来写历史时不能把人家忘了。不写他们，那是一种狭隘的宗派观念。那样的党史，人民是不会接受的。

（3）要写地方与普通干部和党员。党史既要写党的中央和中央领导人的活动，也要写地方组织、党的优秀干部和广大党员群众的活动。不能因为领导的错误就把党的群众性斗争一笔抹煞。党史上的优秀干部、广大党员和人民群众的斗争，都应该有生动形象的记录。胡乔木指出："党史应该有新的材料，新的观点，新的态度。党史是人民构成的历史，跟人民斗争的历史分不开，我们要在人民斗争历史的

---

① 据沙健孙：《胡乔木同志谈党史工作》，《我所知道的胡乔木》，当代中国出版社1997年版，第54—55页。
② 转引自沙健孙：《胡乔木同志谈党史工作》，《我所知道的胡乔木》，当代中国出版社1997年版，第55页。

背景下写党史。党中央和领导人要写，但是要避免分量太大。"①"党史不要只讲党中央这样正确，那样错误，还是应把人民的斗争、党的斗争，热气腾腾的局面反映出来。"②

(4) 要阐明党的每一步胜利都是马克思主义与中国的实际情况相结合的结果。为了更有说服力地阐明这一最基本的历史经验，还必须将中国党和共产国际关于中国革命的主张、中国和苏联东欧国家关于建设社会主义的主张，进行比较研究。

这样注意了四面八方写出来的党史，才能不只是一线一面，而是立体的。③

2. 要详细地占有材料，进行深入的调查研究

胡乔木要求："对党的历史的研究要进一步深入，精密化，更要重视详细地占有材料"。他说："我们要继续做好党史资料的征集、整理和研究工作。只有充分地占有和利用一切可靠的资料，把这些资料甄别清楚，才能弄清历史事件的真相和来龙去脉，才能写出有战斗力的历史论著。"④他强调："由中共中央领导编写的党史应拿出权威性的材料。""资料方面要有新东西"，"要拿出一些新材料，否则不可能超出过去的党史本子。"⑤"一定要多用一些新的事实，对于这种事实一定要有新的见解，对于事实的描述和分析要有新的认识，新的思想，并且要充分利用现有的材料。已经发表的材料和没有发表的材料都要用得比较充分。这样，表明党史是在掌握了充分材料的基础上写的。"⑥他还说："现在美国、苏联、日本都有一些专门研究中共党史的研究会、研究所。如果我们的研究水平比不过他们，是无法向中央交代的。"⑦

---

① 《胡乔木谈中共党史》，人民出版社 1999 年版，第 318 页。.
② 《胡乔木谈中共党史》，人民出版社 1999 年版，第 308 页。
③ 以上据胡乔木：《写党史要有三个新的态度》，收入《胡乔木谈中共党史》，人民出版社 1999 年版；参见沙健孙：《胡乔木同志谈党史工作》，《我所知道的胡乔木》，当代中国出版社 1997 年版，第 55—56 页。
④ 转引沙健孙：《胡乔木同志谈党史工作》，《我所知道的胡乔木》，当代中国出版社 1997 年版，第 56—57 页。
⑤ 《胡乔木谈中共党史》，人民出版社 1999 年版，第 254、255 页。
⑥ 《胡乔木谈中共党史》，人民出版社 1999 年版，第 314 页。
⑦ 《胡乔木谈中共党史》，人民出版社 1999 年版，第 255 页。

在这方面,胡乔木采取了一些措施,做了不少具体工作。

胡乔木认为,有必要采取有效措施,有计划有领导地开放党的历史档案。我们不能因为有少部分档案要保密就不扩大开放。只有开放档案,党史研究领域才能形成竞争的环境①。他对档案馆负责人说:"要破除陈腐的保密观念",要把档案馆"由封闭型管理变为开放型管理",不要老是"一把锁",要开放档案为历史研究,为学术研究,为党的中心工作和各项工作服务。②

胡乔木指出,要系统地研究、整理、编辑出版、公布档案资料。多卷本《中共中央文件选集》内部本和公开本都是由党中央决定,在他支持下编辑出版的。③以后又续出版了中共十一届三中全会以来党在新时期形成的文献系列集《三中全会以来》、《十二大以来》、《十三大以来》等。《日本帝国主义侵华档案资料选编》、《中华人民共和国经济档案资料选编》以及大批地方革命历史文件选编等等,也是在他同意和支持下陆续编辑出版的。④在遵义会议五十周年纪念到来之前,他亲自主持编辑出版了《遵义会议文献》。为了选用张闻天有关遵义会议的论述,他不仅让张闻天选集传记组提供意见和文本,而且还从档案馆调阅了张闻天1943年所写的长达四五万字的延安整风笔记,亲自考量,从中节录了约一千二百字,加上《从福建事变到遵义会议》的标题。为了写好《建国以来党的若干历史问题的决议》中关于"文化大革命"的段落,他和邓力群一起主持编辑了两部篇幅相当大的、关于"文革"十年间毛泽东言论和"文革"十年间重要文件的资料集。他还指导中央党史研究室组织研究人员住到中央档案馆长期查阅档案,研究"文化大革命"历史。

胡乔木还指出:"为了写好党史,要多收集资料,收集国民党和外国人写的共产党的历史,看看他们怎样写红军、八路军、新四军。"并说,《张治中回忆录》、托派王凡西写的《双山回忆录》,对我们写党史有用处。⑤

① 沙健孙:《胡乔木同志谈党史工作》,《我所知道的胡乔木》,当代中国出版社1997年版,第60页。
②③ 王明哲:《乔木同志和档案工作》,《我所知道的胡乔木》,当代中国出版社1997年版,第257页。
④ 王明哲:《乔木同志和档案工作》,《我所知道的胡乔木》,当代中国出版社1997年版,第257—258页。
⑤ 《胡乔木谈中共党史》,人民出版社1999年版,第244页。

3. 要搞清楚理论问题，通过党史表述这些理论

胡乔木指出："写一本党史涉及许多理论问题，不是系统地讲理论，而是通过党史表述这些理论。"①

胡乔木十分注重理论问题的研究和解决。他在拨乱反正之初的 1977 年 1 月 3 日，就在中宣部碰头会上讲话，提出《关于社会主义时期阶级斗争的一些提法问题》，对于"无产阶级专政下继续革命"的口号，对于社会主义时期阶级斗争的形式和作用的认识，对于"阶级斗争为纲"的理解，对于党内斗争是否都是社会阶级斗争的反映，是否都是路线斗争，这些流行的理论提出质疑，并鲜明地表示了否定的意见。这篇讲话不仅对全党全国解放思想、拨乱反正具有重大意义，对于研究党史，特别是建国以来的党史，也是有十分重要的指导意义的。

在起草《历史决议》的过程中，胡乔木指出："我们要写这个《决议》，理论问题要给予很大的注意"，"非常重要的就是要把中国革命究竟走了一条什么道路，要怎样继续走下去，写出来。""《决议》里要有一种现实的力量、理想的力量。"②胡乔木把对历史经验的总结，对毛泽东功过是非的评论，同理论问题的研究联系起来。他指出，毛泽东犯文化大革命错误的原因之一，是出于对马克思关于资产阶级权利的论述的误解和对于列宁关于小生产每日每时产生资本主义和资产阶级的论断的教条化。同时，他又指出："毛主席的确打破了共产国际的专制、教条化倾向。"并进行具体分析说："毛主席同第三国际的指导方针做了长期的斗争，这是非常显著的事实。今天讲马克思主义普遍真理同中国实际相结合，怎么结合？就是要研究中国的实际，从实际出发；就是要联系群众，从群众的最大利益出发。毛主席把这些发展成了一个观点、一个工作方法的系统，还可以加上独立自主、自力更生，确实在世界政治上显出中国革命的特点。"③

在 1985 年 11 月 4 日举行的《中国共产党历史》上卷送审本讨论会上，胡乔木讲《党史研究中的两个重要理论问题》。指出："写历史是件不容易的事情。""写一

---

① 《胡乔木谈中共党史》，人民出版社 1999 年版，第 234 页。
② 《胡乔木谈中共党史》，人民出版社 1999 年版，第 53 页。
③ 《胡乔木谈中共党史》，人民出版社 1999 年版，第 78 页。

本党史涉及许多理论问题,不是系统地讲理论,而是通过党史表述这些理论。"①

他提出了两个重大理论问题并进行了具体、深入的分析。

一个问题是:马克思主义与中国革命的关系。涉及"马克思主义是否适用于中国?"怎样看待"中国化的马克思主义"? 要研究"中国为什么能接受马克思主义?""中国历史文化与马克思主义结合,有哪些特色? 究竟在哪些问题上结合了?"中国的封建主义、中国的资本主义、中国的农民战争,同欧洲有什么不同? 中国农民的分化,中国的富农,同欧洲农民的分化、欧洲的富农有哪些不同? 等等。胡乔木指出:"讲起马克思主义应用于中国革命的历史,不是一个简单的问题。研究党史就会遇到这些复杂的问题","今后在我们的写作、研究中会碰到这些问题,如果没有一定的见解,就很难写好党史。"②

另一个问题是:革命与历史的关系。胡乔木指出:"历史太复杂,太丰富了,对于社会历史的研究,就得全面掌握、多方面研究,不能仅仅从一个方面去研究。"在这个题目下面,党史要回答一系列问题。如:怎样认识有阶级以来的历史都是阶级斗争史? 胡乔木认为:"应当说在中国共产党成立后存在着激烈的阶级斗争。但是也不能说没有其他情况,不能说在激烈的阶级斗争以外,就没有历史了。"③胡乔木指出:"党史要答复这样的问题,要答复中国为什么要革命,为什么要成立党。如果不把这样的问题讲清楚,讲得没有说服力,青年人的思想就会糊里糊涂,甚至陷入混乱。党史写得好,就能答复革命史与整个历史的关系,就能说清楚整个历史为什么发展到以革命为中心。"④"历史是谁创造的? 是少数先进分子创造的,还是人民群众创造的?"胡乔木指出:有人说历史是人民创造的。马克思恩格斯并没说过这句话。马克思说过,历史越到近代人民起的作用越大。马克思还说过,历史首先是生产的历史。但没有推论下去,说历史就是生产者决定的。事实上,很多历史的发展不是生产者起作用,不能简单地说生产者就是推动历史发展的。普列汉诺夫说:"历史上有相当长时间个人起很大作用"。当然,归根结底,历史是生产发展的条件

①　《胡乔木谈中共党史》,人民出版社 1999 年版,第 234 页。
②　《胡乔木谈中共党史》,人民出版社 1999 年版,第 235—237 页。
③　《胡乔木谈中共党史》,人民出版社 1999 年版,第 238 页。
④　《胡乔木谈中共党史》,人民出版社 1999 年版,第 240 页。

决定的。这个问题应该答复，但很复杂。在我们的书里面，对这个问题要有正确的表述。①

4. 要按照实事求是的原则，认识、评论和解释党史上的问题，作出从历史到逻辑的总结

胡乔木要求，《中国共产党历史》这本书，"我们要尽量写得客观、求实，不抱有任何偏见，按照历史原来的面目写出来"。②对于近年来国内外有关著作中多次涉及并有种种误传的重大问题，应当写清楚，不应当回避。对于像古田会议的背景、中央苏区肃清"AB团"、社会民主党和富田事变、百团大战、延安审干和"抢救"运动、1947年土改会议、共产国际和中国革命的关系、抗战前后苏联对中国革命的影响等等这样一些有争议的、比较敏感的问题，在《中国共产党历史》编写和审稿过程中，他都明确地提出自己的意见，有些问题还亲自动笔修改。他所作叙述和论断，鲜明、准确，得到党史界的赞同。③

在1980年起草《历史决议》的过程中谈到怎样写"文化大革命"的问题，胡乔木指出："对历史评论是一件事，解释是另一件事。如果不能答复为什么发生'文化大革命'，决议就等于不作。'文化大革命'这种历史在世界历史是可以说是千年不遇的。如果连对这个问题都没有做出一个令人信服的解释，决议就没有价值。"④他在另一次谈话中，具体分析了"文化大革命"曲折发展的过程和"文化大革命"这个错误为什么发生的原因，指出："对'文化大革命'要作出从历史到逻辑的总结。"⑤

胡乔木还强调，研究历史要保持客观的态度和广阔的视野，要写得公正、准确。他说："历史是个复杂的整体"，"我们要有比较广阔的视野，用广阔的视野来观察、分析历史。"⑥"历史发展是很复杂的，写一部历史不容易，写革命历史对革命及其

---

① 《胡乔木谈中共党史》，人民出版社1999年版，第241页。
② 《胡乔木谈中共党史》，人民出版社1999年版，第322页。
③ 据沙健孙：《胡乔木同志谈党史工作》，《我所知道的胡乔木》，当代中国出版社1997年版，第56页。
④ 胡乔木：《关于民主和专政的问题》，《胡乔木谈中共党史》，人民出版社1999年版，第86页。
⑤ 胡乔木1980年7月23日同《历史决议》起草小组成员的谈话，以《对"文化大革命"要作出从历史到逻辑的总结》为题收入《胡乔木谈中共党史》，引文见该书第92页。
⑥ 《胡乔木谈中共党史》，人民出版社1999年版，第84页。

周围事件作恰当的描写,要看很多材料,要有相当广泛的视野,各方面的情况都要看到。"①胡乔木又指出:"历史是非常复杂的,如果不在研究的时候保持客观态度,就不能正确地解释历史。这要与我们的感情发生矛盾。但是,愤怒出诗人,愤怒不出历史家。不可理解的事我们还是要去理解,否则我们就要像雨果那样,尽管在他写的书里充满了对拿破仑第三的仇恨,却并没有把历史解释清楚。把拿破仑第三的阴险、狡猾描写得淋漓尽致,也还是没有把'雾月十八日事变'解释好,而马克思则不同,他还是作了多方面的分析。"②胡乔木提出:"要对历史负责,要把历史描述得很公正、很准确。"③

在 1987 年 6 月 12 日谈《中国共产党历史》上册修改意见时,胡乔木指出,对党史上发生的重要事件和重大问题,"要写得比较实在。""把这些问题摊开,实事求是地加以总结,过去一直没有做到。这个工作,到整风时才开始。缺点是实事求是不够。过分强调某个人犯了错误,而对这个犯错误的人的功劳就不敢提了,甚至一笔抹煞,这样不好。"他希望"新修改的本子尽量避免这方面的缺点"④。在这次谈话中,他明确提出党史中应写张国焘,要恢复历史的本来面目。他说:"'八七'会议是个重要会议,要进一步弄清楚。郑超麟说他参加了。建党初期一些重要人物要搞清楚。不要回避张国焘。当时陈独秀有名无实,张国焘资格老,活动能力强,北方工人运动一直是他领导的,在党中央比较有发言权。后来他成立第二中央,为什么他能这样做,这与他在党内有资本,是老资格有关系。别人在当时的资格都不如他。现在党史中根本不提张国焘建党初期的活动,是不对的,要恢复历史的本来面目。"⑤

对于怎样做到恢复历史的本来面目,胡乔木在同北京市委党史研究室的同志谈《对编写第二次国内革命战争时期北京党史大事记的看法》⑥时发表了非常深刻的见解。他指出:"你们写大事记,不是把过去干的一切事包括干的蠢事都不加分

---

① 《胡乔木谈中共党史》,人民出版社 1999 年版,第 239 页。
② 《胡乔木谈中共党史》,人民出版社 1999 年版,第 84 页。
③ 《胡乔木谈中共党史》,人民出版社 1999 年版,第 83 页。
④ 《胡乔木谈中共党史》,人民出版社 1999 年版,第 254 页。
⑤ 《胡乔木谈中共党史》,人民出版社 1999 年版,第 253 页。
⑥ 这次谈话在《北京党史研究》1988 年第 5 期发表,收入《胡乔木谈中共党史》,人民出版社 1999 年版。

析地记叙一遍,而是要对其中的重大事件和重要史实,用历史的眼光,给予科学的分析和实事求是的评价。""对于这些历史事实,现在我们既不能作任何修改,更不能把错误的东西看做正确的东西,如数家珍似地去一一罗列。"他认为:"必须用新的历史眼光,去分析回顾过去的历史。我们不允许按照现在的观点或需要去重新修饰、粉刷过去的历史。"但是,"尽管当时党的领导犯了严重的'左'倾错误,但是广大党员和革命积极分子为革命理想和人民利益而进行的斗争却是正义的、光荣的,代表了历史前进的方向。如果这个根本的事实没有得到实现,作为党史资料就很难达到教育读者的目的。"他指出:"我们党在二三十年代领导群众进行的革命斗争,有盲动的一面,但决不能因此加以全盘否定。""现在编辑这一段历史资料,不能一味表现那些'左'的东西,而应该把正确的有意义的东西放在主要地位。"胡乔木列举了这一时期党领导群众进行的积极的革命斗争后指出:"没有这一段时期的工作,就不可能产生后来的'一二·九运动'。"因此,"党这一段的历史,光明面还是主要的","革命斗争的总方向是正确的。"对用大事记体裁编写党史的若干重要认识问题,胡乔木也发表了意见。他说:"有些大学教授(有的是秘密党员,有的与党有密切联系),他们的许多工作虽不一定都是在党组织直接领导下进行的,但当时确实是反映了党的奋斗方向和政治影响,仍然应该当做党的重要的史实。不能认为,只是北京市委所做的事情才算大事,才可以写。我想,凡是党组织团结群众反抗压迫和侵略而从事的活动,包括各个共产党员在群众中进行的一切对群众有益的进步活动,只要是在北平市委工作的范围内,或者与北平市党组织有关,而又有历史价值,就可以给予如实的记录和科学的评价。"胡乔木同时又指出:"对于这一时期的党内斗争,记述更要慎重",绝大多数执行"左"倾路线错误的同志,"属于党内思想认识的问题,应该肯定他们为党做的有益工作和历史功绩。"

5. 要写得脉络清楚,生动感人,有学术价值,又有阅读价值

胡乔木常为一些党史著作不能摆脱陈旧的框架、写得沉闷乏味而苦恼。他很重视党史的表达方式,要求党史工作者要研究解决。他指出:我们写的书,应当既有较高的学术价值,又有较高的阅读价值。真正具有自己的鲜明的色彩,使人能够读下去。他说:党史著作要真正让人读得下去,还是要有思想、有见解。一些书读起来显得沉闷,从根本上说,还是因为头绪不清,没有见解。党史的内容是非常丰

富、生动的,我们不能把丰富、生动的历史写得平淡无奇、枯燥乏味。他要求研究党的历史,不能从会议、文件出发,而是要从历史实际出发。首先要把握基本的历史事实,理清历史的脉络,用历史事实来说明问题;在这个基础上,再展开必要的论证。他认为,一些党史著作的缺点在于抽象议论多,过于逻辑化;不是从生动丰富的历史实际出发,而是从会议、文件出发,有时简直成了文山会海。他主张,编写党史,要采取史论结合、夹叙夹议的方式,力求吸收新材料、新观点,展开科学的论证。在论证有关党史上的问题时,不仅要注意征引经典的历史观点;尤其要广泛收集党内外、国内外的有关资料,尽可能让历史事实本身来说话;同时还要注意利用外国人的、国内中间人士的乃至敌人方面的有助于说明问题的评论,让这些证人与我们一起来判断历史,来显示我们提供的见解乃是历史的公正的证言。①

胡乔木说:"我们党为什么得到人民的拥护,为什么得到发展? 在写党史的时候,不能用生产关系必须适合生产力这样抽象的原则来解释,否则就是把历史理想化、抽象化、理论化了。"他指出:"事实比理论丰富得多,复杂得多。对于革命家走上革命道路要多一些生动、具体的描写,不然历史就变得枯燥、单调,读起来没有味道。历史本来是充满革命斗争的激情、动人的画面的,而我们写的本子常常变成了灰色的、苍白的。"②

胡乔木要求党史要写人。他说:"党史、革命史不仅要写大人物,也要写小人物";"党史应该有相当生动的情景,不但能说服人,而且能感动人,不但用正确的道理教育人,而且用高尚情操陶冶人";"党史要有许多名言轶事,有人物描写。像司马迁的《史记》,将刘邦、项羽的形象描写得栩栩如生,使之流传下来";对于党史人物的评价"要采取公正、客观的态度来评价,否则许多问题不可理解"。③

胡乔木要求党史要叙事。他指出:"党史要多讲史实,因为历史就是由事实构成的。观点要通过叙述事实来表达。通过叙述事实,表达我们的看法、评价、分析"。④他要求:"直接叙述一些生动的史实,而不是通篇都是枯燥的论述","不仅逻

---

① 以上据沙健孙:《胡乔木同志谈党史工作》,《我所知道的胡乔木》,当代中国出版社 1997 年版,第 57—58 页。

② 《胡乔木谈中共党史》,人民出版社 1999 年版,第 242 页。

③ 《胡乔木谈中共党史》,人民出版社 1999 年版,第 242—244 页。

④ 《胡乔木谈中共党史》,人民出版社 1999 年版,第 333 页。

辑关系要写清楚,而且要尽可能地有血有肉。""应该从大量的史料中去选择、去剪裁。在书中有一些历史发展过程中的直接镜头,让人看了以后有一种身临其境的感觉,有一种历史再现的感觉"。他说:"我们党的历史上有许多可歌可泣的人、可歌可泣的事,所以,我们也应该有可歌可泣的文。这样,书一打开,显得比较精彩,能够感动人。要使得历史上动人的事情,在书中也是动人的,不要变得平淡无奇、枯燥无味。"①

胡乔木要求写党史要有感情。他说:"写党史要表现我们的满腔热情,革命经验是革命先烈用大量鲜血换来的,不能用平淡无奇的笔法,采取无动于衷的态度来写,要恰当地进行评论,笔端要常带感情。"②

胡乔木强调:党史要写清楚历史脉络。他说:"党史书要把党的历史一步一步如何演变的脉络写清楚。"③又说:"党的历史线索要搞清楚,这是修改书稿中最重要的。把历史脉络写清楚了,书就容易看下去"④。他强调:"对党史本身,主要是头绪要清楚,这一点是整个党史书稿的主干。"⑤怎样做到搞清脉络,写得夹叙夹议,有条有理呢? 归纳胡乔木在不同场合的谈话,主要有以下三点:一是写党史要有政治上的观察和把握。他在谈《中国共产党历史》上卷修改意见时,结合"蒋介石是怎样变成反革命的"这个问题进行了深入具体的分析。⑥二是要先讲清政治形势,根据政治形势及其变动来分析历史、评述人物。三是要点出历史发展的关键。"在联接的地方,在转轨的地方,把脉络搞明白,把关键点清楚。"⑦他反复强调,要把握根本的思想线索,不能仅仅把一件事一件事凑起来,却看不出历史的脉络。"不要用会议的决议、文件来解释历史,要用历史本身来解释历史"。⑧要"从文山会海中走出来"。⑨要"用历史的条理,用应有的党的历史的观点,用已经得到的经验

---

① 《胡乔木谈中共党史》,人民出版社 1999 年版,第 302 页。
② 《胡乔木谈中共党史》,人民出版社 1999 年版,第 294 页。
③⑨ 《胡乔木谈中共党史》,人民出版社 1999 年版,第 311 页。
④ 《胡乔木谈中共党史》,人民出版社 1999 年版,第 301 页。
⑤ 《胡乔木谈中共党史》,人民出版社 1999 年版,第 298 页。
⑥ 见《胡乔木谈中共党史》,人民出版社 1999 年版,第 288—289 页。
⑦ 《胡乔木谈中共党史》,人民出版社 1999 年版,第 295 页。
⑧ 《胡乔木谈中共党史》,人民出版社 1999 年版,第 291 页。

教训来写,把它贯穿到书稿里去。"①

胡乔木非常注重注释在书稿中的作用。他说:"注释可以成为书中的一个重要部分。在正文中不便说的,可以在注释中说,注释里可以提出一些见解。看了注释等于看到了索引。""注释的情况实际上也反映了我们写作的水准。注释得好,说明我们对有关的事情有一种寻根究底的态度。否则,显得我们对一些事情怎么来怎么去的讲不清楚。"②

胡乔木不仅提出这些重要的、原则的意见,而且对一些重要的党史著作的编写提出具体意见,分析和阐述各个时期党的历史,还不断发表重要的党史论文(如:《关于遵义会议传达提纲成文时间的考证》、《略谈八年抗战的伟大意义》、《中国在五十年代怎样选择了社会主义》、《纪念中国共产主义运动的伟大先驱李大钊》、《中国共产党怎样发展了马克思主义》等)。在他领导下,建设了一支高素质的党史研究队伍,中央党史研究室先后编写出版了《中国共产党的七十年》、《中国共产党历史(上卷)》等党史著作。这些著作是致力于实践胡乔木关于中共党史研究、编撰的指导思想和方法的。

① 《胡乔木谈中共党史》,人民出版社 1999 年版,第 294 页。
② 《胡乔木谈中共党史》,人民出版社 1999 年版,第 298 页。

第二编

国史研究的历程和经验

中华人民共和国史研究的回顾和前瞻*

关于中华人民共和国史研究的历史、现状和前景，已经有相当多的讨论。本文力求反映在这方面的新情况、新精神和新成果，其中也有一些个人的看法。

本文先从五个方面对国史研究作简要的回顾，再对发展的趋势作一点展望。

1. 中华人民共和国史是中国史学领域最年轻的一门新学科

（1）这门学科的发端是在 1978 年科学的春天里的思想解放运动中

1978 年 1 月 11 日，时任中国社会科学院院长的胡乔木，在该院召开的制订科研计划和规划的动员会上讲话，第一次郑重地提出："要赶快着手研究"中华人民共和国成立以后的历史。他说："现代历史，我们已经有了鸦片战争以后的，民国以后的，以至五四以来的历史研究，但是，中华人民共和国成立以后的历史，现在还没有着手认真地进行研究，要赶快着手研究。"①

动员会后，胡乔木就确定研究选题和新建研究所两个方面提出建议。《中华人民共和国史》列入一百个马克思主义基本著作研究的选题之中，在中国社会科学院拟新建的五六十个研究所中，"中华人民共和国史研究所"名列第五。

增设研究所的计划得到邓小平的赞同、支持。1978 年 3 月 28 日，邓小平听取胡乔木、邓力群汇报后说：什么事情总得有个庙，有了庙，立了菩萨，事情就可以办了。而且有些事情要赶快立庙，有些有专业知识的人年纪已经大了，如不赶快立

＊　本篇是作者 2006 年 12 月 1 日在全国政协文史干部培训班的讲稿。

①　中国社会科学院《情况反映》第一期，1978 年 1 月 16 日。

庙,过几年立起庙,菩萨也请不到了。邓小平叮嘱胡乔木、邓力群"要赶快做"。①

限于当时各方面的条件,"中华人民共和国史研究所"并没有立即创办起来。但胡乔木已经请黎澍牵头带领几位学者着手编写中华人民共和国史的准备工作。

(2) 对建国以来中共党史的总结是中华人民共和国史建立和发展的基础

中共十一届三中全会前后,在拨乱反正、思想解放运动中,全党全国上下,都十分关注对建国以来若干历史问题是非的看法和对历史人物功过的评论,迫切需要解决历史遗留下来的一系列重大问题。因为这不仅牵涉亿万人民的切身利益和前途命运,而且关系到我们的共和国如何继续举步前进。邓小平说:"处理遗留问题为的是向前看。"②总结建国以来党和国家的历史,是时代的要求,人民的愿望,是党和国家继续前进的需要。

中共十一届三中全会提出并初步讨论了建国以来若干重大历史问题。叶剑英国庆三十周年讲话对建国后的历史作了初步总结。由邓小平主持、胡乔木具体负责,经过二十个月反复深入讨论、总结、修改,包括 1980 年 10 月高级干部四千人的大讨论,1981 年 6 月,中共十一届六中全会通过了《关于建国以来党的若干历史问题的决议》,对重大历史问题和历史人物的是非功过做出了结论,确立了毛泽东的历史地位和毛泽东思想的指导地位。至此,中华人民共和国史研究有了基础,系统地研究、撰写建国以来历史的条件趋于成熟。

此后不久出版的《历史决议》注释本,运用比较丰富、可靠的文献档案材料和经济资料,吸取理论界相关的研究成果,对《历史决议》中提到和做出论断的 130 条重要史实和理论观点作了论述和解释。其中 12 条是讲建国前二十八年的。讲建国后三十二年历史的共 118 条,447 页,约 30 万字。在一定意义上,这个注释本是中华人民共和国史的"史事提要"。

(3) 1982 年 5 月,胡乔木倡议编写《当代中国丛书》,开始了大规模、全方位的系统研究、总结建国以来历史经验的工作,为编修中华人民共和国史做好了准备

1982 年 5 月,胡乔木在青年社会科学工作者座谈会上倡议,要对建国以来各

---

① 据邓力群传达这次谈话精神的记录稿(存中国社会科学院档案室)。参见《邓小平思想年谱》,中央文献出版社 1998 年版,第 59 页。

② 邓小平:《解放思想,实事求是,团结一致向前看》,《邓小平文选》第 2 卷,人民出版社 1994 年版,第 147 页。

条战线的历史经验做出有科学价值的总结,编写若干专著。他指出,这不仅是为中国现代史的研究积累资料,而且可以从中找出规律性的东西来,用以指导我们的工作。为落实这一倡议,中国社会科学院及其所属的中国社会科学出版社提出方案,准备编写出版一套多卷本的、定名为"当代中国"的大型丛书。中央宣传部部务会议决定积极贯彻执行胡乔木的这项指示,立即着手组织落实,于 1982 年 11 月 9 日向中央作了报告。当月,中央书记处讨论通过了中宣部关于编写出版"当代中国"丛书的报告,并指示中宣部转发。这样,"当代中国"丛书正式决定编纂。丛书编辑部负责人在答新华社记者问中指出:"编辑出版这部丛书的目的,是要科学地总结我国社会主义革命和建设的历史经验,并以无可辩驳的材料,展示新中国建立以来所取得的伟大成就和社会主义制度的优越性。"其意义之一是:"它将为以后进一步修中华人民共和国史做好准备。"

此后,"当代中国"丛书的编写工作即全面启动,由中宣部、中国社会科学院、新闻出版署和当代中国研究所等部门组织实施。经过广大国史研究者和出版工作者十万多人共同努力,"当代中国"丛书历时 15 年,到 1998 年基本完成,并于 1999 年 6 月出版了电子光盘版。丛书分部门(行业)卷、地方卷、专题卷和综合卷,共 150 卷,1 亿字,3 万幅图片。这套丛书是我国第一部全面记录中华人民共和国国史的规模最大的丛书,包容了大量确凿可靠的历史资料,是一部史志结合的、包括专史和地方史在内的科学的信史,为研究中国特色社会主义伟大事业的发展进程、经验和规律,为在广大干部和群众中开展爱国主义、集体主义、社会主义思想教育,提供了丰富的史料和生动的教材。

中华人民共和国国史的编修工作同"当代中国"丛书有一定的传承关系,可以说国史编修工作是在编写"当代中国"丛书的基础上开展起来的。

(4) 1989 年 11 月,胡乔木再次把设立编修中华人民共和国史专门机构的问题提上日程。专门编纂中华人民共和国史的机构当代中国研究所适应时代的迫切需要,于 1990 年 6 月经党中央、国务院批准正式成立。标志着中华人民共和国国史编纂工作正式提上党和国家的工作日程

1989 年政治风波平息后,胡乔木听取李政道的意见,向中央建议设立一个专门机构,左史记言,右史记事,有突发事件时代表官方发表"白皮书",说明事实真相,以正视听。

　　同年 11 月 11 日，胡乔木找中央党史研究室、中央文献研究室、中国社会科学院等单位负责同志胡绳、逄先知、马洪、沙健孙等谈话，把组织编写中华人民共和国历史提上日程。胡乔木说："中华人民共和国成立四十多年了。我们应当对共和国的历史进行研究，编写共和国的历史。这个问题，我说了一年多了。我准备找力群同志说这件事情。要就这个问题向中央、国务院写出报告。我想，中央会赞成的。"还提出："想先搞一个中华人民共和国编年史"，"计划选编到 1989 年"。胡乔木谈了搞共和国编年史的设想，对历史分段、人力组织、工作计划、机构设置等都提出了意见。①11 月 25 日，在上海休息的胡乔木写信给邓力群催办此事。信中说："对当代中国研究所的确实开张营业的时间，以及能立即专门着手调查研究整理资料部署工作的专职人员的调集就位，希望能早日决定了。而且还需要向中央、国务院正式报告请示。"②

　　1990 年 6 月，中共中央政治局常委批准成立当代中国研究所，标志着中华人民共和国国史编纂工作正式提上党和国家的工作日程。从此，中华人民共和国史研究步入了有计划、有组织、有领导地开展的轨道。

　　1990 年，这项工作具体实施。4 月，邓力群约请胡绳、郁文、曲维镇开会，一致同意筹建研究、编写中华人民共和国历史的机构——当代中国研究所。6 月 2 日，邓力群给李鹏总理送呈关于筹建当代中国研究所所需编制问题的报告，得到原则同意。6 月 14 日，由胡乔木起草，杨尚昆、胡乔木、薄一波联名向中共中央常委打报告，正式提出："我们建议成立当代中国研究所，行政上和日常工作由社会科学院代管，由邓力群同志代表中央党史领导小组负责组建和指导。"并说："我国建国已四十余年，建国以来的历史已占党的历史的大部分，而至今对于建国以来国家和党的历史的研究工作都极为薄弱。亟需有计划、有组织、有领导地予以加强。"③

　　中央常委很快批准了这个报告，当代中国研究所正式成立。中华人民共和国史研究从此有了正式的专门机构。在中央党史领导小组和邓力群的指导下，中华人民共和国史这门新学科从此进入了一个创立并逐步发展的新阶段。而胡乔木，是中华人民共和国史这门新学科的当之无愧的开创者。

---

① 这篇谈话登载在《当代中国史研究》1999 年第 5、6 期合刊上。
② 《胡乔木书信集》，人民出版社 2002 年版，第 776 页。
③ 《胡乔木书信集》，人民出版社 2002 年版，第 792 页。

（5）1991 年 3 月中办、国办转发西安国史编纂工作研讨会纪要，中华人民共和国史编纂工作全面启动

当代中国研究所成立后，即于 1990 年 12 月，在西安召开了"中华人民共和国史编纂工作研讨会"。会后，中办、国办于 1991 年 3 月 2 日发出通知，转发会议纪要。会议认为，"当前进行中华人民共和国史的研究和编纂工作的条件已臻成熟"，"在认真严肃的科学研究的基础上编纂一部中华人民共和国的国史，是一项重要而庞大的系统工程。要在尽可能快的时间内高质量地完成这项任务，则必须依靠全国各地区和各有关部门的通力协作。"两办的通知要求全国各地区和各有关部门"给予积极支持"。会议纪要还指出，全国中华人民共和国史研究工作由当代中国研究所负责联系和协调。自此，中华人民共和国史的编纂工作全面启动。

会后，经中央批准，由当代中国研究所负责编写中华人民共和国通史。计划先编写多卷本，再在此基础上编写一部一卷本的简史。

1992 年 12 月，从事中华人民共和国国史研究以及教育、宣传的学术团体中华人民共和国国史学会在北京正式成立。

（6）2000 年 12 月，中共中央任命朱佳木任中国社会科学院副院长兼当代中国研究所所长；2001 年 12 月 10 日，中央书记处会议讨论并原则同意当代中国研究所三年科研规划。中华人民共和国史研究工作步入一个新的阶段

经中央书记处原则同意的当代中国研究所三年科研规划，规定 2002 年至 2004 年三年内，集中精力完成编写出版《中华人民共和国简史》、逐年编撰大事记（每年一本，先完成 1949 年）、完成多卷本《中华人民共和国史稿》一至三卷的"送审稿"以及十几个专题研究的任务，中华人民共和国史研究进入了一个新阶段。

2004 年三年规划基本完成后，朱佳木同志即领导制定五年规划（2005—2009）。2006 年 3 月 24 日，经社科院党组会议审议原则批准。五年规划提出十项任务，科研任务的重点有三项：（1）编纂、出版《中华人民共和国史编年》1950 年至 1954 年共五卷。（2）完成并出版《中华人民共和国简史》。（3）完成八项重点课题。其中包括：《新中国社会主义意识形态建设的历史经验研究》、《新中国民主与法制建设的历史经验研究》、《论社会主义和谐社会提出的历史背景及其在中国共产党治国理论中的地位》、《"一国两制"在香港的成功实践》等。现在，五年规划已经开始贯彻实施，将使国史研究进一步得到发展和深化。

2. 中华人民共和国史是资政育人的重要学科，中央领导同志对中华人民共和国史研究、编纂和宣传教育工作的指导思想、方针任务，有不少重要指示。国史学科是在党中央、国务院关怀、指导下发展的

江泽民同志为核心的第三代中央领导集体对中华人民共和国史研究非常关注、十分重视，十几年作过多次直接的重要指示。还有一些指示是就整个历史研究讲的，或就党史研究讲的，其精神对国史研究同样适用。（具体内容都已写到收入本书的《研究编修中华人民共和国史的重要意义和指导思想》一文中，此处从略。）

中央领导同志的这些重要讲话，阐述了学习历史，特别是学习中国革命史，学习建国以来革命、建设和改革开放的历史的重要意义及其目的要求，为中华人民共和国史的研究和宣传、教育工作指明了方向，提出了任务，具有重要的指导意义。而中央领导同志的重视与指示，无疑是搞好中华人民共和国史这门新学科建设的强大动力。

3. 中华人民共和国史研究已经开创了一个好的局面，形成为一个新兴的热门学科

在思想解放运动中因适应时代的迫切需要而建立起来的中华人民共和国史这门新学科，在中央的重视、关怀和指导下，在各部门、各地方领导的关心、支持下，经过二十多年的建设已经迅速发展起来，开创了一个好的局面，形成了一个规模、队伍较大，出版物较多，联系干部群众较广的热门学科，已经成为当代中国历史学新潮流中强劲的一支。

如上所说，国家专门设立了研究中华人民共和国史的学术机构——当代中国研究所，有了一支专业研究队伍，还有一个专业的出版社——当代中国出版社，一个公开的专业刊物——《当代中国史研究》，一个内部刊物——《国史研究参阅资料》。还成立了全国性的学术团体——中华人民共和国国史学会。定期举办全国性的学术年会（一年一届，连同 2004 年 9 月举办的"当代中国史国际高级论坛"，已办六届。国际论坛的主题是"当代中国与它的外部世界"；第五届主题为"当代中国成功发展的历史经验"，第六届主题为"毛泽东与中国社会主义建设规律的探索"）和国史讲座（一月一次，已开讲三十四讲；讲稿在《当代中国史研究》上发表，前十六讲已经结集为《旌勇里国史讲座》出版）。

中国社会科学院研究生院设立了国史系。当代中国研究所同中国人民大学合作创办了"当代中国研究中心",设立了国史专业博士点;同河北师范大学合作,设立了国史专业硕士点。清华大学设立了"当代中国研究中心",华东师大设立了"当代中国文化建设研究室",香港中文大学也有"当代中国文化研究中心",复旦大学、南开大学、深圳大学等不少高校也都设立了包含中华人民共和国史在内的对当代中国的研究机构。

不少地方、不少部门在编写当代中国丛书的基础上成立了编史的机构,负责编写地方简史。有的同党史、方志合在一起,称史志研究院(如山西),有的称当代××研究所(如浙江),也有的设在地方社会科学院内。据不完全统计,目前地方有9个省市有常设机构,21个有临时性机构。不少机构也办刊物,如山西有《史志研究》,江苏省省市两级都有史志期刊。

"中华人民共和国史"著作的出版相当繁富。规模最大的是上面已经提到的《当代中国》丛书。各种"中华人民共和国史"的著作,据不完全统计,从1955年9月人民教育出版社的《中国人民解放战争和新中国五年简史》(廖盖隆编写,写到1954年10月)、1958年10月人民出版社出版的《中华人民共和国史稿》(河北北京师范学院历史系63名同学与5位青年教师集体编写,写到1958年10月),至今已经出版六七十种。其中影响较大的有:邓力群主编的《中华人民共和国史稿·序卷》(《中华人民共和国史稿》的第一、二、三、四卷写出了"内部讨论稿"[①]),河南人民出版社出版的四卷本《1949—1989年的中国》。当代中国研究所三年科研规划中的重点项目《中华人民共和国简史》正在加紧撰写中。

各种各样的通史的、专史的大事记、通鉴、年鉴、长编等编辑出版得很多。较有代表性的有:1994年出版的、当代中国研究所组织、徐达深主编的《中华人民共和国实录》(十卷本);军事科学院编写的《中国人民解放军的七十年》;中共中央党史研究室编写的《中国共产党新时期历史大事记(1978年12月至1998年10月)》。当代中国研究所编写的《中华人民共和国史编年》计120万字,已在国庆55周年前夕出版。重要工具书《中华人民共和国国史百科全书》已于2000年出版。

---

① 《中华人民共和国史稿》序卷和第一、二、三、四卷由人民出版社、当代中国出版社于2012年9月出版。

　　"中华人民共和国地方简史"丛书，已经出版了北京、湖南、浙江、山西等 21 种。《当代中国城市发展》丛书正在组织编写，第一批写成都、杭州、哈尔滨、上海四个城市的书 2006 年起陆续出版。

　　专史研究有重大进展。其中《中华人民共和国经济史》成绩最为显著，已经出版十多种，大多为学术机构和学者撰写；刘国光主编的《中国十个五年计划研究报告》是最新的重要研究成果。《中华人民共和国外交史》已经出版三卷（写到 1978 年），由外交部所属研究机构编写；还有分类撰写的十卷本《当代中国思想史》丛书，是从事国史研究最早的高校之一河南大学学者编写，该校出版社出版；教育史、文学史，有多种问世；法制史、商业史、供销合作史，也都有出版。

　　以重大历史事件或历史阶段为主题的专题史也有不少，如：《抗美援朝战争史》（三卷本）、《中国改革开放史》等；写"文化大革命"历史的有《文化大革命简史》（席宣、金春明）等多种。还有各种专题研究的著作或文集，如：《中国人民政治协商会议成立纪实》（当代中国出版社）、《三线建设——战备时期的西部开发》（陈东林，中央党校出版社）、《中国改革开放的酝酿和起步》（李正华，当代中国出版社）、《起点——中国农村改革发端纪实》（安徽教育出版社）、《真理标准讨论始末》（沈宝祥，中国青年出版社）、《1976—1981 年的中国》（程中原、王玉祥、李正华，中央文献出版社）和《拨乱反正》（中共党史出版社）、《三中全会以来重大决策的形成和发展》（中央文献出版社）等。

　　各种人物传记的编写、出版是中共十一届三中全会后国史、党史研究的一个特点，也是成就最高的领域，大大提高了国史、党史研究的水平。其中以中央文献研究室编写出版的毛泽东、周恩来、刘少奇、朱德、任弼时、邓小平、陈云等传记，年谱和当代中国出版社出版的"当代中国人物传记丛书"质量最高，影响最大。"当代中国人物传记丛书"已经出版 19 种，包括彭德怀、叶剑英、陈毅等八位元帅，张闻天、王稼祥、王震、粟裕等重要历史人物和气象学家涂长望等。人物传记的内容和形式的丰富性为前所未有，大多形成"六大件"的规模（选集或文集、年谱、传记、画册、文献电视片、电视连续剧），有关毛、周、邓的著作在千种以上，关于张闻天的书籍也近百种。还有历史人物某一时段、某一方面的专集、专史和专题年谱，如《毛泽东军事文选》、《周恩来外交文选》、《邓小平在 1975》、《叶剑英在 1976》、《毛泽东经济年谱》、《邓小平思想年谱》等等。

　　有史料价值的口述史、回忆录越来越引起重视。全国政协的"文史资料"，卷帙浩繁，影响很大。人民出版社先后出版了《彭德怀自述》、《黄克诚自述》，2005 年又出版了《刘英自述》，最近将出版《邓子恢自述》。当代中国出版社 2004 年推出的"当代中国口述史"丛书，已出《毛泽东与林彪反革命集团的斗争》(汪东兴)、《十年风雨纪事——我在北京工作的一些经历》(吴德)、《从"童怀周"到审江青》(汪文风)等多种。世界知识出版社出版了《外交十记》(钱其琛)。人民教育出版社出版了《李岚清教育访谈录》。解放军出版社是一贯重视出版回忆录的机构，近年有《张震回忆录》、《刘华清回忆录》等问世。2005 年上海人民出版社出版了《陈丕显回忆录：在"一月风暴"的中心》。湖南人民出版社前几年也出了《共和国要事口述史》。还有专写一般群众和干部亲历亲闻的口述史，如中国社会科学出版社的《中国知青口述史》(刘小萌)，从特定视角留下了历史的生动记录。回忆与研究相结合的著作，特别受到史学界的重视，在广大读者中也有较大影响、如：李维汉的《回忆与研究》、薄一波的《若干重大决策与事件的回顾》、杨尚昆的回忆录、胡乔木的《回忆毛泽东》、吴冷西的《十年论战》、李锐的《庐山会议实录》、于光远的《我亲历的那次历史转折》和朱佳木的《我所知道的十一届三中全会》等。

国情调查，已经出版了两套大型丛书：其中百县(市)调查，出版了 101 种(中国大百科全书出版社)，百家大中型企业调查，已经出版了 50 种(当代中国出版社)。

还应该看到，同干部群众具有最广泛联系的影视作品，有许多是以中华人民共和国历史为题材的。这些形象的教科书，对普及国史知识，进行国史教育有重大作用。有不少有巨大影响的作品，就文献纪录片来说，有《世纪行——四项基本原则纵横谈》、《新中国》、《新中国重大决策纪实》、《外交风云》等。建国五十五周年前后，中央电视台播放的反映 1949 年创建中华人民共和国历程的《同舟共济》、北京电视台播放的《解放日记》，以前中央电视台播放的反映三线建设的《热血丰碑》等等，都起到了共和国史形象教科书的作用。

随着信息、网络的发展，各种网站是传播的重要媒体。当代所的网站经过长期筹备，得到院里的支持，已经开通。网址是：http://www.iccs.cn。

档案资料方面，最有代表性的工作是：中共中央文献研究室编辑的多卷本《建国以来重要文献选编》；中国社会科学院和中央档案馆合编的大型中华人民共和国经济史料丛书《中华人民共和国经济档案资料选编》，已经出版国民经济恢复时期(1949—1952)12 卷和第一个五年计划时期(1953—1957)9 卷，共 21 卷二千余万字；1958—1965 部分正在整理编辑中。

　　中华人民共和国史这门新学科从创建以来，一直受到从上到下的普遍重视，得到干部群众的广泛注意。2001 年当代中国研究所进行了一次千人国史问卷调查，收回有效样本 1 093 份，包括从小学到硕士以上文化程度的、各种年龄段的、19 种身份、收入水平各不相同的人士。认为作为一名中华人民共和国公民很有必要了解中华人民共和国史的 762 人，占 70％，有必要了解的 307 人，占 28％。对中华人民共和国历史非常有兴趣的占 41％，有兴趣的占 47％。对于国史中哪些方面感兴趣的回答（可以有多个选择），以重大历史事件者最多，占 76％；其次是重要历史人物和历史成就，均为 55％；对错误和教训感兴趣者占 51％。对有没有必要在大学、中学开设国史专业和教育课程的回答，认为很有必要的 944 人，占 86％。上述各种图书刊物的出版发行，影视作品的上映，奉献给干部群众以共和国历史丰富多彩的生动记录，同时也为编修《中华人民共和国史》打下了广泛坚实的基础。这样规模的写史、学史活动在古今中外的历史上可以说是没有的。相比之下，我们不能不看到，专设的编修国史机构，其规模、力量反显得小而薄弱。

　　当前的中华人民共和国史研究、宣传、教育工作，有两个积极性，即地方、部门编史修志机构的积极性和中央专设机构的积极性，教育、研究单位（主要是高校）或一些社会团体，以至有些个人结合修史（所谓"民修"）的积极性与中央专设机构修史（所谓"官修"）的积极性。两方面互相促进、互相推动，形成学者与"史官"相结合，从上到下普遍重视、广泛欢迎的格局。

　　在肯定共和国史研究繁荣的同时，我们不能不看到，在学风上还存在着一些问题。受市场经济的负面影响，某些著作不够严谨，某些著作缺乏原创性，东拼西凑、粗制滥造的情况并不少见，特别是有些所谓大部头的东西，往往存在这类问题。

　　4. 对中华人民共和国史研究的指导思想、基本理论和研究方法等基本问题取得了趋于一致的认识，本学科的理论体系正在逐渐形成

　　在研究、编写中华人民共和国史的过程中，遇到许多理论问题和实际问题，在实践中，经过反复讨论以至争论，对以下问题逐渐取得趋于一致的共识。这些问题是①：(1)编修中华人民共和国史的意义；(2)当代人能不能写当代史的问题；(3)研究、编

---

　　①　对以下诸问题，本书均有专文阐述。故此处仅列标题，内容从略。

写中华人民共和国史的指导思想;(4)中华人民共和国史的主题、主线、主流;(5)中华人民共和国史和中共党史的联系和区别;(6)怎样认识和体现中华人民共和国史的特点;(7)中华人民共和国史的历史分期问题。

5. 中华人民共和国史已经成为深受国际人文社会科学界关注的学科

随着中华人民共和国的成立和发展,国际上传统的汉学演变、发展为中国学。中华人民共和国史是中国学中的一个重要门类。上世纪六七十年代,中国学在世界范围内有较大发展。据 1971 年国外一项报告统计,60 年代末有 12 个国家对中国进行有计划的研究①;有 19 个国家在高教系统中设置研究机构②。改革开放以来,中国学在世界范围内铺开,成为国际学术界的一门显学。据 1994 年国内出版的《世界中国学家名录》估计,世界上至少有 40 个国家和地区设有一定规模的中国研究机构,公开出版过研究中国的著作的机构不少于 500 个。1995 年国内出版过介绍美国现代中国学研究的专著③。现在时间又过去了十年,数量当更有增长。对国外研究中华人民共和国史的情况,其机构、学者、代表作我们目前正在进行调查研究,还开不出一张全面完整的目录来。总的说来,世界各国都比较重视中华人民共和国史的研究。不少国家的学术单位设置研究机构,拥有一批专门研究中华人民共和国的专家、学者,定期出版学术刊物④,发表了不少学术专著和伟人传记⑤。中华人

---

① 这 12 个国家是:美国、苏联、日本、德意志联邦共和国、英国、法国、荷兰、丹麦、瑞典、澳大利亚、加拿大、捷克斯洛伐克。

② 这 19 个国家是:奥地利、比利时、匈牙利、印度、以色列、意大利、马来西亚、挪威、菲律宾、波兰、新加坡、德意志民主共和国、智利、芬兰、印尼、墨西哥、韩国、泰国、新西兰。

③ 侯且岸:《当代美国的显学——美国现代中国学研究》,人民出版社 1995 年版。

④ 较有影响的杂志有:《中国季刊》(英国),《当代中国杂志》、《外交事务》、《新闻周刊》太平洋版、《时代》亚洲版(以上美国)、《中国研究》(澳大利亚)、《中国述评》(印度)、《现代中国》(日本)、《远东问题》(俄罗斯)。

⑤ 有中译本出版者据当代中国研究所第四研究室统计有 74 种。其中影响较大的有:[美]费正清,麦克法夸尔:《剑桥中华人民共和国史》(1949—1956 和 1966—1982 两种),费正清:《伟大的中国革命》,麦克法夸尔:《文化大革命的起源》,莫里斯·迈斯纳:《毛泽东的中国及其发展——中华人民共和国史》、《毛泽东的中国及后毛泽东的中国》,施拉姆:《毛泽东》,特里尔:《毛泽东传》,[法]菲利浦·肖特:《毛泽东传》,[美]弗雷德里克·C·泰韦斯:《从毛泽东到邓小平》;[日]竹内实等:《当代中国的掌舵人邓小平》,[澳]古espec#::《邓小平政治评传》,[英]理查德·伊文思:《邓小平传》;[英]威尔逊:《周恩来传》;等等。2005 年春,又有库恩[美]的《他改变了中国——江泽民传》出版。

民共和国史方面的学术交流日见增多。国外对中华人民共和国史研究的热点,已经从三大改造、大跃进、"文化大革命"转向改革开放新时期,政治体制改革、经济体制改革、三农问题、对外关系等为境外学者所关注,对主要领导人生平、业绩和思想的研究是长盛不衰的课题。通过人物来研究历史,反映和评述历史,是不少学者喜欢采取的方法。

　　下面,对中华人民共和国史这门新兴学科的发展趋势和亟待解决的问题作一些分析和展望。

　　中华人民共和国正沿着中国特色社会主义道路为全面建设小康社会、为中华民族的伟大复兴而奋勇前进。中华人民共和国史这门新兴学科正如旭日东升,蒸蒸日上。在这里,对这门学科的发展趋势作一简略分析和展望,对前进中亟待解决的问题提出来请大家关心、支持、帮助,以求早日解决。

　　(1)国史研究的领域将更加宽广,门类将更加齐全,国史研究的水平将更加提高,国史研究的队伍(研究、教育、宣传三支队伍)将更加扩大,在"两为"方向和"双百"方针指引下,国史研究必将进一步繁荣发展。可以预见,在大、中、小学教育中,国史教育将确立其基础地位,成为一门重要课程①;在新闻出版中,在各种媒体上,国史题材作品所占的比量,其数量将大大增加,质量将大大提高。与此同时,在马

---

①　当代中国研究所原所长李力安主持"大中小学国史教育现状研究"课题组,对山西省国史教育情况进行了全面的调查研究,于2003年10月写出调查报告,提出"关于加强大中小学国史教育的若干建议"。"建议"认为:"要根据学生不同的年龄特点、认知规律和认识能力,分阶段、分层次地调整和完善国史课程的内容。小学应从行为习惯养成入手,以社会公德教育为重点,增加思想品德与社会课中的国史内容,加强对学生爱祖国、爱人民、爱劳动、爱科学、爱社会主义的教育;语文、数学、外语、艺术等课程中也应增加国史方面的教材。初中可根据分科和综合相结合的原则,在历史和社会课中加大国史的内容,通过共和国生动形象的历史画面,确立社会主义祖国在学生心目中的地位。高中应以分科课程为主,在历史课中厚今薄古,突出中华人民共和国历史,增大信息容量,开设国史选修课,不定期举办各种国史讲座。大学应开设国史课,可以考虑将《毛泽东思想概论》、《邓小平理论概论》两门课程内容整合为《中国革命建设改革的理论与实践》。""大中学的国史教育应分别构建两大类别、三大板块的课程体系。所谓两大类别,即正规课程和非正规课程;三大板块,即学科课程、活动课程和隐性课程。在大学应普遍增设国史选修课,并把社会活动纳入课程体系,延长学生对国史知识的体验过程。同时,应当加强校风、教风、学风和校园文化建设,发挥隐性课程在国史教育中的特殊功能,因地制宜定期或不定期组织学生参观重大建设工程、革命纪念地及其他纪念馆、博物馆、文化馆、科技馆等,大学生和高中生还应有计划有目的地进行专题社会调查,增加课外实践活动,使课堂和课外结合,加深对所学国史知识的思考和体验。"

克思列宁主义、毛泽东思想、邓小平理论和三个代表重要思想指导下,既继承中国史学优良传统,又批判吸收西方史学营养的、富有中国特色的国史学理论体系将建构完成。

(2) 在客观需要和自身努力下,中华人民共和国史研究正在并必将发展成为历史学中最具广泛影响、最有生机活力的分支之一。当前亟待确立其应有的学科地位。在高校专业、课程设置,学位名录,社会科学基金学科门类等有关人文社会科学的各种目录中列名,是有助于这门新学科发展成长的。

(3) 随着中国特色社会主义事业的不断发展,随着中国进一步和平崛起,中华人民共和国史的研究必将进一步成为中国和世界沟通的重要渠道,成为举世关注的当代社会科学的一门重要学科。为适应这一趋势,必须进一步加强国际学术交流与合作。当代中国研究所承担这一任务有力不胜任之感。

(4) 事实上已经、并将进一步成为国家的一个重要文化部门,其地位和作用不亚于已经成立的、以"国家"冠名的机构,如:国家图书馆、国家博物馆、国家剧院。无论是国内开展共和国史研究、宣传、教育的需要,还是开展国际交流的需要,适时地成立中华人民共和国国史馆,看来是势所必然。而从上述二十多年来学科建设的进展和现状来看,在当代中国研究所现有基础上建立中华人民共和国国家历史馆(简称国史馆)的条件已经基本成熟。适时建立国史馆,将是推动国史研究、宣传、教育的一个关键性的措施。

中国特色社会主义研究的最新进展*

　　在 2003 年 9 月第三届国史学术年会的开幕式上，全国政协副主席、中国社会科学院院长陈奎元发表讲话，对国史研究工作的任务和立场、观点、方法做了重要指示。原中顾委秘书长、当代中国研究所原所长李力安结合对中华人民共和国历史的分析，就怎样叙述新中国的历史和总结我们的经验，发表了宝贵的意见。江西省委常委、宣传部长刘上洋致词，祝贺年会的召开。中国社会科学院副院长、当代中国研究所所长朱佳木致开幕词，阐述了本届年会的主题，指出："为了从宏观上把握中国特色社会主义事业的历史过程及其各个历史阶段的关系，从而深入探寻共产党执政和社会主义建设的规律，我们把这届年会的主题确定为'中国特色社会主义：奠基·开创·发展'。"朱佳木还深刻地论述了国史学学科建设的问题，提出"要牢固地树立历史唯物主义的指导地位"，"要弄清国史学自身的学科特点"，"要充分发挥国史学资治教化、咨政育人的功能。"开幕式后，分三个小组进行了两个半天的讨论，大家围绕"中国特色社会主义：奠基、开创和发展"这个主题，踊跃发言，宣讲了各自的学术论文，进行了热烈讨论；在两次大会发言中，九位专家学者就毛泽东的中国工业化战略，邓小平的农村改革思想，中国特色社会主义的发展创新，当代中国的民主政治建设，三年困难时期的气候条件与农业生产的关系，农村多种经济模式并存的历史，社会主义卫生事业和防疫体系的创立、发展，改革开放以来中国居民的收入与消费，建国之初与苏联缔结的中苏友好同盟互助条约同"二战"结束之后国民政府时期签订的中苏友好同盟条约的区别等问题发了言。有九位专家、

　　* 本文是 2003 年 9 月 17 日作者在当代中国研究所第三届国史学术年会上的总结发言，有删节。已收入论文集《中国特色社会主义：奠基开创发展》，当代中国出版社 2004 年版。

学者进行了评议,对有的问题会上还展开了讨论;中国社会科学院学术委员会委员、原社会学所所长陆学艺应邀在大会上就《中国三农问题的由来和发展》作了精彩的学术报告。大家切磋学问,交流心得,会上会下,进行了广泛的学术讨论。会议开得生动活泼,气氛热烈,收获很大。

衡量学术讨论会开得是否成功,主要看三个方面:第一,指导思想是否端正。第二,学术水平如何,是否代表了这个学科的最高水平,站到了这个学科的前沿,解决了学科建设中迫切需要解决的问题。第三,学风怎样,是否发扬了实事求是的学风;是否发扬了学术民主,贯彻执行了双百方针。这届学术年会,在江西省委的支持下,在江西省社科院的鼎力协助和密切配合下,在与会专家学者的共同努力下,开得是成功的,是符合上述三条要求的,这届学术年会有以下主要收获:

第一,加深了对中国特色社会主义奠基、开创和发展的历史过程的理解

在入选这届年会的论文中,研究中国特色社会主义奠基、开创和发展的历史过程的论文有十四五篇,占四分之一强。有全面论述这一主题的,大多是分别论述某一历史阶段的。这里就奠基、开创、发展三个阶段概述一下。

1. 深刻认识和充分肯定毛泽东对中国特色社会主义的奠基作用

这方面的论文有:武汉二炮指挥学院李敦送的《毛泽东对中国特色社会主义建设道路的探索及其现实意义》、安徽皖西学院余茂辉、湖北鄂州市委党校程焰山的《毛泽东:中国特色社会主义工业化道路的奠基人》、中央党校谭乃彰的《论毛泽东关于中国工业化的战略思想》、安徽师大高正礼的《中苏论战与中国社会主义建设道路的探索》等。

大家认为,在中国民主革命时期,毛泽东第一次将马克思列宁主义与中国革命的具体实践相结合,开辟了农村包围城市、武装夺取政权的道路,取得了民主革命的胜利,创建了中华人民共和国。建国以后,毛泽东又探索马克思列宁主义同中国革命和建设的第二次结合。苏共二十大之后,毛泽东提出"以苏为鉴",要"努力找出在中国这块大地上建设社会主义的具体道路"。毛泽东创造性地开辟了一条适合中国特点的社会主义改造的道路。对资本主义工商业实现了马克思和列宁曾经

设想过而未能实践的和平赎买，引导个体农业和个体手工业组织起来，走上了合作化的道路。中国社会主义制度的建立是富有中国特色的创举，为和平实现社会主义改造创造了人类历史上的新经验。社会主义制度的建立，是我国历史上最深刻最伟大的社会变革，是以后一切进步和发展的基础。大家说，在毛泽东诞生一百一十周年之际，我们深切缅怀毛主席的伟大功勋，绝不能忘记他对中国特色社会主义的奠基作用。毛泽东的奠基作用是多方面的。毛泽东的《关于正确处理人民内部矛盾问题》和《论十大关系》等著作，奠定了中国特色社会主义的理论基础；毛泽东领导建立的人民民主专政的国家，主持制定的 1954 年《宪法》，确立的人民代表大会制度，共产党领导的多党合作、政治协商制度，民族区域自治制度等，奠定了中国特色社会主义的基本政治制度，是建设社会主义现代化强国的根本保证；毛泽东开创了富有中国特色的社会主义工业化道路，在他的领导下，初步建立了独立的比较完整的工业体系和国民经济体系，培养了经济文化建设等方面的骨干力量，为改革开放新时期进行社会主义现代化建设奠定了物质技术基础；在毛泽东领导下，中国的教育、科学、文化、卫生、体育事业都有很大发展，卫星上了天还能收回来，爆炸了原子弹，还拥有了氢弹，从而打破了核垄断；在毛泽东领导下，始终不渝地奉行独立自主的外交方针，到 1976 年毛主席逝世时，我国同 110 个国家和地区建立了外交关系，恢复了在联合国和联合国安理会的合法席位，突破了中美之间长期对抗的局面，确立了中国在国际上政治大国的地位，为我国以后的改革开放和社会主义建设创造了有利的国际条件。总之，毛泽东确实为"中国特色社会主义"奠定了坚实的基础。毛泽东对中国特色社会主义的奠基作用是永垂不朽的。

2. 深刻认识和高度颂扬邓小平开创中国特色社会主义的卓越功勋

这次年会中，这方面的论文有：中央档案馆刘淑珍的《试论邓小平中国特色社会主义理论形成的历史背景》、中央文献研究室熊华源的《论邓小平农村改革思想及其时代意义》、江苏省委党校张寿春和金鑫的《建设中国特色社会主义的根本方针——"社会主义本质论"的创立和发展及其历史地位》、当代中国研究所钟瑛的《试论邓小平利用外资思想及其对改革开放以来中国利用外资实践的指导意义》等。在这次年会上，大家回顾了邓小平同志开创中国特色社会主义的时代背景和历史过程。在毛主席逝世后，邓小平同志高举毛泽东思想伟大旗帜，倡导解放思想、实事求是的思想路线,领导拨乱反正,实行改革开放,创立了马克思主义与当代中国实践和时代特征相结合的以建设有中国特色社会主义为主题的邓小平理论。他在中共十二大开幕词中指出:"把马克思主义的普遍真理同我国的具体实践结合起来,走自己的路,建设有中国特色的社会主义,这就是我们总结长期历史经验得出的基本结论。"会后,他在同外宾谈话中又指出:"从十一届三中全会到十二大,我们打开了一条一心一意搞建设的新路。"对这条新路,在邓小平领导起草的《关于建国以来党的若干历史问题的决议》中就已指出:"十一届三中全会以来,我们党已经逐步确立了一条适合我国情况的社会主义现代化建设的正确道路。"并总结概括了这条新道路的十个要点(见《历史决议》第 35 节)。中共十二大后,随着建设中国特色社会主义事业中出现的新情况,实现的新发展,取得的新经验,邓小平又及时明确地提出了在 20 世纪末实现翻两番达到小康水平的目标,一个中心两个基本点的基本路线,社会主义初级阶段论,社会主义市场经济论,社会主义本质论,从而形成了完整的邓小平理论的科学体系。江泽民同志在中共十四大报告中全面论述了邓小平建设有中国特色社会主义的理论的历史条件和实践基础,历史由来和发展过程,从发展道路、发展阶段、根本任务、发展动力、外部条件、政治保证、战略部署、领导力量和依靠力量以及祖国统一等问题共九个方面完整准确地阐述了建设中国特色社会主义理论的主要内容。在中共十五大报告中,江泽民同志又进一步论述了邓小平理论的历史地位和指导意义,提出高举邓小平理论伟大旗帜,把建设有中国特色社会主义事业全面推向 21 世纪。中共十五大通过的党章,把邓小平理论同马克思列宁主义和毛泽东思想一道,确立为党的指导思想。如果说,马克思、恩格斯使社会主义从空想变成科学,那么,由毛泽东至邓小平,中国共产党带领中国人民,把这个科学理论同中国的实际相结合,在 13 亿人口的中国变成了现实。与此同时,又发展了这个科学理论,使它更多地带有中国的特色。正如胡锦涛同志在今年"七一"讲话中所指出的:"没有毛泽东思想的正确指引,就没有中国革命的胜利和社会主义制度的确立。没有邓小平理论的正确指引,就没有改革开放和中国特色社会主义道路的开辟。"

3. 深刻认识以江泽民同志为核心的第三代领导集体对中国特色社会主义创新发展的重大贡献,进一步学习、贯彻"三个代表"重要思想

这届年会的论文中有好几篇是论述第三代领导集体对中国特色社会主义创新

发展的。如:江西省社科院傅伯言和曾雅丽的《中国特色社会主义在探索中不断发展创新》、江西省九江市委党校易本钰的《从历史唯物主义角度解读"三个代表"重要思想的科学内涵》、中央文献研究室曹前发的《江泽民与"十五"期间四大标志性工程》、中国社会科学院马列主义研究所沈宗武的《执政为民是中国共产党巩固执政地位的根本要求》等。通过这届年会的学术讨论,大家更深刻地认识到,自中共十三届四中全会以来,以江泽民为核心的第三代领导集体,高举邓小平理论伟大旗帜,沿着建设中国特色社会主义道路与时俱进,开拓创新,改革开放和社会主义现代化事业不断前进,中国特色社会主义理论不断发展。江泽民同志提出的"三个代表"的重要思想是面向 21 世纪的中国化的马克思主义,是对马克思列宁主义、毛泽东思想、邓小平理论的继承和发展,是新世纪新阶段全党全国人民继往开来,与时俱进,实现全面建设小康社会宏伟目标的根本指针。江泽民同志在中共十六大报告中总结的建设中国特色社会主义必须坚持的十条基本经验,胡锦涛同志在今年七一讲话中阐述的"三个代表"重要思想的十个方面,是对中共十三届四中全会以来十三年实践经验的总结,加深了对什么是社会主义,怎样建设社会主义,建设什么样的党,怎样建设党的认识,极大地丰富、发展了中国特色社会主义的理论,是对马克思主义理论的重大贡献。我们一定要继续认真学习,深刻领会,联系实际,贯彻执行。

这届学术年会是一次交流国史研究学术成果的会议,也是一次运用马克思列宁主义、毛泽东思想、邓小平理论和"三个代表"重要思想进一步学习、研究中华人民共和国历史的会议。通过这次学术年会,我们对中国特色社会主义奠基、开创和发展的历史,对中华人民共和国五十多年的历史,加深了理解。可以说,中华人民共和国的历史,是把马克思列宁主义与中国的具体实际相结合,建立和巩固社会主义制度,探索并开辟中国特色社会主义道路的历史,是创立并发展中国特色社会主义理论的历史,是中国共产党领导全国各族人民团结奋斗不断开创中国特色社会主义事业新局面的历史。中国特色社会主义道路越走越宽广,中国特色社会主义事业越来越兴旺,中国特色社会主义理论越来越丰富,这就是中华人民共和国五十多年的历程,这就是中华人民共和国的历史。是否可以这样说:探索并开创和发展中国特色社会主义,是中华人民共和国历史的主线。或者概括地说:中国特色社会主义的奠基、开创和发展,是中华人民共和国历史的主线。

第二，从经济、政治、军事、文化、外交等方面丰富了对中国特色社会主义历史的认识

在经济方面。这届年会经济（包括社会）方面的论文有二十多篇，占三分之一强。论文内容突出了改革开放、建设社会主义现代化强国这个中心，丰富了对中国特色社会主义经济建设历史经验和客观规律的认识。论述的主题和题材除了前面已经提到的毛泽东关于工业化的道路、邓小平关于改革开放的思想、江泽民关于重大标志性工程的决策与实施之外，还有中央党史研究室武国友的《试论八十年代农村改革取得突破的几个标志》，当代中国研究所郑珺的《农村税费改革若干问题观点综述》，当代中国研究所张蒙和杨文利的《新时期小城镇建设的回顾与思考》这样一些富有中国独特性的领域的研究。部门发展的历史和现状以其丰富内涵和生动性，备受欢迎。这方面的论文有：民航总局王立新的《试论新中国民航事业的发展历程》，国家气象局陈少峰和张海东的《保护人民，把天气常常告诉老百姓是气象事业的立足点和归宿》，都从一个方面说明中国特色社会主义事业怎样广泛深入地在中国发展。运用辩证唯物主义和历史唯物主义观点，按照历史学科的特点，进行科学的实证分析，是这届年会经济史论文的一个显著特点。在这方面有好几篇论文受到与会同志的瞩目。有的侧重宏观研究，但又有丰富的具体材料，如当代中国研究所孙学文的《中国现代化建设从 29 年的辉煌到近 24 年再创辉煌》，提供了非常充分的、不少是独家的数据；有的与欧美发达国家进行历史比较，如中国社会科学院经济研究所武力的《中国与欧美政府经济职能演进的历史比较》；有的在充分占有材料进行理论分析的基础上侧重总结经验教训，如中国社会科学院经济研究所董志凯的《20 世纪 80 年代以前我国计划经济时期管理的若干问题》，分析了 1953 年至 1980 年计划经济时期实施的五年计划的计划管理状况，从六个方面总结其特点、经验和存在问题，有助于认识改革开放的背景和渐进式转轨道路的选择。更多的是就大家关注的国史研究中涉及的问题，作中观的以至微观的研究，如关于"三年自然灾害"，当代中国研究所陈东林的《对"三年自然灾害"时期（1959—1961）的灾害经济学反思》，从灾害经济学角度分析了自然灾害和决策失误对我国经济的影响，并以粮食产量为例，论证了因自然灾害造成的减产略大于决策错误带来的减产。国家气象局张海东、张尚印、李庆祥的《我国 1959—1961 三年困难时期的气候条件分析与评估》，以翔实的资料，科学地分析了 1959—1961 三年的气候状况，说明这三年天气气候条件对全国农业不利，特别是 1960 年，更不利。气象灾害 1959 年和 1961 年为偏重年份，1960 年为严重年份。这两篇文章对三年困难时期成因的分析很有新意，采取了新视角，运用了新材料，提出了新观点，有力地批驳了不存在三年自然灾害以至说三年风调雨顺的错误观点。再如：中央文献研究室迟爱萍的《新中国第一笔内债——关于 1950 年"人民胜利折实公债"——兼谈陈云关于"人民胜利折实公债"发行的思考》，复旦大学吴景平、张徐乐的《关于建国初期私营金融业研究的思考——兼论上海私营金融业的联合经营与联合管理》，福建师范大学历史系高峻的《建国初期对淮河的全面治理及历史经验》，华南师范大学经济研究所吴超林的《1984 年以来中国宏观调控中的货币政策演变》，当代中国研究所李文的《改革以来中国居民的收入与消费》，辽宁渤海大学师吉金的《1949—1956 年中国家庭的变迁》，都是比较新颖的课题，作者通过具体的实证分析，为当前处理相关问题提供了历史的借鉴。地域经济的个案研究，起到从局部看全局，从个别见一般的作用。江苏省社会科学院贾轸的《江苏昆山市成功发展开放型经济的回顾与思考》，及时总结了改革开放新阶段中的新情况、新经验。两篇研究村级农村经济的文章：河南省委党史研究室郭晓平以七里营和刘庄为个案的《多种经济模式并存的历史与启示》，当代中国研究所李强的与安徽凤阳小岗村作对比研究的《浙江永嘉燎原生产责任制研究》，通过典型解剖，对比分析，论述了农村生产责任制的多种形式及其形成的历史过程，颇有新意。还有一种以小见大的文章，是从一个具体概念切入，对重要历史阶段进行深入探讨。如中央文献研究室鲁振祥的《共和国史上"大跃进"一词的应用与演变》，同样对大家有所启发，对国史研究有所推进。"选材要严，开掘要深"。这大概是这些论文取得成功的经验。

在政治方面。当代中国研究所的两位研究员提供了关于宪法的论文。李正华的《中国宪法内容变动的思路、重点和原因分析》，循着历史的线索，对建国以来四部宪法和对 1982 年宪法的几次修订进行了考察，联系经济、社会和政治关系的发展变化作了比较深入的分析。刘国新的《中国当代民主政治建设研究》则以 1954 年宪法为主，由点到面，通过国际国内纵向横向比较，分析了社会主义民主政治建设的中国特色。对政治制度建设的研究是这次年会较有成绩的一个方面。关于民族区域自治制度，当代中国研究所李成武的《关于我国民族区域自治制度的思考》，从宏观上作了概括分析；宁夏国史研究所郑彦卿、陈卫鹏的《改革开放以来宁夏回族自治区民族区域自治的成就和经验》则以一个区的实践,提供了具体的有力的佐证。关于地方政府制度,当代中国研究所李格的论文,对新中国地方政府制度的建立作了较具体的分析。对村民自治,深圳市委党校刘娅的《村民自治进程中两委职权矛盾探析》,对这一新情况、新经验没有停留在表层的描述,而是深入剖析带有决定意义的内在矛盾,为村民自治的健康发展提供了有益的历史借鉴。研究新情况、新问题,总结新经验的论文还有:湖南大学黄大熹的《十一届三中全会以来中国共产党组织发展的新变化》,北京大学关海庭和北京科技大学吴群芳合作的《中国社会主义政治文明的科学内涵和建设的基本途径》。当代江西史编委会和当代江西研究所危仁晟、黄慕亚、万红燕的《略论坚持"两个务必"对当代中国新的历史时期的重要意义》则把现实需要和革命遗产结合起来,把第三代领导和第一代领导联系起来,这也是国史工作者可以有所作为的一个方面。军事院校是国史研究与宣传、教育的一支重要队伍。他们提供的论文使学术年会全面充实、丰富多彩。解放军装备指挥技术学院曾令勋的《论新中国军事战略方针的历史演变》,解放军后勤指挥学院徐平、陈进的《论毛泽东"全民皆兵"思想在国防建设中的历史地位》,还有中央党史研究室叶晖南的《新中国军备的现代化进程》,对中国特色社会主义的军队国防建设从几个特定的重要视角,做出了概括。

在文化方面。相比之下,关于社会主义先进文化建设历史经验的总结显得比较薄弱。不过,对一些问题(有的重大一点,有的具体一点)的论述,还是颇有新意的,如中国解放区文学研究会余飘的《论毛泽东文艺思想在新中国成立后的发展》,财政部经济科学出版社刁其武的《论我国图书出版的政府监管》,当代中国研究所姚力的《20 世纪 80 年代后基督教在当代中国发展的原因探析》,新疆民族语言文字工委陈云华的《对当代新疆少数民族文字变革活动的追忆与思考》等。文化方面带有系统性的研究是关于新中国的卫生防疫工作。当代河北编辑部胡克夫的《试论新中国社会主义卫生事业和防疫体系的创立和发展》,回顾了建国初期开创新中国卫生事业,确定卫生工作面向工农兵、预防为主、中西医结合等方针,建立面向全民的预防为主的卫生防疫体系的历史过程和巨大成就。当代中国研究所夏杏珍的《农村合作医疗制度的历史考察》,分七个阶段比较系统地论述了农村合作医疗从 50 年代中期兴起到本世纪初建立新型合作医疗制度的曲折发展过程,总结了四条基本经验。

在外交方面。对外交战略的研究有一定进展。北京大学李淑珍的《江泽民对邓小平国际战略思想的继承与创新》，既有世界眼光，又有历史纵深。中央文献研究室潘敬国、张颖的《周恩来与中国核外交战略的确立》，新颖而有深度。对我国对外睦邻友好关系的建立和发展，多边和双边关系的研究，形成了这次年会的热点。当代中国研究所张勉励的论文分析了"冷战结束前后的中国睦邻外交"。当代中国研究所石善涛的论文进行了"二十世纪九十年代中日关系的历史考察"。中国社会科学院近代史所栾景河的《〈中苏友好同盟互助条约〉与〈中苏友好同盟条约〉之比较》，运用中国海峡两岸和俄罗斯保存的档案，通过两个条约签订的背景、谈判内容及条约文本的量化比较，说明新中国成立后于 1950 年 2 月 14 日签订的《中苏友好同盟互助条约》是中苏双方通过充分协商产生的，所强调的不单是同盟，更是互助与合作，反映了人民革命胜利后，中华人民共和国与苏联之间出现的完全新型的关系，标志着中苏关系走向一个全面合作的历史时期。文章阐明，不能以苏联军队迟至 1954 年撤出旅大军事基地来否定条约的平等性质，给近年来在这一问题上的争论做出了令人信服的回答。当代中国研究所丁明的论文《1989—1992 年中苏（俄）关系》，以 1989 年 5 月邓小平与戈尔巴乔夫会晤、中苏关系结束对抗实现正常化为线索，回顾和分析了 1989 年至 1992 年中苏（俄）关系从"正常化"到"睦邻友好"的历史演变，指出"正常化"是核心，它贯穿其间，使三个阶段紧密相连，奠定了自 20 世纪 90 年代以来中俄关系延续十多年稳定发展的基础。

第三，提出了进一步建设国史学科，继续深入开展共和国史研究的意见。对国史学科的发展，对国史研究、教育、宣传队伍的建设，有一定的引导作用

大家认为，胡锦涛同志"七一"讲话中提出的社会主义自我完善和发展的十四个课题，为今后的国史研究指示了方向，提出了任务。面对当前形势和国史学科状况，大家认为，当前应该特别重视宪法史的研究。前不久围绕修宪问题，出现了一股错误思潮。一些人公然组织所谓"民间修宪"活动，提出实行总统制、推行两院制、删除宪法序言、取消专政条款、取消公有制主体地位等全盘西化的主张，企图从根本上否定四项基本原则，否定我国的国体和政体。国史研究工作者应该用历史的事实和经验，对他们的谬论做出严正的、无可辩驳的回答。对改革开放历史的研究,特别是经济体制改革和社会主义市场经济的理论与实践的研究,"三农"问题的理论与实践的研究,也应进一步加强。先进文化建设的历史,是国史研究中较为薄弱的领域,亟待加强。新中国文化、教育、卫生、体育事业的发展历程和主要经验,对外文化交流和中国文化尤其是社会主义先进文化的传播,文化事业向文化产业的演变,文化产业与文化事业的关系等,都是重要的课题。特别是对意识形态领域反对"西化"、"分化"的历史经验与教训,需要很好总结。地方史、部门史的研究,要及时总结推广成功的经验,推动一些省、市、区和一些重要产业部门国史研究的开展,改变发展不平衡的状况。

大家还提出,要加强对国史研究资料的搜集、整理,特别是开展口述史料的整理。口述史料是不可再生的史料,要组织力量进行抢救。

对当代中国研究所,大家寄予厚望,我们非常感谢。大家希望当代中国研究所在联系各地、各部门、各单位推动国史研究、宣传、教育方面做更多的工作。会上提出了不少积极的建议,如建立国史研究基金、开展评奖活动、在国史学会下设地方史研究分会,等等。会后,我们一定认真研究,落实措施,尽可能逐步去办。我们已经做的事情,要总结经验,提高水平,继续做好,希望得到大家支持。我们将继续通过我们的公开刊物《当代中国史研究》以及内部刊物《国史研究参阅资料》,通过每年一届的学术年会及年会论文集,通过每月一次的国史讲座,通过当代中国出版社的出版物(纸质的、音像的),及时地、多渠道地反映国史研究的最新成果,同国史研究界的朋友进行学术交流。为加强国史研究、教育队伍的培养和建设,我们已经在中国社会科学院研究生院设立了国史系,并开始招收硕士研究生,条件成熟后还将招收国史学专业的博士研究生,同时我们当代中国研究所开始接受访问学者,欢迎各地学者前来进修和进行专题研究。

会议期间,与会者还在革命圣地井冈山进行了参观学习。大家身临其境,抚今思昔,更加深切地缅怀毛主席和老一辈无产阶级革命家以及为中国革命献身的先烈,深刻地认识毛主席开辟的井冈山道路对中国革命的伟大意义,更加深切地感受和理解毛主席培育的井冈山精神对中国共产党和中国人民的深远影响。

大家表示一定要高举毛泽东思想伟大红旗,继承发扬井冈山精神,在以胡锦涛同志为总书记的党中央领导下,在各自的岗位上,为全面建设小康社会,推进中国特色社会主义贡献自己的智慧和力量。

中华人民共和国史研究的最新进展 *

　　这次"当代中国史国际高级论坛"是一次高水平的国际学术交流，集中反映了世界各国和中国各地中华人民共和国史研究的最新进展。

　　这次高级论坛的主题是"当代中国和她的外部世界"。许多论文围绕这个主题，论述了新中国五十五年的历史进程，充分肯定了在中国共产党及其三代领导集体的领导下，经过艰难探索和曲折发展，成功地开辟出一条中国特色社会主义道路，客观地评价了中国改革开放和社会主义现代化事业取得的成就，阐明国际环境、时代特点对中国道路选择和形成的影响，同时也阐明中国道路的开辟和拓展、中国改革开放和社会主义现代化事业的成功，对世界的积极影响。这是这次论坛在学术上的最主要的进展。表现在以下几个方面：

　　第一，关于中华人民共和国的创建。俄罗斯科学院齐赫文斯基院士的论文和报告，以亲历者和见证人的身份，评述了中华人民共和国成立这一对世界产生巨大而深远影响的历史事件。中国学者对中国共产党创建人民民主政权直到缔造中华人民共和国的历程，对新中国第一年实现的社会大变革，取得的开局的成功，作了相当充分的论述；对为保卫新生的共和国而进行的抗美援朝战争的若干问题，作了深刻的分析，回顾这段共和国诞生时期的历史，确实"依然令人神往"。

　　第二，关于中国工业化问题。几位中国学者探讨了中国工业化这一贯穿中华人民共和国史始终的重要问题。有的学者指出，针对苏联不赞成中国搞独立的完整的工业体系，毛泽东的功绩是：主张以自力更生为主、争取外援为辅，建立独立完

---

　　* 本文是"当代中国史国际高级论坛"学术总结。

整的工业体系和国民经济体系,并提出了实现四个现代化的宏伟目标和"两步走"的战略步骤;毛泽东率先突破苏联模式,为此后的改革开放奠定了思想基础。有的学者指出,中国何时由新民主主义向社会主义过渡,是与中国工业化选择什么样的发展战略紧密相关的。中华人民共和国成立后,中国共产党之所以决定提前向社会主义过渡,根本原因是编制五年计划时选择了优先发展重工业的战略,并得到了苏联在技术和设备制造上给予全面援助的承诺。而实际过渡时之所以又被提前,主要原因也在于要使农业和资本主义工商业尽快适应优先发展重工业的需要。优先发展重工业的战略虽然存在一定历史局限,向社会主义过渡中也不免粗糙、简单,但总体看来,正是优先发展重工业的战略抉择和向社会主义的提前过渡,使中国抓住了当时的历史机遇,大大加快了中国工业化的进程,为今天建设中国特色社会主义提供了前提条件。这个很有说服力的新观点,得到广泛的赞同。

第三,关于改革开放和中国特色社会主义道路。这是讨论的一个热点。学者们从不同的角度提出了一些新的观点。

一是从经济发展的历史进程来看。一位中国学者认为:1978年开始的对外开放政策,使中国经济从半封闭状态中摆脱出来,并逐步融入处于一体化进程中的世界经济,从而对中国的发展产生了广泛而深远的影响。它催化了中国的改革进程,加快了中国经济的发展速度,缩短了现代化的进程,并提高了中国经济的整体素质。另一位中国学者指出,改革开放前中国就已有过三次对外引进高潮。这就是50年代的"156项工程",70年代的"43方案",1978年的所谓"洋跃进"。他认为:"必须根据不同的国际环境和国内需要,采取与时俱进的不同开放方式。当着国际环境不允许我们全面开放时,争取最有利的一方支援,是唯一的选择。'156项'就是这样的成功典型。而当着世界形势出现缓和,就要紧紧地抓住机遇,积极推行试点,大胆开放。'78计划'尽管存在过急问题,但方向无疑是正确的。"

有的学者回顾了改革开放以来中国现代化战略发展取得的伟大成就,分析了各种条件,包括当前存在的问题,认为对于2050年前基本实现现代化,可以抱乐观的预期。从经济增长速度观察,即使2020年以后增长速度递减,2021—2030年年均增长6%,2031—2040年年均增长5%,2041—2050年年均增长4%,按不变价格计算,2050年中国人均国内生产总值也会超过一万美元。

二是从经济理论的发展来看。有的学者分析了"从社会主义商品生产到社会主义市场经济的理论发展轨迹"，指出"20世纪50年代末60年代初，毛泽东系统地研究和论述了社会主义商品生产和价值规律问题。70年代末和80年代，陈云思考和探索了计划经济和市场调节的关系问题。70年代末至90年代初，邓小平提出并阐述了社会主义也可以搞市场经济问题"。他们"在不同的历史阶段上，对计划和市场的理论和实践进行了历史性的探索，提出了一系列崭新的理论，丰富和发展了马克思主义，在科学社会主义史上作出了伟大贡献。"

三是从中国道路的探索来看。有的学者总结："中华人民共和国成立以来五十五年的历史，就是中国共产党领导中国各族人民探索、开辟中国特色社会主义道路，并不断开创中国特色社会主义事业新局面的过程，是创立、发展中国特色社会主义理论的进程。"从认识论和方法论来看，中国之所以能够开辟、拓展中国特色社会主义这条成功之路，主要原因在于：遵循实事求是的思想路线，善于从错误中学习，能够在打压中自强，能够在反倾向斗争中前进，能够尊重群众的首创精神，能够抓住机遇、迎接挑战。

四是从历史人物的作用、贡献以及他们之间的传承关系来看。一位中国学者提供的《独特的超越》一文，简练地概括了邓小平对毛泽东的纠正、继承和创新，从对比中阐述了中国特色社会主义道路及其理论的形成、特点和实质。指出"邓小平时代的中国对毛泽东时代的中国的超越，不只是纠正和继承两个方面的结合，而且出现了第三个重大因素——创造性发展。"并指出，邓小平的南方谈话和中共十四大，进一步开辟了中国改革开放的历史新时期的发展新阶段。以江泽民为核心的中共第三代领导集体总结新的实践经验，作出了"三个代表重要思想"的新概括。这是中国特色社会主义理论的继承、丰富和创造性发展。"始于毛、成于邓、丰富和发展于他们的后继者的这条中国特色社会主义道路，已经开辟，已经找到，前途光明"。一位美国学者关于陈云的评传，联系中国道路写出了长期研究中国的外国学者眼中的陈云，对陈云的卓越贡献作出了高度评价，很有见地。中国台湾的一位学者，联系20世纪中国历史上最伟大的三件事情：推翻清朝帝制、建立人民政权和推动改革开放，认为孙中山先生未能实现的理念，经毛泽东、邓小平、江泽民，得到了实践，肯定在中共三代领导集体的领导下，中国走上了一条达到共同富裕之境的道路。可谓持之有故，言之成理。

除了从宏观上对主线和全局进行研究外，也有一些论文论述了某一领域、某一侧面的历程,生动具体地丰富了对中国特色社会主义道路及其与外部世界关系的认识。如:关于新中国金融发展与当前的开发性金融事业的论述;新中国初期社会保障制度历史作用的回顾;中国气象事业及其国际交往的总结;中国乡村政权职能的演变,等等,都给与会者留下了较深的印象。

大家十分高兴地看到,中国的成功得到国内外学者的认同和肯定。中国和俄罗斯都有学者对中俄改革的历史和成败进行了比较研究。一位俄罗斯学者认为:"中国领导人所选择的'赶超'发展战略总体上是有效的。"另一位俄罗斯学者指出"中国模式"的实质:"简言之,就在于将社会主义和市场经济结合起来"。她还指明中国成功、中国共产党"长寿"的原因是"它有着根据新的现实情况来批判性分析形势、对自己的经验和政治实践重加思考的能力。"中国澳门的一位学者指出:"新中国的前三十年基本上是沿着巩固、发展和自我探索、自我完善的大道前进的:取得过许多重大成就,也付出过巨大代价,在通常情况下难以得到的正反两面经验令中国人更加聪慧、更加成熟。自邓小平重新主持中央工作并拨乱反正、正本清源,不失时机地推出改革开放新路线至今二十五年来,国家发生了令世界震惊的巨变,这二十五年不仅改变了中国自身的面貌,同时也改变了全球的力量布局和市场结构。"又一位俄罗斯学者指出:"中华人民共和国早已在全世界获得了崇高的尊重,实际上已经成为伟大的发展中的强国。"并认为:"中国的现代化和解决深刻的国内和国际矛盾的经验不仅为发展世界的国家作出了一个活的榜样,而且为与中国的合作提供了广阔的空间。中国的经验可以成为消除发达的北半球和落后的、发展中的南半球之间的差距的基础。"

中国与外部世界的交往是一个引人关注的问题,也是这次论坛的又一个热点。有的学者纵论新中国为国际社会提供的积极的外交理念;有的学者着重论述了20世纪80年代中国对外战略的转变;更多的学者在这次论坛上就中国与美国、中国与日本、中国与欧洲、中国与中亚各国之间的关系,从历史到现实,进行了考察和研究,提出了不少新颖的见解,有的还就怎样进一步发展双边或多边关系提出了建议。

一位中国学者认为,新中国通过自己的外交和国际政治实践,向世界提供了民族平等和国家独立、主权,各独立主权国家实现和平共处、共同发展、共同繁荣,尊重和发展世界文明的多样性、开展文化交流、促进和发展人类文明等重要理念,"在国际社会中的积极影响必将是长期的、无可限量的。"

有的学者分析了中华人民共和国初期处理与西方发达国家关系的政策和策略，肯定当时所采取的"另起炉灶"、"打扫干净屋子再请客"的方针；指出从某种意义上可以说，抗美援朝战争，中美之间的这场直接较量是不可避免的，它是人民解放战争在特定条件下的继续；不经过这场较量，美国不会承认中国革命已经胜利的事实。

有的学者分析了七十年代末中美建交的历史背景，指出："文化大革命"的结束，改革开放路线的确立，邓小平成为中共中央第二代领导核心，为中美关系的发展奠定了新的政治基础。发展中美关系，是中国坚持改革开放的内在要求。为中国国内建设和改革开放创造一个有利的国际环境，是中美建交的直接动力。有的学者分析了20世纪80年代初中美苏三角关系的变化和态势，指出：中国领导人及时调整了中国的外交战略，改变了联美抗苏的"一条线"战略，与美国拉开了距离，实行"不结盟"、"不打牌"的独立自主和平外交政策，在改善对苏关系的同时，与美国也保持了正常关系，从而在当时美苏两极格局下成功地采取了一种相对超脱的姿态，拓展了自己的外交空间。

一位学者分析中日邦交正常化与台湾问题，指出1972年中日邦交正常化时，日本方面承认台湾是中国的领土，台湾问题是中国的国内问题，承诺全面尊重中国的"一个中国"的立场，不会采取"两个中国"的立场，决不支持"台湾独立运动"，这是三十多年来中日关系发展的"原点坐标"之一。"原点坐标"不能改变，一些人以时过境迁为托词对此漠视的做法，是不可取的。一位日本学者分析"911"事件后（"后伊拉克时代"）的国际关系，认为美国布什政府借反恐之机实施的在全球扩大自由主义和单边主义的战略，将对中美关系和中日关系产生一定影响。日本正朝着参与美国的弹道导弹防御计划并开始具体部署实施的方向迈进，这种肯定"集体安全"的做法显然是迎合美国的将自由主义扩展到全球的普遍主义构想的。这样的动向很可能成为影响将来中日关系的不安定因素。

关于中国与欧洲的关系。有的学者分析了当代中欧关系中存在着经济社会发展水平、政治和社会制度、历史文化等三种不对称性。认为当前"中欧伙伴关系之所以能够呈现良性发展的态势，原因在于中国和欧洲双方的政府和人民能够在诸多的不对称中认识并寻找根本利益的对称性和局部利益的互补性"。提出发展中欧关系应该寻求战略共识与扩大合作范围,寻求社会经济互补,强调文化多样性和文化宽容,在双边与多边关系中寻求共赢。

关于中国与中亚各国的关系。俄罗斯学者指出,在地缘政治背景下,这是中国外交的一个优先的方向。中国在 90 年代的确在全面增强国力和提高国际地位方面取得了历史性进步。从反恐、安全和经济角度看,中国在这一地区所起的作用越来越重要。上海合作组织的建立是中国与中亚各国关系发展的里程碑。2000 年,中国提出"西部大开发"战略,随后又提出"振兴东北老工业基地"战略,这两个发展战略将最终加强中亚和东北亚地区邻国基础设施建设和经济的相互作用。中国与俄罗斯和中亚各国的贸易会逐渐加深合作的水平并增加结构的多样化。一位日本学者通过分析亚洲和世界经贸发展和合作的形势,提出中国和亚洲各国"在亚洲建立区域性的自由贸易区将是今后八至十年内的主要动向和课题。"

完成祖国统一大业是中华民族的头等大事。邓小平提出的"一国两制"方针,其理论创新与成功实践,受到学者的关注和赞誉。一位香港学者的论文阐述了"一国两制"对中国与外部世界的互动及其影响,指出:"一国两制"方针所要解决的是历史遗留下来的台湾、香港和澳门的统一问题。港、澳涉及与英、葡的外交谈判,台湾问题虽属两岸关系,但也与美国有关。三者均涉及到底是以和平方式还是以非和平方式解决的问题。既然如此,"一国两制"就必然将对外部世界发生作用。他认为:"一国两制"为国家营造经济建设所需要的和平环境,是稳定世界局势的新办法;"一国两制"为国际社会提供了和平解决国际争端的新思维;"一国两制"向世界表明中国已把国家利益置于意识形态之上,大大地扩展了中国外交活动的空间;"一国两制"增强全体中华民族和海外侨胞的凝聚力;发挥"一国两制"优势,特区是中国走向世界的重要通道。一位澳门学者指出:"新中国的和平外交、开放外交、理性外交、人民外交,半个多世纪来经受了国际风云变幻的检验,展现了国家几代领导人的超群智慧,为历史遗留问题的合理解决、为新型国际关系的确立、为民族尊严的提升和国家领土主权完整性的有效维护,创立了良性运行模式,建立了令国人引以为荣的业绩。"这位学者还认为,澳门特别行政区验证"一国两制"的"示范作用、导向指引作用、平衡协调作用在广泛共识基础上有条件得到充分发挥。"

随着改革开放的进展,中国与外部世界的文化交流日益扩大;在外部世界影响下当代中国文化的发展和社会主义先进文化的建设,也是这次论坛关注的问题。

有的学者指出，"进入新世纪后，越来越多的中国学者开始关注中国文化的整合和重构。这一整合与重构不是'回归'传统整体性，而是在二十多年改革开放基础上的创新"。"主导文化主张坚持以马克思主义为指导，以'三个代表'重要思想统领社会主义文化建设，以加强社会主义思想道德建设为重要内容和中心环节，培育和弘扬中华民族精神，既从中国优秀文化传统中汲取精神营养，又大胆学习、利用和借鉴世界各国的优秀文明成果，并且结合中国的实际，形成具有新的时代精神的民族凝聚力，形成全球化时代的中国特色社会主义现代文化。"有的学者探讨了改革开放以来西方文化对中国青年的影响，指出：1989年的政治风波"引发了(青年)新的思考，进而改变了80年代被动地接受西方文化影响的那种'一边倒'的局面。90年代，国家、民族意识中出现的新因素逐渐成为一种新的思潮，其核心内容是，批判和抵制西方主导的全球化，以及与此相呼应的爱国主义、民族主义思潮的兴起，并最终在青年思想意识领域形成了自由主义、民族主义和新左派三足鼎立的局面。"有的美国学者对20世纪90年代中国知识界的几股思潮进行了概括，并做出了评价。

文学是重要的文化门类。两位中国学者分别研究了世界格局与中国当代文学的关系和西方文论与当代中国文论的关系。一位学者指出：中国当代文学深受世界格局的影响，并以自己特殊的文学景观在世界文学中显现自己的重要位置。中国当代文学向世界倾诉的是建设社会主义的人民的思想感情，描绘的是许多国家和民族所不熟悉的新的世界和新的人物。这就使中国当代文学具有了世界价值。另一位学者指出：中国当代文学理论同中国现代文学理论一样，是在与外国特别是西方文学理论的密切关联中运行的。中国文论面对它的外部世界，有一种不可抗拒的向心力。虽然它长期是外国文论的学生，但从来不是外国文论的附庸。既保持自身特点，又汲取别人长处，走自己的路，追求文学理论的"本土化"即"中国化"，是中国文学理论运动的一个传统。

参与这次论坛的学者来自世界各国和中国各地，具有不同的文化背景，显现了思维方式和研究方法的多样性，体现了"百花齐放、百家争鸣"的方针。

几位外国学者采取特定的视角，通过微观研究，透视中国的政治、社会问题，对当代中国历史发展的一些问题提出了新的见解，引起与会学者的兴趣，对大家多有启发。

有的学者把故宫收藏的国宝与共和国历史联系起来,指出"故宫博物院是把党和国家与其民族历史联系在一起的一个纽带",并以丰富的史实论证:"1949年以来故宫的历史,是中华人民共和国过去半个世纪跌宕起伏历史的象征和浓缩。"临时前来听会的故宫博物院院长郑欣淼在会上的即席发言,使我们对中国"国宝"的收藏情况有了更清晰的了解。

有的学者详细考察了"文化大革命"初起时(1966年6月至7月)北京各大学工作组和红卫兵派别的情况,提出了与通常观点不同的见解,认为"大学里的工作组并没有通过动员所谓受到权力结构滋养的'保守'力量来制造派性,保护当权派,在很多情况下,它还发动对学校主要负责人的激烈批判。"还有些中外学者对1976年春至1976年秋从天安门事件到粉碎"四人帮"这一段大动荡的历史进行了具体分析,作出了论断。

从中国台湾和俄罗斯、日本学者向论坛提供的论文中,可以比较系统地了解当代中国和当代中国史研究在世界各国、中国各地的情况。我们高兴地看到,当代中国史已经并将进一步成为受到广泛关注的热门学科。这次当代中国史国际高级论坛,必将进一步推动各国学者之间、特别是各国学者同中国学者之间在这一研究领域里的广泛的、多渠道的、全面的合作和交流。讨论中提出的一些问题,将推动研究的深入。我们可以乐观地预见,中华人民共和国史研究必将吸引世界各国更多的学者,中华人民共和国史研究在中国和世界各国必将进一步繁荣和发展。

《中华人民共和国史稿》的编写经过、
指导思想和主要特点[*]

1. 当代中国研究所的成立与国史稿的编写过程

在 1978 年春思想解放运动中，时任中国社会科学院院长的胡乔木，在 1978 年 1 月 11 日于该院召开的制订科研计划和规划的动员会上讲话，第一次郑重提出："要赶快着手研究"中华人民共和国成立以后的历史。①他把编写《中华人民共和国史》列入一百个马克思主义基本著作的选题之中，在中国社会科学院拟新建的五六十个研究所中，"中华人民共和国史研究所"名列第五。增设研究所的计划得到邓小平的赞同、支持。1978 年 3 月 28 日，邓小平听取胡乔木、邓力群汇报后说：什么事情总得有个庙，有了庙，立了菩萨，事情就可以办了。而且有些事情要赶快立庙，有些有专业知识的人年纪已经大了，如不赶快立庙，过几年立起庙，菩萨也请不到了。邓小平叮嘱胡乔木、邓力群"要赶快做"。②

1981 年 6 月，中共十一届六中全会通过了《关于建国以来党的若干历史问题的决议》，中华人民共和国史研究有了基础，系统地研究、撰写建国以来历史的条件趋于成熟。此后不久出版的《历史决议》注释本，在一定意义上，是中华人民共和国史的"史事提要"。

1982 年 5 月，胡乔木倡议编写"当代中国丛书"。编辑出版这部丛书的目的，

---

　　* 本文是作者 2009 年 8 月 27 日在中宣部召开的向三十个部委征求国史稿意见的协调会上的发言。

　　① 中国社会科学院《情况反映》第一期，1978 年 1 月 16 日。

　　② 据邓力群传达这次谈话精神的记录稿（存中国社会科学院档案室）。参见《邓小平思想年谱》，中央文献出版社 1998 年版，第 59 页。

是要科学地总结我国社会主义革命和建设的历史经验,并以无可辩驳的材料,展示新中国建立以来所取得的伟大成就和社会主义制度的优越性,并为以后进一步修中华人民共和国史做好准备。中宣部部务会议决定立即着手组织落实。1982年11月,中央书记处讨论通过了中宣部关于编写出版"当代中国丛书"的报告。从1984年出版《当代中国经济》到1998年基本完成,"当代中国丛书"的编辑出版工作历时15年。丛书分部门(行业)卷、地方卷、专题卷和综合卷,共150卷,1亿字,3万幅图片。这套丛书是第一部全面记录中华人民共和国国史的规模最大的丛书,包容了大量确凿可靠的历史资料,是一部史志结合的、包括专史和地方史在内的科学的信史,为研究中国特色社会主义伟大事业的发展进程、经验和规律,为在广大干部和群众中开展爱国主义、集体主义、社会主义思想教育,提供了丰富的史料和生动的教材。

中华人民共和国国史的编修工作是在编写《当代中国》丛书的基础上开展起来的。

"八九"政治风波平息以后,1989年11月,胡乔木再次把设立编修中华人民共和国史专门机构的问题提上日程。1990年6月2日,邓力群给李鹏总理送呈关于筹建当代中国研究所所需编制问题的报告,得到原则同意。6月14日,由胡乔木起草,杨尚昆、胡乔木、薄一波联名向中共中央常委打报告,正式提出:"我们建议成立当代中国研究所,行政上和日常工作由社会科学院代管,由邓力群同志代表中央党史领导小组负责组建和指导。"其任务就是有计划、有组织、有领导地加强共和国史研究,编写中华人民共和国史。

当月,中央常委就批准了这个报告,当代中国研究所正式成立,标志着中华人民共和国国史编纂工作正式提上党和国家的工作日程。

当代中国研究所成立后,即于1990年12月,在西安召开了"中华人民共和国史编纂工作研讨会"。会后,中办、国办于1991年3月2日发出通知,转发会议记要。会议认为,"当前进行中华人民共和国史的研究和编纂工作的条件已臻成熟","在认真严肃的科学研究的基础上编纂一部中华人民共和国的国史,是一项重要而庞大的系统工程。要在尽可能快的时间内高质量地完成这项任务,则必须依靠全国各地区和各有关部门的通力协作。"两办的通知要求全国各地区和各有关部门"给予积极支持"。会议纪要还指出,全国中华人民共和国史研究工作由当代中国研究所负责联系和协调。自此，中华人民共和国史的编纂工作全面启动。

　　按照中央的要求，当代中国研究所成立后，即把编写《中华人民共和国史》作为中心任务。最初打算先写一部简明的《中华人民共和国史》，经反复讨论，感到难度较大，邓力群同志确定，先编写多卷本的《中华人民共和国史稿》。这项工作最初由邓力群和安平生、马洪、武衡同志主持、丁伟志、詹武、郑惠、徐达深、马仲扬、刘中海等同志组成的所务委员会负责领导。以后中央委派李力安同志任所长、有林同志任副所长。成立了由邓力群同志任主编，安平生、李力安、马洪、有林同志任副主编的编委会。与编写多卷本国史的任务相应，当代中国研究所设立了四个研究室，分别负责编写国史稿第一卷（1949—1956）、第二卷（1956—1966）、第三卷（1966—1976）、第四卷（1976—1984）。邓力群同志亲自主持了每一卷书稿涉及的重要事件、重要人物、主要问题的讨论，和随后进行的编写提纲的反复讨论。第一卷最初打算在开头写一"绪篇"，叙述中华人民共和国是怎样建立起来的历史。实践的结果，仅用绪篇二三万字难以包容，故决定专写一本《序卷》。1996 年 6 月，多卷本《中华人民共和国史稿·序卷》正式出版。得到国家主席杨尚昆、著名学者任继愈等的好评。

　　在国史稿编写过程中，采取请进来、走出去的办法，请老革命家和领导干部讲国史问题。国家经委主任袁宝华、中联部副部长李淑铮、公安部副部长于雷等部委负责同志都来作过讲座，力安同志、有林同志亲自带领研究人员访问宋任穷、耿飚、李德生、赛福鼎和杨贵等同志，有的连续访谈多次。并组织到中央档案馆和各部门档案馆查阅了大量档案。在利用"当代中国"丛书和搜集大量第一手资料的基础上，90 年代前期，国史稿第一至四卷初稿陆续写出。邓力群同志亲自主持各卷书稿的讨论，详细分析和讲解涉及的历史问题和理论问题。他在讨论会上的讲话、谈话，汇编成《国史讲谈录》七册（内部本），二百多万字。国史稿一至四卷约请相关研究部门（中央文献研究室、中央党史研究室、中央党校、社会科学院相关研究所、军事科学院、国防大学、相关部委等）专家、学者审读，召开小型座谈会征求意见，进行修改。90 年代后期，《中华人民共和国史稿》第一至四卷被国家新闻出版署列为庆祝建国五十周年的重点选题计划。

　　2000 年 12 月，中央任命朱佳木同志担任中国社会科学院副院长兼当代中国研究所所长。2001 年 12 月 10 日，胡锦涛同志主持中央书记处会议，讨论并原则批准当代中国研究所三年科研规划。这个规划中的重要内容之一是完成多卷本《中华人民共和国史稿》第一至四卷的"送审稿"。胡锦涛同志并就国史编研工作发表了重要谈话。

此后,《国史稿》一至四卷在邓力群同志主持下,由各卷主编分别主持,经反复修改加工,陆续完成"内部讨论稿",至 2007 年 3 月汇齐。为保证和提高书稿质量,经当代中国研究所党组研究、报中国社会科学院领导同意,印制《国史稿》第一至四卷"内部讨论稿",送请编委审阅修改,并在少量有关部门负责同志和党史、国史方面专家中征求意见。

从 2008 年开始,在党的十七大精神的指导下,在吸收各方面意见的基础上,各卷编撰人员又进行了一轮修改。2009 年春,为完成向中央送呈送审稿,各卷编撰人员集中起来,用三个多月时间进行了认真、细致的修改。力群同志已九十四岁高龄,目力不济,听力欠佳,但还是就书稿涉及的重要问题提出意见,作出决断。最终的修改定稿,委托两位副主编李力安、有林同志负责,他们两位,一位已过米寿,一位也已八十,但非常负责。力安同志亲自动员、部署,检查督促,有林同志眼睛不好,坚持审阅修改了四部书稿。送审稿完成后报送中央办公厅,也就是今天呈送在诸位面前的《国史稿》序卷和一至四卷送审本。

2. 多卷本《国史稿》的编撰指导思想和它具有的一些特点

（1）指导思想非常明确,归纳成三句话：维护中华人民共和国的利益和荣誉；资政、育人、护国；为党和国家的大局服务。这是我们研究、编撰国史的指导思想,也是国史的功能。

这个指导思想是随着形势的发展和围绕共和国历史展开的斗争和争论逐步形成,逐步加深认识、理解的。

（2）要遵循《历史决议》与中央文献,要用中国特色社会主义理论体系做指导。现在这部国史稿,符合胡锦涛同志在中共十七大提出的"三个永远铭记"的精神。通过历史事实的叙述和评论,较有说服力地阐明了中国特色社会主义奠基、开创、发展的历程。或者说贯穿了中国特色社会主义奠基、开创、发展这条主线、红线。

（3）写出一部中国人民的奋斗史、创业史。写光明为主,歌颂为主。主要讲辉煌成就、奋斗历程、探索精神、成功经验和理论创新。中国怎样自立于世界民族之林,对世界作出的贡献。

(4) 尊重群众的首创精神,写群众是真正的英雄,在党的领导下战胜困难的意志,特别是创造新事物、新经验的贡献。

(5) 正确对待失误和挫折,从犯错误中学习是最好的学习。实事求是地分析造成错误的原因和危害,叙述发现和纠正错误、继续前进的过程。

(6) 从中国的国情、中国的实际来理解当代中国的历史,联系国际环境和时代特点来认识和分析当代中国的历史。

(7) 处理好党史和国史的关系,体现国史的特点。邓力群同志最初提出,体现国史特点必须包括十七条基本要素。李力安同志和编研人员又作了补充,形成二十三条:(1)版图(包括疆域、边界、领土),祖国统一;(2)行政区划;(3)人民代表大会;(4)共产党的领导和多党合作、政治协商;(5)国防和军队(包括武装冲突和战争);(6)人口(包括人口政策的变化,计划生育国策的确定与实施,人口普查的情况和结果,等等);(7)阶级、阶层和阶级、阶层关系及其演变;(8)生产力的解放和发展,综合国力的提高(包括重要建设项目的兴建、完成、效能及经验教训等);(9)科技进步、发明创造,科技成就及其应用推广;(10)生产力和生产关系的矛盾和演变;(11)经济成分和经济结构的状况及其演变;(12)民主与法制建设,宪法和法律的制定、修改和实施;(13)政治机构及其演变;(14)文化建设和文教卫生体育事业的发展;(15)人民生活的提高与人的解放和全面发展。人和环境的协调发展;(16)社会建设;(17)民族区域自治的实施和各少数民族经济社会的发展;(18)宗教政策和宗教问题;(19)改革开放;(20)西部开发和东、中、西部协调发展;(21)中央和地方关系;(22)对外关系和国际环境;(23)自然灾害及对自然灾害的抵御。

(8) 国史中的要人大事(包括重要实践经验和理论创造)的叙述和评价及其在整个书稿中的平衡。

这里还有一个部门与部门、地区与地区平衡的问题。要尽量做到全面,避免片面性。

我们一般的处理是,部门或地区对全局、对全国、对世界有影响的人和事,均要上国史。

这一点也是要请各部委特别关注的,如有照顾不周、有遗漏和评价不公允的地方,务请一一指出。

《中华人民共和国史稿》取得成功的宝贵经验 *

当代中国研究所历时二十年编写的《中华人民共和国史稿》（下文简称《国史稿》）在建国六十三周年前夕作为国家版本出版发行，当即得到学术理论界的好评。《人民日报》、《光明日报》、《求是》杂志发表文章，从不同角度，肯定这部《国史稿》是"一部思想性、政治性、学术性、可读性都很强的成功之作"。它是"党的思想理论建设的一项重要基础性成果"，不仅"为深入开展党史、国史教育提供了重要教材"，"是进行爱国主义教育，构建社会主义核心价值体系的优秀读本"，而且"为坚持和发展中国特色社会主义道路提供了历史的凭据和借鉴"。

《国史稿》在中华人民共和国史研究中具有里程碑意义。我有幸自始至终参加了这一重要工程。它取得成功的宝贵经验，个人体会主要有下述几项。

第一，正确的指导思想

当代中国研究所是党中央、国务院于 1990 年批准成立的专门研究和编修中华人民共和国史的机构。江泽民同志 1999 年 6 月 30 日会见《当代中国》丛书总结大会代表时指出：总结历史，说明现在，探索规律，启示未来，是我们从事历史研究和其他研究工作的同志们的光荣而艰巨的使命。2001 年 6 月 20 日在参观党的一大纪念馆时，他又反复强调：中国共产党和全国各族人民长期奋斗的历程，是一部内容丰富、蕴意深刻的爱国主义教材。我们一定要充分运用它来教育广大干部群众，鼓舞他们继续为实现社会主义现代化和中华民族的伟大复兴而团结奋斗。这些重

---

* 本文是作者 2012 年 5 月 24 日在人民网强国论坛上的讲话稿。

要讲话阐述了学习历史特别是新中国成立以来革命、建设和改革开放的历史的重要意义及其目的要求，为中华人民共和国史的研究、编修和宣传教育指出了方向，提出了任务，明确了指导思想。

在实际工作中，我们逐步形成了以下必须遵循的原则：

(1) 必须以马克思列宁主义、毛泽东思想、中国特色社会主义理论为指导，必须运用辩证唯物主义和历史唯物主义的立场、观点和方法，努力做到实事求是，具体分析，努力做到历史与逻辑的统一，力求写出一部具有国家水平的权威性的信史。

(2) 遵循两个历史决议，同时要有创新精神。

(3) 维护中华人民共和国的利益和荣誉。

(4) 紧紧抓住新中国历史发展的主流，大力弘扬成就和经验，正确认识错误，总结教训。

(5) 注意体现国史特点。必须包括以下基本要素：版图和祖国统一；行政区划及其重要变动；人民代表大会；共产党的领导和共产党领导下的多党合作、政治协商；国防和军队，武装冲突和战争；人口(包括人口政策的变化，计划生育国策的确定和实施)；生产力的解放和发展，综合国力的提高；科技进步、发明创造，科技成就及其应用推广；生产力和生产关系的矛盾和演变；经济成分和经济结构的状况及其演变；阶级、阶层关系及其演变；民主与法制建设，宪法和法律的制定、修改和实施；政治文明建设，政权机构及其演变；文化建设和文教科技卫生体育事业的发展；社会建设；人民生活的改善提高与人的解放和全面发展；生态文明建设，人和环境的协调发展；民族区域自治制度的实施，各少数民族经济社会的发展；宗教政策和宗教问题；改革开放；西部开发和东、中、西部协调发展；中央和地方关系；国际环境和对外关系；自然灾害和对自然灾害的抵御。

(6) 夹叙夹议，文质兼备；详略得当，笔则笔之，削则削之。语言准确、鲜明、生动。

第二，坚强的组织保证

1990 年，中央任命邓力群同志筹建并指导当代中国研究所。1993 年，中央任命李力安同志任所长。他们忠于党，事业心强，政治水平高又是历史的亲历者。他们二位一直担任《国史稿》的正副主编。他们的坚强而又具体的领导是国史编修工作顺利进行、取得丰硕成果的重要保证。2001 年,朱佳木同志以中国社会科学院副院长兼任当代中国研究所所长。国史稿编修工作列入了中央批准的当代所三年科研规划,书稿完成后即报中央审批。李捷同志在 2012 年春接任,在书稿审查修改的最后阶段,和大家继续努力,最终出色地完成了中央交给的统稿任务。可以说,这部《中华人民共和国史稿》凝聚了几代国史研究者的心血。

当代中国研究所在 1991 年成立以后,由中央组织部从中央机关,从北京、山西、江苏、安徽、广东、四川等省市调集了一批素质较高的研究人员,组成了一支热爱国史研究编撰事业的相对稳定的专业队伍。这也是重要的组织保证。

第三,翔实的史料基础

早在研究和编写中华人民共和国史的专门机构当代中国研究所成立之前,1982 年中央宣传部就组织各部门、各省市自治区编辑“当代中国”丛书,以便“科学地总结我国社会主义革命和建设的历史经验”,“为以后进一步修中华人民共和国史做好准备。”经过十万多人共同努力,“当代中国”丛书历时十五年,到 1998 年基本完成。当代中国研究所成立以后,该所研究人员即同中央党校、中央文献研究室、中央党史研究室、中国人民大学的党史工作者合作编写了《中华人民共和国实录》。进入新世纪后,当代中国研究所又编写了一年一卷的《中华人民共和国编年史》(已出版七卷)。所有这些,为中华人民共和国史的编撰奠定了较为全面系统、翔实可靠的史料基础。

随着编研工作的开展,当代中国研究所十分重视查阅档案、资料。这项工作得到中央各相关部门的支持。如:为写“文化大革命”时期的第三卷,除在中央档案馆查阅档案以外,还在中央办公厅、国家经委、铁道部、冶金部、教育部、文化部以及一些地方查阅了大量档案,还查阅了两案审理的部分材料。老同志提供的大量档案材料也十分宝贵。

同时,十分重视口述史料的采访和搜集。主编系统地讲解了他亲历和了解的新中国发展过程中的要人大事。老所长亲自带领访问了宋任穷、汪东兴、陈锡联、吴德、耿飚、赛福鼎、杨贵等领导同志。袁宝华(经委)应邀来所作了系统的关于经济工作的系列报告。来所作专题报告的还有李淑铮(中联部)、俞雷(公安部)、袁木

(国务院)、刘吉(国家体委)等部委的负责人和秦振华(张家港市委书记)、吴仁宝(华西村书记)、王伟成(江阴市市长)等基层负责人。他们都提供了宝贵的口述历史。老所长还带队到江苏、浙江进行乡镇企业调查，到山西进行大中小学国史教育现状调查。

第四，深入的专题研究

当代所成立以后，首先进行的是国史专题讨论。在专题讨论的基础上，编写国史写作提纲。起初打算编三四十万字的一卷本。后经反复讨论，感到没有对全部历史各个阶段的深入研究，要想编出概括力强的一卷本是困难的。乃决定先搞分阶段的多卷本。对各卷编写提纲反复讨论定稿后，组织研究人员围绕国史写作进行专题研究，再进入书稿的写作，以保证质量。并确定了学术年会制度，对专题研究成果进行学术交流。这样边研究、边写书稿。十多年来，研究人员在完成国史稿五卷的同时，出版了近十部专著，主要有《大中小学国史教育现状研究》、《中国工业化与中国当代史》、《三线建设与西部开发》、《当代人与当代史探究》、《中国的成功之路》、《邓小平与一九七五年整顿》、《改革开放的酝酿与起步》、《转折年代——1976—1981年的中国》等。在国史研究的有些领域、有些专题方面，处于领先地位。在国际上也较有影响。美国的傅高义、瑞典的沈迈克等都作为访问学者来当代所学习、研究。

第五，精益求精的优良学风

国史稿初稿形成以后，即多方征求意见，反复修改，体现了严谨细致，精益求精的优良学风。2003年12月第一次印制"内部讨论稿"征求意见，以后又印制多次。先后征求了上百位各方面专家、中央和国家三十个部委的意见。每次听取意见后都认真修改，直到2012年经中国社会科学院党组审定，正式印制出"送审稿"报送中央。

我们在对《国史稿》作出较高肯定性评价的同时，也应看到：《国史稿》在史料的丰富性、叙述的生动性、阐释的深刻性、理论的彻底性等方面，都还有加强和提高的空间。此外，史稿只写到1984年作出城市经济体制改革决定，稍感不足。编写组将继续努力，写好改革开放开创新局面，谱写中国特色社会主义事业、道路、理论、制度新篇章的历史。

参与《中华人民共和国史稿》
编写工作的一些体会

我们《中华人民共和国史稿》第三卷(以下简称《国史稿》第三卷)的队伍是最稳定的,自始至终是五个人:程中原、陈东林、杜蒲、李丹慧、刘志男。但《国史稿》第三卷的队伍到现在损失也是最大的,我们的指导徐达深、骨干成员杜蒲先后都去世了。二十年来,我在他们的支持下,一起完成了《国史稿》第三卷的编写任务。我主要结合《国史稿》第三卷的编写工作,讲九点体会。

1. 从事国史编研这一光荣事业必须具有使命感、责任心、自觉性

我接受参与国史编研工作这个任务,调到当代所来的时候,感觉到是我人生的一大机遇,是十分难得的光荣的事业。

有没有使命感,责任心,自觉性,这是可以由实践来检验的。即是否认真负责做好工作,保质保量按时完成任务,这是基本的要求;进一步的要求,就是是否念念不忘国史稿的编写。尽责,尽力,还要尽心。这“三尽”是检验使命感、责任心、自觉性强不强的标志。当然,这同兴趣爱好也有一定关系。如果兴趣爱好在工作中不强烈,可以在工作中培养。

对使命感、责任心和自觉性的检验,还有一个重要的关口,是遇到挫折、曲折、不顺时,能否坚持,能否坚守,是否充满信心,毫不懈怠。也就是说在出现前景并不光明并不乐观甚至有些暗淡的时候,态度如何？ 在这二十年中,有曲折、有前景暗淡的时候,要不灰心,不懈怠,继续干,坚持干。我记得 2011 年初,当代所三定方案未定,《国史稿》第三次送审,给三十个部委审阅。这年春节,有的同志有点忧虑,我

比较乐观,认为三十个部委审阅是非常好的事情,要从中看到光明。我写诗说:"二十年来辨是非,丹青终得照金匮。三审将审成真果,玉兔呼唤大雁归。"结果被我说中了。经过三十个部委审查,基本通过。修改稿又经过十八个部委再审、再修改,结果红彤彤的五卷《国史稿》正式出版了。这时,我心里也冒出两句诗:"廿年辛苦不寻常,手捧史书泪盈眶。"这的确是真实的感受。我感觉我们有使命感、责任心、自觉性,就应该时刻作好准备,无论什么情况下坚持把国史书写好,一有机会就能拿出来;而不能说,有了机会马上要了,才去做,才去准备,那就有点滞后了。

2. 总的指导思想和大的框架结构必须十分明确

《国史稿》编写工作一开始,指导思想就很明确,力群同志十分强调要"维护中华人民共和国的利益和荣誉"。以后又强调要发挥国史的资政、育人、护国的功能,要服务于全党全国工作的大局。

在实践中逐步形成必须遵循的若干原则,大致有六点:

(1) 必须以马克思列宁主义、毛泽东思想、中国特色社会主义理论为指导,必须运用辩证唯物主义和历史唯物主义的立场、观点和方法,努力做到实事求是、具体分析,努力做到历史与逻辑的统一,力求写出一部具有国家水平的权威性的信史。这里是两个必须、两个努力,达到一个目标。当时安平生同志提出,力群同志肯定,我们的国史书要写成国家版本、权威水平。这个目标,我觉得我们基本上达到了。下面创新工程,搞的几本专题史,我想也应该是这个目标,我相信也能够达到这个水平。

(2) 遵循两个历史决议,同时又要有创新精神。

(3) 维护中华人民共和国的利益和荣誉。

(4) 紧紧抓住新中国历史发展的主流,大力弘扬成就和经验,正确认识错误,总结教训。

(5) 注意体现国史特点。党史与国史的特点有什么不同,二十年来大家反复讨论。我认为讨论很有必要,使大家自觉地清醒地加以区别。我感到更重要的是实践,拿出国史书来,可以更好地讨论什么地方不像国史,什么地方没有体现国史的特点。我们这次总结经验,这应该是个重点,其中很重要的一个内容,就是分析哪些地方体现了国史特点,哪些地方还不够,哪些地方写得像党史。这是很重要的研究国史特点的方法。

体现国史很重要的方面,就是国史包含哪些要素。力群同志一开始就在《当代中国史研究》创刊号上发表文章,提出必须包括 17 个基本要素。后来,力安同志担任所长以后,他又补充了关于生产力的解放和发展、关于大企业的布局等。我们以后又与时俱进,加进了生态文明建设、社会建设等内容。这样共列出了 24 个基本要素:(1)版图和祖国统一;(2)行政区划及其重要变动;(3)人民代表大会;(4)共产党的领导和共产党领导下的多党合作、政治协商;(5)国防和军队,武装冲突和战争;(6)人口(包括人口政策的变化,计划生育国策的确定和实施);(7)生产力的解放和发展,综合国力的提高;(8)科技进步、发明创造,科技成就及其应用推广;(9)生产力和生产关系的矛盾和演变;(10)经济成分和经济结构的状况及其演变;(11)阶级、阶层关系及其演变;(12)民主与法制建设,宪法和法律的制定、修改和实施;(13)政治文明建设,政权机构及其演变;(14)文化建设和文教科技卫生体育事业的发展;(15)社会建设;(16)人民生活的改善提高,人的解放和全面发展;(17)生态文明建设,人和环境的协调发展;(18)民族区域自治制度的实施,各少数民族经济社会的发展;(19)宗教政策和宗教问题;(20)改革开放;(21)西部开发和东、中、西部协调发展;(22)中央和地方关系;(23)国际环境和对外关系;(24)自然灾害和对自然灾害的抵御。

(6) 写作方面,文字上要夹叙夹议,文质兼备;力群同志特别引用孔子的一句话:"笔则笔之,削则削之",即该写的你要写,要浓墨重彩;该删掉的要删掉。意思就是要详略得当,重点突出,同时语言要准确、鲜明、生动。

这些原则,在各卷编写过程中还形成一些具体的要点。就《国史稿》第三卷来说,对这一卷的总体把握有这样四点:

(1) 区分十年"文革"和"文革"时期十年,"文革"时期不等于"文革"。

(2) "文革"时期十年有三件大事:一是"文革"动乱和破坏;二是经济建设取得进展;三是外交局面取得突破。2007 年 8 月,在北戴河,我与赵明新、刘志男、卜岩枫给宋平同志送《国史稿》内部讨论稿,征求宋平同志的意见。我向他汇报了力群同志的指导思想,编写过程中如何处理一些问题。说到力群同志一直强调,我们编写国史,要维护中华人民共和国的利益和荣誉,要以写成就、写发展、写经验为主,对错误和挫折不应回避,但要辩证分析,讲清楚犯错误的原因,我们是怎样认识错误、自觉地改正错误并从错误中吸取教训，走上正确的轨道。宋老表示：这样认识和处理，很对。宋老讲了一个很好的观点。他说：有的书对缺点、错误过于强调，缺乏分析。没有分析哪些错误是难以避免的，哪些错误是因为什么原因而造成的，我们对待错误采取什么态度、什么办法，怎样纠正错误、走向正确。应该看到，我们犯错误，但人民还在奋斗，国家还在前进。要把领导犯错误和干部群众的努力奋斗相区别。写历史不能只讲领导的错误，而不说人民的努力，不说他们的创造和贡献。

宋平同志的这个观点我认为很重要，他这个思想很有指导意义。你不能因为领导犯错误，而认为国史就没有东西好写了。我们一方面要讲领导在犯错误，一方面也要讲人民群众在创造历史，在推动历史前进。

(3) 十年"文革"分为三个阶段："文革"发动(1966 年 5 月)到中共九大(1969 年 4 月)，中共九大到中共十大(1973 年 8 月)，中共十大到粉碎"四人帮"(1976 年 10 月)。我把这三个阶段从另外一个角度来说，形成这么个说法，是否成立，大家可以讨论：第一阶段是"文革"，现在国外研究"文革"的，他们讲"文革"就是讲这一个阶段；第二阶段是因为"文革"而继续进行的"文革"；第三阶段是因肯定还是否定"文革"而继续进行的"文革"，因此又发生批林批孔，发生 1975 年的整顿，又发生"批邓"、"反击右倾翻案风"，直到粉碎"四人帮"。

(4) 社会主义道路的探索在"文革"时期没有中断，两种发展趋向中正确的和比较正确的趋向继续得到发展。

按这四点，我们的《国史稿》第三卷就写了三件大事，写了正确趋向的继续发展，三个发展阶段也写得比较清晰。

3. 十分重视档案史料的查阅、搜集和整理

为写好《国史稿》第三卷，我们到中央档案馆查阅了不少档案。比如吴晗写的《论海瑞》文章，是胡乔木约他写的，最后又经过胡乔木修改。我与刘志男一起去档案馆查阅了有关档案。看原始档案与不看是不一样的，实物摆在面前，有一种震撼感。吴晗用毛笔写的稿子，用八开宣纸，一篇文章从头至尾基本上是正楷。胡乔木的修改，也是毛笔小楷，后面加写了一段，把庐山会议的精神体现出来。看了档案，关于《论海瑞》、关于《海瑞罢官》的前因后果形成一个说法，就有了独创性。

此外,我们还到很多部门去查档案。到中央办公厅、国家经委、铁道部、冶金部、教育部、文化部以及其他一些地方,如江苏、浙江,查阅了大量档案。还查阅了"两案"审理的部分材料。我们看了重要报告,也看了目录。此外,还查阅了老同志提供的档案。大量查阅和研究档案材料,使《国史稿》第三卷具有不少新材料、新观点。

举例来说:"文革"中经济方面的材料大量是从经委来的;第五章第三节"规模空前的三线建设",曾任西南三线建设副总指挥的钱敏同志提供了许多材料;第九章"1975 年整顿"是建立在许多档案资料基础上写成的,有不少新材料新观点。其中"煤炭、钢铁的整顿"中写了一节"八大钢座谈会"(1975 年 2 月 18 日至 3 月 11日),这是别的书未曾写到的,是我与李建斌两个人到冶金部(现称冶金工业局)查阅档案的成果(见《国史稿》第三卷第 245 至 246 页)。我们发现在我们之前没有人去查阅和利用过这次会议的档案。我们到铁路部查档案,看了铁路整顿时每天装车、行车情况的简报。运用这些材料写出来的内容,可靠、新颖。

在利用档案方面,应该指出,到档案馆查档固然是重要途径,但还有其他重要途径不要忽视。第一,要十分注重重要出版物(包括传记、年谱、文集选集、资料汇编等)中已经利用和公布的档案。第二,要重视重要会议的纪要、简报,这里有许多丰富的历史材料。如庐山会议简报,就包含许多党史材料。每次开会批判,都要把过去的老账翻过来,你看一遍会议纪要,等于是重温一次党史,而且很具体,有很多不知道的史料。再如,中共十一届三中全会简报(包括会前的中央工作会议的简报),理论务虚会简报,涉及社会主义革命和建设中许多理论问题、经济问题。所以,这些材料我们应该重视,研究人员应该利用。力群同志原来的一位秘书从有关重要材料中整理了一份专题资料:"毛主席的经济思想",值得一读。看了这份资料,在一定程度上,可以纠正人们的一种误解,好像毛主席没有什么经济思想,不会领导经济建设。第三,同时也要注意报刊文章中公开的材料,特别是最近几年公布的更多。如第五章第四节第三目"社队工业的兴起"(第 133 页)中浙江永康县银行干部周长庚关于社队企业给毛主席和党中央的信,毛主席支持社队企业的批示,邓小平落实情况的材料,就是在农业部的内刊《农史研究》上看到的。还有无锡社队企业受到重视的情况,是从《无锡县志》上面看到的。也就是说,要天天看报,天天看新出的杂志图书,留意新公布的档案材料。

4. 十分重视口述史料的采访、搜集和整理

在这方面,我们当代所做了许多工作。当代所创办之初,因为当时没有地方,就在中南海"西楼"进行国史大讨论,顺着历史发展,把各个时期的重要事件和主要问题讨论了一遍,又就各卷的编写提纲讨论了一遍。力群同志主持,大家发言,最后力群总结。他系统讲解了他亲历和了解的新中国发展过程中的要人大事。他的讲话,由秘书处吕玉生同志等整理印发。后来编印成《邓力群国史讲谈录》,一共七本,主要内容就是国史大讨论中的讲话、谈话、插话。年轻同志没有看的,希望大家要看看,这是很重要的口述资料。

还有很多部门的负责人应邀到我们所来做报告,如袁宝华(经委)来所作了系统的关于经济工作的系列报告。来所作专题报告的还有李淑铮(中联部)、俞雷(公安部)、袁木(国务院)、刘吉(国家体委)等部委的负责人和吴仁宝(华西村书记)、秦振华(张家港市委书记)、王伟成(江阴市市长)等基层负责人。他们都提供了宝贵的口述历史。力安同志亲自带队访问了宋任穷、陈锡联、李德生、吴德、赛福鼎、杨贵等领导同志。他还带队到江苏、浙江进行乡镇企业调查,到山西进行大中小学国史教育现状调查,调查结果出了一本专著。

我们第三研究室的同志还访问了汪东兴、耿飚、廖汉生、钱敏、房维中、龚育之、唐由之(给毛泽东作眼科手术的医生)、周海婴(鲁迅之子)、谢铁骊(著名导演)、卢荻(北大教授、曾整理《水浒》谈话)、铁瑛(浙江省委书记)、曹鸿鸣(江苏省委书记)、王敏生(苏州地委书记)等同志。

采访的作用,不仅仅了解史实,还能对历史事件和人物加深理解和认识,还能从他们那里得到重要材料。举例来说:访问西南三线副总指挥钱敏,了解了三线建设的情况(包括上海工厂是如何搬迁的,攀枝花是如何选址的),还了解了有关彭德怀"文革"初期的情况。因为钱敏和彭德怀都是三线建设的副总指挥。当时,他们同住一个院子。彭德怀住前院,钱敏住后院。"文革"中,红卫兵来提审彭德怀,是钱敏亲自给周恩来总理办公室打电话,请示如何处理。这些情况如不采访当事人,无法知道。

采访廖汉生,了解了粉碎"四人帮"前针对上海第二武装可能发动反革命叛乱作出的军事部署。本来书稿上写了一段话:对于"第二武装"的大本营上海此举(指

反革命武装叛乱），叶剑英、华国锋等早就料到，已经作了周密部署。在10月6日解决"四人帮"之前，就已布置东海舰队从海上监视，驻镇江的六十军向无锡、驻浙江的一军向上海"拉练"，从西、南两面形成钳制上海之势。

访问唐由之了解了毛主席做左眼手术的经过，澄清了《创业》批示是毛主席看过《创业》电影后写下的误说。这种误说，最初出自《毛泽东论文艺》中为《创业》批示写的题注。这条题注说，春节以后，毛主席做手术，还请做手术的唐由之等看了《创业》的电影，然后作了批示。大家就都这么说。还有毛主席批示的话"不利于调整党内文艺政策"。当时，我看了感觉不通，后来到当代所，力群同志那里有复印件，看了以后才知道原来抄录的同志把草书"的"认作"内"字了。唐由之说：毛主席23日做手术，24日取下蒙眼的纱布，重见光明，很高兴，还看文件，结果眼睛又痛了，又蒙上，怎么可能允许他看电影呢？毛主席请看电影是后来的事，看的电影也不是《创业》，而是《战火中的青春》。如果不访问当事人，这中间的细节弄不清楚。

访问芦荻以后，就明确关于《水浒》谈话是8月13日而非14日（有整理的记录稿为证）。14日是发出的日子。

听龚育之谈科学院汇报提纲，他指出，不能说要用科学院汇报提纲来指导上层建筑以至意识形态领域的整顿，不是说科学技术是第一生产力吗？既然是第一生产力，怎么仅仅是指导意识形态呢？听完以后，我们豁然开朗，还是说指导科技、教育、文化领域，比较好。

访问耿飚收获很大。他讲了华国锋为中国代表团团长乔冠华到联合国发言的稿上仍然写上"按既定方针办"写批语的事。华国锋11月2日写批语：六个字错了三个。然后华国锋到耿飚那里问怎么办。耿飚说没问题，北京与纽约有13个小时时差，让韩念龙发电报通知乔冠华纠正过来，来得及。华国锋还说，最近有事，我亲自打电话找你，秘书打电话不算。这是粉碎"四人帮"前的一次重要谈话。像这种材料不是访问当事人，无法得知（见300页）。

以上所说口述史料、档案资料等往往需要综合起来考察和运用。如第十章写到的南京事件，就是一个例子。一般经过，我们在南京大学查了档案。南京事件发生后，以中央名义发电话通知压制。南京反弹，南京街头于4月3日又刷出15条大标语及其内容，是江苏省委办公厅向我们提供的档案，是当时有关部门的报告，是可靠的。1976 年 3 月 31 日，南京汽车厂制泵分厂职工在南京的闹市新街口东侧南京军区的围墙上面，贴出一条大标语，内容是："打倒大野心家、大阴谋家——张春桥!"直接点明斗争目标。当时我刚好在南京，是我当场看到的。这些内容写到《国史稿》第三卷中去了。当天下午我回到我工作的单位淮安师范，路过清江市，就看到八面伏广场中间有一个小花圈。我们通过现场目击、当时的档案材料和口头采访，多方面收集和整理资料。这是我们的史书写得比较真实、生动的重要原因（见《国史稿》第三卷第 287 至 288 页）。

重视查档和注重采访确实是写好国史的关键。我也把它写成两句诗："披阅简牍辨真伪，聆听贤达论短长。"

5. 研究国史，心里要挂着问题，时时处处留心，同国史编研联系起来

毛主席写批语推荐的徐寅生的《怎样打乒乓球》，希望没有看过的同志看一看。其中一个重要方法，就是把日常遇到的事情同打乒乓球联系起来，从中受到启发，改进和提高打乒乓球的技术。我们做国史编研工作，道理也是一样的，而且可能比打乒乓球更重要。读书看报，时时留意，有用的史料，好的文章和语句，包括别人的观点、自己的闪光的思想，随时记下来。尽可能搞剪报，搞摘记，长期积累。比如，音乐家傅庚辰在一次发言中谈到，夏衍告诉他，不再提文艺为政治服务，后来改为"两为"方向，是 1979 年第四次文代会前，夏衍首先在列席政治局会议时提出来的。夏衍说：我没有解释理由，我不能给政治局讲课啊！我听了以后就赶快记下来，这些材料将来可能能用上。再比如，我读到列宁的一段话，对于怎样评价粉碎"四人帮"后的两年有指导意义，记下来备用（下面具体讲）。再比如，究竟怎样写历史算是做到了"历史与逻辑的统一"？究竟怎样写历史算是体现了列宁的"历史与现实的统一"，这是一个值得研究的课题。我与理论研究室的同志谈过两三次。这两年，我就注意收集这方面的实例，看别人写的文章时注意，自己写东西也尽量这样做。我觉得胡乔木论中国为什么选择社会主义，胡绳论中国为什么不能走资本主义，这两篇分别从现状和历史进行分析，在历史与逻辑统一方面做得比较好。我们如果能够从马恩著作、列宁著作、毛泽东著作，以及一些历史著作中，找到 10 到 20 个例子，同马恩关于历史与逻辑统一的论述编在一起，可以学到这方面的知识和本领，是功德无量的事情。

6. 要注重理论思考

弄清史实(来龙去脉)、辨明联系(前因后果)、作出判断(是非曲直)、提炼概括(探寻规律)、回答问题,历史研究与编纂的这些基本环节,都需要注重理论思考。在《国史稿》第三卷编写过程中,我们遇到的问题大致有两类。

一类是对理论问题和历史问题的总的判断。如:

(1) 毛主席的"三个世界"划分的指称问题,是理论,还是战略,还是思想,还是主张,还是战略思想? 五种说法都是比较权威的。胡乔木接受邓小平交的任务,组织撰写的文章,称理论,题目就是《毛主席关于三个世界划分的理论是对马克思列宁主义的重大贡献》。邓小平在《坚持四项基本原则》(1979年3月30日)中说"关于划分三个世界的战略"、"这一战略原则"(《邓小平选集》第二卷第160页),又说:"毛泽东同志在他的晚年还提出了关于三个世界划分的战略思想,并且亲自开创了中美关系和中日关系的新阶段"(见《邓小平选集》第二卷第172页)。《毛泽东传》有两种提法,一个是"毛泽东关于三个世界的主张"(见《毛泽东传》第1688页),另一个提法是邓小平同志1974年4月12日在联大有个发言,全面系统地说明"毛泽东关于三个世界划分的思想"(见《毛泽东传》第1690页)。《中国共产党历史大事记》也称"思想"(见《中国共产党历史大事记》第114页)。《国史稿》第三卷最终采用"战略思想"的提法,第七章第五目的标题为:"毛泽东'三个世界'划分战略思想的提出"。"战略思想"的提法,不说"理论"但兼顾"理论"。

(2) "邓小平主持的1975年整顿",是否是"全面整顿"? 我们的《国史稿》第三卷分析了整顿的三个阶段:重点整顿,整顿的全面展开和深入发展,全面整顿的部署和整顿的中断,说明邓小平部署了全面整顿而还没有来得及搞(准备今冬明春进行)就因批邓,反击右倾翻案风而中断了。故第九章第二节的标题为"邓小平主持1975年整顿",而没有用"全面"二字(见《国史稿》第三卷第241页)。这同党史二卷的"邓小平主持1975年全面整顿"的提法是不同的。后来,在纪念中国共产党九十周年时党研室编辑出版的大事年表没有再用"全面整顿"的提法,用的是"对全国各方面的工作进行整顿","整顿被迫中断"(见《中国共产党大事年表》第115页)。这说明他们采纳了意见。在评价历史的时候,局部、全局,各方面、全面,程度是有区别的。要在一个水平面上用。反右派斗争扩大化是局部而非全局的错误,1975

年整顿说是全面整顿，尺度就不一致，就摆不平了。

（3）对毛泽东关于理论问题谈话的理解和评价问题。这个问题可以说是《国史稿》第三卷写作中遇到的最大难题。对这个问题的理解，在编写人员全体大会上争论得比较激烈。我们没有采取简单化的全盘否定的办法，而是联系马克思列宁主义、毛泽东的思想、中华人民共和国的历史和现实生活，谈话本意及其产生的实际影响，作了比较辩证的分析。

这段话是这样写的：

毛泽东关于理论问题的谈话，表明他深深地忧虑社会主义制度建立以后，还存在着资本主义复辟的危险性，还存在着变修正主义的危险性。这种忧虑是富有远见的。他力图寻找产生这种危险性的内在原因，即从社会主义的经济基础和社会制度本身去寻找产生资本主义和资产阶级的根源，以便及早采取措施，加以避免；在指出新社会"所有制变了"，即实现了生产资料公有制这一社会主义本质特征的同时，又指出中国现在实行的商品生产、货币交换、按劳分配及八级工资制等"跟旧社会差不多"。其思考是深刻的。毛泽东指出，在社会主义国家，从工人阶级中，从共产党员中，也会产生资本主义和资产阶级；在无产阶级中，在机关干部中，都会发生资产阶级生活作风；党和国家的最高权力如果被"林彪一类"阴谋家、野心家掌握，搞资本主义制度很容易。这些论断的正确性已经被九十年代苏联解体、东欧剧变所证明。只是联系六十年代中期中国的实际，对国内阶级斗争形势和党内矛盾状况作出错误判断而导致发动"文化大革命"，这样的教训是沉痛的。在准备结束"文化大革命"转入正常的政治生活时，毛泽东对存在资本主义复辟的危险性特别加以强调，引起警觉，注意防范，不是没有必要的。毛泽东认为，在社会主义的中国，防止变修正主义，防止资本主义复辟的办法，在思想上、政治上，全体党员、全国人民要多读马列主义的书，搞清楚关于无产阶级专政的理论；在经济上，要对商品制度、货币交换、按劳分配及工资制度加以限制，对小生产进行限制和改造。毛泽东的着眼点是反修防修，防止复辟，强调"限制"自然意味着还允许存在而不是消灭，有其合理的一面。但仅看到消极面，只强调"限制"，而没有指明按劳分配是社会主义原则，同旧社会有本质区别，能够调动劳动者的积极性，有利于发展社会生产力，应该贯彻和完善；没有指明商品制度、货币交换有其积极作用,应该使这种作用得到充分发挥,否则就会脱离现实,就是超越历史阶段,不利于调动各种积极因素,不利于发展社会生产力,显然是片面的。进而认为这是资本主义复辟的经济基础,更是对他的错误的无产阶级专政下继续革命理论的补充,也是这一错误理论的认识根源之一。至于把列宁当年对苏俄特定情况下的小生产所作的论断,用来估计中国小生产发展的趋势,对其消极面不免看得过于严重。事实上,经过引导,小生产可以组织起来,成为集体经济。毛泽东五十年代领导合作化运动取得成功,就是一个明证。在社会主义条件下,小生产可以作为社会主义经济的补充而存在与发展,只要加强管理,不放任自流,可以避免大量地产生资本主义和资产阶级。

应该看到,毛泽东作出理论问题指示以后,在经济上并没有采取什么"限制"的实际步骤。在经济政策方面,他态度审慎,没有同意一些过高、过急的建议,城乡经济政策没有继续向"左"。他还支持发展社队企业(即后来的乡镇企业)、采取鼓励社员养猪的政策,促进了农村经济的发展。

这段话在定稿时稍有删改(见《国史稿》第三卷第 238 至 239 页)。这段话是全书最花力气的,写得比较好,我觉得体现了历史与逻辑的统一。

(4)对粉碎"四人帮"重大事件的历史评价问题。我们采用了《历史决议》第 25 节的提法。第十章最后一段写道:"粉碎'四人帮'的胜利,从危难中挽救了党,挽救了革命,挽救了中国的社会主义事业,结束了'文化大革命'这场持续十年的内乱,使人民共和国进入了新的历史发展时期。"(《国史稿》第三卷第 303 页)"进入新的历史发展时期"这句话,有些学者不愿意说。为什么? 这里有个根本的问题,即对历史阶段的认识。他们认为粉碎"四人帮"以后"文化大革命"极左的那一套还没有肃清,还在延续,甚至认为"文化大革命"还没有结束。把此后的两年放在"文化大革命"时期中间去讲,不承认这两年主流是前进,而只说是徘徊。这里用得到列宁的话。列宁指出:"无论在自然界和在社会中,实际生活随时随地都使我们看到新事物中有旧的残余。"怎么能因为"文化大革命"的影响没有肃清而否定粉碎"四人帮"以后的根本性的改变呢? 应该承认粉碎"四人帮"以后,换了个天地,但是新事物中有旧的残余,不能强调旧的残余,正如新中国成立以后,民主革命许多任务还没有完成,但不能否认新中国成立了,一个新时代开始了,从此社会主义革命开始了,一样的道理。这牵涉共和国史的历史分期问题,牵涉对这两年总的评价问题。

邓小平说，没有这个两年，就没有三中全会。所以说，这两年为三中全会作了酝酿和准备，是走向历史转折的两年。

另一类是比较重要的一些具体问题，有的没有写到《国史稿》第三卷中，但书稿中体现了这一精神。举几个例子：

（1）关于 1975 年整顿中断的历史必然性。我们运用恩格斯关于社会悲剧的论述（"历史的必然要求和这个要求在事实上不可能实现"）分析邓小平和毛泽东的分歧，说明 1975 年整顿中断的历史必然性。分歧有三个层面：现实层面：肯定还是否定"文化大革命"。路线层面：三项指示为纲还是阶级斗争为纲。理论层面：什么是社会主义，怎样建设社会主义。毛主席要"纯"、要"公"的社会主义，而邓小平认为贫穷不是社会主义，社会主义可以容纳某些资本主义因素。

（2）"四五"运动与天安门事件的关系问题。牵涉这两个概念的运用。很明显，天安门事件不能涵盖四五运动，它是特指清明节前后在天安门广场发生的事件，有其独立性。但有时一定要说天安门事件（如天安门诗抄、为天安门事件平反）。现在《国史稿》第三卷中采用的提法是"以天安门事件为中心的四五运动"（见《国史稿》第三卷第 290 页）。

（3）如何看待《光明日报》10 月 4 日发表的梁效文章《永远按毛主席既定方针办？》，这篇文章导致提前对"四人帮"采取行动。这篇文章上面写有"任何修正主义头子胆敢篡改毛主席的既定方针是决然没有好下场的"。华国锋、李鑫看了以后，就觉得这是发出了一个信号，他们要动手了。因此，就决定提前行动。而对《光明日报》编发稿子的当事人进行政治审查，查出这篇文章是 9 月二十几号就约梁效写的，并不是因为针对华国锋的批示约写的。有一种意见以此为据，认为不能看做"四人帮"篡党夺权的信号。我们主张动机与效果统一，要看文章的后果怎样，文章发表后究竟发生了什么事，历史是怎样发展的，而不是以主观动机来论定。10 月 4 日这篇文章发表后，当时华国锋、叶剑英、李鑫看了以后，大家一致的感受是他们要动手了，我们必须赶快提前先动手。本来定的是国庆节十天以后再说。这时决定提前到 10 月 6 日动手。根据上述观点，关于此事，《国史稿》第三卷第 300 页和 301 页在叙述梁效文章要点后，主要写了两段话。一段是："'梁效'是'四人帮'的重要舆论工具，这篇文章的矛头所向，引起了华国锋等人的高度警觉。加上'四人帮'这一段时间活动的种种迹象，表明他们要篡夺党和国家的最高领导权。"另一段是：

"10月4日傍晚,叶剑英赶到东交民巷华国锋住所,商量对策。叶剑英提出改变原定国庆节后准备十天视情况再定动手的部署,提前采取行动,'先发制人,以快打慢',下决心'一破一立除四害'。华国锋决定'至迟后天动手',请叶剑英同汪东兴落实行动计划。"本来原稿还有一句说文章虽然是9月就约写的,但在这时发表出来如何如何的话,后来定稿时删掉了。从大处着眼,这里的确不需要拖泥带水,为当事人开脱。

(4) 汪东兴在粉碎"四人帮"中的作用和地位,即对汪东兴的历史评价问题。《历史决议》中没有提汪东兴,有当时的特定背景。《国史稿》第三卷从叙述中表现汪东兴的作用。这段话是:"……华国锋同叶剑英、李先念及汪东兴等反复研究,认为……应采取果断措施加以解决……决定对'四人帮'采取隔离审查措施。"(见《国史稿》第三卷第299页)书中对华国锋、叶剑英的"决定作用"未作评定,对汪东兴也未作"一言以蔽之"式的评定(起了重要作用)。以后修改时都可以加上。

7. 要多写

研究心得和学术成果要形诸文字。从心里想到讲再到写,这是多次概括、多次升华的过程。采用的形式可繁可简,可长可短。以前我曾介绍过我的老师讲过的对副教授的要求:副教授要同时开三门课,一门基础课,一门专业基础课,一门专业课。还要跳好三步舞,即不时在报纸上发表些随笔、摘记、资料等文章,三五个月在杂志上发表一篇论文,两三年出版一本专著。我的体会是笔要勤,有所得时就写。可以写随笔、记事和论文等各种体裁的文章。要重视资料的整理编纂。特别是要选定专题,进行深入的研究,写出专著。要在这个领域取得发言权或者说话语权,逐渐成为领跑者。还要注意学术成果的大众化,使我们的研究成果为公众共享,并且传播到海外去,让世界了解中华人民共和国的历史,正确认识中国,喜欢中国。这是我们所应该担负的任务。

在这方面,专题资料集《邓小平的二十四次谈话》、图文版《历史转折三部曲:前奏·决战·新路》,公开出版后产生了较好的社会影响。与此同时,在史料搜集、考证考辨方面,也形成了比较系统的看法,后来整理成《谈谈四重证据法》。我把在研究编写第三卷过程中形成若干学术成果的事也写成两句诗:"倾情弹奏三部曲,悉心推演四重章。"

8. 要虚心求教

我当第三室主任，本室成员陈东林、杜蒲、李丹慧、刘志男，在"文革"史研究方面都比我强。当时陈东林、李丹慧已经编写了一部《"文化大革命"辞典》，日本有出版社准备出版。杜蒲写了一本专著，即他的博士论文《"文化大革命"中的极"左"思潮》，准备出版。刘志男长期在"当代中国丛书"工作，情况也很熟悉。我抱着虚心向他们学习的态度。记得我同他们一起去拜访中央党校的金春明先生，我说要请你多多指教。他说，我同你是同辈人，不要那么客气。我说，不是客气，在"文革"史研究方面我一无所有。就是这么一个态度，完全真心诚意。所以金先生非常乐于帮助我们（当然有杜蒲是他的大弟子这一层重要关系）。不少同志对我们帮助也很大。比如：中纪委汪文风同志向我们介绍了他预审张春桥的情况，说明张春桥后来为何不说话。党研室苏采青同志给了我们她做的不少卡片资料。党研室张化同志告诉我们，周荣鑫主持起草了 1975 年《教育工作汇报提纲》，后来我们找到了。文献研究室卢振祥同志、党史研究室王朝美同志，都已到癌症晚期，仍悉心为我们审读书稿，提出宝贵意见，令我们非常感动。

向同行虚心求教，同兄弟单位团结合作，是做好国史编研工作的很重要的一环。同时，我们也胸怀大志。记得开始编写时，我和第三研究室提出一个目标：三年走到前沿，五年争取领先。这个目标是基本上达到了。当然，这仅仅是开了一个好头，任重道远，国史工作还有许多事情有待我们去做，我们应该"奋力攀登不停步，展现复兴好风光"。

9. 要不屈不挠，自强不息

在讲第一条使命感、责任心、自觉性时，我说我的体会，衡量有没有使命感、责任心、自觉性，使命感、责任心、自觉性强不强，最重要的一点是遇到挫折、困难等等时能否坚持，能否坚守，能否充满信心、毫不懈怠。这一点特别重要。人一辈子不可能是一帆风顺的，困难与挫折永远都在等待你，就像胜利在等待你一样。但胜利必须是战胜了困难、挫折，才能到来。在这方面，我感到力群同志是我们学习的榜样，特别是他那种宽广博大的胸怀、不屈不挠的精神，永远值得我们学习。在这里，我想介绍他回答我的两句话，作为本文的结束语。

　　有一次谈到不同意见讨论的问题时,我说:力群同志,我们起初不同意你的意见,后来通过讨论,听了你的解释,赞成你的意见了,你一定很高兴吧。他说:也不,只要能够动脑筋、想问题,把不同意见说出来,我就很高兴。这种民主作风,鼓励人想问题、讨论问题的精神,我认为很好。还有一次,我说:香港、台湾有些报纸天天骂你、污辱你,你一定很生气吧。他说:我才不上他们的当呢!

　　孔夫子说:人不知而不愠,不亦君子乎!(《论语·学而》)我觉得邓老真正做到了,是真君子,值得我们学习!

一部全面展现共和国发展历程的信史

——高校教材《中华人民共和国史》评介

1. 高校教材《中华人民共和国史》的形成过程

高校教材《中华人民共和国史》是马克思主义理论研究和建设工程第二批重点教材之一，由中国社科院负责组织实施。教材编写课题组由来自中国社会科学院当代中国研究所、中共中央党校、东北师范大学、吉林大学等单位的专家学者组成。

课题组于 2007 年 11 月正式开始工作。为保证教材编写质量，课题组先后赴上海、江苏和吉林等地，在复旦大学、华东师范大学、南京大学、东北师范大学、吉林大学、扬州大学、淮阴师范学院等七所高校历史院系进行调研，召开多次专题研讨会，对教材编写提纲的框架设计进行研讨，广泛听取师生的意见。同时，开展国史研究和教学状况的调查研究，写出调研报告。并编辑了《邓小平论中华人民共和国史》（专题摘编，印出样本供编写组内部使用）、《中华人民共和国史研究论文集》（三卷八辑，选收全国学者论文 122 篇，由社科文献出版社于 2009 年出版）。在调研的基础上形成了编写提纲。

2009 年 4 月至 2010 年 7 月间，工程办公室组织工程咨询委员会对编写提纲进行了三次集中审议，一次书面审议。根据工程咨询委员会的审议意见，课题组对编写提纲进行了多次修改，经工程办公室组织修改并报中宣部领导审定后上报中央。2010 年 10 月，中央领导同志批准了教材编写提纲。

2010 年 10 月 20 日，工程办下发经中央领导同志审定批准的《中华人民共和国史》编写提纲。课题组即按照编写提纲，制定编写工作方案，进行分工，撰写初稿。经过一年努力，于 2011 年 10 月完成书稿。工程咨询委员会于 2011 年 11 月、2012

年3月对教材初稿进行了集中审议,2012年6月,对教材二稿进行了集中审议,提出了许多重要修改意见。同时,工程办公室又组织若干高校一线教师、中央文献研究室和中国社会科学院当代中国研究所等科研单位中华人民共和国史领域的专家,对教材初稿进行审读、讨论,形成详细具体的修改意见和建议。在此期间,工程办公室多次组织课题组全体成员对教材稿进行集中修改,并请工程咨询委员会进行了书面审议。

在历次审议、讨论中,针对教材稿存在的问题,对国史教材编写着重提出三点要求:(1)进一步把握教材的准确定位,突出中华人民共和国史是中国社会主义建设史,中国共产党六十年执政史,中华人民共和国成长史。(2)解决"三个不够":一是经济建设不够突出,二是社会文化发展不够充分,三是写党代会、人代会等不够均衡。(3)做到"三个审慎把握":一是审慎把握重大政治问题和重大历史事件,要全面辩证评析重要历史事件及其影响;二是审慎把握重大敏感问题;三是审慎把握对重要历史人物的评价和点名问题。

一线任课教师提出了很详细的修改意见。主要是要体现教材特点,加强教材编写的规范性和权威性。语言要平实、准确,叙述评论加强条理性。

教材编写组经过反复讨论、修改(集中讨论修改三次,每次半月左右),于2012年5月写成初稿,于9月写成教材送审稿,并写了"教材形成情况报告",报送工程办和咨询委员会审议。随后,工程办返回修改意见,主要是军事部门对军事国防部分的具体修改意见,课题组进行了补充、修改。

工程咨询委员和审议专家普遍认为,这部《中华人民共和国史》教材送审稿与以往同类教材相比,具有以下几个鲜明特点:第一,历史线索清晰,主题突出,导向正确。第二,篇章结构合理,安排科学。第三,内容重点突出,顾及全面。第四,注重历史与逻辑的统一。第五,正确处理党史和国史的关系,有所侧重。注重区分国史与党史的关系,既突出了国史特点,也突出了党的领导核心作用,较全面地反映了中国特色社会主义道路和中国特色社会主义理论体系与制度。

大家认为,这部教材导向正确,逻辑清晰,框架合理,语言流畅,在体系结构、理论内容上都有不少创新,突出了运用马克思主义方法研究分析历史的正确方向,反映了国内国史教学的最新趋势,是近年来国内具有代表性的国史教材。建议经中央批准后尽快组织出版,并在使用中及时补充修改,不断提高和完善。

2012 年 10 月，中央领导同志批准出版这部教材。工程办又组织编写组进行了仔细的复核、校阅，终于在 2013 年 8 月面世。

可以说，这部教材是集体智慧的结晶，是领导与群众结合的产物，是共和国史研究的最新成果。

2. 高校教材《中华人民共和国史》的总体把握

从内容上，正确把握中华人民共和国史的主题、主线、主流

什么是中华人民共和国史的主题？胡锦涛说：我们的国史，就是党领导人民群众的奋斗史、国家发展史。

围绕这个主题，可以从各个方面、各种角度加以引申，加以发挥，如建设史、改革开放史、执政史、成长史、振兴史、复兴史，等等。或者说：建设富强、文明、和谐的社会主义现代化新国家。

我们这部教材，突出了新中国成立的重大意义，评述了新中国六十多年来中国共产党探索中国特色社会主义道路的伟大历史进程，全面反映了党领导人民取得的巨大成就，同时也没有避讳我们经历的曲折。

什么是中华人民共和国史的主线？

关于这个问题，在认识基本一致的前提下，有不少不同意见的讨论。大多认为主线是一条，只是表述有繁简。

一种表述是：以建立、巩固和发展人民民主专政的社会主义国家，探索和形成建设中国特色社会主义道路，建设社会主义现代化强国为主线。

一种表述是：新中国成立五十五年的历史，是中国共产党领导中国人民，把科学社会主义的普遍真理与中国具体实际相结合，探索适合中国国情的社会主义道路，逐步形成中国特色社会主义的理论和实践的历史。

还有一种更简明的表述是：中国特色社会主义的奠基、开创和发展就是中华人民共和国历史的主线。

也有人认为应是三条主线，即探索中国特色的社会主义道路，维护国家主权和领土完整，争取早日实现工业化。

该书认为主线是：中国特色社会主义的奠基、开创和发展。这一句话简明扼要，可以统领六十多年的历史。我们这部教材，正是围绕这条主线来写的。正因为

突出了这条主线,全书脉络分明,主干突出。

什么是中华人民共和国史的主流?

2006 年 6 月 30 日,胡锦涛在《在庆祝中国共产党成立八十五周年暨总结保持共产党员先进性教育活动大会上的讲话》,精辟地论述中国共产党在八十五年里干了三件大事。第一件大事是过二十八年艰苦卓绝的斗争,推翻了三大敌人的反动统治,建立了人民当家作主的新中国。另外两件大事是:"在社会主义革命和建设时期,我们确立了社会主义基本制度,在一穷二白的基础上建立了独立的比较完整的工业体系和国民经济体系,使古老的中国以崭新的姿态屹立在世界的东方。""在改革开放和社会主义现代化建设时期,我们开创了中国特色社会主义道路,坚持以经济建设为中心、坚持四项基本原则、坚持改革开放,初步建立起社会主义市场经济体制,大幅度提高了我国的综合国力和人民生活水平,为全面建设小康社会、基本实现社会主义现代化开辟了广阔的前景。""这三件大事,从根本上改变了中国人民的前途命运,决定了中国历史的发展方向,在世界上产生了深刻而广泛的影响。"这就是中华人民共和国史的主流。

中华人民共和国的历史是社会主义革命和建设的历史,是改革开放和社会主义现代化建设的历史,是马克思主义中国化的历史。其主流是成功、成就、辉煌。当然,其间也有错误、挫折、失败。这就产生两个相互关联的问题:怎样正确认识和对待错误和挫折的问题;具体到共和国六十年的历史,怎样看待两个三十年的问题。

关于正确认识和对待错误,实事求是总结经验教训的问题。

总的态度是:要进行历史的、辩证的分析,做到客观公正,不溢美,不掩过。"成绩讲够,问题讲透,前途光明。"(刘少奇在 1959 年庐山会议上讲的三句话)重在总结经验教训,探索规律。力求做到历史与逻辑的统一。

首先要解决对中华人民共和国历史的总体评价问题。应该肯定,中华人民共和国近六十年的历史是成功的历史、辉煌的历史。历史的主流是胜利、成绩、经验,这就决定了其主旋律是肯定成绩,是歌颂,而不是否定,不是揭露。首要的、第一位的,是充分叙述党领导人民进行的奋斗和创造,取得的胜利、成就和经验。但同时应该看到,历史不是也不可能是一条直线前进的。其间有错误和挫折,有失败和灾难,而它们常常是胜利和成就的先导。胜利和成就,往往是总结错误和失败的教训、战胜困难和灾难以后取得的。恩格斯说："伟大的阶级，正如伟大的民族一样，无论从哪方面学习都不如从自己所犯错误的后果中学习来得快。"①列宁说："公开承认错误，揭露错误的原因，分析犯错误的环境，仔细讨论改正错误的方法——这才是郑重的党的标志，这才是党履行自己的义务，这才是教育和训练阶级，并进而又教育和训练群众。"②毛泽东在中共八大会议上说：民主革命搞的时间很长，从1921 年到 1949 年，一共二十八年。二十八年中间，我们走过很多曲折的道路，犯过多少次路线错误……到遵义会议，经过十四年时间，才结束了多次路线错误对全党的统治。经过延安整风，我们全党才觉悟起来。……我们民主革命时间那么长，打了那么久的仗，犯了那么多的错误，才搞出一套正确的政治路线、军事路线和组织路线。……没有那些挫折，我们党是不会被教育过来的。③

研究、编写中华人民共和国史不应该回避错误、挫折和失败，但研究和编写应该采取正确的态度，运用正确的方法。怎么写？ 我们注意做到：要如实地写出失策、失误、错误带来的困难以至造成的灾难；要分析形成的原因；要说明发现和纠正错误的经过；要讲怎样吸取教训继续前进，写出怎样接受错误和挫折的教训，怎样从自己所犯的错误中学习，变得聪明起来，吸取教训，认识规律，从失败走向成功。

高校教材《中华人民共和国史》写了当代中国史上几次从错误中学习得到进展的史实：

(1) 五十年代中，吸取苏共二十大教训，面对当时国际(波匈事件，世界反共浪潮)、国内(闹事等)问题，毛主席提出探索马克思主义与中国革命和建设实际的第二次结合，结合总结成功经验，产生了《关于正确处理人民内部矛盾的问题》、《论十大关系》等理论成果，确定了八大路线。

(2) 大跃进、人民公社化、(庐山会议后)反右倾以及三年自然灾害带来的严重经济困难。为克服困难党中央采取一系列措施：《关于农村人民公社当前政策问题的紧急指示信》(1960 年 11 月 3 日，周恩来主持制定，十二条)；调整、巩固、充实、提

---

① 《英国工人阶级状况》德文第 2 版序言引 1892 年 1 月 11 日写的该书英国版序言中的话，见《马克思恩格斯选集》第 4 卷，人民出版社 1995 年版，第 432 页。

② 《列宁选集》第 4 卷，人民出版社 1995 年版，第 167 页。

③ 《关于第八届中央委员会的选举问题》，《毛泽东文集》第 7 卷，人民出版社 1999 年版，第 100—101 页。

高的八字方针;大兴调查研究之风,毛主席亲自率领三个调查组到浙江、湖南、广东调查,召开三南三北会议和中央工作会议,制定农村人民公社六十条和各种条例;七千人大会和西楼会议,等等,渡过三年困难。归根到底是贯彻实事求是的思想路线,运用调查研究和群众路线的工作方法。

(3) 文化大革命内乱,总结经验吸取教训,才有改革开放新时期。

关于两个三十年。正确处理两个三十年的关系,明确前三十年的重要基础性地位,也突出显示改革开放以来的伟大成就。写前三十年的第一至三章,注重全面反映我们党和国家领导社会主义革命和建设取得的成就和从曲折走向成功的历程。对社会主义革命的独创性和社会主义建设的经验,对毛泽东思想对马克思列宁主义的发展,作了充分的、具体的叙述和肯定,从而有说服力地肯定了毛泽东的历史功绩和毛泽东思想的指导地位,否定了贬低前三十年的错误倾向。对后三十年历史的评述,是一个新的课题。我们主要用事实说话,赞颂改革开放的伟大成就,肯定中国特色社会主义伟大意义,力求客观、全面。由此而来的概括力稍逊,有待今后改善。

在结构上,正确体现比较恰当的历史分期

我们采取了前三后四的布局。全书七章,前三章写前三十年,后四章写后三十年。注意到前后两个三十年的平衡,比较合适。

在中华人民共和国史的历史分期上,主要有两个问题,一个问题是第一阶段的分期问题。

这里又有两个问题:是七年(到 1956 年中共八大)还是八年(到 1957 年)。毛泽东在 1962 年 1 月 30 日七千人大会上说过:"从中华人民共和国成立,到现在已经十二年了。这十二年分为前八年和后四年。一九五〇年到一九五七年底,是前八年。一九五八年到现在,是后四年。"(《建国以来毛泽东文稿》第十册,第 33 页。)邓小平说:"建国后的头八年,也就是从一九四九年到一九五七年上半年,我们的发展是健康的,政策是恰当的。"(《邓小平文选》第 3 卷,第 253 页。)"一九四九年,中国结束了屈辱的历史,中华民族站起来了。建国后的前八年我们搞得不错。"(《邓小平文选》第 3 卷,第 269 页。)1981 年 6 月中共十一届六中全会通过的《关于建国以来党的若干历史问题的决议》的一个标题是《基本完成社会主义改造的七年》。第 9 节写道:"从一九四九年十月中华人民共和国成立到一九五六年,我们党领导全国各族人民有步骤地实现了从新民主主义到社会主义的转变,迅速恢复了国民经济并开展了有计划的经济建设,在全国绝大部分地区基本上完成了对生产资料私有制的社会主义改造。在这个历史阶段中,党确定的指导方针和基本政策是正确的,取得的胜利是辉煌的。"我们采取历史决议的写法,以八大为界碑,第一阶段为七年,写到八大前,社会主义改造完成。第二阶段,从起草八大报告、毛泽东《论十大关系》(1956 年 4 月 23 日)讲起。

接下来的一个问题是,前七年要不要分成前三后四两个阶段? 写史书要不要分两章来写? 分前三后四,主要着眼于前三年是恢复时期,是完成新民主主义革命的任务;后四年是过渡时期,实行"一化三改"的过渡时期总路线,完成社会主义革命的任务。

历史事实确是如此。同时,这种看法也是有根据的。

《关于建国以来党的若干历史问题的决议》对这段历史就是分两节来写的。第10 节,说"建国后的头三年"如何如何。第 11 节,说"1952 年,党中央按照毛泽东同志的建议,提出了过渡时期的总路线"如何如何。第 12 节,作出评价说:"在过渡时期中,我们党创造性地开辟了一条适合中国特点的社会主义改造的道路。""这的确是伟大的历史性的胜利。"

胡乔木在 1989 年 11 月同有关部门负责同志谈共和国编年史的分期时说:"共和国成立以后,可以分为以下几个部分:1949—1952 年;1952—1957 年;……"

问题是在我们的教材中要不要分两章? 起初是分为两章来写的,后来考虑再三,还是合为一章了。主要考虑,在共和国的历史长河中,这七年是一个段落,其历史地位是"基本完成社会主义改造"。不要分得太碎了。再一个考虑是,如果分两章,全书的结构变成前四后四,前三十年就重了一些,显得不够平衡。所以现在的处理是一章中分七节,也是前三后四,实际是两个部分。

历史分期上的另一个问题是粉碎"四人帮"到中共十一届三中全会前这两年,应该怎么摆? 有三种摆法:放在"文革"时期(胡绳主张),单独作为一个时期(胡乔木主张),放在"历史转折时期"即本书第四章。

实际上存在一个对这两年的评价问题:这两年是"两年徘徊",还是"在徘徊中前进的两年"?

对这两年,《关于建国以来党的若干历史问题的决议》已经做出了结论。《关于建国以来党的若干历史问题的决议》是把这两年放在"历史的伟大转折"这一部分中讲的。第25节,讲了这两年的工作、华国锋的功过(包括对十一大的评价);第26节,在叙述和评论中共十一届三中全会的历史作用时,对这两年作出了论断:"在徘徊中前进"。(《关于建国以来党的若干历史问题的决议》中这句话是:"全会结束了一九七六年十月以来党的工作在徘徊中前进的局面。")

我查过《关于建国以来党的若干历史问题的决议》的过程稿,在提供给四千人大讨论的决议稿印发的前夜,1980年10月10日,胡乔木对稿子又作了修改。其中重要的一处,就是对三中全会前两年的论断。原稿是"两年徘徊的局面",胡乔木亲笔改为"两年间在徘徊中前进的局面"。最后通过的《关于建国以来党的若干历史问题的决议》对这两年的论断是"在徘徊中前进"。(时限"两年间",有"一九七六年十月以来"指明。)

邓小平在1980年1月16日中共中央召集的干部会议上讲话中指出:"粉碎'四人帮'以后三年的前两年,做了很多工作,没有那两年的准备,三中全会明确地确立我们党的思想路线、政治路线,是不可能的。所以,前两年是为三中全会做了准备。"(《邓小平文选》第2卷,第242页。)

《关于建国以来党的若干历史问题的决议》第25节对这两年是这样评论的:

一九七六年十月粉碎江青反革命集团的胜利,从危难中挽救了党,挽救了革命,使我们国家进入了新的历史发展时期。从这时开始到十一届三中全会之前的两年中,广大干部和群众以极大的热情投入各项革命和建设工作。揭发批判江青反革命集团的罪行,清查他们的反革命帮派体系,取得了很大成绩。党和国家组织的整顿,冤假错案的平反,开始部分地进行。工农业生产得到比较快的恢复。教育科学文化工作也开始走向正常。

《关于建国以来党的若干历史问题的决议》讲得很概括。具体说来,在粉碎"四人帮"以后的短短两年间,开始了拨乱反正、改革开放的进程,办了许多令人欢欣鼓舞的大事:(1)揭发批判"四人帮"的罪行,清查他们的反革命帮派体系和"三种人";(2)恢复全国人大、全国政协的工作和各民主党派和人民团体的活动;(3)开始平反冤假错案,一大批在"文化大革命"中被打倒的中央和地方的领导干部重新走上领导岗位;(4)推倒教育战线上的"两个估计",恢复高校招生考试制度;(5)推倒文艺战线上的"黑线专政论",一大批电影、戏剧、小说等文艺作品重见天日,诗歌、短篇小说、话剧、报告文学涌现出不少优秀作品；(6)召开科学大会，重申科学技术是生产力，知识分子是劳动者；(7)在理论上正本清源，理直气壮地论述发展商品生产、贯彻按劳分配原则；(8)接连不断地派高级别的代表团出访日本和西欧诸国，引进国外的先进技术、设备和资金，学习国外先进的经营管理经验，对外开放迈出了坚定的步伐；(9)国务院召开务虚会，探讨怎样按经济规律办事，实行改革开放，加快实现四个现代化；(10)展开实践是检验真理的唯一标准的全国性大讨论，解放思想，推进了拨乱反正，恢复和确立了实事求是的思想路线；等等。事实说明，虽然由于时任党中央主席的华国锋在指导思想上继续犯了"左"倾错误，中共十一大又肯定了"文化大革命"，造成这两年间的徘徊和曲折，但由于在党中央占主导地位的邓小平、陈云、叶剑英、李先念和胡耀邦等老革命家的努力，也由于华国锋在许多问题上并没有坚持其错误，因而这两年总的发展趋势还是前进，是"在徘徊中前进"的两年，是解放思想、拨乱反正、改革开放酝酿和起步的两年；是为中共十一届三中全会实现历史转折做准备的两年。

所以作出不确切的评论，其中的一个原因是碍于这时党中央主席是华国锋。如果肯定这两年岂不是肯定了华国锋？这里最用得着具体问题具体分析。

粉碎"四人帮"以后的两年，党的工作尽管有曲折、有斗争（围绕"两个凡是"和真理标准问题讨论，邓小平复出和天安门事件平反等），但应该看到，基本走向是前进的，不是徘徊不前的局面。华国锋在粉碎"四人帮"的斗争中起了决定作用；主持党中央工作以后，是尊重邓小平、陈云、叶剑英、李先念等老一辈革命家意见的，在他们支持下做了不少有益的工作；邓小平复出以后，很多关键性的决策是邓、陈等人提出（如：工作重点转移，恢复高考，有错必纠，解决历史问题，等），而由华国锋主持下作出的。种种事实表明，这两年虽然是华主持工作，但邓、陈发挥着越来越大的主导作用，华也是基本一致的。应该理直气壮地肯定这两年。不存在肯定这两年就为华国锋评功摆好的问题。

在学科特点上，体现国史特点，体现中国特色社会主义的事业、道路、理论、制度四个方面，体现社会主义现代化建设的政治、经济、文化、社会、生态五位一体。

关于体现国史特点。

注意同党史的联系与区别。明确体现国史特点必须包括以下基本要素：

(1)版图（包括疆域、边界、领土）和祖国统一；(2)行政区划；(3)人民代表大会；

(4)共产党的领导和共产党领导下的多党合作、政治协商;(5)国防和军队(包括武装冲突和战争);(6)人口(包括人口政策的变化,计划生育国策的确定与实施,人口普查的情况和结果);(7)阶级、阶层和阶级、阶层关系及其演变;(8)生产力的解放和发展,综合国力的提高(包括重要建设项目的兴建、完成、效能及经验教训;农业的发展,农村与小城镇的建设;等等);(9)科技进步、发明创造,科技成就及其应用推广;(10)生产力和生产关系的矛盾和演变;(11)经济成分和经济结构的状况及其演变;(12)民主与法制建设,宪法和法律的制定、修改和实施;(13)政治文明建设,政权机构及其演变;(14)文化建设和文教卫生体育事业的发展;(15)社会建设;(16)人民生活的提高与人的解放和全面发展。人和环境的协调发展;(17)民族区域自治的实施和各少数民族经济社会的发展;(18)宗教政策和宗教问题;(19)改革开放;(20)西部开发和东、中、西部协调发展;(21)中央和地方关系;(22)国际环境和对外关系;(23)自然灾害及对自然灾害的抵御。

特别着重写:历届全国人民代表大会的召开及其主要内容(包括人事变动),每一个五年计划或规划的制定和完成(展现经济社会发展),宪法(特别是1954年宪法和1982年宪法)和法律的制定和修改,贯穿全书。

关于体现中国特色社会主义的事业、道路、理论、制度四个方面。

全书各章都注意按各个历史阶段的特点或详或略地写了这四个方面。注意到了前后照应,看出它的不断发展、不断完善。

中国特色社会主义道路,从毛泽东提出第二次结合进行的探索,到邓小平从中国式现代化到中国特色社会主义的开创,再到后来的开拓发展,建设全面小康,实现复兴中华的中国梦。

中国特色社会主义理论,写出毛泽东思想——邓小平理论——三个代表重要思想——科学发展观,一脉相承而又各有创造和发展,写出在新的历史条件下马克思主义中国化的理论成果。对有代表性的重要理论成果、具有里程碑意义的文献,如:《共同纲领》、1954年《宪法》、1982年《宪法》,毛泽东的《论人民民主专政》、《论十大关系》、《关于正确处理人民内部矛盾的问题》、《八大政治报告决议》、《人民公社六十条》,刘少奇和毛泽东在七千人大会上的讲话,邓小平的三中全会主题报告、坚持四项基本原则讲话、南方谈话,江泽民、胡锦涛在几次重要纪念会上的讲话,等等,教材都着重进行了评论和分析。

制度方面，既说明前三十年在制度建设方面有一定的作为和成就，并非一无是处；又指出法制很不健全，很不完备。对新时期民主与法制建设取得的巨大成就，建立了以宪法为统帅、以宪法相关法、民法、商法等法律部门的法律为主干，由法律、行政法规、地方性法规等多个层次的法律规范构成的中国特色社会主义法律体系，作了比较充分的评述。

中国特色的社会主义事业，写出经济、政治、文化、社会的发展，主要是生产力的发展，看出一个贫穷落后的中国，怎样在共产党领导下，通过社会主义革命和社会主义建设，通过改革开放和社会主义现代化建设，变成一个屹立于世界民族之林的社会主义大国。

总之，从以上四个方面的历史发展，使学生们清楚地看出，中华人民共和国的历史，是中国共产党领导中国各族人民探索、开创和拓展中国特色社会主义道路的历史，是创立、发展中国特色社会主义理论的历史，是不断健全和完善中国社会主义制度的历史，是不断开创中国特色社会主义事业新局面的历史。新中国六十多年的历史向世人昭示：中国特色社会主义道路越走越宽广，中国特色社会主义事业越来越兴旺，中国特色社会主义理论越来越丰富，中国特色社会主义制度越来越完备。使学生们坚定信念，充满信心：中国各族人民在中国共产党领导下，沿着中国特色社会主义道路继续前进，一定能够胜利实现全面建设小康社会的宏伟目标。

关于体现社会主义现代化建设的政治、经济、文化、社会、生态五位一体。

政治，包括外交、军事国防、执政党的建设、统一战线。社会与文化各自涵盖的领域按十年规划进行区分。在每一章中，政治的几个方面，整个现代化建设整体的五个领域，以及它们的交互作用，都有所反映，并按它们各自在各该历史阶段的重要性在各章中又各有侧重。从全书来看，可以看出政治建设（包括政治、外交、军事国防、党建）、经济建设、文化建设、社会建设、生态文明建设，各自发展的历史过程。

在表述方法上，力求做到三个结合：史论结合，人事结合，叙议结合。

全书注重史论结合，在可靠的史料基础上讲清楚重大事件的前因后果，来龙去脉，并加强对国史重大事件的分析评论。对多数事件都根据中央权威说法，结合学界研究的最新成果进行评价，凸显书稿的思想性、学术性、权威性。

咨询委员会对该书作出肯定评价说：对社会主义改造、"大跃进"、"文化大革命"、改革开放等重大历史事件定位准确、分析深刻，比较全面地反映了中华人民共和国成立以来经济、政治、文化、社会、国防和军队建设、外交、祖国统一、党的建设等方面取得的巨大成就。

全书注重人事结合。历史的主角是人。讲人怎么做事，从事中见人。既写领袖人物的作为，也写人民群众的创造。记录对共和国历史发展作出突出贡献的各界人物，使其青史留名。对共和国历史发展起破坏作用的人，使其遗臭万年。发挥历史监督的作用。

全书采用夹叙夹议的写法。力求叙述明白晓畅，议论简明扼要，努力做到叙述与议论融会贯通，相得益彰。

3. 高校教材《中华人民共和国史》新意举例

教材贯彻和体现创新的时代要求，注意吸收新的研究成果，力求富有新意，写入新的材料、新的观点、新的论证。下面举一些例子。各章执笔者将会作更具体的介绍。在教学中，教师可以而且应该随时补充新的内容，可以而且应该介绍、阐述和发挥自己的学术观点。

在《导言》关于"中华人民共和国史研究对象"的说明中，我们对共和国史的要素作了说明（第 2 页），指出中华人民共和国史研究的内容包括政治、经济、科技、教育、文化、社会、民族、宗教、军事、外交、生态环境的发展变化，以及国家行政区划、人口发展与变化、人民生产生活方式、风俗习惯及其变化等，也包括气候异常、地震、洪涝灾害、重大疫情等给人民造成的自然灾害及对其抗御等内容；不仅要对中央政府管辖区域内的历史进行研究，对暂时未受中央政府管辖的一些地区的历史也要研究。这些内容、这些要素，在这本教材中基本上得到了体现。

第一章第四节专设"社会主义基本经济制度的确立"一个目（第 59 页），对计划经济的作用做了客观评述，重点突出。一般教材都是几种制度放在一起写的。

第一章第六节，单列"新社会的精神风貌和社会风气"一目（第 80 页），突出社会建设成就，这是有必要、有新意的。

在第二章第一节第四目（第 116 页）讲八大探索中国社会主义建设道路的要点时，引述了八大《关于政治报告的决议》中关于社会主义改造完成以后中国国内主要矛盾的论述和中国经济建设基本方针的论述。强调八大《关于政治报告的决议》的意义，是有一定新意的。

第二章第三节讲调整社会关系，写了一段"政法工作的调整"的情况（第 151 页），主要是纠正混我为敌、滥用劳动教养等问题。这是别的国史书上忽略的。

第三章第四节讲到美国总统福特 1975 年 12 月访华（第 247 页），邓小平与他会谈，毛泽东与他会见，双方达成美国在台湾问题上"断交、撤军、废约"三原则基础上建交的"君子协定"。这是一条新公布的材料。

第三章讲国民经济进展的一节，还用一页多讲了社会建设方面的发展，说："在此期间，计划生育、环境保护开始起步，农村普及教育事业得到发展。"（第 260 至 261 页）

第四章第一节的标题"走向历史转折"，这是对粉碎"四人帮"到中共十一届三中全会前的两年历史地位的新提法。体现了邓小平所说的没有这两年的准备，中共十一届三中全会就开不成的精神。

对粉碎"四人帮"后举国欢庆活动的评价，写了全国人大常委会召开的总结会和会上宋庆龄的讲话，这是体现国史特点的新内容。

对新时期文学创作的评介，特别是写到"地下文学"走到地上，《第二次握手》是其代表，是抓住了当时共和国历史发展特点的。

对 1980 年 12 月中央工作会议作出了新的评价，指出经济上真正的转折是这一次会议。

用历史事实写明农村经济变革促使人民公社解体，写了从试点直至修改宪法的过程。

第五章第二节有一目写改革开放以后"城乡社会生活的显著变化"，较为生动具体地展现了社会风貌。又根据专家意见加写了这些社会现象所体现的本质特点，指出："20 世纪 80 年代，中国城乡居民的生活水平、生活理念和生活方式都发生了历史性巨变，中国社会出现了前所未有的变革和开放的新气象。这时期中国城乡社会生活变化的本质特点，是顺应时代前进的潮流，冲破封闭、实行开放，告别单调、实现多样化。这种变化是党的十一届三中全会前后思想解放、改革开放在社会生活和社会意识上的反映，是建立在经济发展和人民生活改善的基础上的。"（第 409 页）"改革开放事业的高歌猛进和社会物质财富的迅速增长，使 20 世纪 80 年代不但成为一个充满希望和激情的年代，而且也成为一个广大人民普遍享受到改革发展成果的时代"（第 409 页）。这样夹叙夹议，较有感染力和说服力。

第六章,对中央实施各种重大战略进行了集中的较为全面的介绍,对经济体制改革的框架和实施情况进行了较为系统的评述。

第七章第五节,讲两岸关系中反"台独"斗争,比较全面,既讲清"台独"分裂活动的不断升级,又写明中共中央如何开展针锋相对的斗争,在此过程中推出一系列重大措施,促进两岸关系稳定发展。

第七章第六节专门写了一目"在国际事务中发挥重要作用",通过事实表明:中国长期坚持独立自主的和平外交政策,积极参与多边事务,承担相应国际义务,在联合国改革、反恐防扩、可持续发展等多边事务中扮演重要角色,国际地位不断提升,在国际事务中发挥越来越重要的作用。从历史的总结分析回应了现实问题,有力地驳斥了所谓"中国威胁论"。

4. 高校教材《中华人民共和国史》的教学建议

中华人民共和国史是一门新学科,高校教材《中华人民共和国史》是一部新教材,要在教学实践中积累经验,不断改善,不断充实,不断提高。这门课程的政治性很强,科学性也很强;理论性强,实证性也很强。要力求做到政治性与科学性相结合,理论与实际相结合。从高校历史专业培养学生能力的要求来看,学习中华人民共和国史这门课程,应该培养学生具有从事国史研究、宣传、教育的能力。要力求做到学与做结合。一方面学以致用,另一方面在用中学。具体说来,在认真钻研教材的同时,还要认真研读重要文献,广泛阅读参阅资料,在学习本课程期间,要求写出一篇学习笔记、一篇专题研究报告;进行一次结合本课程的专题性的社会调查,写出一篇调研报告;要进行一次宣传国史的宣讲(演讲),讲稿由学生个人独立编写(也可同专题研究报告结合起来,一稿两用)。

三十年党史国史研究的回顾

——回答《晋阳学刊》编辑李卫民提问*

研究张闻天，是从查阅老报刊起步，第一篇文章是与茅盾先生商榷，登在《历史研究》上

李：咱们今天先从张闻天研究开始说起吧。您当年是因为什么原因开始从事张闻天研究的呢？

程：这要从我们这一代解放后培养出来的知识分子的特点说起。我于 1955 年进大学，之前，当过三年小学教师。我们这一代人的共同特点，就是"党叫干啥就干啥"，需要干什么就干什么。你说这是受了刘少奇"驯服工具"论的影响也好，还是像雷锋那样甘当螺丝钉也好。张闻天研究呢，就是在这样一个习惯，或者说这样一个工作态度下来的。

粉碎"四人帮"以后，1979 年淮阴师专刚刚恢复。领导比较开明，也比较懂行，想要办一个学报。那时全国高校恢复学报的还很少。为办好学报，想方设法，招引人才。淮阴有一个萧兵，他是在上海东海舰队打成右派，下放淮阴的。50 年代初，他在上海是有一点名气的青年评论家。"文革"期间，他在一个马车运输队里干活，铡草把左手四根手指铡掉了。但他没有中断研究，主要搞先秦文学、楚辞、上古神话等等，他从民族学、人类学角度来研究先秦文学，方法比较新。他的工资主要都花在买书和到上海、南京等地查资料的路费上了。淮阴师专的党委副书记、副校长周希权，是萧兵在东海舰队时候的战友，想把他引进来。萧兵很怪，他提出条件，要

---

* 访谈时间：2007 年 4 月 16 日和 2007 年 4 月 23 日。

他来淮阴师专,得让他办一个刊物,还要给他一套房子。当时我主编学报,已经有了学报了,再办一个什么刊物? 萧兵提出办一个文史资料方面的刊物,一年一万块钱。学校答应了。还给了他一套房子,名义就是作这个刊物的编辑部。刊物名为《活页文史丛刊》,请茅盾题了刊名。

校党委让我兼管这个刊物。当时,萧兵的意图是搞先秦文学为主,团结全国这方面的学者,包括他的朋友。我觉得光搞古代的东西不行,"文革"中批判过"厚古薄今"。我和萧兵商量,这个文史刊物,有古,也要有今,也要有现代的部分。他表示赞成。当时我在学校教现代文学史,我觉得现代文学对革命作家、革命文学家,重视不够,就和萧兵商量,办一个栏目,就叫"无产阶级革命家青年时期的文学活动"。因为无产阶级革命家中有不少青年时期搞文学,是从文学走向革命的。像周恩来、陈毅、李富春,青年时期都搞过文学创作。

商量好以后,我就约请鲁迅纪念馆的陈漱渝,请他帮忙提供稿件。陈漱渝很热情,给我开了一个青年时期搞过文学创作的老革命家的名单,并组了稿。我看了以后,发现这里面没有张闻天。张闻天 1976 年在无锡去世。无锡是我家乡。30 年代有人写的现代文学史,就评介了张闻天创作的小说和剧本。我说,也不能全是人家替我们搞,我们自己也搞一点。你问我为什么要搞张闻天,用一句话说,就是为了完成领导交给的任务,为了吸引人才要办一个刊物,但又要让刊物避免厚古薄今,开设了一个专栏,请人帮忙,选题不太全,为补缺,我就开始研究张闻天。

李:那您对张闻天的研究是从何入手的呢?

程:一开始,搞他的早年文学活动。遇到的第一个困难就是没有材料,可以说是一无所有。淮阴师专是 1958 年"大跃进"的时候创办的,1963 年,贯彻调整方针的时候,下马,停办。粉碎"四人帮"后,1978 年中共十一届三中全会后恢复。没有什么图书资料。这时,一个曾经下放在淮阴的作家方之去世,我到南京参加他的追悼会,在南京呆了几天。到南京的龙盘里图书馆,去查张闻天早年文学活动的资料。这个图书馆很老,很有名,馆藏非常丰富。怎么查呢,一点线索都没有,就翻《小说月报》《民国日报·觉悟》这些老报刊。1919 年、1920 年、1921 年、1922 年,逐年、逐期翻阅。因为时间很宝贵,在南京的这几天,我每天都在龙盘里图书馆,中午吃两块烧饼,喝点开水,也不休息。大桌子对面,查资料的人面对面,大家都查了好几天资料,熟悉了,聊起来了,"哪里来的呀,搞什么的呀"。其中有个热心人,南京大学的老倪，他告诉我："张闻天的儿子就在南大图书馆，你可以去找他"。后来我就找到张闻天的儿子张虹生。他给了我一份张闻天1941年写得很简要的自传。我一看，张闻天1941年以前的简历就大致清楚了。他听说我要去上海，请我顺便带一点东西给他的姐姐，就是张闻天前妻生的大女儿维英。真是求之不得，多么好的一个联系机会啊。我到了上海，到徐家汇藏书楼，又去上海图书馆查资料。抽空去了张闻天大女儿家里。看到写字台玻璃板底下压着一张张闻天早年的照片，是张闻天怀里抱着大女儿同汪馥泉的合影。我头一次去，跟她谈了个把小时，没有向她借这张照片。第二次去，我就跟她借了这张照片，由鲁迅博物馆的朋友陪着，到照相馆翻拍了。通过查阅历史报刊，与张闻天子女交谈，我对张闻天早期的活动就有了较多的了解了。

在上海将近一个星期，回到南京，到南京师范学院中文系陈振国先生家里歇脚。陈是我的高年级同学。他告诉我："今天早晨，听到广播了一篇回忆张闻天早年活动的文章，《人民日报》登的。"我问他是谁写的，他说是一个很有名望的人写的，名字没有听清。我当时心想，我这一趟南京、上海白跑了。我就是为了了解张闻天的早年活动，现在有一个名人已经在《人民日报》上讲了，我还有什么好说的呢？当天傍晚，我回到淮阴。当时，《人民日报》有航空版，在淮阴能看到当天的报纸。我拿来《人民日报》，一看，是茅盾写的《我所知道的张闻天同志早年的学习和活动》。我一看，这篇文章两千来字，回忆了张闻天早年的许多重要活动，很珍贵，但是，茅盾在时序上有颠倒，涉及的时间、地点等具体问题，不够准确。我当时就想，茅盾年纪大了，记忆有些出入是难免的，身边的工作人员，应该把茅盾写的东西很好地核对呀，在《人民日报》上发表，有这么多差错，影响不好。因为我刚查过这一段报刊资料，茅盾回忆文章中哪些事件记错了，一眼就看出来了。当天晚上，我就写好一篇文章，题目叫《关于张闻天同志的早年活动》，纠正茅盾回忆的差错，谈了六件事：(1)关于在河海工程专门学校；(2)关于去日本的时间；(3)关于给《小说月报》投稿；(4)关于进中华书局当编辑；(5)关于赴美勤工俭学；(6)关于加入中国共产党。文章中有一句总的评语："张闻天同志早年的文学活动，在中国新文学运动的历史上写下了光辉的一页。"第二天就把文章寄给了《人民日报》和《历史研究》。《人民日报》没有回音。几天后，收到《历史研究》朱成甲同志的电报，告诉我，刊物决定发表。文章在该刊1980年第2期发表以后，不少报刊转载。我想，这是因为张闻天是一个作出过重大贡献,而又受到不公正待遇的历史人物,在拨乱反正、思想解放的大潮中,大家都想了解他。

李:一炮打响以后,您又是怎样研究的呢?

程:我首先是为满足我们学校那两个刊物的需要做工作。一方面搞资料,搞出一个"张闻天早年文学著译编目",尽可能掌握张闻天文学创作和翻译的全部文本。长篇小说,他的一些论文,尽量从报刊上复印下来。不少报刊纸脆了,不让复印,就拍照。另一方面,写评介文章,写了张闻天早年文学活动的综合性评介,另外还写了关于长篇小说《旅途》、三幕剧《青春的梦》以及他的短篇小说、杂文的评论,主要是在《活页文史丛刊》和《淮阴师专学报》上发表。

李:在这一阶段,有什么重大的或者说是突破性的进展呢?

程:从我从事张闻天研究来说,这时有三件事值得一提:一是,编辑出版了《张闻天早年文学作品选》和《张闻天早期译剧集》;二是,发现了张闻天在"五四"时期传播马克思主义的文章;三是,我被吸收参加了中央批准成立的"张闻天选集传记组"。

李:请您具体讲一下搞两本书的情况。

程:我搞出张闻天早年著译编目后,把这个目录和我写的评论张闻天早年文学活动的文章,通过我的朋友杨犁(《新观察》副主编)交了《新文学史料》的负责人牛汉。《新文学史料》很快就给发表出来了。另一边,我向张虹生建议,编一本张闻天早年文学作品集。我把我编的资料,基本就是这个集子的目录了,还有我发表的评论,都给了他。虹生把我这个建议交给了张闻天夫人刘英。这个时候,是在1980年初。当时我还不知道,1979年8月开过张闻天追悼会之后,张闻天的学生、部下,像邓力群、马洪、曾彦修这些老领导,他们向胡耀邦打了一个报告,要出张闻天的文集,批准了。中国人民大学的胡华教授在筹备《中共党史人物传》,就是后来出了一百几十卷的,他觉得张闻天应该收到里面,要有一个四五万字的传记。当时胡华有两个助手,一个是张培森,一个是清庆瑞。胡华让他们两位搞张闻天传。正在这时,我研究张闻天早年文学活动的初步成果,他们看到了,知道我有这么一个建议。

他们看我搞的资料比较扎实,写的评论口气也不小,像那么回事,说"行"。张闻天夫人刘英把我的编书设想和评论文章送给了茅盾,请茅盾写个序言。同时,写信给我，希望能到北京见面。那是 1981 年夏初。1981 年暑假，我到包头参加一个现代文学的会，路过北京，就停留了一下。张培森同志陪我去看望刘英。刘英一看到我，就说："你这么年轻啊！"其实，我当时已经四十出头了。她说："闻天的文学作品集，就请你编。茅盾已经写了一个序。"刘英非常爽快，说着就站起来到书房把茅盾写的序拿给我。这样就搞出一本《张闻天早年文学作品选》。这是我搞张闻天研究后编的第一本书。这里面涉及的外文很多，英文、法文、俄文、日文、阿拉伯文等等，人民文学出版社的责任编辑是一位年轻的女同志，看了我做的注释，说："程老师，你外语真好。"其实，我外语不行，只学了点俄语。因为学过普通语言学，会查各种词典，如此而已。人民文学出版社和人民出版社在一个楼里，两家的资料室真好，各种外语与中文对照的词典都有。

文学作品选出来以后，又搞了一本《张闻天早期译剧集》。当时，我想请成仿吾写序。因为张闻天写的剧本《青春的梦》请成仿吾看过，那是在 20 年代初。成仿吾给他提了意见，张闻天作了大的修改。在长征前后，他们也有来往。成当时是中国人民大学校长，请他写序最合适了。这样一来，张闻天早年文学活动的两本书，一本创作，一本翻译。作序的人，一本是请茅盾，文学研究会的领导；一本是请成仿吾，创造社的骨干。张闻天既是文学研究会的成员，又和创造社的郭沫若、郁达夫、成仿吾有很深的友谊。我搞中国现代文学研究，编的两本书由现代文学两大流派的两位代表人物来作序，也就心满意足了。在张闻天早年文学活动研究方面，我发表了一些文章，后来出了一本专著《张闻天与新文学运动》，请杨尚昆题的书名。

邓小平在张闻天追悼会上致的悼词里面说："张闻天同志是我国'五四'时期的热情战士。"所以，除了搜集"五四"时期文学活动的材料之外，我还特别花力气了解他在五四运动的表现，找他当时发表的文章。在不少朋友的帮助下，终于在南京大学图书馆，找到了南京"五四"时期的刊物，叫《南京学生联合会日刊》，了解到张闻天是该刊的重要撰稿人。在这份日报上，他发表了三十多篇文章。其中，最重要的就是《社会问题》一文，以其对马克思主义的传播，闪耀着五四时代精神的光辉。在这篇文章中，张闻天明确提出要用马克思主义的唯物史观，来观察中国的社会问题，认识中国社会的发展阶段，解决中国革命应该怎么进行的问题。明确提出靠工农起来革命彻底推翻统治阶级的主张，还明确论述了民主革命和社会主义革命应该分两步走的思想。在当时的先进青年中间，张闻天是站在最前列的一个。这篇文章,是在 1919 年 8 月发表的。当时《新青年》"马克思研究号"还没有出来。李大钊编的"马克思研究号",上面写的是 1919 年 5 月份,因印制延误实际是 9 月问世的。陈望道翻译的《共产党宣言》是 1920 年 5 月份出版的。张闻天在文章当中就用马克思主义的唯物史观来分析和解决社会问题,并引用了《共产党宣言》第二章中的"十大纲领",起点确实很高。张闻天"五四"时期就传播马克思主义,而且注意把马克思主义与中国革命的实际结合起来,探索中国革命的道路。真是不简单啊!

李:程老师,讲到这儿,我就有一个问题。您看,您刚才说的这些,都是您在党史研究的起步阶段取得的成绩。我很想知道,当时您是怎样在这样不长的时间里,从现代文学研究转入史学研究,并很快取得成功,原因是什么?

程:这个很难说得清楚,我想,一个原因应该是当中学语文老师打下了基础。我是 1955 年进大学的,毕业以后,一直教中学语文。我觉得中学语文教师这个工作本身,让我的基础比较扎实,至少没有病句、没有错别字,写得比较通顺。要达到这个要求,也很不容易。中学教师,还有后来我去大学教现代文学,做的主要工作,就是分析作品、讲解课文,它不是架空的,要具体分析每一篇文章,深入细致地分析讲解。二十多年的教学生涯,养成了进行文本分析的习惯,也提高了这方面的能力。这是我后来从事研究工作的一个扎实的基础,也是我的一种优势。另外一个原因,在这之前,我搞过若干问题的研究,但都没有成功。我研究过郭沫若的历史剧,研究过左联五烈士的生平和著作,还研究过鲁迅,开过"鲁迅研究"专题课。这些研究,都没有取得什么成果,但由此提高了研究能力,有了参照系。特别是鲁迅研究,我下了很大功夫,在"文化大革命"期间,别的书都不能看了,我就通读《鲁迅全集》,鲁迅的每篇杂文都写了或长或短的笔记。后来在《鲁迅研究》上发表了《〈自由谈〉的革新和鲁迅杂文的发展》,就是在文本研究的基础上,联系整个鲁迅杂文的发展写成的。我在现代文学方面,写得比较好的文章,还有《论曹禺〈日出〉的艺术独创性》,发表在《淮阴师专学报》上。钱谷融教授第一次见到我就说,你那篇文章是可以在高级的刊物上发表的。为什么张闻天研究上马以后,很快就有成果呢?我想,主要是当中学教师有了基础,文字的基础,分析问题的基础;教现代文学史,对 1917 年以来的文学史、思想史、革命史有一个整体的把握,还有一个参照系——几十年来的鲁迅研究是怎样进行的,是怎样联系时代潮流、文学思潮,讲他的文学活动、思想发展。总之,懂得了人物研究的一些路数。

《张闻天选集》中的好些篇目，是经过严密考证才入选的，乾嘉学派的考证方法是很有用的

李：请您谈一谈《张闻天选集》是怎样搞出来的吧。

程：对我来讲，参加"张闻天选集传记组"，进入了一片新天地，胜过读一个博士或是做一个博士后。

刚开始，对这个选集该怎么搞，我一点都不懂。当时领头的是萧扬，他当过张闻天的秘书，随张闻天参加了庐山会议，是工作小组的组长，知道上层政治生活那一套办事的规矩，政治水平高，文字能力强，我跟他学着做。参加工作小组做具体工作的，有人民大学的张培森、经济学院的施松寒，他们都是党史专业科班出身。当时，我们都不知道应该怎样搞。这个小组，有三个层次，最高一层，邓力群，当时是中央书记处书记，"张闻天选集传记组"领导小组的组长。大主意都是他拿。拿出去发表的文章，都经过他审阅。第二个层次，是领导小组的成员，有曾彦修，人民出版社总编辑；何方，当时任社科院日本研究所所长，曾长期在张闻天身边工作，当年，当过辽宁省的共青团书记，驻苏使馆的调研室主任，外交部的办公室主任；一个是徐达深，当过安东市委书记，驻苏使馆的参赞，当时是社科院西欧研究所所长。另外还有几位，马洪，时任社科院工业经济所所长；陈茂仪，人民出版社社长。主要参与领导小组工作的，就是曾、何、徐三位。下来，就是我们这些做具体工作的同志。萧扬，这个工作小组的组长，当时是世界知识出版社总编辑。曾彦修，人民出版社总编辑。我，当时是《江海学刊》主编。上面，邓力群，原来的《红旗》副总编辑。实际上做这件事的人中有四个主编。我是最低的一个。

邓力群提出来入选文章的标准，主要是两条。这本选集是公众读物，选到选集里来的文章、讲话，第一，其观点、主张必须是由张闻天首次提出的。第二，必须是经过实践检验证明是正确的或者是基本正确的。他强调，好的思想、观点、方针、政策，必须是张闻天首次提出，跟着别人说的，写得再好，不收。提出这样的标准，对我来说，深受教育。这就是历史的眼光，历史主义的观点。为了要达到这个标准，要把张闻天的文稿，尽可能地搜集齐全。而且，对每一篇文稿，都要进行研究，做出评价，提出是否入选的意见并说明理由。要写清楚每一篇都说了些什么，当时起了什么作用。对于准备入选的文稿，还要做编辑工作，这一篇文章有几个版本，我们

以哪一个为底本,然后,哪一段,哪一个字,我们改了,为什么这样做? 要作校记。我这才感觉到,搞好一本选集,真是不容易啊!

这个时候,我住在人民出版社。人民出版社正在编一部四卷本《鲁迅选集》,曾彦修与戴文葆两位主编。他们的态度和方法对我教育也很深。他们差不多对《鲁迅全集》里每一篇文章都写出选还是不选的理由。

《张闻天选集》拟出目录以后,送给邓力群同志审阅。他看后说,还有这一篇、那一篇,不能遗漏,要到档案馆去找,一共点了六七篇。于是,我们按他的指示作了补充。

在这个过程中,又有新的发现,特别是遵义会议前的好文章。比如,1931 年 6 月,张闻天化名“刘梦云”写的《中国经济之性质问题的研究》,是中国社会性质论战中最完整而且是较深刻的文章,奠定了马克思主义者对取消派论战胜利的基础。通过深入研究,并采访王学文等当事人,确定刘梦云就是张闻天的化名。我们就提出来,这文章应该选收。另外一篇文章,是 1932 年 11 月化名“歌特”写的《文艺战线上的关门主义》,是直接批评左倾错误的文章。我在中央档案馆收藏的《斗争》这份油印的党中央机关刊物上,发现了署名“歌特”的三篇文章。“歌特”是谁? 一下难以回答。我写了三四百字,从几个方面说明“歌特”很可能是张闻天。曾彦修说,这还不够。这篇文章对于认识张闻天从左倾到反左倾的转变,实在是太重要了。我们还要用乾嘉学派的方法,来考证,要铁板钉钉子,才能把文章选到选集里面去。于是发信,找人,从陈云、杨尚昆、周扬问到差不多所有健在的三十年代初在上海地下党的老同志,没有结果。于是,我们进一步考证,从各方面进行论证,其中最过硬的证据就是概括出了“个人惯用语”,从张闻天 1932 年写的 54 篇文章中,概括出了他个人独有的惯用语。如:不用“虽然”而用“虽是”,不用“如果”而用“如若”,不说“直到现在”而说“一直到现在”,不用“和”而用“与”,不说“表现”而说“表示”等。这些“个人惯用语”,均一点不差地存在于“歌特”的文章当中。我写了一篇《“歌特”为张闻天化名考》,考定《文艺战线上的关门主义》等署名歌特的三篇文章为张闻天所作。胡乔木同志把这篇文章推荐到《中国社会科学》上发表。邓力群同志很高兴,把《文艺战线上的关门主义》,还有《论我们的宣传鼓动工作》这两篇,都收进了《张闻天选集》。

《张闻天选集》之所以比较成功,它的组织形式和领导水平起了决定作用。光有组织机构,没有领导水平,不行;光有领导水平,没有一定的组织,也不行。三个层次,邓力群,选集传记组组长,下面,是高水平的领导小组成员,再下面,工作班子成员。回过头来看,工作班子成员,也都可以呀,一般都是副教授水平,当时,我是讲师,张施他们两位也是讲师,都还不是副教授,水平是到副教授了。所以,当时,到档案馆去查档案,只有萧扬可以去,其他人不能去,因为,不够级别呀。萧扬一个人忙不过来,经过特批,我们三个才进了档案馆的大门。领导水平很高,邓力群,前面说了,编辑原则、方针是他决定的;经过曾彦修、何方等高手,改来改去,搞出的目录,邓力群一看,就指出还有不少重要的遗漏。他1938年到马列学院学习,长期在张闻天身边工作,参加了延安整风运动,长期从事理论工作,当时又主持起草第二个历史决议的具体工作。他知道还有哪些重要的文章、讲话该选,确实有水平,能把关。

《张闻天传》成功的奥秘:反映了时代要求;得到了高人指点;有非常扎实的资料基础

李:《张闻天传》是您的成名作。这部书,在现代人物传记里,是一部经受了时间考验的著作。张传成功的奥秘是什么呢?

程:我个人体会,《张闻天传》,首先是适应和反映了时代的要求,它是在解放思想背景下才能产生,要是没有解放思想,你不可能去写《张闻天传》,或者是写出来也不能发表,这是很重要的一条。如果不是中共十一届三中全会解放思想,平反冤假错案,庐山会议,包括这以前的事情,恢复了历史本来面目,你无法写《张闻天传》。这是一个原因。跟这相联系的,张闻天本来是被埋没的,是被打下去的,长期受到不公正的待遇。他的功劳跟他的遭遇,跟他受到打击以至迫害,反差极其强烈。恢复本来面目,就必然引人注目、令人关心。这部传记,不仅对他一个人,而且对整个历史的认识,对整个中共党史的认识,特别是对遵义会议,对张闻天担任党中央总书记这一段相当长的历史时期的认识,会有一个大的改变。最近河北人民出版社出版了我写的一本书《毛洛合作与长征胜利》。这个命题本身,对长征史研究来说,就含有创新的意义。长征胜利,是毛洛合作领导的结果,遵义会议后形成的党中央第一代领导集体的核心的最初格局,就是毛泽东和张闻天的配合合作。在解放思想、拨乱反正的背景下,张闻天这个人物的特殊命运和卓越贡献,跟他的不幸遭遇,结合起来,相互对照,是这部传记成功的基因。一方面,他在庐山会议的发言,这样的鞭辟入里,深刻全面,水平高,另一方面,他的遭遇又是这样的悲惨。"文化大革命"期间,张闻天表现了那样的高风亮节,在受迫害的极端困难的条件下,还研究中国社会主义建设中的政治、经济等方面的重大问题,写下了几十万字的著作,进行了卓越的理论创造,他的理论贡献和道德品质,足为共产党员和知识分子的楷模。在"文化大革命"中,是当时中国先进人物的杰出代表之一,是改革开放的先驱之一。在思想解放这方面,顾准很了不起,理所当然地受到人们的尊敬。我觉得,就张闻天理论创造成果的内涵来讲,比顾准的要高。应该说,他们都是这方面的代表人物,都是共产党内的杰出理论家。

如果说《张闻天传》写得比较成功,不是我一个人的作用,是"张闻天选集传记组"整个集体的作用。像这种人物传记能达到这样的水准,我在书的"后记"中也强调了,不是作者一个人的水准,不是靠传记作者一个人的努力能达到的。再有,材料的准备比较充分,这是成功的基础。刚刚讲过,首先是编他的选集,花了五年时间,同时,采访了不少人,还编了《回忆张闻天》一书,杨尚昆、宋平、王震、胡乔木、邓力群、茅盾等写了回忆文章。不仅提供了丰富的史料,生动的细节,而且对张闻天作出了评价,包括从总体评价到重大关节点的评价。尤其是刘英同志,同我谈了三四十次,整理出了《难忘的三百六十九天》、《在大变动的年代里》和《身处逆境的岁月》等回忆录。好几个同志还编写了《张闻天年谱》,"东北时期"是施松寒做的,"外交十年"是赖万宁做的。可惜这两位都英年早逝。《张闻天年谱》由张培森主编,中央党史出版社 2000 年出版。

人物传记的创作,材料主要来自两个方面。一个是文献,传主本身的思想载体是哪些,要掌握。另外一个,就是口碑。熟悉他的人,他的战友、亲属、上级、下级,他们嘴上说出来的传主的思想、业绩、人品、性格,也就是活在他们心里的有血有肉的这个人物。这两方面的工作,做得都比较扎实。此外,我和其他同志还就有关张闻天生平、思想、业绩的一些重要问题,深入研究,写了一批论文。加深了理解和认识,分清了历史是非。我发表了四五十篇论文,出版了《张闻天与新文学运动》和《张闻天论稿》两部专著。

当然,着手写传记的时候,也很费工夫。从 1988 年初秋动笔,到 1992 年暮春成稿,用了三四年时间。曾彦修、何方两位,每一章都仔细审阅,精心修改。最后定稿时,曾彦修同志和我一起住在太湖的疗养院,全书二十多章,一章一章修改定稿。

每天上午，他谈意见并商讨，下午，晚上，我就修改。一天一章，搞了个把月。

这部传记，我一再讲，跟领导分不开，跟领导指点、高人指点，分不开。比如说，那一篇关于歌特的考证文章，报到胡乔木那里，胡乔木就把它批给了《中国社会科学》发表，同时让《中国社会科学》写一个按语，还具体说这个按语不好写，应该在里面指出，闻天同志在犯左倾错误的时候，有左倾的一面，但是，也有反对左倾的一面。他这话，现在听起来，好像也没什么，但在当时，就没有人这样来考虑问题呀！这就是所谓"点拨"，经他一点拨，我们就按从左倾到反对左倾这个线索去认识张闻天了。顺着这个思路来研究张闻天，就比较清楚地看到他在犯左倾错误的那段时间里，他的理论和实践中有了哪些反对左倾的因素，是怎么样一步一步发展，从量变到质变的。过去说张闻天在遵义会议的转变，是毛主席教育、帮助的结果，实际情况不单如此。首先是他自己在实践中吸取犯错误的教训，一步一步转变过来的。这样认识才符合马克思主义外因是变化的条件，内因是变化的根据的原理。把他那一段做的事，写的文章连贯起来研究，就可以看出来，反对左倾的东西逐步积累，他的转变是自觉的，在遵义会议上站到正确的一边是必然的。毛主席的教育帮助起了推动作用，自身的转变，才是决定的因素。传记在这方面写得较好，同乔木同志的点拨很有关系。所以，我觉得《张闻天传》取得了一定的成功，首要的、决定性的因素，一个是时代，一个是领导，一个是集体。

当然，执笔者的努力也是不可缺少的。邓力群同志一开始就确定，传记由一个人写，不要很多人写。编选集、搜集材料、编年谱，需要大家一起来，传记，最好一个人写。初稿写出来后，邓力群还一再叮嘱我："人家的意见，你要很好地听，你要研究，但究竟怎么写，你定！包括我的意见，你觉得能接受就接受。"这一点我觉得很重要。最近我看邓力群整理的毛主席读苏联《政治经济学教科书》的批注。关于写书，毛主席是这么说的："看起来，这本书(指苏联《政治经济学教科书》)是几个人分工写的，你写你的，我写我的，缺少统一，缺少集中。因此，同样的话反复多次讲。而且常常前后互相矛盾，自己跟自己打架，没有一个完整的科学的体系。要写一本科学的书，最好的方法，是以一个人为主，带几个助手"。邓力群同志的做法，大约是从这里来的。我觉得，以集体研究作为基础，范围应该是相当广的，也不仅仅局限于这个组，整个党史界、学术界，所有的成果，都应该参考。一部容量较大的书里，不可能样样都是作者的研究成果，还是要博采众长，转益多师。话说回来，那当然也不能缺少自己的创见,要有自己的研究成果,要精心结构,甚至包括你的个人经历、体验。《张闻天传》里写张闻天流放肇庆,住地在军分区内,说他"形同进了一只没有栅栏的鸟笼"。这么写,就有我"文化大革命"中在学校受隔离审查的体验在里面。我当时只能在校园围墙内走动,出校门,必须报告,得到批准。

胡乔木治史,是扎实的资料工作和科学的理论分析的有机统一

李:您现在正在写《胡乔木传》。胡乔木同志,也是一位很重要的理论家、历史学家。他的史学思想,一直很受人关注。您对胡乔木同志的史学思想和史学成就,有何评价?

程:这个题目很大。胡乔木跟党史,跟整个历史研究,都是既有理论,也有实践,既是学科的开拓者,又是这个学科建设的领导者。去年(2006 年),有个博士生,叫杜玉芳,她的博士论文,就是写胡乔木在党史方面的观点、贡献,写得比较全面。就我看来,胡乔木的党史工作,首先是为了现实的需要。40 年代初他到毛主席身边,在毛主席指导下编"党书",就是为了准备延安整风,清除左右倾机会主义的影响,总结历史经验,统一全党的认识,增强全党的团结。1951 年,胡乔木写《中国共产党的三十年》,本来是马列学院为纪念建党三十周年写的党史资料,刘少奇作了很多修改。陈伯达不同意用马列学院名义发表。刘少奇建议也可以用胡乔木的名义。毛主席就在标题下亲笔写上"胡乔木"三个字。这样,《中国共产党的三十年》才成为胡乔木署名的著作。胡乔木的党史工作,是为大局服务的。

从他具体工作的特点来看,胡乔木特别注意历史文献的搜集整理。他的党史工作是从编"党书"开始的。他的这个做法是符合史学工作的规律的。还有一个特点,他的工作,是以马克思主义中国化的成果——毛泽东思想,作为指导的。有论者批评胡乔木的《中国共产党的三十年》,是用党的历史来注释毛泽东著作。如果我们撇开褒贬不论,讲胡乔木这部书的特点,的确是以毛泽东思想作为指导,用党的历史,说明毛泽东思想是怎样产生和形成的;毛主席这个领袖,是怎么找到的;毛泽东怎样用党的集体智慧的结晶——毛泽东思想来指导中国革命,取得胜利的。这位论者看到了这本书的特点,但他把这个特点给否定了,认为这个特点是个很大的毛病。我觉得实际上不是这样,它正是反映了中国革命的最主要的历史经验,在革命斗争中形成了毛泽东思想,用毛泽东思想指导革命,很快取得了成功,出乎预料地快的成功。比如说，土地革命时期，根据地能够得到发展，发展到十四块。以后，由于路线错误，被迫进行长征，长征那么危险的情况下，最终能战胜外部敌人的围追堵截和内部的逃跑、分裂，取得胜利，这都是不容易的。经过抗战，共产党能够发展到这么壮大，这也是始料不及的。因为毛泽东思想，努力适合中国国情，建立抗日根据地，开展独立自主的山地游击战，跟国民党的摩擦，采取有理有利有节原则，根据地采取一系列正确的方针政策，中国共产党的实力壮大了起来。到解放战争的时候，一开始，那么困难，蒋介石号称是四百万军队，解放军当时只有几十万。蒋介石进攻延安的时候，三十多万军队，我们只有三万多，跟他转圈子，最后，转出来。华东一开始，也是大撤退，后来在孟良崮击溃七十四师，转入战略反攻。只用三年时间，这是原来没有想到的，特别是东北、西北、华东。后来三大战役，摧枯拉朽，国民党军队就不堪一击了。三十年来的党史，历史的本身、本质，就通过反复，通过失败的教训，胜利的事实，找到了毛泽东这位领袖，形成了毛泽东思想，取得了胜利。

我觉得，胡乔木的史学著作，一个是有扎实的史料基础，一个是有中国化的马克思主义做指导，一个是有很强的现实针对性，还有一个是有很好的文笔。《中国共产党的三十年》是紧接评论美国的"白皮书"写的。六评"白皮书"，胡乔木写了一篇，毛主席写了五篇，说明艾奇逊的辩解证明美国侵略政策的破产，唯心史观的破产。《中国共产党的三十年》用历史事实来说明毛泽东思想怎样指引我们取得了胜利，在建党三十周年的时候，统一大家的思想，巩固新生的人民政权。这样的立意是非常高明的，抓住了历史发展的关键。

今年（2007 年）春节，我应约在《北京日报》上写了一段《新年寄语》，五百字。开头三句话是："历史是理论的根，理论是历史的魂，历史的主角是人。"这几句话，是我在读了很多比较好的历史著作后的体会。理论都是从实践中间来的，离开了历史，没有根，是空的。历史没有正确的指导思想、没有正确的历史观，就失去了灵魂，历史也写不好。还有一个，就是历史要突出人物。胡乔木认为，写史要写人，要有人物。胡乔木认为，范文澜、郭沫若写的历史著作好，但缺点就是写人物不够。《史记》为什么给人印象深刻，因为写了很多人物，写得有血有肉，栩栩如生。

要系统全面地了解胡乔木的史学理论和方法，可以找《胡乔木谈中共党史》

来看,内容非常丰富。这部书是由我们《胡乔木传》编写组编,人民出版社出版的。

写史要注意写人,群众中涌现出来的有影响、有贡献的人物应有一定的地位

李:现在,很多人都在批评,现在的历史著作,是"目中无人",里面全是图表数字,历史著作非常枯燥。您的著作当中,人物研究比重比较大,您是怎么注意到加强人物研究的呢?

程:我并没有一开始就想,要怎样研究历史,只是完成任务,接了写《张闻天传》的任务,写了《张闻天传》。写《邓小平在 1975 年》,这也可以说是邓小平的片断的传记吧。写这部书,主要是为完成《中华人民共和国史稿》中"文革十年"这一卷做准备。

在人物传记中注意写人似乎不成问题。问题在于在通史、断代史著作中,你要写出人物的活动。一般来说,注意不够,需要重视。需要注意在历史转折关头,在重大历史事件当中,人物的作用。我觉得,有两个问题需要注意。一个是因为是劳动人民创造历史,避免陷入"天才论"、"英雄史观",因此对杰出人物、领袖人物的作用,不大敢多提,领袖人物还好,杰出人物的作用,提得就不多了。我觉得这是个误区。马克思主义经典作家,不否认杰出人物的作用,不否认有天才。马克思还说,需要的时候,没有伟大人物,会造出一个伟大人物来。事实上,伟大人物、杰出人物,他们所起的作用,是不能不提的。另外一个问题是,群众中涌现出来的突出人物,能不能写到历史著作中去。这应该如何处理? 我们写多卷本《中华人民共和国史稿》就涉及这个问题。比如,"四五"运动中"总理遗言"的作者,杭州汽轮机厂工人李君旭,还有在上海人民广场中心旗杆上升起"沉痛悼念　恩来总理"白色绸旗的上海青年工人黄永生,还有执行抓捕"四人帮"任务的警卫战士。像这种产生广泛影响、起了积极历史作用的人物,历史书上应不应该写上名字? 照我看,应该写。鲁迅说过,"我们自古以来,就有埋头苦干的人,有拼命硬干的人,有为民请命的人,有舍身求法的人,……虽是等于为帝王将相作家谱的所谓'正史',也往往掩不住他们的光耀,这就是中国的脊梁。"旧时代的"正史",都"掩不住他们的光耀",人民当家作主的社会主义国家的历史,难道不应该给他们写上一笔吗?!

西方史学工作者的一个特点是细致深入，值得我们学习

李：您在接触国外学者的时候，感觉他们研究中华人民共和国史，有什么特点？有哪些地方值得我们注意？

程：我们中国的学者的研究，比较泛，在一个题目上，深入、持久地做文章，不够。中国的学者，限于条件，承担了任务，真正像你在那里进修的近代史所、像我们当代中国研究所一部分研究人员那样，确定了专门题目，长期研究，五年、十年、二十年，坚持下去，这样的学者，在我们中国不多。像我这样，搞张闻天，就是张闻天；搞邓小平在 1975 年，就是搞 75 年，当然，上下左右联系，这没有问题。专门搞某一个问题的学者不多，这是我们的一个缺陷。涉猎的范围，比较广，专精不够。而国外的学者，一般来讲，都比较专精，他们的题目都比较小，长期进行跟踪，经费有保证。他搞中国的某个地方的经济情况，他就盯住了这个地方，每年来。专门做这个题目多少年。这就是一个不同了。当然，也有不少学者做宏观研究。美国、日本、俄罗斯都出版了《中华人民共和国史》，集体写的，个人写的，几个人分别写专题合起来的，都有。

我们的传统是重视史料的。但我们很多人，忽视这个传统，没有在史料上扎实地下功夫，往往大而化之，用一个理论观点去套，找几个事实去证明。不是论从史出，而是史为论服务。这样做研究工作，不是没有一点成果，但成果不大。我接触的国外学者，特点就是非常扎实，非常精细，对事实抠得很细。比如，我们接触的一位澳大利亚学者，他来当代所好几次了，提的问题呀，很细致，有的我们答不上来，也没有考虑到。这促使我们进一步去研究呀。还有像美国的傅高义，2005 年我们去哈佛大学，就是他邀请的。因为他要写一本书《邓小平的时代》，他要通过评述邓小平让外国人了解改革开放的中国。他做这个题目，已经好多年了，书还没写好。傅高义的目标很明确，就是要写那样一本书。他作了很多准备，他搜集了我们这里出的很多书。我们的那本《历史转折的前奏——邓小平在 1975 年》，他看得非常仔细，写的批语密密麻麻。有的是属于他自己不理解中文，用英文做的注释。有的是事实很重要，有的是事实还需要了解。他邀请我们去，主要是为了写他那个书，跟我们交流，提问题。所以，我觉得他们研究得很细。那次，我们去讲演，完了以后，学者要提问题，有的学者要和你进一步交谈，有的请你吃饭，利用吃饭时间和你交

流。那次,听我演讲的有日本、韩国、德国、美国,好几个国家的人,提问的质量很高,很具体。有一个德国学者提问,1957年《莫斯科宣言》,中国要反对修正主义,苏联要反对教条主义,在《莫斯科宣言》里,这两方面是怎样统一的,中苏两党是怎么妥协的? 这种问题不是经过深入研究,根本提不出来。

另外,国外学者思想活跃,想像丰富,他们的分析、推断,难免跟我们的实际有距离,更不用说有些还存在意识形态的不同。但他们看问题的角度,他们的研究方法,他们的研究成果,可以启发我们思考。他山之石,可以攻玉嘛。

李:外国对我国的党史、国史研究成果,引进力度大不大?

程:现在,我们这方面介绍不够。国外研究我们中国问题,真正有高明见解的,不多。材料,他们也不会有很多。我们中国的历史学者,包括一些青年学者,人云亦云,跟着外国学者来贩运,相对其他学科,要少。外国学者的成果,都要拿来和中国的实际相对照的,不要说是对于中国学者,就是对于中国的老百姓,共和国史都是很多人亲历的,无论从理论到实际,你对这个事实的描述、评说,跟着国外走的人很少。但是,我们某些部门有一种不好的做法,把很多内情透露给外国人,让外国人来写,这不可取吧。

李:外国学者是不是也很重视咱们国家的一些学术成果?

程:非常重视。他们对我们的研究情况很重视。我们中国学者的研究成果,是他们做研究的一个很重要的来源。哈佛大学的东亚研究中心,像我们的杂志《当代中国史研究》,还有《中共党史研究》、《党的文献》,都有,而且都放在显著位置。我们出版的书,他们也很重视,跟一些外国学者接触,他们对我的著作的观点,也都了解。我接触的俄罗斯学者,他们很重视我们的《当代中国史研究》。哈佛大学,有十七八个图书馆,除了总的图书馆,燕京学社、东亚研究中心,都有中国主题的图书馆,藏书都很丰富。在他们的网上查,我出版的著作都有。目录很全,跟我差不多的中国学者的东西,他们也都有。

李:咱们的国史、党史研究,怎样走向世界,怎样达到世界前列?

程:咱们的国史、党史研究,毫无疑问,是走在世界前列的。现在的问题是怎样使我们的成果走向世界。前两年,李铁映同志当社科院院长的时候,开座谈会。我说,学术交流、文化交流,拿进来很多,社会科学、文学、电影,引进国外的很多,走出去很少,把我们的翻译、介绍出去的,很少。这两年,我还在考虑这个问题。这里面,有个需求的问题,也有个推广的问题。国外了解中国的迫切性,没有达到一般的民众。一般的民众,它主要是通过报纸、电视、广播,很少通过图书来了解。因此,我们的东西,包括文学作品,翻译成外文出版,这方面的需求不多。这是我观察的,没有调查、统计。国外研究中国的学者,都懂中文,不需要翻译,当然,有翻译更好。像傅高义这样的学者,都感觉到阅读中文有困难。七十五六岁了,他还在那儿不间断地学中文。他觉得读得慢,因为中国文化太深广了。他一面读中文材料,一面还请人教他中文,他就是以《邓小平文选》作为课本,哪里不懂,不理解,请人家讲。你要确切地理解含义,就必须从研究对象的文本出发。一般讲起来,研究中国的外国学者,都可以直接读中文的材料。走出国门,把我们的东西向外推销,要通过这些研究中国问题的专家,他们是桥梁、媒介。随着现在孔子学院在各个国家的建立,可能会有些变化。

口述史工作很难搞,搞成一篇像样的口述史文章,需要史学工作者用很长的时间来整理、完善

李:您这几年也搞过口述史著作,咱们当代中国研究所,也有不少这方面的著作推出。您个人对口述史工作,觉得应该注意些什么?

程:现在,主要是需要人力,人力不够。没有人,就做不起来。口述史文章,需要花的力气很大。搞成一篇口述史文章,它需要下的功夫,不比你写一篇论文省劲,花的力气,可能还更多。我做了一些口述史,像《刘英自述》,是我同几位同志一起搞的。

首先,你要对口述者很熟悉,口述者要对你很信任。否则,很难讲得深入。另外一个,你要有准备,对口述者讲述范围内的事,一定要比较了解。他记不清的事情,记不准的时间、地点,你能够马上说出来,他就觉得跟你谈,值。老人往往只能说一个大概,时间、地点、背景,记得不一定清楚。谈过以后,你还要核对,跟档案材料、文献、其他人的口述,进行核对。不相处到一定程度,你不好意思再去问,他也烦。还有,很多老人还有顾虑,他说这些事情,怕别人说他出风头,表现自己。中国人这一点跟外国人不一样,不愿意让别人批评这个。整理好之后,你还得让他再看。所以,搞口述史难度很大。

有的人认为,一定要有录音,才算是口述史。有录音当然好,但如果一定要,就把自己给限死了。为什么一定要有录音呢？他讲出来了，你笔记下来，那就不是口述史了？一定要有录音才是口述史，那录音里的，句句都是实话，句句都是合逻辑的话？我不是反对录音，我是反对"只有有录音，才是口述史。"没有录音，就不承认是口述史？《刘英自述》这本书，就没有录音，这是不是口述史？还有一种看法，第一次口述时讲的内容，才是最真实的。不一定。要想把一件事叙述得符合历史事实，叙述得正确，得经过反复推敲。认为一修改就是假的，这不对。就算口述者讲的都是真实的，但不一定讲得都是恰当的，都是合乎逻辑的，更不一定全是很确切的，得经过整理。整理加工，这不是作假，不是伪造。当然，有些人是通过整理加工作假。一些形式上的考虑，像必须有录音，第一次讲的才是真的，修改的就错了。我觉得，似乎都是缺乏实际工作经验的表现。第一次没有讲清楚，就不能补充修改？关键是当事人确认是怎么回事，也就是他要对这个东西负责。但他对这个东西负责了，也可能有差错。研究工作者，可以根据自己的研究成果，指出其中可能存在的问题。记忆的误差，故意的伪造，都可能有。

有一个明显的例子，许广平的《鲁迅回忆录》，鲁迅夫人回忆鲁迅，最权威了吧，而且是经过深思熟虑写下来的，经过修改定下来的。湖南的学者朱正写了一本书《鲁迅回忆录正误》，指出她哪些地方说错了。这就是记忆的误差，你不能苛求她。

茅盾回忆张闻天的文章，也是口述史嘛。我觉得，口述史不一定要限于嘴讲，不用嘴讲，而用笔写，也可以视为口述史。只是工具不同而已。这方面的例子有的是。比如，茅盾的回忆录《我走过的道路》，开头是他写的，后来他眼睛坏了，变成他讲，他的儿子、媳妇记录、整理。前半部分是写的，后半部分是讲的，你说这本回忆录，是不是口述史？不妨扩大范围，承认它是口述史。还有，胡乔木回忆张闻天，已经写了一页纸，眼睛患病了，怕耽误我们出版，把我们找去。把要写的那几件事情，非常细致地讲。还指出，某件事比较难写，整理时，措词上要注意；某件事，我讲这么多是为了让你们了解，写的时候，提几句就行了：一一地说明。然后，我们把他讲的整理出来，再请他审阅定稿。你说他这篇东西，算不算口述史？我觉得，口述史范围可以放宽一点。

还有一种方法，我不太赞成，就是历史学者拟定了提纲，说这个事实怎么样，那件事情怎么样，然后去找张三讲一段，李四讲一段，王五讲一段，然后成为一本书，就叫口述史。何必这样写呢？口述材料只是你的来源之一，你做深一步的考察，把他写成一部历史，不是挺好的嘛！

我认为，口述史主要的功能，是亲历者提供史料，不是提供完整的历史，一个人的口述毕竟是有限的。即使像邓力群这样的口述者，他尽管经历的事情比较多，考虑得比较周到，讲述的事情比较重要，讲得也比较完整，又保存很多当时的材料可以利用，他本人也是历史学家，但是，他既是口述他自己的历史，就不可能代替历史学家写的历史著作。

口述史，最重要的是提供史料，就是口碑资料，它有别的方法不可替代的作用。

李：那咱们下一步搞口述史，您觉得应该在哪些地方下功夫，以提高口述史的水平？

程：我觉得，还是要百花齐放。不要划框框，个人要根据工作的需要，个人的兴趣来搞。像我们这儿，根据工作的需要，主要是搞"要人大事"。这一点，我在近代史所召集的一个学术讨论会上说过。现在有些人非常鄙薄"宏大叙事"。我不了解他们说的"宏大叙事"到底是什么意思，也没有看到一个系统的解说。我们搞"要人大事"的口述史，这是当代史工作中的一个重要任务。要人大事搞不清楚，只有普通人的生活史，历史能得到全面反映吗？比如说，从我这个人的经历，也可以从一个侧面看出社会的发展。马克思说："人是一切社会关系的总和。"一个人的历史，可以反映某些历史实况，但要从全面反映历史的要求来看，这能比得了"要人大事"的作用么？张闻天这样的人，贯穿了整个新民主主义革命时期和社会主义革命和建设一个相当时期的主要历史发展过程，邓小平就更不用说了。你说，不把他们的历史写好，你能够认识这个历史么？宏大叙事中间，有缺点，有假大空，那是另一回事。我这样说，并不是反对从下而上搞历史，也不是反对从社会史的角度研究历史、从凡人小事着眼研究历史，但比较起来，搞"要人大事"，更为重要与紧迫。

还有的人讲，细节决定历史。去年纪念长征的时候，出了一本书，标题就是《细节决定历史》，有一个报纸还连载了。怎么能说"细节决定历史"呢？某些细节，可以影响历史，但细节无论如何不能决定历史。还是应该抓住历史的主流、本质，如实地写出历史是如何发展的，弄清历史的主潮。

研究历史，要在掌握正确的方法，日积月累，水到渠成

李：程老师，您的好几种著作，都已重印，说明是经受了时间的考验了。您在研究当中,是怎样确保自己的成果扎实、厚重?

程:中国的史学,有很好的传统,重视史料,重视考证,强调要有真凭实据,要写成"信史"。为了维护历史的真实,多少史官杀头也不怕。这是一个很好的传统。研究古代史,材料很少。过去的记载,很多也都是从口述来的。像司马迁写《史记》,就搜集了很多口述资料。因为材料有限,又有歧义,正史、野史、笔记所记史实不尽相同,所以,要有考伪辨析的功夫,以求得所写历史建立在真实史料的基础之上。这种传统,发展到乾嘉学派,达到最高境界。由于史料不足,还得结合野外调查,研究出土文物,来复原历史。

今天,搞党史,搞人民共和国史,这样性质的问题是同样存在的,表现形式、表现方式则不同。一般的社会发展情况,一般的大的历史发展过程,有报纸,最近十几年来还有电视、影像作品。应该说,搞历史,比过去来讲,是容易接近真实了。撇开观点、认识片面这些问题,过去材料不足,只能拿那些材料写历史,得到一个大体的结论,不是一种精确的,而是一种模糊的认识,当然,也就需要模糊的措辞。现在,有很多统计资料,既能从精确的方面,也可以从模糊的方面来认识。当然,所谓模糊,并不是糊涂,而是"模糊数学"意义上的"模糊"。实际上是对历史有总体的、全面的把握,对事物的本质有正确的认识。现在也还有很多情况,弄不清楚。许多档案没有解密,内幕决策是怎么进行的,你不知道,或者说不完全知道。因此,这里还有一个发掘搜集史料的问题,开放档案的问题,也有一个考证的问题,还有一个辨伪的问题。回忆录,同一个问题,这个人这么说,那个人那么说,比如粉碎"四人帮",究竟是谁,在哪一天,在什么场合策划的,就很不容易搞清楚。主要当事人华国锋,很难找他谈啊,你们山西老乡可能方便些。有些人去世了,留下了和秘书谈的一些东西,这也得考辨。

《张闻天传》里有考证的问题,离现在比较近的事情里,也有考证的问题。我感到欣慰的是,由于发现了张闻天"五四"时期传播马克思主义的材料,确立了他中国早期马克思主义传播者的地位,河海大学给他立了铜像。如果他这样的贡献没有发掘出来,就没有理由在他的母校给他立铜像。史料的考证考辨,确实很重要啊。

再比如,我们那部关于1975年整顿的书,就是建立在发掘材料的基础上的。1975年,邓小平怎样指导、指挥整顿工作,你得用材料来说话。我使用了当时国务院政研室的简报,就是"批邓、反击右倾翻案风"运动时的简报,那里面有不少揭发批判邓小平的材料，说邓小平哪一天说什么，邓小平让我们干什么。当时是揭发批判他。但是，事实摆在那里，这些揭发批判的材料，就成了说明邓小平怎样领导他们搞整顿的资料了。所以，我整理了一个邓小平与国务院政研室负责人胡乔木等的"二十四次谈话"，人民出版社出版了。这部谈话录，就是从那些揭发批判材料里整理出来的。我通过研究，还利用其他材料，把邓小平哪一天就什么事情讲了什么话，邓小平讲话的背景是什么，讲了这些话以后，是怎么贯彻落实的，有什么行动，产生了什么影响，把它串起来，再看整顿的全局。做这一份资料当然还要找其他相关资料，单靠那些简报还不行。找全了材料，还要一个问题一个问题地研究清楚。当时，我们到铁道部、教育部、国家经委、计委等部门档案馆查了档案。国家计委有当时每个星期生产情况的报表。钢铁生产，还有日报。这是现代人比较方便的地方。那也需要做工作啊，你不去查，怎么能有材料呢？如果档案馆对你关门，那也没有办法。

历史研究，现在还是很需要作扎实的资料工作。在资料工作的基础上，还要深入研究，弄清楚历史事件的前因后果，来龙去脉，分析它的作用、意义、影响。这是一个普遍的规律性的东西。历史研究，关键还是要做。方法，你说有什么奥妙，也没有什么奥妙，就那么几招，重要的是去做。要根据不同的情况，找不同的门路，想不同的办法，解决问题。

回望"1975—1982年伟大历史转折"

——"历史转折三部曲"《前奏》、《决战》、《新路》图文版简要评介

早在1991年当代中国研究所成立之初,我们就开始研究历史转折的前奏——"1975年邓小平主持整顿"这个题目了。以后,研究课题逐步延伸。从研究1976年四五运动到粉碎"四人帮"的历史,发展到研究中共十一届三中全会伟大转折、直至中共十二大打开建设中国特色社会主义新路的历史。2006年成立了"1975—1982:伟大历史转折研究"课题组。由程中原担任课题组组长,主要成员为:夏杏珍(研究员),李正华(博士、研究员),张金才(博士、副研究员),刘仓(博士、副研究员),李建斌(当代中国研究所图书资料室副主任)。

对于这个课题的研究,算起来,至今已近二十年了。二十年间,课题组本着"让学术研究的成果为大众所共享"的理念,为适合不同读者群体的需要,将研究成果分为三个层次:一是学术著作;二是普及读物;三是简明读本。图文版"历史转折三部曲"《前奏》、《决战》、《新路》,是普及性的历史读物,是我们这个课题的重要阶段性成果。这个选题是河北人民出版社文史编辑室主任王静编审首先提出的。最近,图文版"历史转折三部曲"(包括《前奏》《决战》《新路》)全部出齐与读者见面了。这是"1975—1982伟大历史转折"课题组的重要阶段性成果。

力求创新,是我们课题组全体成员的追求。我们在以下几方面作了努力:

第一,力求采取新的角度,对这段历史作出新的解读。三部曲把中共十一届三中全会这一伟大的历史转折放到1975年至1982年这段历史中去考察,较之仅仅研究中共十一届三中全会本身,更有历史的纵深感和厚重感,便于从宏观上观察和认识伟大历史转折的来龙去脉和划时代意义,有助于认识其历史必然性和对新中

国历史发展的推动作用。

第二，力求采用新的形式，对历史进行叙述和评论。我们采取文学作品常用的三部曲的形式，分"前奏"、"决战"、"新路"三部来评述 1975 年到 1982 年这八年的历史，对开创历史著作的新样式作了有益的尝试和探索。

第三，力求搜集翔实的史料，还历史的本来面貌。1975 至 1982 这八年，即"文化大革命"后期至中共十二大期间，党和人民为改变中国命运与前途进行了波澜壮阔的斗争与开拓创新的努力。为全景式地展现这一繁富宏大的历史图景，我们使用了大量第一手资料。许多史料取自权威的档案，包括在此期间主要会议的简报、纪要，领导人的批示、指示、讲话、谈话等等，其中有些史料以前没有披露过。这就增强了著作的权威性和可信度。

第四，力求采用群众喜闻乐见的表述方法，以利于广泛的传播。我们努力在继承中国古代史传散文和记事本末体史书优良传统的基础上，吸收近、现代中外报告文学的长处，采用夹叙夹议的方式，记述事件本末，评价历史人物，力求义理、考据、辞章三者兼优，思想性、科学性、可读性三者统一，以实际行动贯彻学术成果大众化的要求。

同时，还对历史事件和人物进行辩证分析，作出历史评价，提出了不少新观点，在政治性、科学性、可读性的结合上做出了可贵的努力。

历史转折三部曲对 1975 年至 1982 年这段历史提出了若干新观点，作出了若干新论断。这应该说是它的主要价值所在。

在中国共产党和中华人民共和国的历史上，以中共十一届三中全会为里程碑的"伟大转折"是最为重大的事件之一。那么，这个伟大转折是如何实现的？它经历了怎样的过程？"历史转折三部曲"用大量的材料，辩证的分析，富有说服力地论证了："伟大历史转折"不是突然实现的，而是经历了一个曲折的过程，这个过程大致包括"前奏"、"决战"、"新路"三个阶段：邓小平主持的 1975 年整顿是历史转折的前奏；1976 年粉碎"四人帮"的胜利为历史转折创造了前提；此后的两年为历史转折作了准备；中共十一届三中全会实现了历史转折；从中共十一届三中全会到中共十二大，以邓小平为核心的党中央领导集体，开辟了一条建设中国特色社会主义的新道路，完成了历史转折。从 1975 年整顿至 1982 年中共十二大这八年，可说是中国共产党和中华人民共和国历史上的伟大转折时期。

　　客观地叙述和评价从1975年整顿到1982年中共十二大召开这一伟大历史转折时期波澜壮阔的历史,全面总结中国人民在中国共产党的领导下,战胜"文化大革命"带来的灾难,实行改革开放,走出一条中国特色社会主义新路,建设繁荣富强的新中国的宝贵经验,无疑具有十分重要的政治意义和学术价值。以历史唯物主义为指导,具体地再现和客观地评析这段活生生的历史,将会丰富我们的认识,加深我们的理解,进而总结经验教训,探索执政规律。这对于以科学发展观为指导,建设和谐社会的人们,从历史中得到借鉴,更加努力奋发前进,是会有启发性和感召力的。

　　三部曲的每一部都有若干新观点、新材料。

　　《前奏:邓小平与一九七五年整顿》是"历史转折三部曲"第一部,对"1975年进行的整顿是'全面整顿'吗"、"1975年整顿为何中断了"、"怎样看待1975年整顿的历史地位"等重要问题进行了回答,阐述了以下重要观点。

　　其一,1975年进行的整顿还不是"全面整顿"。

　　本书指出,邓小平领导的1975年整顿的第一阶段是重点整顿阶段,也可以说是整顿的试点阶段。这一阶段以铁路整顿为突破口,接着转入国防科技和钢铁的重点整顿。1975年7月,邓小平抓住毛泽东关于调整文艺政策的指示和决策,把整顿从经济部门引导到上层建筑特别是意识形态领域,1975年整顿由此进入第二阶段。从7月起,文艺的调整、军队的整顿、教育的整顿、科技的整顿、国防工业的整顿、地方的整顿、农业的整顿先后展开,并取得成绩。邓小平在整顿向面上铺开和引向深入的基础上,决心乘胜前进,提出"党也要整顿",部署在1975年冬至1976年春进行以整党为核心的"全面整顿"。就在1975年冬准备进入整顿的第三阶段即"全面整顿"之际,"批邓、反击右倾翻案风"开始,以整党为核心的"全面整顿"已经作了部署而尚未来得及展开,就被迫中断了。本书通过事实和分析,有力地说明:通常所说1975年进行了"全面整顿"是不够确切的。

　　其二,从毛泽东、邓小平的分歧看1975年整顿中断的原因。本书叙述了1975年整顿突然中断的经过,通过具体分析,指出:"1975年整顿在它深入到科技、教育领域时遭到批判而中断的命运,是不可避免的。因为在整顿的指导思想上,从而在社会主义革命和建设的指导思想上,邓小平和毛泽东既有契合、一致的方面,也有矛盾、不同的方面。"本书从三个层面分析了毛邓的分歧:在实践层面上,是肯定还是否定"文化大革命"；在路线层面上，是"以阶级斗争为纲"还是"以经济建设为中心"；在理论层面上，是对什么是社会主义的认识有差异。

其三，1975年整顿在中国社会主义建设道路探索中具有怎样的历史地位。本书对《中国共产党的七十年》的观点作了补充，指出："在对建设中国特色社会主义道路的探索中，正确的和比较正确的趋向在'文化大革命'十年中并没有完全中断，邓小平主持的1975年整顿，包括整顿中邓小平主持或指导起草的一系列文件，所作的讲话、谈话和指示，特别是《论总纲》、《工业二十条》、《科学院工作汇报提纲》等三个著名文件，正是在'文化大革命'发展到1975年的特殊条件下，对'文化大革命'前十年发展与积累起来的正确的和比较正确的理论、方针、政策的运用和发展。……较之'文化大革命'前十年的探索，应该说，1975年整顿所作的探索，为新时期的拨乱反正和改革开放作了更为直接的准备。"

《决战——从四五运动到粉碎"四人帮"》是"历史转折三部曲"的第二部。在中共十一届三中全会公报和《关于建国以来党的若干历史问题的决议》精神指导下，《决战》对如何认识和评价华国锋、叶剑英和李先念、汪东兴等重要人物对粉碎"四人帮"的历史作用、粉碎"四人帮""是否合法等一系列重要问题进行了解答，主要对以下几个问题进行了阐述。

其一，怎样认识和评价华国锋、叶剑英和李先念、汪东兴等重要人物对粉碎"四人帮"的历史作用？书中指出，粉碎"四人帮"宣告了"文化大革命"这一历史时期的结束，"新的历史发展时期"的开始。本书在肯定华国锋、叶剑英在粉碎"四人帮"斗争中的决定作用和李先念的重要作用的同时，指出汪东兴也是一个举足轻重的人物，发挥了共同策划和组织实施的重要作用。

其二，粉碎"四人帮"伟大胜利的原因是什么？本书认为，粉碎"四人帮"的伟大胜利是当时中国各种政治力量，首先是团结在华国锋、叶剑英周围的中央政治局多数与"四人帮"之间，相互冲突和激烈斗争的结果。斗争的结局是中央政治局多数的胜利和"四人帮"的灭亡。并且具体归纳了六条原因，说明粉碎"四人帮"是"合力"作用的结果，反映了坚持民主集中制、反对专制独裁；坚持安定、团结，反对动乱、分裂；坚持光明正大，反对搞阴谋诡计之间尖锐复杂的斗争，是历史发展的趋势，不可阻挡。

其三，对"四五"运动是不是党领导下发生的这一问题，作了分析。本书指出，

"四五"运动的发生同党的领导密切相关。"四五"运动是广大干部群众接受党的长期教育包括"文化大革命"正反两方面教育和在大风大浪中锻炼的结果；是党的理想信念，党提出的奋斗目标，深入人心的结果；是党的领袖人物周恩来、邓小平得到干部群众拥护爱戴的表现；而一些党的基层组织、许多党员，在这场运动中发挥了骨干作用。可以说，"四五"运动是在中国共产党长期教育与影响下发生的伟大革命运动。在组织上，由于"四人帮"的破坏作用，当时的党中央不仅没有领导这场抗议运动，反而错误地压制、镇压了这场抗议运动。但在政治上、思想上，这场抗议运动没有脱离党的领导，广大干部群众始终是以毛泽东思想为指导，以四个现代化和社会主义民主为目标，遵循党的路线、方针，来开展运动的。从这个意义上说，党在思想上、政治上领导了这场抗议运动。

其四，对粉碎"四人帮""是否合法？是不是一场政变？"做出回答。本书认为，政变是指用非法的或非正常的手段打倒执政者，推翻现政权。而毛泽东逝世后，华国锋是党和国家的最高领导人。他和叶剑英、李先念团结中共中央政治局多数同志采取断然措施粉碎"四人帮"，之后又立即召开政治局会议通报此事，作出决定。因此，是完全合法的；并不是发动了一场政变，而是制止了"四人帮"图谋发动的政变，粉碎了"四人帮"篡夺党和国家最高权力的阴谋。身为军委副主席的叶剑英在决策粉碎"四人帮"的过程中，等待华国锋首先下决心。华国锋委托李先念找他谋划以后，他才积极参与。如果叶剑英首先提出、主持解决"四人帮"的话，会造成"军事政变"这样一种影响。粉碎"四人帮"后，党内外一些领导人要求叶剑英主持党中央工作，叶剑英总是婉言谢绝，说：我是军事干部，搞军事的，如果那样做，不就让人说是"宫廷政变"吗？

其五，姚文元"暴力"论对上海武装暴乱负有什么样的历史责任？关于姚文元的罪状，特别法庭认为，姚文元在事实上、证据上和触犯法律上，都构不成策动武装叛乱罪，所以没有进行法庭调查。法律上讲究主观故意与行动的统一，认定姚文元不负担刑事责任，是恰当的。本书指出，历史评价与司法裁定并不等同。不可否认，姚文元关于暴力的一系列论述和观点，对"四人帮"帮派势力策动武装叛乱有重大影响。徐景贤的证词承认，姚文元的指示和理论是上海策划武装叛乱的两个根据之一。因此，姚文元对上海策划武装叛乱的历史责任，不能因为没有法律责任而得到豁免。

《新路——十一届三中全会前后到十二大》是历史转折三部曲的第三部。在1998年中央文献出版社出版的《1976—1981年的中国》基础上，按研究的新进展重

写,增加了不少原书没有或目前尚未见到的新内容:

(1) 全面地叙述了邓小平第三次复出的过程。其中华国锋在 1977 年 1 月 6 日在政治局会议上的讲话,1977 年 3 月中央工作会议上政治局关于邓小平复出的决定,这个决定落实的一些情况,以及根据上述史实指出华国锋只是拖延而没有阻挠邓小平复出,都是以前所没有讲清楚说明白的。

(2) 对派高级代表团出访港澳、日本、西欧等的情况及其对改革开放的作用,作了翔实的叙述和客观的评论。

(3) 对 1978 年全国科学大会的来龙去脉、重要内容等作了比较全面具体的叙述和评论。

(4) 对理论务虚会不仅作了翔实的叙述,而且作出了历史的评价。

(5) 对国务院务虚会,依据档案作了新的全面系统的叙述和评论。

(6) 对 1982 年宪法的修订过程及其内容作了具体介绍。

(7) 较为详细地叙述邓小平中共十一届三中全会"主题报告"起草过程和《历史决议》起草和通过的过程。读者从中可以加深对实现历史转折和打开新路这段历史的认识,加深对邓小平在历史转折关头的重大作用的认识和对邓小平理论的理解。

(8)《新路》指出,这六年的历史可分两个阶段:粉碎"四人帮"至中共十一届三中全会前的两年,是初步拨乱反正,为历史转折作准备的阶段;中共十一届三中全会至中共十二大这四年,是实现历史转折、打开新路的阶段。

图文版三部曲面世以后,得到党史、国史界专家、学者的肯定和鼓励。[1]有的学

---

① 报刊发表的书评主要有:瞿林东:《伟大历史转折的政治图景——读"历史转折三部曲"》,《人民日报》2010 年 10 月 22 日第 7 版;胡福明:《全面评述伟大历史转折的三本好书》,《中国社会科学报》2010 年 10 月 28 日;侯树栋:《历史转折三部曲创造了写史的新形式》国史网 20101028;陈晋:《怎样展示历史巨变的魅力——读程中原等"历史转折三部曲"》,《中华读书报》2010 年 11 月 3 日第 10 版;陈宇:《深化邓小平研究的三部力作——读"历史转折三部曲"〈前奏〉、〈决战〉、〈新路〉》,《党的文献》2010 年第 6 期;周一平:《国史著作新追求:思想性、学术性、可读性统一——评"历史转折三部曲"》,《中国出版》2010 年 11 月上;张静如:《一部既有学术价值又能为大众读者接受的好书》,《北京党史》2011 年第 1 期;步平:《从转折走向新路的历史记录——读历史转折三部曲〈前奏〉、〈决战〉、〈新路〉》,《当代中国史研究》2011 年第 1 期;周一平、刘云凤:《思想性、学术性、可读性统一——评图文版"历史转折三部曲"》,《中共党史研究》2011 年第 3 期;金春明:《研究邓小平的重要成果》,《博览群书》2011 年第 7 期;邵维正:《伟大历史转折的全景式记述——评〈前奏〉、〈决战〉、〈新路〉三部曲》,《求是》2011 年第 19 期;李捷:《一部雅俗共赏的史学专著——历史转折三部曲〈前奏〉、〈决战〉、〈新路〉读后》,《光明日报》2011 年 12 月 14 日。

者说,三部曲是"深化历史转折研究的力作","是一套文图并茂、雅俗共赏的历史读物",体现了"党性和科学性的统一";有的学者认为,三部曲描述了"一幅伟大历史转折的政治图景",写出了历史的"大伦理,大机会,大治乱得失";有的学者指出,"三部曲体现了党史国史著作的新追求:政治性、学术性、可读性的统一"。有的学者指出,"历史转折三部曲创造了写史的新形式"。他们的评论实际上向我们提出了更高的要求,我们当进一步努力。

第三编

国史若干问题研讨

与国内学者研讨中华人民共和国史

　　本辑是作者同国内研究、宣传、教育中华人民共和国史的学者、教员、学生做学术讲座和进行学术讨论时,对中华人民共和国史中涉及的一些问题发表的意见。供朋友们研究与教学参考。进行学术讲座和学术讨论的场合主要有:全国政协举办的文史干部培训班,中宣部、教育部举办的全国高校政治理论课骨干教师培训班、中华人民共和国史骨干教师培训班,中央党校党史教研部,中国社会科学院国史系,中国人民大学党史系,淮阴师范学院政史系,邯郸学院历史系等。

　　对问题的回答,曾印发过讲稿;有些问题的回答,在拙著中曾公开发表过。作者在收入本书时都作了校订,有的作了修改、补充。对所列问题,在选入本书的文章中已有论述和解答的,只列题目,说明具体内容见某篇。

中华人民共和国国名、国体、政体是怎样确定的？中华人民共和国中央人民政府成立的程序是怎样规定的？

这些问题，都是关乎立国之本的问题。

关于国名及国名的简称问题。

1948 年 4 月 30 日，中共中央发布五一劳动节口号二十三条（简称"五一口号"）。其中经毛泽东亲自改写的第五条，正式向全国各民主党派、各人民团体、各社会贤达发出"迅速召开政治协商会议，讨论并实现召集人民代表大会，成立民主联合政府"的号召。中共的号召，得到各民主党派、各人民团体、无党派民主人士和海外华侨的热烈响应，一个规模巨大、催动新中国诞生的新政协运动迅速兴起，揭开了筹备建立新中国的序幕。

关于新建立的国家的国名问题，在发出新政协号召以前，在中共中央文件和领导人的讲话中，即多次有"中华人民共和国"的提法。如 1948 年 1 月 18 日毛泽东为中共中央起草的党内指示《关于目前党的政策中的几个重要问题》和 2 月 15 日完稿的《中共中央关于土地改革中各社会阶级的划分及其待遇的规定》（草案）、10 月 10 日发出的《中共中央关于九月会议的通知》等，都把新中国定名为"中华人民共和国"。但是，后来在 8 月 1 日，毛泽东复香港各民主党派和民主人士电等，10 月上旬提出、11 月 25 日达成协议的《关于召开新的政治协商会议诸问题》及随之起草的《新政治协商会议筹备会组织条例草案》和《中华人民民主共和国政府组织大纲草案》中，又改用"中华人民民主共和国"的名称。随后，毛泽东在 1948 年 12 月

30 日为新华社写的新年献词《将革命进行到底》中宣布：1949 年将召集没有反动分子参加的、以完成人民革命任务为目标的政治协商会议，"宣告中华人民民主共和国的成立，并组成共和国的中央政府"。新政协筹备会期间，关于国名问题的不同意见进行了讨论。黄炎培、张志让等主张用"中华人民民主国"，张奚若等主张用"中华人民共和国"。最后决定采用"中华人民共和国"为国名。因为人民、共和都包含了民主的意思。

国名问题的意见很快取得了一致，倒是国名的简称问题引起了热烈的争论。最初起草的《中华人民民主共和国政府组织大纲草案》中有"中华人民民主共和国简称中华民国"一条，筹备会召开后，该大纲草案改称为《中华人民共和国中央人民政府组织法草案》，简称一说仍旧保留。代表们对要不要保留这个简称及是否把简称写入共同纲领展开了热烈的讨论。一些代表主张，不仅在政府组织法中应注明"简称中华民国"，而且要把这一简称写入共同纲领。因为共同纲领要具有照顾统一战线中各个组织的意义，应该沿用习惯了的称呼。更多的代表不赞成简称"中华民国"，因为"中华民国"并不是一个简称，而是代表旧中国统治的一切，反动派标榜"中华民国"，而人民对它已经反感、厌恶，人民的新中国是新民主主义的，不能与之混同。如果要用简称，就简称"中国"。还有的代表主张，既是不应简称"中华民国"，也不必在共同纲领条文中注明简称"中国"。因为中国是习惯用法，不是简称。最后所有政协文件都没有写简称。现在日常通用的是通称：中国。

关于国体和政体的问题。

这是建立新国家时首先要回答的问题。对此，毛泽东在抗日战争时期就有所思考。毛泽东在《新民主主义论》中指出，"国体"问题，"就是社会各阶级在国家中的地位"。"只要是殖民地或半殖民地的革命，其国家构成和政权构成，基本上必然相同，即几个反对帝国主义的阶级联合起来共同专政的新民主主义的国家"。[①]"所谓'政体'问题，那是指的政权构成的形式问题，指的是一定的社会阶级取何种形式去组织那反对敌人保护自己的政权机关。"中国现在可以采取人民代表大会形式。毛泽东概括说："国体——各革命阶级联合专政。政体——民主集中制。这就是新

① 《毛泽东选集》第 2 卷，人民出版社 1991 年版，第 676 页。

民主主义的政治,这就是新民主主义的共和国。""并由各级代表大会选举政府"①;后来,在《论联合政府》中,毛泽东又对这些原则作了更加具体的论述。

解放战争期间,毛泽东对这个问题的思考与抗战时期的思考有承接的关系。这时,中国新民主主义的任务虽然没有改变,但随着国共合作的再次破裂,国内阶级关系发生重大变化。新中国的国体与原先设想的国共联合政府有重大不同。1945年底,毛泽东曾一度考虑重新采用土地革命战争时"工农民主专政"的提法。但这个提法有比较明显的缺陷,它不能反映中国共产党对民族资产阶级的政策,而毛泽东那时已明确主张在未来新中国的政权中应有民族资产阶级的政治代表参加。

建国前夕,毛泽东对国体问题思考的关键,是怎样对各阶级在未来新国家中的地位作出全面严谨的论述和提纲挈领的概括。1948年1月,毛泽东在他起草的《关于目前党的政策中的几个具体问题》中就指出:"新民主主义的政权是工人阶级领导的人民大众的反帝反封建的政权。所谓人民大众,是包括工人阶级、农民阶级、城市小资产阶级、被帝国主义和国民党反动政权及其所代表的官僚资产阶级(大资产阶级)和地主阶级所压迫和损害的民族资产阶级,而以工人、农民(兵士主要是穿军服的农民)和其他劳动人民为主体。这个人民大众组成自己的国家(中华人民共和国)并建立代表国家的政府(中华人民共和国的中央政府),工人阶级经过自己的先锋队中国共产党实现对于人民大众的国家及其政府的领导。这个人民共和国及其政府所要反对的敌人,是外国帝国主义、本国国民党反动派及其所代表的官僚阶级和地主阶级。"②这段话说明了各阶级在新中国的地位。4月,他在晋绥干部会议上的讲话中又作了进一步论述。8月,中共中央宣传部在"关于重印《左派幼稚病》第二章前言"的通知中使用了"人民民主专政"的概念:"列宁在本书中所说的,是关于无产阶级专政。今天在我们中国,则不是建立无产阶级专政,而是建立人民民主专政。"③随后,毛泽东在九月政治局的报告中肯定了"人民民主专政"的提法,指出:"建立无产阶级领导的以工农联盟为基础的人民民主专政。打倒帝国

---

① 《毛泽东选集》第2卷,人民出版社1991年版,第677页。
② 《毛泽东选集》第4卷,人民出版社1991年版,第1272页。
③ 转引自《胡乔木回忆毛泽东》,人民出版社2003年版,第534页。

主义、封建主义和官僚资本主义的反动专政。我们政权的性质是这样：无产阶级领导的，以工农联盟为基础，但不是仅仅工农，还有资产阶级民主分子参加的人民民主专政。"①在 1949 年 1 月会议上，毛泽东对人民民主专政的含义作了进一步解释。他说：人民民主专政也是独裁，人民民主独裁，即以其人之道还治其人之身。人民内部是民主，对敌人是独裁。他特别指出：对这个问题宣传得不够，甚至党内也有人弄不清，一听独裁就脸红，其实独裁是对敌人，对一切反革命分子阶层、集团、党派。这是基本问题，必须讲清。讲清就有主动权，否则就没有主动权，没有道理好讲。②过了半年，1949 年 6 月 30 日，毛泽东发表《论人民民主专政》，把这个道理，把将要建立的新国家的国体问题，给党内党外、给全国人民讲清楚。

　　关于政体问题，毛泽东一直坚持《新民主主义论》和《论联合政府》中提出的主张。认为人民民主专政的国家应该采取民主集中制的各级人民代表会议制度，中央和地方各级政府，应当由各级人民代表大会选举产生。建国前夕，这个问题在中共党内没有不同意见，但需要进一步明确；更重要的是，需要向与中共合作的民主党派和各界人士解释清楚，得到他们的赞同。在 9 月政治局会议上，毛泽东说：建立我们政权的制度是采取议会制呢？还是采取民主集中制？过去我们叫苏维埃……这是死搬外国名词，现在我们就用"人民代表会议"这一名词。我们采用民主集中制，而不采用资产阶级议会制。议会制袁世凯、曹锟都搞过，已臭了。在中国采取民主集中制是很合适的。我们提出开人民代表大会……我看我们可以这样决定，不必搞资产阶级的国会制和三权鼎立等。③到中共七届二中全会召开时，新国家的政体问题已成定论。

关于成立中华人民共和国中央人民政府的程序

　　1948 年"五一口号"中提出：由新政协"讨论并实现召集人民代表大会，成立民主联合政府"。在新政协召开之前，集中在哈尔滨的民主人士在讨论中共中央提出的关于召开新政协诸问题协议草案时，对如何成立中央政府一项，产生不同意见。有人主张：新政协即等于临时人民代表会议，即可产生临时中央政府。中共中央赞

　　①　转引自《胡乔木回忆毛泽东》，人民出版社 2003 年版，第 534 页。
　　②③　转引自《胡乔木回忆毛泽东》，人民出版社 2003 年版，第 535 页。

同这一意见。在 11 月 3 日给东北局的指示电中说：依据目前形势的发展，临时中央人民政府有很大可能不需经全国临时人民代表会议，即径由新政协会议产生。经修改的新政协诸问题协议草案即明确规定：由新政协直接选举临时中央政府。1948 年 12 月 30 日，毛泽东在为新华社写的元旦献词《将革命进行到底》中宣布："1949 年将要召集没有反动分子参加的以完成人民革命任务为目标的政治协商会议，宣告中华人民共和国的成立，并组成共和国的中央政府。这个政府将是一个在中国共产党领导之下的、有各民主党派各人民团体的适当的代表人物参加的民主联合政府。"①这样，中华人民共和国中央人民政府即由 1949 年 9 月召开的中国人民政治协商会议选举成立。毛泽东当选为中央人民政府主席，朱德、刘少奇、宋庆龄、李济深、张澜、高岗为副主席，陈毅等五十六人为中央人民政府委员会委员。

顺便说及，现在有一种观点，认为新中国成立不能称为"建国"，因为中国是历来就有的。这种观点成为一种主张，不是停留在学术探讨的范围，而是采取行政手段强制推行。

应该指出，称为"新中国成立"固然正确，但称为"新中国建立"、"建立新中国"，简称为"建国"，也是正确的，完全可以的。1921 年 7 月召开的中国共产党第一次全国代表大会提出："革命军队必须与无产阶级一起推翻资产阶级政权"②。1922 年 7 月召开的中国共产党第二次全国代表大会即提出：共产党应该"组织民主的联合战线，以扫清封建军阀推翻帝国主义的压迫，建设真正民主政治的独立国家"的奋斗目标。③毛泽东也多次使用"建国"一词。他在 1945 年 4 月 24 日的《论联合政府》中就说，经过自由的选举，召开国民大会，成立正式的联合政府，"在一个民主的共同纲领之下，为现在的抗日和将来的建国而奋斗"④。又说，非成立联合政府，不能克服目前时局的危机，"不能达到团结对敌和团结建国的目的。"⑤在 1947 年 10

① 《毛泽东选集》第 4 卷，人民出版社 1991 年第 2 版，第 1379 页。
② 《中国共产党第一个纲领》，《中共中央文件选集》第一册，中共中央党校出版社 1989 年版，第 3 页。
③ 中国共产党第二次全国代表大会《关于"民主的联合战线"的议决案》，《中共中央文件选集》第一册，中共中央党校出版社 1989 年版，第 66 页。
④ 《毛泽东选集》第 2 卷，人民出版社 1991 年版，第 1069 页。
⑤ 《毛泽东选集》第 2 卷，人民出版社 1991 年版，第 1072 页。

月 10 日改定的中国人民解放军训令中，提出了"打倒蒋介石，建立新中国"的口号。

应该看到，中国固然是历来就有的，但"中华人民共和国"却是以前没有的，是新建立的。中华人民共和国是经过打倒国民党反动派，推翻中华民国旧政权以后建立起来的一个新国家。

再者，语言的一个基本规律是约定俗成。为公众通用，不会引起歧义和误解，它就有生命力，会流行。它的产生、存活，是外力禁止不了的。既然"建国"、"建国以来"已经通用，硬要禁止，反而会引起不必要的混乱；而且实际上也是禁止不了的。谁有本事把所有中央文件、领导人的讲话中的"建国以来"改成"新中国成立以来"？如中共十一届六中全会通过的《关于建国以来党的若干历史问题的决议》，你能改吗？中央文献研究室已经编辑出版了十多册的《建国以来毛泽东文稿》，这书名你能改吗？我以为，一概不能用"建国"、"建国以来"而只能用"新中国成立"、"新中国成立以来"的主张，既无必要，也不可能。理由也是不充分的。

毛泽东进行"第二次结合"的探索取得哪些成果？对中国特色社会主义的形成有何意义？

列宁在 1923 年初曾预言："在东方那些人口无比众多、社会情况无比复杂的国家里,今后的革命无疑会比俄国的革命带有更多的特殊性。"①历史的发展果如列宁所料,中国的社会主义确实"带有更多的特殊性",以至用"中国特色"来指称,来命名。而毛泽东首先提出并开始探索的马列主义同中国革命与建设实际的"第二次结合",奠定了中国特色社会主义的基础。在纪念毛泽东诞辰一百一十五周年的日子里,沿着中国特色社会主义道路胜利前进的中国人民,深深缅怀、永远铭记他为中国特色社会主义奠基的卓著功勋。

中国革命和建设胜利的过程,是马克思主义中国化的过程,是马克思列宁主义同中国实际相结合的过程。在中国民主革命时期,毛泽东第一次将马克思列宁主义同中国革命的具体实践相结合,开辟了井冈山道路——农村包围城市、武装夺取政权的道路,取得了土地革命战争、抗日战争和解放战争的胜利,创建了中华人民共和国。建国以后,毛泽东又探索马克思列宁主义同中国革命与建设实际的第二次结合。苏共二十大后,毛泽东提出"以苏为鉴",指出现在中国处在社会主义革命和建设时期,要求"进行第二次结合","努力找出在中国这块大地上建设社会主义的具体道路"。②

社会主义制度在中国的建立,就是一个富有中国特色的创举。毛泽东创造性地开辟了一条适合中国特点的社会主义改造的道路,为和平实现社会主义改造创

---

① 《论我国革命》(1923 年 1 月 17 日),《列宁选集》第 4 卷,人民出版社 1995 年版,第 778 页。

② 据吴冷西:《十年论战》,中央文献出版社 1999 年版,第 23—24 页。

造了人类历史上的新经验。

　　马克思、恩格斯和列宁都曾设想过，无产阶级取得国家政权以后，可以对资产阶级采取"赎买"的办法。但是，马克思、恩格斯没有机会实践他们的设想。列宁在1918年和1921年两次提出"赎买"的主张，也都因得不到俄国资本家的合作而失败。毛泽东和中国共产党在世界的东方大国取得了成功。这是因为，毛泽东与列宁处在很不相同的历史条件之下，中国民族资产阶级的情况，中国共产党与中国民族资产阶级的关系，同苏联的情况很不一样：

　　——从历史上看，中国民族资产阶级曾经参加抗日民族统一战线，在解放战争中政治上大部分中立，一部分有影响的人士表现进步，拥护新民主主义，故而中国民族资产阶级以"全国工商业界"的名义，作为十六个"团体代表"单位之一、代表民族资产阶级的政党中国民主建国会作为十四个"党派代表"单位之一，参加了中国人民政治协商会议①；其代表人物参加中央人民政府，担任领导职务。②

　　——建国初期经营发生困难的一部分民族工商业者大都要依靠政府的支持，后来他们对于人民政府和国营经济的依赖程度愈来愈深，愈来愈广。在这一点上，帝国主义对中国的封锁，把一部分民族工商业者同原有的海外市场割开，把他们的许多原材料、零配件来源切断，把他们在海外的一部分资金冻结，这就促使他们依靠人民政府。

　　——实行国家资本主义政策，对民族工商业者的生产和收入都比较有利，他们的企业可以通过接受加工、订货、代销等方式维持和发展生产，可以从企业盈余中领取四分之一作为股息(通称"红利")。

　　——一部分民族工商业者同政府发生过冲突甚至严重冲突，经过"三反"、"五

---

　　①　全国工商界正式代表15人，候补代表2人。正式代表人数仅比中华全国总工会、各解放区农民团体少一人。全国工商界正式代表为：陈叔通、盛丕华、李范一、李烛尘、简玉阶、包达三、姬伯雄、周苍柏、俞寰澄、张絅伯、吴羹梅、巩夫民、荣德生、王新元、刘一峰。候补代表为：酆云鹤(女)、冯少山。民主建国会正式代表12人，候补代表2人。正式代表人数仅比中国共产党、中国国民党革命委员会少4人。民主建国会正式代表为：黄炎培、章乃器、胡厥文、施复亮、胡子婴(女)、孙起孟、陈己生、章元善、盛康年、冷遹、杨卫玉、沈子槎。候补代表为：陈维稷、莫艺昌。

　　②　民主建国会的黄炎培任政务院副总理兼轻工业部部长，章乃器任政务委员，陈维稷任纺织工业部副部长，杨卫玉、王新元任轻工业部副部长，施复亮任劳动部副部长。还有章元善、盛康年任政务院参事。

反"运动,加上抗美援朝、土地改革、镇压反革命、思想改造等运动的教育,使他们认识到不接受人民政府和国营经济的领导,采取对抗的态度,是没有出路的。

——1952年,中共中央按毛泽东的建议,提出了过渡时期的总路线。过渡时期总路线的形成有一个随着实践的发展不断完善的过程。1952年9月,毛泽东就在中央书记处会议上提出过渡到社会主义的问题。指出,土地改革完成标志着民主革命任务完成,接下来要向社会主义过渡。要十年到十五年基本上完成社会主义,不是十年以后才过渡到社会主义。10月初,刘少奇率中共代表团访苏。受毛泽东委托,于10月20日致信斯大林,通报中共中央关于国家工业化和社会主义改造同时进行的设想,通过对农业、手工业、资本主义工商业进行社会主义改造,逐步过渡到社会主义。1953年6月15日,毛泽东在中央政治局会议上讲话指出:"总路线是照耀一切工作的灯塔。""党的任务是在十年到十五年或者更多一些时间内,基本上完成国家工业化和社会主义的改造。所谓社会主义改造的部分:(一)农业;(二)手工业;(三)资本主义企业。"①6月28日,毛泽东对有关利用、限制和改造资本主义工商业的几个文件写了批语,作了修改。②6月30日,毛泽东在接见青年团二次全国代表大会主席团的谈话中再次对总路线进行论述。他说:"党的过渡时期的总任务,是要经过三个五年计划,基本上完成社会主义工业化和对农业、手工业、资本主义工商业的社会主义改造。三个五年计划就是十五年。一年一小步,五年一大步,三个大步就差不多了。基本上完成,不等于全部完成。"③8月,毛泽东在审改周恩来8月11日在全国财经工作会议的结论中,对党在过渡时期的总路线第一次作了正式的文字表述:"从中华人民共和国成立,到社会主义改造基本完成,这是一个过渡时期。党在这个过渡时期的总路线和总任务,是要在一个相当长的时期内,基本上实现国家工业化和对农业、手工业、资本主义工商业的社会主义改造。这条总路线,应是照耀我们各项工作的灯塔,各项工作离开它,就要犯右倾或'左'倾的错误。"④

---

① 《建国以来毛泽东文稿》第4册,中央文献出版社1990年版,第251页。
② 《建国以来毛泽东文稿》第4册,中央文献出版社1990年版,第255页。
③ 毛泽东:《青年团的工作要照顾青年的特点》,《建国以来毛泽东文稿》第4册,中央文献出版社1990年版,第262页。
④ 《建国以来毛泽东文稿》第4册,中央文献出版社1990年版,第301页。

在总路线指引下，中国农村掀起社会主义高潮，资本主义工商业的社会主义改造已是大势所趋，势在必行。

——实行公私合营以后，在一定时期内，国家按核定的私股股额付给私方（即民族工商业者）年息五厘作为"赎买"的代价。对他们说来，这样的政策比苏俄实行的没收的政策，有利得多。再者，对私方人员，还进行恰当的工作安排和政治安排，使他们各得其所，英雄有用武之地。所以，社会主义中国的资本家愿意接受"赎买"政策。

总之，形势的发展，国际的环境，党的路线、方针和政策，历史的和现实的教育，促使民族工商业者体认到，必须走社会主义道路，只能走社会主义道路，和平地走社会主义道路也不错，所以他们愿意接受"赎买"政策，拥护实行全行业公私合营。在对资本主义工商业开始着手进行社会主义改造的时候，毛泽东就对其必然性和可能性作过透辟的论述。1953年7月29日，毛泽东在中央政治局扩大会议上讲话指出："在过渡时期，我们对私营资本主义工商业的改造，必须通过国家资本主义逐步过渡到社会主义。我们的国家资本主义，其性质和苏联的国家资本主义是相同的，苏联是共产党领导的无产阶级专政的国家，我们也是共产党领导的国家，但实行的办法则有很多不同。列宁在1918年指出的这条路，我们实行了。资产阶级不接受国家资本主义，没有别的路走，大势所趋，非走这条路不可。我们对资产阶级不实行国家资本主义，也没有别的路，因为现在不能没收他们的财产，而且需要他们。使独立的私人资本主义企业变为受限制的国家资本主义，这是一个大进攻，只有有了抗美援朝、土地改革、镇压反革命、'三反''五反'、思想改造这五个条件，加上社会主义工业和经济的发展，才能这样搞。"①

必然性、必要性、可能性，还不是现实。要使发展的趋势变为现实，还要发挥主观能动性，还要领导、引导、推动。这时，毛泽东审时度势，因势利导，成功地把对资本主义工商业的社会主义改造推向高潮。

1955年10月29日，毛泽东邀集全国工商联执委会委员座谈私营工商业的社会主义改造问题。他在座谈会上发表长篇讲话，论述这个问题，希望资本主义工商业者认清社会发展规律，掌握自己的命运，进一步接受社会主义改造。在这个讲话

---

① 《毛泽东文集》第6卷，人民出版社1999年版，第285页。

中,毛泽东具体阐述了我们的和平赎买政策。他说:"我们现在对资本主义工商业的社会主义改造,实际上就是运用从前马克思、恩格斯、列宁提出过的赎买政策。它不是国家用一笔钱或者发行公债来购买资本家的私有财产(不是生活资料,是生产资料,即机器、厂房这些东西),也不是用突然的方法,而是逐步地进行,延长改造的时间,比如讲十五年吧,在这中间由工人替工商业者生产一部分利润。这部分利润,是工人生产的利润中间分给私人的部分,有说一年四五个亿的,有说没有这么多的,大概是一年几个亿吧,十年就是几十个亿。我们实行的就是这么一种政策。全国资本家的固定资产的估价,有这么一笔账:工业方面有二十五亿元,商业方面有八亿元,合计是三十三亿元。我想,如果十五年再加恢复时期三年共十八年,工人阶级替资产阶级生产的利润就会超过这个数字。对资本主义工商业,是采取一九四九年对官僚资本那样全部没收、一个钱不给这个办法好呢,还是拖十五年、十八年,由工人阶级替他们生产一部分利润,而把整个阶级逐步转过来这个办法好呢？这是两个办法:一个恶转,一个善转;一个强力的转,一个和平的转。我们现在采取的这个办法,是经过许多的过渡步骤,经过许多宣传教育,并且对资本家进行安排,应当说,这样的办法比较好。对资本家的安排主要有两个,一个是工作岗位,一个是政治地位,要通统地安排好。……对民族资产阶级采取合作的政策,他们的政治权利是已经有的,将来阶级成分变了,不是资本家了,变成工人就更好了,因为工人阶级比资产阶级更吃香嘛。……你们想当工人阶级有没有希望呢？是一定有希望的,我可以开一张支票给你们。这是一个光明的政治地位,光明的前途。把个体私有制和资本主义私有制废除了,社会上就剩下工人阶级、农民阶级和知识分子。整个民族只有到那个时候才更有前途,更有发展希望。"①

11月,全国工商联执委会举行会议,学习毛主席讲话,陈云、陈毅到会上做了关于资本主义工商业改造问题的报告。会议发表《告全国工商界书》,号召工商界认清自己的前途和命运,接受社会主义改造。稍后,召集各省、市、自治区党委负责同志会议,讨论并通过了《关于资本主义工商业改造问题的决议(草案)》。会后,私营工商业的社会主义改造,从个别合营进入全行业公私合营阶段。1956年1月10日,北京市的资本主义工商业全部被批准为公私合营。1月15日下午,北京市各

① 《毛泽东文集》第6卷,人民出版社1999年版,第499—500页。

界二十多万人在天安门广场举行庆祝社会主义改造胜利联欢大会。毛泽东、刘少奇、周恩来等党和国家领导人出席。北京市市长彭真宣布："我们的首都已经进入了社会主义。"此后，天津、西安、沈阳、重庆、武汉、广州、上海等大城市也先后实现了全行业公私合营。到 1 月底全国有 118 个大中城市完成了对资本主义工商业的社会主义改造。到 1956 年底，私营工业人数的 99％，私营商业人数的 85％实行了全行业公私合营，基本上完成了国家对资本主义工商业的社会主义改造。

就这样，中国这个世界人口最多的大国，完全以和平方式有秩序地实现了社会主义运动中先进的思想家和革命家以"赎买"方法解决资产阶级问题的伟大设想。虽然在对资本主义工商业改造基本完成以后，对于一部分原工商业者的使用和处理不很适当，但应该看到，这个方法确实是一个有历史意义的巨大成功。今后人类历史在遇到类似情况时，后来者也许会比中国共产党人做得更完善，但是中国的这个经验无疑表现了在艰辛探索过程中以毛泽东为代表的中国共产党人的巨大智慧和创造性。

社会主义制度的建立，是我国历史上最深刻最伟大的社会变革，是以后一切进步和发展的基础。1981 年 6 月中共十一届六中全会通过的《关于建国以来党的若干历史问题的决议》对此作出结论说："历史证明，党提出的过渡时期总路线是完全正确的。""在过渡时期中，我们党创造性地开辟了一条适合中国特点的社会主义改造的道路。对资本主义工商业，我们创造了委托加工、计划订货、统购包销、委托经销代销、公私合营、全行业公私合营等一系列从低级到高级的国家资本主义的过渡形式，最后实现了马克思和列宁曾经设想过的对资产阶级的和平赎买。"胡乔木在为纪念中国共产党成立七十周年而作的《中国共产党怎样发展了马克思主义》一文中指出："中国在五十年代确立了社会主义制度，在八十年代实行了改革开放政策。中国的一切成就都应归功于这两座里程碑。"并指出："改革开放事业是 50 年代社会主义改造事业的真正的续篇。"[①]

在社会主义制度建立以后，毛泽东又正视现实，对中国经济、社会的实际进行分析，指出："现在我国的自由市场，基本性质仍是资本主义的，虽然已经没有资本家。它与国家市场成双成对。上海的地下工厂同合营企业也是对立物。因为社会

---

① 《胡乔木文集》第 2 卷，人民出版社 1993 年版，第 295、311 页。

有需要,就发展起来。"据此,毛泽东提出一个重要的论断:"可以消灭了资本主义,又搞资本主义。"并明确提出可以实行"新经济政策"。还阐述了若干重要的政策、方针:上海的地下工厂"要使它成为地上,合法化,可以雇工";"最好开私营工厂,同地上的作对,还可以开夫妻店,请工也可以";"只要社会需要,地下工厂还可以增加。可以开私营大厂,订个协议,十年、二十年不没收。华侨投资的,二十年、一百年不要没收。可以开投资公司,还本付息。可以搞国营,也可以搞私营。"①虽然后来没有朝着这个趋向发展,但他的这些思想给人有益的启示,而若干年后改革开放的实践,恰恰印证了他的这些思想的价值。

毛泽东对中国特色社会主义的奠基作用是多方面的。除了上述确立社会主义经济根本制度之外,扼要地说,还有以下六个重要的方面:

(1) 毛泽东在实行"第二次结合"、艰辛探索适合中国特点的社会主义道路过程中,不断总结经验教训,进行理论创造。他的《论十大关系》和《关于正确处理人民内部矛盾的问题》等著作,奠定了中国特色社会主义的理论基础。毛泽东晚年对社会主义国家如何防止资本主义复辟的战略性思考,具有警戒的意义,不乏有益的启示。

(2) 毛泽东领导建立的人民民主专政的国家,主持制定的《共同纲领》(1949)和《中华人民共和国宪法》(1954),确立的人民代表大会制度(不是苏联那样的两院制)、共产党领导的多党合作政治协商制度(不是苏联那样的一党制)、民族区域自治制度(不是苏联那样的联邦制),奠定了中国特色社会主义的基本政治制度,是建设社会主义现代化强国的根本保证。

(3) 毛泽东制订了社会主义建设总路线,又总结正反两方面的经验教训,纠正大跃进运动、人民公社化运动和贯彻执行总路线中出现的偏差和错误,制订了一套具体路线和具体政策。六十年代前期制订的八个条例:《农村人民公社工作条例草案》(简称《农业六十条》);《国营工业企业工作条例草案》(简称《工业七十条》);《商业工作条例草案》(简称《商业四十条》);《教育工作条例草案》(共三个,分别简称《高校六十条》、《中学五十条》、《小学四十条》);《科学工作条例草案》(简称《科研十

---

① 毛泽东:《同民建和工商联负责人的谈话》(1956 年 12 月 7 日),《毛泽东文集》第 7 卷,人民出版社 1999 年版,第 170 页。

四条》)；《文艺工作条例草案》(简称《文艺八条》)，使得从经济基础到上层建筑各个领域，都有了比较符合中国实际的进行社会主义建设的"章程"。这些"章程"，对中国社会主义现代化建设一直具有指导作用。

(4) 从优先发展重工业到按农轻重为序，毛泽东探索了富有中国特色的社会主义工业化道路。在毛泽东为核心的第一代中央领导集体领导下，经过全国各族人民艰苦奋斗，初步建立了独立的比较完整的工业体系和国民经济体系，培养了经济文化建设等方面的骨干力量，为改革开放新时期进行社会主义现代化建设奠定了物质技术基础。

(5) 毛泽东制定了繁荣文化、发展科学的"百花齐放、百家争鸣"的方针。中国的教育、科学、文化、卫生、体育事业都取得巨大发展。以"两弹一星"为标志的国防科技事业的成就，打破了霸权主义的"核垄断"，使中国跻身于核大国和航天大国的行列。

(6) 在毛泽东领导下，从倡导、实行和平共处五项原则，到提出"划分三个世界"的战略，我国始终不渝地奉行独立自主的外交方针和国际统一战线的策略。在毛泽东时代，恢复了中华人民共和国在联合国和安理会的席位，突破了中美之间长期对抗的局面，确立了中国在国际上政治大国的地位。到 1976 年毛泽东逝世时，我国同 110 个国家和地区建立了外交关系。毛泽东打开的外交新局面，为我国以后的改革开放和社会主义现代化建设创造了有利的国际条件。

总而言之，毛泽东虽然没有提出"中国特色社会主义"的概念，在探索、实践"第二次结合"的过程中也产生过不少失误，遭遇到许多挫折，甚至犯了全局性的错误，但他领导建立了富有中国特色的社会主义制度，从思想理论和政治、经济、文化、外交各个方面为中国特色社会主义奠定了坚实的基础。在毛泽东领导下，只有社会主义才能救中国已经成为中国各族人民的共识；以毛泽东为核心的第一代中央领导集体提出的分两步走建设现代化社会主义强国的宏伟蓝图，成为中国社会主义事业前进的方向和中国人民团结奋斗的目标。毛泽东在领导党和人民进行探索过程中的成功经验和理论创造，固然是留给后人的宝贵财富，探索过程中的重大失误和严重挫折，其深刻的经验教训，也给予后来者走出一条中国特色社会主义的成功之路不可缺少的宝贵的启示。以邓小平为核心的第二代领导集体，正是在毛泽东奠定的基业之上，高举毛泽东思想的伟大旗帜，开辟了中国特色社会主义的新路，创立了中国特色社会主义理论,在社会主义现代化建设中取得了前所未有的、举世瞩目的成就。历史已经证明:毛泽东对中国特色社会主义的奠基作用是永垂不朽的。胡锦涛总书记在中共十七大的工作报告中说:"我们要永远铭记,改革开放伟大事业,是在以毛泽东同志为核心的党的第一代领导集体创立毛泽东思想,带领全党全国各族人民建立新中国、取得社会主义革命和建设伟大成就以及艰辛探索社会主义建设规律取得宝贵经验的基础上进行的。新民主主义革命的胜利,社会主义基本制度的建立,为当代中国一切发展进步奠定了根本政治前途和制度基础。"这一精辟论述,是对毛泽东进行马列主义同中国革命与建设实际"第二次结合"的探索、为中国特色社会主义奠定基础的伟大功绩做出的历史结论。

国史稿是怎样看待和记述"三年困难时期"的？

《中华人民共和国史稿》第二卷第四章第四节专写了一目《国民经济陷入严重困难局面》。书中分析了造成严重困难的原因，首先讲党在经济工作指导思想上的"左"倾错误，特别指出"反右倾"中断了纠"左"，导致严重破坏经济秩序和比例关系。这就是说，没有把主要原因归结为自然灾害。也就是说，如果不是"左"倾错误，即使有自然灾害，也不至于造成这样的严重后果。指导思想的"左"倾错误是造成严重困难的主要原因，自然灾害和苏联逼债是次要原因。

关于非正常死亡的问题，国史稿没有回避。国史稿第二卷第 130 页是这样写的："由于粮食极度紧缺，又缺少必需的副食品，致使城乡广大人民群众的健康受到极大损害。城市普遍出现了营养不足的浮肿病。全国相当一部分农村地区出现了非正常死亡的严重情况。"

讲了"出现了非正常死亡的严重情况"，没有写具体数字。事实上，运用各种各样统计方法统计出来的具体数字，出入很大，说不清楚。非正常死亡的人数，不论多或者少，都是十分严重的问题。具体数字并不改变问题的严重性。刘少奇在七千人大会前后几次谈到困难时期饿死人，非常沉痛，说：历史上发生这样的事是要在史书上记载的。没有想到我当国家主席的时候，竟也发生了这样悲惨的景象！我们发生这样的事，也要在史书上记下！还说：我们犯了那么大的错误，给人民带来那么大的损失，我们这是第一次总结。总结一次不够，以后每年都要回过头来总结，总结第二次、第三次，第四、五、六、七次，一直总结他十年。搞清楚究竟我们的错误在哪里、教训在哪里，做到这个总结符合实际，真正接受教训，不再犯大跃进错误为止。

我认为，按少奇同志所作总结来写就好。

关于"文化大革命"历史评价的几个问题

对"文化大革命"进行历史评价,是一个比较复杂的问题。对"文化大革命时期"和"文化大革命运动"加以区分,这是一个关键性的问题。

有几个问题必须搞清楚:(1)"文化大革命"时期做了几件大事? 是一件事还是三件事? (2)"文化大革命"是三年还是十年? (3)"文革"的发展趋向是单一的还是复合的? 是否存在两种发展趋向?

第一个问题,"文化大革命"时期做了几件大事? 是一件事还是三件事?

应该看到,"文化大革命"时期这十年做了三件事。

毫无疑问,"文化大革命"运动是第一件大事。它的影响遍及全国各个领域、社会生活的各个方面,全中国每一个人。"文化大革命"开始时《人民日报》有一篇社论,题目叫《一场触及人们灵魂的大革命》。的确,从毛泽东到普通老百姓,没有一个人的灵魂没有被触及。但是,"文化大革命"毕竟不是这十年中唯一的大事。这十年中间还有经济发展和外交突破两件大事。"文化大革命"影响这两件事,但不能包括和取代经济、外交以及国防等各个领域、各个方面的历史。况且,在"文化大革命"的不同发展阶段,政治运动的冲击有强弱轻重之分,对于各个领域、各个方面的影响也有大小多少之别。所以,在研究和叙述 1966 年至 1976 年这十年共和国历史的时候,应该把"文化大革命"和"'文化大革命'时期"加以区别,不能把两者等同起来,混为一谈。如果不加区别,就很难全面地反映"文化大革命"时期中华人民共和国的历史面貌。

"文化大革命"使中国国民经济遭到巨大损失,人民生活很少改善,同发达国家拉大了差距。但同时也应看到，在"文化大革命"时期这十年中，社会主义经济建设仍然在继续不断地进行。在这十年中，党中央和毛泽东提出并坚持了"抓革命，促生产"的口号，后期又重申了分两步走实现四个现代化的宏图，贯彻了"把国民经济搞上去"的方针。在动乱年代里，由于全国人民的共同努力，基本上完成了"三五"、"四五"两个五个计划，国民经济仍然取得了进展。十年间，粮食生产保持了比较稳定的增长；工业交通、基本建设和科学技术都有相当的发展，特别是石油、铁路、舰船工业，农田基本建设和农作物育种，氢弹和卫星研制等，取得了令人瞩目的成就；并且开始有计划、较大规模地从西方引进先进技术和设备。

在对外工作方面，较快地纠正了"文化大革命"初期冲击带来的消极作用，恢复了外交工作的正常秩序，同许多国家及时修复了外交关系。在"文化大革命"中，毛泽东警觉地注意维护中国的安全，顶住了美国、苏联来自南北两面的压力，执行了正确的对外政策，提出了划分"三个世界"的战略，取得了恢复中国在联合国的合法席位、中美缓和、中日建交等重大突破，打开了外交工作的新局面。中国的国际地位得到提高，成为世界的政治大国。

在"文化大革命"中，中国人民解放军英勇地保卫着祖国的边防，维护了国家的主权和领土完整。"文化大革命"期间解放军还实行"三支两军"（支左、支工、支农，军管、军训），虽有一些消极后果，但在动乱情况下对稳定局势起了积极作用。事实证明，在"文化大革命"期间，人民军队依然是国家统一、民族团结、社会安定的可靠保证。

总而言之，"文化大革命"时期不仅搞了"文化大革命运动"，同时进行了经济建设，外交工作也打开了新局面。不是只有"文革"一件事，还有经济建设和外交工作两件事。应该看到，在"文化大革命"中，尽管社会主义事业遭到重大损失，尽管干部和群众遭受巨大的磨难，但是，共产党、人民政权、人民军队和整个社会的性质都没有改变，社会主义制度的根基没有动摇，社会主义的经济建设还在进行，各族人民的团结没有被破坏，国家仍然保持统一，并且在国际上发挥着重要的作用。

第二个问题，"文化大革命"进行了三年还是十年？

应该说，"文化大革命"搞了十年。1976年粉碎"四人帮"结束了"文化大革命"。

国外有不少学者认为真正搞"文革"就三年,到 1969 年 9 月中共九大召开,"文革"就结束了。事实不是这样的。中共九大后全国进入斗批改阶段,就是继续进行"文革"确定的任务。以后发生林彪事件,进行批林批孔,可以说是因"文革"中发生的问题而进行的"文革"。1975 年整顿,也是在"文革"的框架内进行的,可以说是为纠正"文革"部分错误而进行的"文革"。接着进行的批邓、反击右倾翻案风,则是为肯定"文革"而进行的"文革"。"文革"是十年,其中可分为三个性质不完全一样的阶段,一是毛泽东发动的"文革",二是因解决"文革"中发生的问题而引起的"文革",三是为肯定"文革"而进行的"文革"。这样的看法同《关于建国以来党的若干历史问题的决议》划分的三个阶段(从"文革"发动到 1969 年 4 月中共九大;从九大到 1973 年 8 月中共十大;从中共十大到 1976 年 10 月粉碎"四人帮")基本上是一致的。国史稿第三卷按照《关于建国以来党的若干历史问题的决议》的分段,结合上述对"文革"的认识,章节的设置力求体现国史的特点。《关于建国以来党的若干历史问题的决议》的第一段是"从'文革'发动到 1969 年 4 月中共九大",国史稿第三卷相应的是第一章("文化大革命"的发动)、第二章("一月夺权"导致全面内乱)、第三章(全国进入"斗、批、改"阶段与中共九大的召开)。《关于建国以来党的若干历史问题的决议》的第二段是"从九大到 1973 年 8 月中共十大",国史稿第三卷相应的是第四章(筹备四届全国人大的斗争和林彪反革命集团的覆灭)、第五章(国民经济和国防建设在严重干扰中有所发展)、第六章(纠"左"和批"右"的曲折,这一章的最后一个目是"中共十大继续九大的'左'倾错误")。《关于建国以来党的若干历史问题的决议》的第三段是"从十大到 1976 年 10 月粉碎'四人帮'",国史稿第三卷相应的是第八章(从"批林批孔"到四届全国人大的召开)、第九章(1975 年整顿和"四五"计划的完成)、第十章(四五运动和粉碎"四人帮"的伟大胜利)。

第三个问题,"文革"的发展趋向是单一的还是复合的? 是否存在两种发展趋向?

应该看到,"文革"的发展趋向不是单一的,"文革"的历史也不是单一的。事实上,存在着两个趋向,两种历史。

从"文化大革命"发动之日起,在党内,在人民中间,对"左"倾错误的抵制,对林彪集团和"四人帮"的斗争,一直没有停止。由于党的高层领导的多数和广大党员、干部的抵制和斗争，由于广大工人、农民、知识分子和解放军指战员的抵制和斗争，因"文化大革命"而造成的破坏受到一定程度的限制。人们对"文化大革命"的认识，逐步明确和清醒，觉悟不断提高。发动这场政治大革命的毛泽东本人，也在不断自省中认识和改正自己的一些失察和错误。他不仅制止和纠正了一些具体的错误，而且在关键时刻，领导了粉碎林彪集团的斗争，对"四人帮"进行了重要的批评和揭露，不让他们夺取党和国家最高领导权的野心得逞。由于党内健康力量和人民群众的共同斗争，也由于毛泽东在一些关键性问题上的正确决策，"文化大革命"十年内乱，最终在毛泽东逝世后，以 1976 年 10 月华国锋、叶剑英等代表党和人民的意志一举粉碎"四人帮"的伟大胜利而宣告结束。因此，十年"文化大革命"的历史，不仅是一场内乱的历史，而且是一部人民不断纠正错误的斗争的历史。讲"文革"的历史，只讲内乱、破坏，不讲斗争、建设，是不全面的。

《中国共产党的七十年》指出，在"文化大革命"前十年社会主义道路的探索中，中国共产党的指导思想有两个不同的发展趋向，正确的和比较正确的趋向的发展和积累，为进入新时期纠正"文化大革命"错误，实行指导思想上的拨乱反正，做了一定的准备。（该书，第 418—420 页）那么，在十年"文革"中，正确的和比较正确的趋向有没有完全中断呢？应该看到，周恩来主持的 1972 年的整顿，邓小平主持的 1975 年的整顿，都是在"文革"发展到那一特定历史条件下对前十年发展起来的正确的和比较正确的理论、方针、政策的运用和发展。特别是 1975 年整顿的理论和实践，具有强烈的现实针对性，对"四人帮"那一套极左的理论和方针、政策进行了尖锐的批判，实际上在许多方面否定了"文化大革命"。同时，又相当全面地阐述了毛泽东的三项重要指示。较之"文化大革命"前十年的探索，应该说，1975 年所作的探索，为新时期的拨乱反正和改革开放做了更为直接的准备。所以，对《中国共产党的七十年》关于两个不同发展趋向的论点应该加以补充。指出在"文革"中正确的发展趋向并未完全中断，并为新时期的拨乱反正做了更为直接的准备。

应该怎样全面认识 1974 年 10 月毛泽东关于学习理论、反修防修的指示？

关于社会主义的基本理论，是毛泽东长期反复思考的问题。1974 年 10 月 20 日，毛泽东会见丹麦首相保罗·哈特林时说：总而言之，中国属于社会主义国家。解放前跟资本主义差不多。现在还实行八级工资制，按劳分配，货币交换，这些跟旧社会没有多少差别。所不同的是所有制变更了。12 月 26 日，毛泽东在长沙同周恩来谈话时说：我同丹麦首相谈过社会主义制度。我国现在实行的是商品制度，工资制度也不平等，有八级工资制，等等。这只能在无产阶级专政下加以限制。所以，林彪一类如上台，搞资本主义制度很容易。因此，要多看点马列主义的书。毛泽东还指出：列宁说，"小生产是经常地、每日每时地、自发地和大批地产生着资本主义和资产阶级的。"工人阶级一部分，党员一部分，也有这种情况。无产阶级中，机关工作人员中，都有发生资产阶级生活作风的。毛泽东提出：列宁为什么说对资产阶级专政，要写文章。这个问题不搞清楚，就会变修正主义，要使全国知道。

对毛泽东关于理论问题谈话的理解和评价问题，可以说是《国史稿》第 3 卷写作中遇到的最大难题。对这个问题的理解，在编写人员全体大会上争论得比较激烈。我们没有采取简单化的全盘否定的办法，而是联系马克思列宁主义、毛泽东的思想、中华人民共和国的历史和现实生活，谈话本意及其产生的实际影响，作了比较辩证的分析。

这段话是这样写的：

毛泽东关于理论问题的谈话，表明他深深地忧虑社会主义制度建立以后，还存在着资本主义复辟的危险性，还存在着变修正主义的危险性。这种忧虑是富有远见的。他力图寻找产生这种危险性的内在原因，即从社会主义的经济基础和社会制度本身去寻找产生资本主义和资产阶级的根源，以便及早采取措施，加以避免；在指出新社会"所有制变更了"，即实现了生产资料公有制这一社会主义本质特征的同时，又指出中国现在实行的商品生产、货币交换、按劳分配及八级工资制等"跟旧社会差不多"。其思考是深刻的。毛泽东指出，在社会主义国家，从工人阶级中，从共产党员中，也会产生资本主义和资产阶级；在无产阶级中，在机关干部中，都会发生资产阶级生活作风；党和国家的最高权力如果被"林彪一类"阴谋家、野心家掌握，搞资本主义制度很容易。这些论断的正确性已经被九十年代苏联解体、东欧剧变所证明。只是联系六十年代中期中国的实际，对国内阶级斗争形势和党内矛盾状况作出错误判断而导致发动"文化大革命"，这样的教训是沉痛的。在准备结束"文化大革命"转入正常的政治生活时，毛泽东对存在资本主义复辟的危险性特别加以强调，引起警觉，注意防范，不是没有必要的。毛泽东认为，在社会主义的中国，防止变修正主义，防止资本主义复辟的办法，在思想上、政治上，全体党员、全国人民要多读马列主义的书，搞清楚关于无产阶级专政的理论；在经济上，要对商品制度、货币交换、按劳分配及工资制度加以限制，对小生产进行限制和改造。毛泽东的着眼点是反修防修，防止复辟，强调"限制"自然意味着还允许存在而不是消灭，有其合理的一面。但仅看到消极面，只强调"限制"，而没有指明按劳分配是社会主义原则，同旧社会有本质区别，能够调动劳动者的积极性，有利于发展社会生产力，应该贯彻和完善；没有指明商品制度、货币交换有其积极作用，应该使这种作用得到充分发挥，否则就会脱离现实，就是超越历史阶段，不利于调动各种积极因素，不利于发展社会生产力，显然是片面的。进而认为这是资本主义复辟的经济基础，更是对他的错误的无产阶级专政下继续革命理论的补充，也是这一错误理论的认识根源之一。至于把列宁当年对苏俄特定情况下的小生产所作的论断，用来估计中国小生产发展的趋势，对其消极面不免看得过于严重。事实上，经过引导，小生产可以组织起来，成为集体经济。毛泽东五十年代领导合作化运动取得成功，就是一个明证。在社会主义条件下，小生产可以作为社会主义经济的补充而存在与发展，只要加强管理，不放任自流，可以避免大量地产生资本主义和资产阶级。

　　应该看到,毛泽东作出理论问题指示以后,在经济上并没有采取什么"限制"的实际步骤。在经济政策方面,他态度审慎,没有同意一些过高、过急的建议,城乡经济政策没有继续向"左"。他还支持发展社队企业(即后来的乡镇企业)、采取鼓励社员养猪的政策,促进了农村经济的发展。

　　这段话在定稿时稍有删改(见《国史稿》第3卷第238至239页)。这段话是全书最花力气的,写得比较好,我觉得体现了历史与逻辑的统一。

怎样评价毛泽东的"三个世界划分"？

　　关于毛主席的"三个世界"划分的总评价问题，是理论，还是战略，还是思想，还是主张，还是战略思想？有五种说法，都是比较权威的。胡乔木接受邓小平交的任务，组织撰写的文章，称理论，题目就是《毛主席关于三个世界划分的理论是对马克思列宁主义的重大贡献》。邓小平在《坚持四项基本原则》(1979 年 3 月 30 日)中说"关于划分三个世界的战略"、"这一战略原则"(《邓小平选集》第 2 卷第 160 页)，又说："毛泽东同志在他的晚年还提出了关于三个世界划分的战略思想，并且亲自开创了中美关系和中日关系的新阶段"(见《邓小平选集》第 2 卷第 172 页)。《毛泽东传》有两种提法，一个是"毛泽东关于三个世界的主张"(见《毛泽东传》第 1688 页)，另一个提法是邓小平同志 1974 年 4 月 12 日在联大有个发言，全面系统地说明"毛泽东关于三个世界划分的思想"(见《毛泽东传》第 1690 页)。《中国共产党历史大事记》也称"思想"(见《中国共产党历史大事记》第 114 页)。《国史稿》第 3 卷最终采用"战略思想"的提法，第七章第五目的标题为："毛泽东'三个世界'划分战略思想的提出"。"战略思想"的提法，不说"理论"但兼顾"理论"。

1975 年整顿中断的原因是什么？

1975 年整顿反映了历史的必然要求，全国上下，久乱思治，久贫思富；同时，整顿的中断，又说明这个要求在当时的历史条件下事实上不可能实现。

为什么 1975 年邓小平主持的整顿导致"批邓、反击右倾翻案风"是必然的？因为邓小平和毛泽东在问题的三个层面上存在明显的分歧：第一，在实践层面上，是肯定"文化大革命"，还是否定"文化大革命"？第二，在路线层面上，是以阶级斗争为纲，还是以经济建设为中心？第三，在理论层面上，对什么是社会主义，认识不一样。毛追求一大二公，还有纯，邓则不这样看。他认为贫穷不是社会主义，社会主义的本质特征一是公有制为主体，一是共同富裕。在公有制为主体的前提下，私营经济和个体经济是必要的补充；允许一部分人、一部分地区先富起来，先富帮后富，达到共同富裕。

当然，毛泽东的认识也不只是个人的。他追求的社会主义，不仅是中国，而且是国际的一种思潮。中国搞改革开放以后，外国抱着这种极左思潮的人还进行批判。法国的夏尔·贝特兰，曾担任过法中友协主席，写了一本书，书名叫《大跃退》，说改革开放不是进而是退，而且是大跃退。他们在精神上追求平等，认为穷与富，经济是否发展、发达，并不重要。甚至认为只有中国的"文化大革命"才是真正搞社会主义。而邓小平则认为，贫穷不是社会主义，生产力的发展是至关重要的。破除资产阶级法权要有物质基础。没有高度发展的经济，资产阶级法权消除不了，按需分配也是一句空话，社会主义的优越性体现不出来，战胜不了资本主义。这是一个根本性的分歧。记得张闻天在庐山会议（1959 年 7 月）的发言中说过这样一句话："不是要把富的向穷的拉平，而是要把穷的向富的提高。"这句话说得很好，我在《张闻天传》中把它引上了。

　　邓小平与毛泽东在三个层面上存在明显分歧，因此，邓小平整顿中断的命运是不可避免的，邓小平再一次被打下去有其必然性。

应该怎样指称丙辰年清明节前后的群众运动？
称"四五运动"，还是"天安门事件"？

实际是，当时和后来，"四五运动"和"天安门事件"并用。

邓小平在讲到这一段历史时是这样说："1973 年周恩来总理病重，把我从江西'牛棚'接回来，开始时我代替周总理管一部分国务院的工作，1975 年我主持中央常务工作。那时的改革，用的名称是整顿，强调把经济搞上去，首先是恢复生产秩序。凡是这样做的地方都见效。不久，我又被'四人帮'打倒了。我是'三落三起'。1976 年四五运动，人民怀念周总理，支持我的也不少。这证明，1974 年到 1975 年的改革是很得人心的，反映了人民的愿望。"①

《邓小平文选》编者对"四五运动"加了一条注释。注文是这样的——

四五运动，又称天安门事件，是 1976 年 4 月发生的反对"四人帮"的全国性群众抗议运动。1975 年，邓小平在毛泽东支持下主持中央日常工作，着手全面整顿，使国内形势明显好转。但是毛泽东不能容忍邓小平系统地纠正"文化大革命"的错误，发动了"批邓、反击右倾翻案风"运动。1976 年 1 月周恩来逝世。他的逝世引起了全党和全国各族人民的无限悲痛。同年 4 月间清明节前后，在北京、南京和全国许多城市爆发悼念周恩来、反对"四人帮"的强大群众运动，受到"四人帮"极力压制。这个运动实质上是拥护以邓小平为代表的党的正确领导。4 月 5 日，北京天安门广场上广大群众采取了抗议行动。中共中央政治局和毛泽东把这次抗议行动错误地判定为"反革命事件"，并且撤

---

① 邓小平会见匈牙利社会主义工人党总书记卡达尔时的谈话（1987 年 10 月 13 日），《邓小平文选》第 3 卷，人民出版社 1993 年版，第 255 页。

销了邓小平党内外一切职务。1978年12月中共十一届三中全会决定撤销中共中央发出的关于"反击右倾翻案风"运动和天安门事件的错误文件,宣布为邓小平平反,为天安门事件平反。①

按照这条注释,"四五运动,又称天安门事件",两个名称是可以互通的。这条注释对"四五运动"和"天安门事件"下的定义是:"是1976年4月发生的反对'四人帮'的全国性群众抗议运动。"这个定义简明扼要,是确切的。但这条注文中的叙述,说明在实际上"四五运动"和"天安门事件"又不能完全等同。注文说:

(1)"4月间清明节前后,在北京、南京和全国许多城市爆发悼念周恩来、反对'四人帮'的强大群众运动,受到'四人帮'极力压制。"说明清明节前后爆发了一个全国性的强大群众运动,也就是说,在时间上(清明节前后)、地域上(包括北京在内的全国许多城市),远远超出清明节在北京天安门爆发的群众运动。

(2)"4月5日,北京天安门广场上广大群众采取了抗议行动。"对这次抗议行动,"中共中央政治局和毛泽东把这次抗议行动错误地判定为'反革命事件',并且撤销了邓小平党内外一切职务。"

可见,名称的问题,实际上反映了对"四五运动"与"天安门事件"的认识:两者之间究竟有什么联系和区别? 两者的关系究竟怎样? 两者到底是不是一回事?

笔者以为,《关于建国以来党的若干历史问题的决议》的评述实际上说清楚了上述问题。《关于建国以来党的若干历史问题的决议》写道——

> 同年四月间,在全国范围内掀起了以天安门事件为代表的悼念周总理、反对"四人帮"的强大抗议运动。

《关于建国以来党的若干历史问题的决议》的这个论断说明:"4月5日,北京天安门广场上广大群众采取了抗议行动",是"1976年4月发生的反对'四人帮'的全国性群众抗议运动"的代表。把两者的关系讲清楚了。

因为天安门事件是全国抗议运动的代表,而事件的高潮发生在4月5日(丙辰年的清明节是阳历1976年4月4日,一般年份清明节是在阳历的4月5日);因为这个运动继承和发扬五四运动科学和民主的精神,"四五"和"五四"在数字上又有偶合,人们用这场全国性群众抗议运动的代表天安门事件的标志性时间"四五"来

---

① 《邓小平文选》第3卷,第408页。

指称这场运动,非常自然,也十分贴切。所以,笔者以为,可以像邓小平那样,用"四五运动"来指称1976年"4月间,在全国范围内掀起了以天安门事件为代表的悼念周总理、反对'四人帮'的强大抗议运动",可以用"天安门事件"来指称在清明节前后发生在北京天安门广场的群众抗议运动。当然,用"天安门事件"来指称这场全国性群众抗议运动也是可以的,只要在一定的语言环境里不致引起歧义就行。还应看到,在有的情况下,用"天安门事件"来指称这场全国性群众抗议运动还是必要的,如群众要求为"天安门事件"平反,后来经党中央批准北京市委宣布为"天安门事件"平反,既是特指首都天安门发生的抗议事件,又包含全国的抗议运动在内,这种情况,就必须用"天安门事件"这个专名来指称。

怎样评价四五运动中党和人民群众的关系？四五运动是不是党领导下发生的？

《关于建国以来党的若干历史问题的决议》指出："这个运动实质上是拥护以邓小平同志为代表的党的领导"。四五运动反映了党和人民群众的亲密关系，人民群众信赖中国共产党的领导，期待党能够战胜江青反革命集团，领导全国人民实现四个现代化。

当时的党中央政治局没有、也不可能领导广大群众悼念周总理、反对"四人帮"的强大抗议运动。正如《关于建国以来党的若干历史问题的决议》所指出的，"当时，中央政治局和毛泽东同志对天安门事件的性质作出了错误的判断，并且错误地撤销了邓小平同志党内外的一切职务。"

同时应该看到，这场规模空前的、全国范围的、广大群众参与的抗议活动，是党长期教育包括"文化大革命"正反两方面教育和大风大浪中锻炼的结果；是党的理想信念，党提出的奋斗目标，深得人心的结果；是党的领袖人物周恩来、邓小平得到干部群众拥护爱戴的表现。而一些党的基层组织、许多党员，在这场运动中发挥了骨干作用。可以说，四五运动是在中国共产党的长期教育与影响下发生的伟大革命运动。在组织上，由于"四人帮"的极坏作用，当时的党中央不仅没有领导这场抗议运动，反而错误地压制这场抗议运动。但在政治上、思想上，这场抗议运动没有脱离党的领导，广大干部群众是始终遵循党的路线、方针，以毛泽东思想为指导，以四个现代化和社会主义民主为目标，来开展运动的。从这个意义上说，党在思想上、政治上领导了这场抗议运动。

从这场运动可以看到，理论一旦掌握了群众，就会产生无穷的力量。人民群众的伟大,在于当党和国家的领导权有被阴谋家、野心家篡夺的时候,他们能够敏锐地觉察,自觉地行动,不怕流血牺牲,凝聚成一股无坚不摧的力量,及时地予以制止,把党和国家从危难中解救出来。四五运动在一定意义上满足了毛泽东在发动"文化大革命"时的一种期待:"如果中央出了修正主义,应该造反。"①《历史决议》肯定这场群众抗议运动的意义:"它为后来粉碎江青反革命集团奠定了伟大的群众基础。"

①　转引自中央文献研究室编、逄先知、金冲及主编:《毛泽东传(1949—1976)》(下),中央文献出版社 2003 年版,第 1396 页。

粉碎"四人帮"是否合法？是不是
一场政变？是不是军事阴谋？

　　用非法的或非正常的手段打倒执政者，推翻现有政权，这是政变。而粉碎"四人帮"是执政的华国锋为首的中共中央政治局采取的断然措施。

　　首先报道这条要闻的外国记者看得很清楚。路透社记者罗杰斯的报道头一句就是："一些人士今天说，江青和中国其他三个领导人已经被捕，他们被控策划一次政变。"《每日电讯报》记者韦德的报道也指出："这一'粉碎极左分子'的重大行动，是在'华'领导之下进行。'华'，亦即华国锋。华国锋当时的职务是中国共产党中央委员会第一副主席、国务院总理。"

　　毛泽东逝世后，华国锋是党和国家的最高领导人。他和叶剑英、李先念团结中共中央政治局多数同志采取断然措施粉碎"四人帮"，行动以后又立即召开政治局会议通报此事，作出决定。是完全合法的。并不是发动了一场政变，而是制止了"四人帮"图谋发动的政变，粉碎了他们篡夺党和国家最高权力的阴谋。

　　叶剑英深谋远虑，在作出粉碎"四人帮"的决策时，他等待华国锋下决心，等当时党和国家最高领导人华国锋首先发话。华国锋委托李先念找他谋划以后，他才积极参与。因为他是中央军委副主席，由他首先提出、主持解决"四人帮"的话，会造成"军事政变"这样一种影响。粉碎"四人帮"后，党内外一些领导人要求叶剑英主持党中央工作，他总是婉言谢绝，说："我是军事干部，搞军事的，如果那样做，不就让人说是'宫廷政变'吗？"

　　还应该指出，历史评价的用语问题，牵涉无法回避的立场和感情问题。语言没有阶级性，但语词本身是有褒贬和色彩的。对同一件事，立场不同，倾向不同，作出的价值判断必然不同,用词的褒贬就不一样。对同一件事,态度不同,感情不同,褒贬对立,爱憎相反,所用词语的感情色彩也必然不同。用实践检验,粉碎"四人帮"这一场斗争进行得非常及时;全过程只用了半个多钟点,不费一枪一弹,没有流一滴血,就解决了问题,为党、为国、为人民除了大害。干得干净利落,确实是一场伟大的胜利。在当时采取通知开会、隔离审查的特殊方式是得当的、有效的。对这一断然措施肯定、赞扬,就绝不会用"阴谋"这样的贬斥、憎恨的词语来评论它,否定它。

"文革"结束时，中国的国民经济
是否"几乎到了崩溃的边缘"?

"崩溃边缘"的提法，是 1978 年 2 月 26 日华国锋在五届全国人大一次会议的《政府工作报告》提出的。报告说："从 1974 年到 1976 年，由于'四人帮'的干扰破坏，全国大约损失工业总产值一千亿元，钢产量 2 800 万吨，财政收入 400 亿元，整个国民经济几乎到了崩溃的边缘。"这种提法广泛流传，并加以扩大，用来作为对"文革"时期国民经济的总体评价。有中国学者说：经过十年"文化大革命"，从总体上看，整个国民经济已濒临崩溃的边缘。美国学者编写的《剑桥中华人民共和国史（1966—1982）》，直接用"经济的崩溃"做标题来评述中国"文革"时期的经济。

《政府工件报告》对 1974 年到 1976 年中国经济作出"几乎到了崩溃的边缘"的论断，显然是不全面的，是不符合实际的。那就无视邓小平主持 1975 年整顿的成效，看不到铁路运输、石油、钢铁、煤炭等方面取得的成就，看不到国民经济的恢复和发展。经过 1975 年整顿，我国完成了"四五"计划，这一重要经济成效，同经济"到了崩溃的边缘"，无论如何是说不到一起去的。

至于扩大开去，用崩溃边缘来评价整个"文化大革命"十年中国的国民经济，更是经不起事实的检验的。还是《关于建国以来党的若干历史问题的决议》讲得全面准确："我国国民经济虽然遭到巨大损失，仍然取得了进展。粮食生产保持了比较稳定的增长。工业交通、基本建设和科学技术方面取得了一批重要成就。"

评价"文革"十年中国的国民经济，无疑首先应该指出"文革"对经济建设的破坏，带来了巨大损失：(1)政治动乱冲击和破坏生产建设，造成巨大物质损失；(2)经济发展速度缓慢，失去了正常情况下应该取得的成就，拉大了中国同发达国家的差距;(3)经济效益大幅度下降;(4)人民生活水平长期得不到提高。但同时应该看到,"文革"时期十年,经济建设没有停顿,国民经济还是向前发展的。这是全国人民共同奋斗的成果。

以"文革"结束的 1976 年同"文革"开始的 1966 年相比。工农业总产值,1966年为 2 534 亿元,1976 年为 4 536 亿元,增长 18%。

工业方面,全国工业总产值,1976 年比 1966 年增长 128%。1976 年主要工业产品产量,钢 2 046 万吨,比 1966 年增长 33.6%;原煤 4.83 亿吨,增长 91.7%;原油8 716 万吨,增长 499%;发电量 2 031 亿千瓦小时,增长 146%;化肥 524.4 万吨,增长 117.7%;水泥 4 670 万吨,增长 131.8%,机床 15.7 万台,增长 186%;汽车 13.52万辆,增长 141.9%。

农业方面,1976 年粮食产量 2 863 亿公斤,比 1966 年增加了 918 亿公斤。在人口迅速增长的情况下,人均粮食产量由 272 公斤增加到 305 公斤,增长了12.1%。全国农业总产值指数 1976 年为 185.5,比 1966 年增长 24.5%。

由此可见,1976 年的国民经济是有所发展的,并未濒临崩溃边缘。

恢复高考和推倒"两个估计"
起了怎样的历史作用？

　　第三次复出后的邓小平，自告奋勇管科教方面的工作，主动表示愿当科学、教育的"后勤部长"。他选择教育战线作为拨乱反正的突破口，在 1977 年采取了两个重大举措：一个是恢复高考，一个是推倒"两个估计"。这两个举措，不仅是教育战线拨乱反正的突破口，而且成为全国各行各业拨乱反正的突破口，带动了全局的拨乱反正。其历史作用不可低估。

　　先讲恢复高校招生考试制度。

　　1977 年 5 月 24 日，邓小平复出前夕，同王震、邓力群谈话，指出："实现现代化，关键是科学技术要能上去，发展科学技术，不抓教育不行"。"一定要在党内造成一种空气：尊重知识，尊重人才。""要经过严格考试，把最优秀的人集中在重点中学和重点大学。"

　　1977 年 6 月 29 日至 7 月 15 日，教育部在山西太原晋祠召开高校招生工作座谈会。8 月 4 日，教育部向国务院报送 1977 年招生工作的意见，仍沿用"文化大革命"中"自愿报名，群众推荐，领导批准，学校复审"的办法。

　　在 1977 年 8 月召开的科学和教育工作座谈会上，武汉大学化学系副教授查全性首先呼吁恢复高考。邓小平肯定这个意见。可是，当时已是 8 月，当年恢复高考是否来得及呢？教育部长刘西尧说：如果招考工作推迟半年举行，还来得及。邓小平当机立断，说："今年就要下决心恢复从高中毕业生中直接招考学生，不再搞群众推荐。从高中直接招生，我看可能是早出人才、早出成果的一个好办法。"

　　教育部根据邓小平的指示，于 8 月 13 日起在北京召开第二次全国高校招生工作会议。会上发生了激烈争论。由于教育部门个别领导受"两个凡是"的束缚,不敢改革高校招生制度,怕否定"两个估计",触犯"两个凡是",对邓小平的正确主张抱犹豫、观望的态度。恢复高校考试招生制度又一次陷入困境。

9月19日,邓小平发表讲话。针对会上的激烈争论,再次重申从高中毕业生中直接招生。他说:"为什么要直接招生呢? 道理很简单,就是不能中断学习的连续性。18岁到20岁正是学习的最好时期。过去我和外宾也讲过,中学毕业后劳动两年如何如何好。实践证明,劳动两年以后,原来学的东西丢掉了一半,浪费了时间。"关于招生条件,邓小平说:"招生主要抓两条:第一是本人表现好,第二是择优录取","政审,主要看本人的政治表现。政治历史清楚,热爱社会主义,热爱劳动,遵守纪律,决心为革命学习,有这几条,就可以了。"会议决定:恢复高等学校招生统一考试制度。

10月5日,中央政治局讨论了教育部在邓小平指导下拟订的招生工作文件。10月12日,国务院批转了《关于1977年高等学校招生工作意见》。中断十年的高校招生考试制度终于恢复。10月21日,《人民日报》发表社论《搞好大学招生是全国人民的希望》。

恢复高考制度得到全国上下的热烈拥护,当时,因高校正规招生停止了十年,积压的享有报考资格的青年、学生达三千余万。1977年冬,全国有570万青年报名参加了考试。全国高校共招收新生27.3万人。1978年,高校招生实行全国统一考试。全国有610万考生参加。秋季又有30.2万名新生跨进大学校门。恢复高考制度,影响巨大,它不单是教育战线拨乱反正的一个重大胜利,而且成为各行各业、各个领域拨乱反正的突破口。

再讲推倒教育战线的"两个估计"。

从思想理论上拨乱反正、解放思想的重大突破,是推倒"两个估计"。

所谓"两个估计",即文化大革命前十七年教育战线是资产阶级专了无产阶级的政,是"黑线专政";知识分子的大多数世界观基本上是资产阶级的,是资产阶级知识分子。这"两个估计"是1971年姚文元修改、张春桥定稿的《全国教育工作会议纪要》里作出的。它成为沉重的精神枷锁,压得广大教师和知识分子透不过气来。

1977年8月8日，邓小平在科学和教育工作座谈会上讲话，对十七年和知识分子做出重要估计。他说：关于十七年，主导方面是红线。十七年中，绝大多数知识分子，不管是科学工作者还是教育工作者，取得了很大成绩。我国的知识分子绝大多数是自觉自愿为社会主义服务的。还说：无论是从事科研工作的，还是从事教育工作的，都是劳动者。知识分子的名誉要恢复。总之，要尊重劳动，尊重知识。他明确指示：对"两个估计"必须马上组织写作力量进行彻底批判。

9月19日，邓小平再次找教育部主要负责同志谈教育战线的拨乱反正问题。指出"两个估计"是不符合实际的。对这个《纪要》要进行批判，划清是非界限。《纪要》是毛泽东同志画了圈的。毛泽东同志画了圈，不等于说里面就没有是非问题了。我们要准确地完整地理解毛泽东思想的体系。"实事求是"是毛泽东哲学思想的精髓。他批评教育部领导行动迟缓，指出：教育部要思想解放，争取主动。过去讲错了的，再讲一下，改过来。拨乱反正，语言要明确，含糊其辞不行，解决不了问题。办事要快，不要拖。

教育部党组即决定由李琦（党组副书记、副部长）挂帅，组织写作班子起草批判"两个估计"的文章。在起草过程中，教育部部长、党组书记刘西尧主持五次党组扩大会进行讨论。邓小平对这篇近两万字的长文逐字逐句审读了四遍。胡乔木对文章的每一稿都审阅修改。

在文稿起草过程中，发现了被"四人帮"封锁的毛泽东在1971年全教会期间重要指示的记录。胡乔木修改文稿时，在引录毛泽东指示精神的前后，各加了一段话，使文章显得极其庄重，具有一种震撼人心的力量。经胡乔木修改过的全文中最为重要的这一段文字是这样的——

这里，我们受权向全党和全国人民郑重地宣告：就在一九七一年夏季"四人帮"把十七年抹得一团漆黑的时候，我们的伟大领袖和导师毛主席针锋相对地批驳了他们的谬论。毛主席指示的精神是：

（一）十七年的估价不要讲得过分。

在无产阶级专政下执行了错误的路线，不是大多数人，是一少部分人。

（二）多数知识分子还是拥护社会主义制度。

执行封、资、修路线的还是少数人。

"一年土、二年洋、三年不认爹和娘"，还是认得的，就是爱面子，当人的面不认,背地还是认的,只不过有资产阶级思想,过后还是要认的。

（三）高教六十条。总的还是有它对的地方嘛,难道没有一点对的地方吗,错误的要批,批它错误的东西。

毛主席还说:人家是教师,还要尊重他嘛。一讲不对就批评,那能都讲对呀,讲不对没关系,讲错了没关系,大家共同研究,怎么能一下子都讲对,不可能嘛。

11 月 13 日,胡乔木作了重要修改的文稿印出,送华国锋、邓小平审阅。14 日,胡乔木又作了多处修改。印出 11 月 15 日"最后定稿"。华国锋表示不再看了,邓小平又审阅一遍。17 日,邓小平批示:此稿可以发。

《教育战线的一场大论战——批判"四人帮"炮制的"两个估计"》一文就在1977 年 11 月 18 日《人民日报》第一版上刊登出来。《红旗》杂志、《人民教育》同时刊载。新华社同日发通稿。人民出版社当月出版了单行本,书中还附录了人民日报记者写的《"两个估计"是怎么炮制出来的?》。

《教育战线的一场大论战》揭露了"四人帮"对毛泽东指示的封锁和篡改,批判了"四人帮"破坏教育事业的罪行,驳倒了"四人帮"炮制的"两个估计",恢复了毛泽东关于教育工作估计的本来面目,砸掉了束缚知识分子思想的枷锁。

自此,其他各条战线等也都结合自身的情况,掀起了深入揭批"四人帮"、肃清其流毒的热潮,有力地推动了拨乱反正的进程和知识分子政策的落实。

文艺战线最先响应。1977 年 11 月 21 日,《人民日报》编辑部邀请茅盾、刘白羽、张光年、谢冰心和吕骥、蔡若虹、李季、冯牧等文艺界人士举行座谈会,批判"四人帮"炮制的"文艺黑线专政"论及所谓"黑八论"("写真实"论、"现实主义广阔道路"论、"现实主义深化"论、反"题材决定"论、"中间人物"论、反"火药味"论、"时代精神汇合"论、"离经叛道"论)。11 月 25 日《人民日报》以《坚决推倒、彻底批判"文艺黑线专政"论》为题加"编者按"报道这次座谈会,并发表了茅盾、刘白羽的发言。接着,《解放军文艺》编辑部召开驻京部队部分文艺工作者座谈会,揭露林彪勾结江青炮制"文艺黑线专政"论的阴谋。12 月 28 日至 30 日,《人民文学》编辑部举行"向文艺黑线专政论开火"在京文学工作者座谈会,到会一百四十多人。茅盾、夏衍、林默涵等二十多人发言,宣读了卧病中的郭沫若的书面发言。周扬就怎样评价三十年代文艺、文革前十七年的文艺等问题发言,抓住要害,集中而有力地批判了"文艺黑线专政"论。

1978 年 1 月上旬,北京图书馆开放了一批"文化大革命"时的禁书。4 月,文化部召开揭批"四人帮"的万人大会,为受迫害的文艺工作者平反昭雪。5 月 27 日至 6 月 5 日,中国文联召开三届三次扩大会议,恢复了全国文联和中国作家协会、中国戏剧家协会、中国音乐协会、中国电影工作者协会和中国舞蹈协会等五个文艺协会。7 月,《文艺报》复刊。所有这些对推动文艺战线的进一步拨乱反正,推动社会主义文艺的全面复苏起了积极作用。

社会科学战线也积极行动起来。在胡乔木的提议和指导下,中国社会科学院于 1978 年 2 月 20 日至 23 日举行批判"两个估计"座谈会。胡乔木在医院中,会议由邓力群主持。文、史、哲、经、法等各学科专家、学者八十余人与会。郭沫若给座谈会写了信,顾颉刚、侯外庐、邢方群送了书面发言,周扬、于光远、许涤新、冯至、黎澍、夏鼐、孙冶方、陈翰笙、吕叔湘、尹达、翁独健、吴世昌、刘大年、任继愈、蔡美彪、丁伟志、邢贲思、李泽厚等二十八人发言。座谈会深入批判"四人帮"挥舞"两个估计"的大棒,全盘否定十七年哲学社会科学研究工作,打击、迫害、摧残哲学社会科学学者的罪行。与会者畅谈了迅速把哲学社会科学搞上去的决心,对肃清"四人帮"的流毒,解放思想,解决目前哲学社会科学工作中存在的一些紧迫问题提出了建设性的意见。

自教育战线推倒"两个估计"以后,1977 年冬至 1978 年春,各条战线都结合自身特点,深入揭批"四人帮"的极左理论及其严重危害,正本清源,拨乱反正,人们的思想进一步从禁锢中解放出来。恢复高考和推倒"两个估计"发挥的拨乱反正突破口的历史作用,应该充分肯定。

农村改革经历了怎样的曲折历程？
它对各方面改革产生了怎样的影响？

中国是一个农业大国，农村经济的发展状况，直接关系到八亿农村人口的生活和出路，也关系到保证全国人民的生活和国民经济的发展。中共十一届三中全会以后，改革开放在各个领域开展起来，其中起步最早、发展最快、先行突破的是农村。农村改革的突破点，是以"家庭联产承包责任制"为代表的、多种形式的生产责任制的兴起和推行。它大大促进了农业生产力的发展，并导致"政社合一"的农村人民公社的解体，乡(镇)村基层政权的恢复，并对城市改革发生了积极的影响。

1. 农村改革的酝酿和发端

中共十一届三中全会原则通过了《关于加快农业发展若干问题的决定(草案)》(以下简称《决定》)和《农村人民公社工作条例(试行草案)》，会后下发试行和征求意见。《决定》提出发展农业生产的二十五条政策、措施，规定社队有权因地制宜地进行种植，有权决定增产措施，有权决定经营管理方法，有权分配自己的产品和现金，有权抵制任何领导机关和领导人的瞎指挥。

在社队所有权和自主权受到尊重后，各地农民和干部从实际出发，恢复和创造了多种形式的农业生产责任制。《农村人民公社工作条例(试行草案)》第三十五条提出："也可以在生产队统一核算和分配的前提下，包工到作业组，联系产量计算报酬，实行超产奖励。"1979年4月3日，中共中央批转的《关于农村工作座谈会纪要》提出，多数地方可以实行"分组作业，小段包工，按定额计酬的办法"。具体做法有：田间管理包工到组，田头估产，评定奖惩；小宗或单项经济作物，田间管理责任到人,联系产量,评定奖励;常年包工包产到组,耕牛和大农具包给作业组管理使用,或由生产队统一管理,交作业组使用。纪要认为,以上三种办法,只要群众拥护,都可以试行。如果基层干部和群众不同意实行联系产量责任制的,也不要硬性推广。而事实上其他农业生产责任制的形式还在不断创造出来,其中最有生命力的是后来在全国推行的"包产到户"、"包干到户"等家庭联产承包责任制。从包工、包产到组,到包产、包干到户,经历了一个曲折发展的过程。

2. 安徽"省委六条"点燃农村改革之火

尽管当时中央《决定》强调"不许分田单干",指明"除某些副业生产的特殊需要和边远山区、交通不便的单家独户外,也不要包产到户"。但联系产量承包到户的生产责任制已经成为农村改革的一种势不可挡的大趋势、大潮流。其创造者,是基层的广大农民群众;其发端是在农业大省安徽省。

早在 1977 年 11 月,万里主持的中共安徽省委,就根据安徽农业的实际,正式通过并下发了《关于当前农村经济政策几个问题的规定》,简称"省委六条"。其主要内容是:尊重生产队的自主权;落实按劳分配制度;减轻生产队和社员负担;允许和鼓励社员经营自留地和正当的家庭副业;搞好农村经营管理,允许生产队根据不同农活建立不同的生产责任制,可以组织作业组,只需个别人完成的农活,也可以责任到人;队干部参加集体生产劳动;等。

这份文件,突破了不少无人逾越的"禁区",得到了安徽广大农民群众热烈的、由衷的欢迎。中国农村改革的序幕,在安徽大地拉开。

1978 年 2 月 3 日,《人民日报》加"编者按"在头版显著位置发表了署名报道《一份省委文件的诞生》。详细介绍了安徽"省委六条"的主要内容、诞生的经过以及得到广大群众欢迎的情况,立即在全国产生了很大的反响。

正巧,就在 2 月 3 日这一天,邓小平赴尼泊尔访问在成都转机。在候机室看到了当天《人民日报》的这篇报道(当时《人民日报》已出航空版),遂与前来迎送的中共四川省委负责人谈到了安徽发生的事情。邓小平表示:农业的路子要宽一些,思想要解放,只是老概念不解决问题,要有新概念……只要所有制不动,怕什么! 工业如此,农业如此。要多想门路,不能只在老概念中打圈子。

在邓小平的鼓励和支持下,四川省委顶着压力,制定了《关于当前农村经济政策的几个主要问题的规定》,简称"四川十二条"。

从安徽开始点燃的中国农村改革的希望之火,逐渐地向四川,向全国各地蔓延。而安徽省的广大农民群众,从实际出发,不断调整农村政策和改革农村体制,一步一步地探索新的更加适合安徽农村实际的办法,走出一条新的路子来。

1978 年夏秋之际,近十四万平方公里的安徽大地,遭到了百年一遇的特大旱灾,全省农田受灾面积达到六千多万亩。不仅早、中稻严重减产或枯死绝收,而且大片晚稻也无法育秧栽插。当年的粮食严重减产已经是无法逆转的事实。如何减灾救荒,摆脱困境,又成了各级领导不能不面对的严酷现实。

9 月 8 日,中共安徽省委第一书记万里主持召开省委紧急会议。在万里的坚持下,会议解除了一些人怕搞"分田单干"的疑虑,决定打破常规,采取特殊政策,战胜严重自然灾害。万里等省委领导拍板,决定采用"借地度荒"的办法:农村每人种半亩"保命麦",并规定凡集体无法耕种的土地,可单独划出借给农民耕种,超过计划扩种部分,收获时不计征购,由生产队自己分配;鼓励农民利用"四旁"(村旁、宅旁、路旁、水旁)空闲地和开荒地多种粮食蔬菜,谁种谁收谁有,不用上缴国家。

"借地度荒"的决策,调动了广大农民的生产积极性和热情,改变了他们悲观失望的情绪。这一年秋种,全省增加了农作物面积一千多万亩。"借地度荒"的决策,再一次松动了旧体制板结的土壤,为日后农村实行联产承包责任制的改革,作了铺垫。

从 1979 年 1 月起,安徽全省和全国其他的一些省份一样,在中共十一届三中全会解放思想、实事求是路线和《中共中央关于加快农业发展若干问题的决定》等文件精神的推动下,进一步解放思想,扩大了早已开始的安徽农村农业体制改革的试点的范围,在责任制搞得比较早的肥西县和凤阳县,允许许多生产队打破土地管理和使用上的禁区,试行"分地到组,以产计工,统一分配"的责任制。

四川省也是搞农村改革比较早的省份之一。从 1979 年 1 月起,中共四川省委鼓励全省的一些生产队,进行"包产到组"和"以产定工,超额奖励"的试验,并逐步在全省扩大这种试验的范围。

与此同时,云南省的楚雄等地区,也比较早地推广了"包产到组"的管理责任制;广东省则在全省农村普遍推行"五定一奖"的经营管理制度。

《人民日报》从 1979 年 1 月起,陆续报道了这些省份农村实行生产责任制的经验和情况，并明确表示，这是中国农业体制改革的最初实验。其后，全国又有不少省、市、自治区的农村也实行了不同形式的生产责任制。

这样，从 1979 年 1 月到 1980 年 3 月，全国实行包产到组的生产队占全国生产队总数的 28％。其他实行不联产的各种包工责任制的生产队，占全国生产队总数的 55.7％。安徽不少地区已经实行包产到户、包干到户。

3. 万里顶住压力支持农业生产责任制

上述情况表明，中国农业体制改革的开端，是以包工到组或包产到组为主要形式的农业生产责任制。但就是这样一种有限度地克服生产指挥上的"大呼隆"和分配过程中的平均主义的农业生产责任制，在推行的过程中也并不是一帆风顺的。

1979 年 3 月 15 日，《人民日报》在头版加"编者按"发表一封题为《"三级所有，队为基础"应当稳定》的读者来信。信中批评河南洛阳地区一些县社，从"三级所有、队为基础"退到"分田到组、包产到组"，下一步要分田到户，包产到户。认为这不是中央精神而是各地的"土办法"。信中说：如果从便利管理，加强责任心着眼，划分作业组是可以的，轻易地从"队为基础"退回去，搞分田到组、包产到组，也是脱离群众、不得人心的。同样会搞乱"三级所有，队为基础"的体制，搞乱干部、群众的思想，挫伤积极性，给生产造成危害，对搞农业机械化也是不利的。那些干部、群众的担心是有道理的，顶着不分是对的，应该重视并解决这个问题。《人民日报》编者按指出：已经出现"分田到组"、"包产到组"的地方，应当认真学习三中全会原则通过的《中共中央关于加快农业发展若干问题的决定（草案）》，正确贯彻执行党的政策，坚决纠正错误做法。

《人民日报》加"编者按"发表这封读者来信是有其背景的：3 月 10 日至 18 日，国家农委在北京召开一个农业工作座谈会，来自安徽、四川、江苏、湖南、吉林、河北、广东七个省农村工作部门的负责人，安徽全椒、广东博罗、四川广汉三个县委的负责人以及国务院有关部门的领导参加了会议。会上围绕联产计酬等问题发生了争论。安徽代表在发言中，不仅肯定了包产到组，而且为包产到户辩护，认为这都是责任制的一种形式。但多数代表不同意。情况反映到国务院某领导那里，他本来就对农村出现的变化感到不安，此时就更觉得有必要以某种方式加以制止了。因此就将原来在一份内部刊物上刊登的那封读者来信加上批示，要求《人民日报》

刊登。《人民日报》就将那位领导的批示改成"编者按"，连同读者来信一起发表了。

这封来信以及《人民日报》的"编者按"，在读者中引起很大的反响。当然，主要是消极和负面的影响。信中批评和反对的主要是"包产到组"，而安徽这样在全国最早实行联产承包责任制的省份，早已越过"包产到组"的界限，走得更远，搞起了"包产到户"，自然感到有很大的压力。许多人认为，这可能是党的农村政策发生变化了。

安徽省委第一书记万里坚决顶住压力。3 月 17 日，他在滁县地区考察工作时，针对 3 月 15 日《人民日报》发表的读者来信和"编者按"认为"包产到组"是"错误做法"的批评，非常明确地表示：它说是"错误做法"，我看是好办法。什么是好办法？能叫农业增产就是好办法，能叫国家、集体和个人都增加收入就是好办法，反之就是孬办法。我们这儿，不管谁吹这个风那个风，都不动摇。

在万里的支持下，当时安徽省农委的几位同志也给《人民日报》写了信。这封题为《正确看待联系产量的责任制》的来信，发表在 3 月 30 日的《人民日报》头版上，对前面那封读者来信及"编者按"，进行了尖锐的批评，并结合安徽的实际，对"包产到组"、"联系产量评定奖惩的责任制"给予了积极的评价。《人民日报》也加了"编者按"，承认 3 月 15 日刊登的读者来信和"编者按""其中有些提法不够准确，今后应当注意改正"，并指出：包工到组，联系产量是一种新的计酬办法，在试行中出现这样那样的问题是难免的。只要坚持生产队统一核算和统一分配这个前提，不搞包产到户和分田单干，就可以试行。

这样，各地农村以"包产到组"、"包工到组"为主要内容的农村改革，继续不断发展。到 1979 年冬，安徽全省实行包产到组责任制的生产队已经达到生产队总数的 61.6％。同期四川全省实行"包产到组"责任制的生产队，也达到了生产队总数的 57.66％。

4. 包产到户不胫而走

以包工、包产到组为主要形式的责任制，在初期解决因地制宜、平均主义等的问题上，的确起到了积极的作用。但是，如何从根本上解决生产管理过于集中的弊病，解决农户的"户"与"户"之间分配上的平均主义，充分调动广大农民的生产积极性，仍然是一个尚待解决的问题。

群众中蕴藏着巨大的创造性和潜力。

早在中共十一届三中全会之前，一些地区连包工、包产到组都没有想到的时候，在安徽的肥西县和凤阳县，就有一些祖祖辈辈长期处于贫困之中的农民，豁出一切，超越了包干、包产到组，冒险搞起了被明令禁止的包产、包干到户的尝试。

1978 年 10 月初，肥西县官亭公社农场大队老庄生产队的社员，在生产队队长的带动下，把全队土地划分到户，约定：每亩定产 200 斤，以产计工；明年收获后超产一斤粮食奖励三分工，节约归自己，超支不补，种子、肥料各家自筹自用。这实际就是大胆地、公开地宣布"包产到户"。这是当时安徽全省，恐怕也是全国第一个公开实行包产到户的生产队。

在 1978 年的同期，肥西县的山南区，因得到区委书记的默许，也有不少社队比较早地、悄悄地把土地分给农民，实行包产到户的。但此举也引起不少人的反对，认为山南区正在搞分田到户，搞单干，破坏了人民公社所有制，是中了刘少奇"三自一包"的毒害，是走资本主义道路。

1979 年 2 月初，安徽省农委政策研究室主任根据省委第一书记万里等人指示，带工作组到山南区的山南公社搞试点，了解那里搞包产到户的实际，掌握第一手的情况。在 2 月 6 日召开的省委常委会上，万里认为应该满足农民"包产到户"的愿望，主张在肥西县山南公社进行"包产到户"试验。万里指出，搞包产到户不会像有的人担心的那样滑到"资本主义道路上去"，即使滑下去，那也没有什么可怕的，把它拉回来就是了。此后十几天，全山南公社的 206 个生产队中，有 200 个生产队马上就公开搞包产到户。不久，其余 6 个队也接着跟了上来。这样，山南公社一举成为肥西全县和安徽全省，乃至全国第一个公开实行包产到户的公社。不仅山南公社全部实行了包产到户，整个肥西县也有 40％的生产队搞起了包产到户。2 月 16 日，万里召集六安、巢湖、滁县三个地区地委书记开会，推广"包产到户"。他说：肥西有的公社包产到户了，农民千方百计把地种上。我说你们干吧，搞富了再说。搞包产到户，如果要检讨，我检讨。只要老百姓有饭吃，能增产，就是最大的政治。于是，"双包"制（包产到户、包干到户）在这三个地区推广和铺开。5 月，万里专门到山南区考察包产到户的情况，对包产到户在山南区的实践及其取得的成果表示支持。这年的秋天，肥西全县有 8 199 个生产队在各种各样的名义下实行了包产到户，占生产队总数的 97％。

另一个典型的例子是凤阳县梨园公社小岗队的"包干到户"的尝试与实践。

1978 年 12 月的一个晚上,凤阳县梨园公社小岗村的 18 位农民,开了一个"绝密会议",决定搞包干到户。他们一致表示:第一,我们分田到户,瞒上不瞒下,不许向任何人透露;第二,上缴粮食的时候,该交国家的交国家,该是集体的留集体,剩下的归自己,不准任何人到时候装孬;第三,万一走漏风声,队干部为此蹲班房,全队社员共同负责把他们的小孩抚养到 18 周岁。

小岗村生产队包干到户的消息传出,公社书记前去制止。县委书记陈庭元知道后说:"他们已经穷'灰'掉了,还能搞资本主义?……就让他们干到秋后再说吧!"滁县地委书记王郁昭,同意小岗这样干三年,把小岗分田到户保护了下来。1979 年 6 月 5 日,万里到滁县地区听取地、县两级汇报小岗村包干到户情况。陈庭元讲了一段民谣:"大包干,最简单,干部群众都喜欢。只要能干三五年,收的粮食堆成山。"万里听后说,尊重农民的意愿,群众愿意"大包干",三年就能富裕,就让他搞三年。哪怕搞一万年也可以。……现在有粮食就是最大的政治。①

小岗人的举动,在周围地区引起了不小的骚动。1979 年秋收以后,看到小岗人一天天好起来的梨园公社的其他生产队,也学着小岗人的样子,搞起了包干到户。

这一年的 9 月,中共十一届四中全会通过的《关于加快农业发展若干问题的决定》中,仅把两个"不许"("不许分田单干"、"也不许包产到户")中的后一个"不许"有限制地改为"不要"(除某些副业生产的特殊需要和边远山区、交通不便的单家独户外,也不要包产到户)。同时,又有不少人对小岗的包干到户持怀疑或否定的态度。万里于 1980 年 1 月 24 日再次来到小岗,在听取汇报和实地考察后,表扬小岗人分田单干说:"现在好了,马列主义竟出在你们这小茅屋里了。""你们干得好,能完成国家的,留足集体的,社员生活水平能提高,这是对国家有利,对集体有利,对你们个人也有利的事。哪个再说你们走资本主义道路,不搞社会主义,这个官司交给我万里给你们打好了。"有人问:别的地方要学习小岗搞包干到户可中?万里说:可以!只要对国家有利,对人民有利,哪个学都中!于是包干到户在安徽普遍

---

① 据《起点——中国农村改革发端纪实》,安徽教育出版社 1997 年版,第 172—174 页。

推广。①

　　万里的表态，使包干到户得到推广。从 2 月到 4 月，短短两个月时间，凤阳全县有 25％的农户实行了包干到户。而小岗队所在的梨园公社及板桥区，实行包干到户的农户达到了 80％。到 8 月上旬，除少数生产条件较好的公社外，凤阳全县都实行了包干到户。就这样，安徽省肥西、凤阳这两个县，1980 年实行"双包"（包产到户、包干到户）的生产队达到 95％以上。

　　安徽实行的"包产到户"，采用"确定承包产量，以产计工，超产奖励，减产赔偿"的办法。农民承包土地以后，生产的粮油棉等，要统统交到生产队，由队里统一上缴，完成国家的征购任务，扣下集体提留，然后按各户缴上来的产量计算出工分，再实行统一分配。这种办法是先承包后算账。而"包干到户"则是指农民承包集体的土地，由生产队与农民签订承包合同，农民按合同规定完成上缴国家的征购任务，交足集体的提留，剩下的都归农民自己所有。农民把这种办法概括为："保证国家的，留够集体的，剩下都是自己的。"这两种办法，在本质上是一致的，都是一个"包"字。只是一个先算账，一个后算账。这两种办法群众都拥护，比较起来"包干到户"这种"大包干"的办法更受欢迎一些。

　　由于包干到户和包产到户把每个农民的切身利益和生产的成果紧密地结合了起来，最大限度调动了农民的人力、财力，发挥了他们的生产积极性，所以，农业生产的成果就特别显得突出。1980 年，肥西县 41 万亩麦子总产量达 1.36 亿斤，比历史最高水平的 1979 年增长了 13.4％；18.7 万亩油菜籽，总产量达到三千多万斤，比 1979 年增长了 1 倍多。1980 年，凤阳县粮食总产量比历史上最高水平的 1979 年增长 14.2％。

　　肥西、凤阳等县成倍增长的产量和"一年翻身"的事实，极大地吸引和影响了安徽全省的其他县市以及周围的省市。临近的一些县市的干部群众，也纷纷冲破阻力，仿照搞起包产到户来。

　　1980 年初，远在西南的贵州省，在安徽等地的"双包"责任制实践获得成功的影响和带动下，也进一步放宽农村的政策，使包干到户和包产到户在贵州得到大范围、大规模的推广。到 1980 年底，贵州实行"双包"的生产队已经占到全省生产队

---

① 据张广友：《改革风云中的万里》，人民出版社 1995 年版，第 201—202 页。

总数的 80%。

其他的省份实行包干到户和包产到户的生产队的比例,也迅速增加。到 1980 年底,在全国范围内,实行包产到户、包干到户等责任制形式的生产队,已经占到全国生产队总数的 50%以上。

包产到户、包干到户的实行,与全国范围内的农业政策的调整和农业生产的发展,形成了一个良性的循环。

5. 邓小平肯定包产到户

安徽、贵州等省包产到户、包干到户的尝试与实践,虽然取得显著的成绩,但在当时并没有得到一致认可,不仅省内有怀疑和反对的意见,也有来自省外,乃至上层的批评与责难。

1980 年 1 月 11 日至 2 月 2 日,国家农委在北京召开全国农村人民公社经营管理会议。会议主要针对着农村日益兴起的包产到户、包干到户的改革,认为冲击了原有的"三级所有,队为基础"的人民公社体制的情况,想通过这次会议统一思想,以坚持"农村的集体经济","巩固农村的社会主义阵地"。

在此之前,在 1 月 2 日至 1 月 11 日中共安徽省委召开的全省农村工作会议上,万里以省委的名义,已经正式承认"包产到户是联产承包责任制的一种形式",实际上给"包产到户"正了名,定了性,"报了户口"。这又恰恰是全国农村人民公社经营管理会议所反对的。

正因如此,安徽省农委一位副主任代表安徽方面在国家农委召开的会议上作了《联系产量责任制的强大生命力》的长篇发言。针对反对者提出的一些情况和担心,他结合安徽农村的具体实际,明确提出:长期以来,农村许多地区的群众因为穷困,并没有亲自体会到社会主义的优越性,而是尝够了极"左"路线给他们带来的痛苦。在中央提出加快农业发展的号召时,他们对老一套"大呼隆"式的集体生产失去了信心,希望用包产到户的办法多收粮食,为四化建设作贡献,这本身就是社会主义积极性高涨的表现,也是生产责任心加强的反映,因此应该予以肯定和支持。由于包产到户是在生产队统一领导下进行的,土地仍然归国家和集体所有,农户仅仅是按规定承包耕种,既没有改变所有制性质,又符合按劳分配的原则。它只是一种责任制形式,不能和分田单干混为一谈。同时,这种包产到户,在贫困地区,不仅不会削弱集体经济，而且有利于加强集体经济。

安徽方面的观点，除少数省份和一些新闻单位、经济研究部门的与会者表示支持外，大多数与会者都表示反对。反对者认为：包产到户就是分田单干，是资本主义性质的，如果不坚决制止，放任自流，沿着这条路滑下去，人心一散，农村的社会主义阵地就丢掉了；包产到户调动出来的是农民的个体积极性，不符合社会主义方向；中央文件明确规定"不许分田单干"、"不要包产到户"，搞"包产到户"就违反了中央文件的精神；人民公社"三级所有，队为基础"的制度，是写进宪法的，搞"包产到户"违反了宪法的规定。

主持会议的国家农委领导，支持反对者的意见。在会后印发的《全国农村人民公社经营管理会议纪要》明确表示要"坚定地走人民公社集体化道路"，"坚守农村的社会主义阵地"。1980年初，国家农委主办的《农村工作通讯》第2期发表题为《分田单干必须纠正》的文章，表示要"坚决纠正和防止分田单干和包产到户的错误做法"。

在这关键时刻，万里一方面组织舆论力量宣传以包产到户、包干到户为主要内容的农村改革重要成就和积极意义，一方面寻求邓小平、陈云等的支持。这时，万里已调到中央工作，他在1980年2月中共十一届五中全会上当选中央书记处书记，分管农业，主持制定农村和农业政策。

在万里的直接关心支持下，1980年4月9日，《人民日报》发表《联系产量责任制好处多》的长篇署名文章，用大量事实，驳斥《农村工作通讯》等对包产到户的非难。文章指出：包产到户是集体生产责任制的一种形式，不是分田单干；是农户向生产队承包，实行联产计酬，有利于调动农民群众的生产积极性，对农业生产有利；实行联系产量责任制决不是倒退，而是符合现阶段中国农业发展实际的好办法；不能因为联产责任制实行过程中出现问题，就将其视为洪水猛兽，而是要采取积极的态度解决前进中存在的问题。

文章还指出：中央文件虽然一方面规定不要包产到户，但另一方面又强调指出："确定农业政策和农业经济改革的首要出发点是充分发挥社会主义制度的优越性，充分发挥我国八亿农民的积极性。我们的一切政策是否符合发展生产力的需要，就是要看这种政策能否调动劳动者的生产积极性。"根据这个精神，包产到户这种形式的生产责任制，有利于充分调动群众的生产积极性，有利于发展生产，符合群众的意愿,得到群众的拥护,应当说不违反中央文件的精神。

《人民日报》对包产到户的态度,对支持农村改革,拥护包产到户、包干到户的人们,是一个很大的鼓舞和有力的支持。四川、广东、贵州、内蒙古、天津等省市都公开支持万里所倡导的安徽农村的改革。这对安徽省内部一些对包产到户、包干到户持怀疑和反对意见的人,也是一个触动。

对 20 世纪 70 年代末 80 年代初再次从安徽兴起的农村改革及其争论,邓小平一直比较关注。事实上,他在 60 年代初期就提出了从体制上解决生产力发展的重要思想。1962 年 7 月 7 日,他在《怎样恢复农业生产》的讲话中,称当时安徽等地实行的"包产到户"、"责任到田"等为"新的情况",指出:生产关系究竟以什么形式为最好,恐怕要采取这样一种态度,就是哪种形式在哪个地方能够比较容易比较快地恢复和发展农业生产,就采取哪种形式;群众愿意采取哪种形式,就应该采取哪种形式,不合法的使它合法起来①。在这段话之后,他引用了刘伯承经常讲的一句四川话:"黄猫、黑猫,只要捉住老鼠就是好猫。"表明了他对"包产到户"、"责任到田"的肯定态度。

这回,邓小平不仅多次听取万里等人对农村搞包产到户、包干到户情况的汇报,而且花了许多精力看了大量材料。在形成了自己的认识以后,他对包产到户、包干到户等农村改革的政策给予了积极的肯定和支持。对包产到户,陈云在 60 年代初就是支持的,为此还受到毛泽东的严厉批评,这回当然也积极支持。

1979 年 6 月 18 日,在五届全国人大二次会议开幕式后休息时,万里问陈云:安徽一些农村已经搞起包产到户,怎么办? 陈云毫不犹豫地答复:我双手赞成! 万里又问邓小平,邓小平说:不要争论,你就这么干下去就完了,就实事求是干下去。②

1980 年 4 月 2 日,邓小平与胡耀邦、万里、姚依林、邓力群等谈话。在谈到农村政策时,邓小平说:对地广人稀、经济落后、生产穷困的地区,像贵州、云南、西北的甘肃等省份中的这类地区,我赞成政策要放宽,使他们真正做到因地制宜,发展自己的特点。……政策要放宽,要使每家每户都自己想办法,多找门路,增加生产,增加收入。有的可给组,有的可包给个人,这个不用怕,这不会影响我们的制度的社

---

① 《邓小平文选》第 1 卷,人民出版社 1994 年版,第 323 页。

② 据《陈云年谱》(下卷),中央文献出版社 2000 年版,第 248 页。

会主义性质。在这个问题上要解放思想,不要怕。在这些地区要靠政策,整个农业近几年也要靠政策。①邓小平请万里对此事研究个意见,提到书记处讨论。②

5月31日,邓小平在同胡乔木、邓力群谈话中,又明确指出:农村政策放宽以后,一些适宜搞包产到户的地方搞了包产到户,效果很好,变化很快。安徽肥西县绝大多数生产队搞了包产到户,增产幅度很大。"凤阳花鼓"中唱的那个凤阳县,绝大多数生产队搞了大包干,也是一年翻身,改变面貌。有的同志担心,这样搞会不会影响集体经济。我看这种担心是不必要的。我们总的方向是发展集体经济。实行包产到户的地方,经济的主体现在也还是生产队。可以肯定,只要生产发展了,农村的社会分工和商品经济发展了,低水平的集体化就会发展到高水平的集体化,集体经济不巩固也会巩固起来。关键是发展生产力,要在这方面为集体化的进一步发展创造条件。

他指出:总的说来,现在农村工作中的主要问题还是思想不够解放。除表现在集体化的组织形式这方面外,还有因地制宜发展生产的问题。所谓因地制宜,就是说那里适宜发展什么就发展什么,不适宜发展的就不要去硬搞。像西北的不少地方,应该下决心以种牧草为主,发展畜牧业。现在有些干部,对于怎样适合本地情况,多搞一些经济收益大、群众得实惠的东西,还是考虑不多,仍然是按老框框办事,思想很不解放。所以,政策放宽以后,还有很多工作要做。

他明确要求:从当地的具体条件和群众意愿出发,这一点很重要。我们在宣传上不要只讲一种办法,要求各地都照着去做。宣传好的典型时,一定要讲清楚他们是在什么条件下,怎样根据自己的情况搞起来的,不能把他们说得什么都好,什么问题都解决了,更不能要求别的地方不顾自己的条件生搬硬套。③

邓小平的讲话,对于打破和克服当时还普遍存在的人们的僵化思想和畏惧心理,特别是在各级领导干部中还普遍存在的这种状况,起了非常重要的作用。

6. 中共中央75号文件指导"包产到户"、"包干到户"大发展

1980年9月14日至22日,中共中央召集各省、市、自治区党委第一书记座谈

---

①　《邓小平年谱(1975—1997)》(上),中央文献出版社2004年版,第615—616页。
②　据张广友:《改革风云中的万里》,人民出版社1995年版,第226—227页。
③　《邓小平文选》第2卷,人民出版社1994年版,第315—316页。

会,研究和讨论加强和完善农业生产责任制的问题。会上印发了邓小平表扬安徽"双包制"的谈话和赵紫阳关于农村政策的一封信①。胡耀邦、赵紫阳等发了言。经过讨论,形成了会议纪要。会后,中共中央将会议纪要以"中发[1980]75号"文件《中共中央印发〈关于进一步加强和完善农业生产责任制的几个问题〉的通知》的形式,下发各地。

《通知》改变了过去对包产到户"不准(搞)"、"也不要(搞)"的提法,明确"可以"、"也可以"搞包产到户。《通知》指出:

> 在党的三中全会精神鼓舞下,两年来,各地干部和社员群众从实际出发,解放思想,大胆探索,建立了多种形式的生产责任制,总起来可分为两类:一类是小段包工,定额计酬;一类是包工包产,联产计酬。实行结果,多数增产,并且摸索到一些新的经验。特别是出现了专业承包联产计酬责任制,更为社员所欢迎。这是一个很好的开端。

> 我国地区辽阔,经济落后,发展又很不平衡,加上农业生产不同于工业生产,一般是手工操作为主,劳动分散,生产周期较长,多方面受着自然条件的制约。这就要求生产关系必须适应不同地区的生产力水平,要求农业生产的管理有更大的适应性和更多的灵活性。在不同的地方、不同的社队,以至在同一个生产队,都应从实际需要和实际情况出发,允许有多种经营形式、多种劳动组织、多种计酬办法同时存在。

> 当前,在一部分省区,在干部和群众中,对于可否实行包产到户(包括包干到户)的问题,引起了广泛的争论。为了有利于工作,有利于生产,从政策上做出相应的规定是必要的。

> 在那些边远山区和贫困落后的地区,长期"吃粮靠返销,生产靠贷款,生活靠救济"的生产队,群众对集体丧失信心,因而要求包产到户的,应当支持群众的要求,可以包产到户,也可以包干到户,并在一个较长的时间内保持稳定。就这种地区的具体情况来看,实行包产到户,是联系群众,发展生产,解决温饱问题的一种必要的措施。就全国而论,在社会主义工业、社会主义商业和集体

---

① 1980年6月19日,赵紫阳就当前农村政策问题给万里、胡耀邦等写信,提出把全国分成三类地区,分别实行不同的责任制。他特别提倡在生产队统一领导下,在专业分工协作的基础上包产到人或责任到人,认为比包产到户要好,提出凡是搞了包产到户的地区应该朝这个方向引导和发展。

农业占绝对优势的情况下，在生产队领导下实行的包产到户是依存于社会主义经济，而不会脱离社会主义轨道的，没有什么复辟资本主义的危险，因而并不可怕。

　　已经实行包产到户的，如果群众不要求改变，就应允许继续实行，然后根据情况的发展和群众的要求，因势利导，运用各种过渡形式进一步组织起来。[①]

这是一份具有历史意义的重要文件。"包产到户"堂而皇之地出现在中共中央的正式文件中，并且得到了积极的、正面的、肯定的评价。从此，联产承包责任制从初步推行阶段，进入大发展的阶段。

11月23日，中共中央转发了中共山西省委《关于全省农业学大寨经验教训的初步总结》，对十多年来农业政策中的"左"的路线、方针和政策及其所造成的严重后果，进行了总结和反思，标志着在全国推行了这么多年的套用一个大寨模式的僵化做法，基本上得到了清理。

在邓小平讲话和中央文件指导下，到1980年底，全国有50%的生产队实行了包产（包干）到户责任制，其中比重最多的是安徽，当时已经达到了70%。贵州、内蒙古、甘肃、四川、河南、广东、河北等省、区也比较普遍地实行了包产到户。

1981年1月，赵紫阳再次提出，把全国分成三类地区采取不同的责任制形式：好的地区实行专业承包、联产计酬、包产到组、自愿结合；中间状态地区实行统一经营、联产到劳；困难落后地区可搞包产到户、包干到户。3月27日，中央办公厅转发了《关于农村经济政策的一些意见》。

为了进一步统一全党在农村路线、方针和政策上的思想，完善农村的联产承包责任制，中共中央又责成中央有关部门，在"75号文件"的基础上，起草新的文件，提交1981年12月召开的全国农村工作会议讨论。经中央书记处讨论通过后，以《中共中央批转〈全国农村工作会议纪要〉》的形式，于1982年1月1日正式出台，以中共中央1982年"1号文件"的形式颁发。文件共25条。关于联产承包责任制，包产（包干）到户，《纪要》写道：

　　目前实行的各种责任制，包括小段包工定额计酬，专业承包联产计酬，联

---

① 《三中全会以来》（上），人民出版社1982年版，第544—547页。

产到劳,包产到户、到组,包干到户、到组,等等,都是社会主义集体经济的生产责任制。

包干到户这种形式,在一些生产队实行以后,经营方式起了变化,基本上变为分户经营、自负盈亏;但是,它是建立在土地公有制基础上的,农户和集体保持承包关系,由集体统一管理和使用土地、大型农机具和水利设施,接受国家的计划指导,有一定的公共提留,统一安排烈军属、五保户、困难户的生活,有的还在统一规划下进行农业基本建设。所以它不同于合作化以前的小私有的个体经济,而是社会主义农业经济的组成部分。①

这个文件,在中央"75 号文件"基础上又大大前进了一步,它正式为包产(包干)到户正了名。至此,有关包产(包干)到户的性质的全国范围内的争论,基本停止了下来。全国农村改革更迅猛地发展起来。

1982 年 11 月底,五届全国人大五次会议上的《关于第六个五年计划的报告》把大包干概括为"家庭(或小组)承包的责任制形式",并指出,这个办法"不仅生产落后、经营单一的队采用了,而且经济发达、专业化程度高的队也陆续推广了这种办法,现在已成为大部分地区责任制的主要形式。"②到这年年底,实行"双包制"的生产队已占全国生产队总数的 78.8%。

1983 年 6 月 6 日,赵紫阳在六届全国人大一次会议上所作《政府工作报告》中又首次把"大包干"称为"家庭联产承包责任制",指出这种责任制"把小规模的分户经营与专业化、社会化生产结合起来,继承了合作化的积极成果,从而使集体所有制的优越性和家庭经营的积极性统一了起来。"到 1983 年底,实行"大包干"的生产队达 576.4 万户,占生产队总数的 97.8%;农户数为 17 497.5 万户,占农户总数的94.4%。

1984 年元旦,中共中央下发了第三个 1 号文件《关于 1984 年农村工作的通知》。《通知》要求"稳定和完善生产责任制",并在此基础上"提高生产力水平,疏理流通渠道,发展商品生产。"到 1984 年底,实行"大包干"的生产队为 563.6 万户,占生产队总数的 99%;农户数为 18 145.5 万户,占农户总数的 96.6%③。

---

① 《三中全会以来》(下),人民出版社 1982 年版,第 1063—1064 页。
② 中共中央文献研究室编:《十二大以来重要文献选编》(上),人民出版社 1986 年版,第 209 页。
③ 国家统计局编:《新的里程　新的成就》,红旗出版社 1987 年版,第 96 页。

1982 年、1983 年、1984 年，中央连续三个 1 号文件，把包干到户和包产到户为主要形式的家庭联产承包责任制推行到了全国农村。从此，土地农户承包、家庭经营，成为中国农村基本经济单元和主要经营形式。在建国三十五周年国庆游行队伍中，农民抬着"中央 1 号文件好"的巨型标语牌通过天安门广场。这是对家庭联产承包责任制的形象的小结。

7. 家庭联产承包责任制促进了农村经济的发展

由于推行以包产到户、包干到户为主要形式的家庭联产承包责任制，广大农民的生产积极性得到了极大的发挥。1980 年当年，全国农业就在克服多种严重自然灾害的情况下，获得了大丰收。粮食产量达到了 31 822 万吨，是建国以来的第二个高产年。农村的家庭副业发展也很快，农民纯收入 1980 年比 1979 年增加了42.2％。1981 年全国农业总产值比 1980 年增长了 5.7％。许多地区一举解决了多少年没有解决的温饱问题。

正如 1981 年 2 月，国家农委一位副主任在考察了鄂、豫、鲁三省农村的改革情况后给中央和国务院的报告中所说的：包产到户激发了农民的生产积极性，这是一个不容置疑的事实。过去一个相当长的时期内，把集中劳动和平均分配当做集体经济的优越性来提倡，"大呼隆"加上"吃大锅饭"，把农民的主动性和积极性都搞掉了。现在包产到户和包干到户都是家庭经营，却大大提高了农业生产，这说明它们是适合我国农村目前的生产力水平的。

在全国普遍推行家庭联产承包责任制的情况下，有些农村社队，如江苏的华西村，河南的南街村、刘庄，北京的窦店、韩村河等，没有采取包产到户、包干到户的形式，还是坚持社队（后来是乡镇和村）集体经营，由于发展了乡镇企业，改善了经营管理，加强了思想政治工作，农副工商运建各业得到很大发展，小城镇建设得到长足进步，经济取得骄人的成绩，显示了社会主义集体经济的优越性，为社会主义新农村建设创造了成功的经验。

8. 农村改革的巨大影响

农村"家庭联产承包制"在农村的兴起和推广，是广大农民的一大创举。它不仅促使中国农村生产力获得解放和发展，较好地解决了亿万农民的温饱问题，而且引发了农村社会的深刻变革，导致"政社合一"的农村人民公社的解体，乡(镇)村基层政权建制的恢复。

　　农村普遍实行双包制以后，政社合一的人民公社已经无法适应新的生产关系，其解体势所必然。四川省广汉县 1979 年就开始进行政社分开的试点。1980 年 6 月，该县"向阳人民公社"率先把牌子摘下来，挂上了"向阳乡人民政府"的牌子。广东、吉林、河北、浙江、安徽等省也在小范围进行了试点。在总结试点经验的基础上，1982 年初宪法修改委员会草拟了实行政社分开、设立乡人民代表大会和人民政府的宪法条文。1982 年 4 月 12 日，中共中央、国务院发出了《关于宪法草案中规定农村人民公社政社分开的通知》。经过实践的探索和认识的深化，1982 年 12 月，五届全国人大五次会议通过的《中华人民共和国宪法》，对乡村基层政权作了如下明确规定："乡、民族乡、镇设立人民代表大会和人民政府。"(第九十五条)"乡、民族乡、镇的人民代表大会代表由选民直接选举。"(第九十七条)"每届任期三年。"(第九十八条)乡镇人民代表大会"选举并有权罢免乡长和副乡长、镇长和副镇长。"(第一百零一条)乡、镇人民政府实行"乡长、镇长负责制"。(第一百零五条)至此，延续二十四年的政社合一的人民公社体制宣告终结。

　　农村改革也带动了城市经济体制的改革。在农村家庭联产承包责任制的启发和影响下，城市工业企业改革的一个重要措施，就是实行和完善工业经济生产责任制，采用利润包干、盈亏包干的办法，解决了企业吃国家和职工吃企业这"两个大锅饭"的问题。

怎样评价经济领域的思想解放与国务院务虚会

关于经济领域的思想解放

经济领域的思想解放，首先集中在对被"四人帮"搞乱的关于社会主义经济若干基本理论问题的正本清源、拨乱反正上。它有力地推动了拨乱反正，推动了改革和开放的尝试，不仅为中共十一届三中全会的工作重心转移作了思想准备，也为中共十一届三中全会后大规模的改革开放提供了很多有益的启示。

（1）关于商品生产和商品交换

在"文化大革命"中，"四人帮"篡改马克思主义商品货币理论，诋毁社会主义商品生产、货币关系，破坏社会主义经济发展，在思想理论上造成极大的混乱。1978年5月22日，《人民日报》发表了国务院财贸小组理论组撰写的文章《驳斥"四人帮"诋毁社会主义商品生产的反动谬论》。文章批驳了"四人帮"的谬论，从思想理论上扫除发展社会主义商品生产的障碍。文章分析了社会主义商品生产和小商品生产、资本主义商品生产本质的不同，有力地论证了发展社会主义商品生产不会产生资产阶级。文章联系实际，分析了必须大大发展商品生产和商品流通的客观依据，并从宏观上提出当时商品生产的发展战略。文章指出："我们一定要理直气壮地发展社会主义商品生产和商品流通，为建设一个现代化的社会主义强国而奋斗。"

在当时，思想理论上的正本清源与实际工作中的拨乱反正是紧密结合在一起的。国务院财贸小组理论组在写作此文的同时，正为全国财贸战线"双学"（即学大庆学大寨）会议积极做准备。他们先后起草了《关于召开全国城乡商业学大庆学大寨会议的通知》（后来扩大了范围，正式开会时名为"全国财贸学大庆学大寨会议"），和中央领导人在会上的讲话。

《通知》明确提出"要理直气壮地促进社会主义商品生产和商品流通"：

> 社会主义的商品生产和商品流通，同资本主义的商品生产和商品流通，有本质的差别。我国现在社会主义商品生产不是多了，而是少了。在全民所有制和集体所有制同时存在的条件下，社会主义商品生产要大大发展。只有这样，才能壮大社会主义的经济力量，才能排除城乡资本主义的活动，才能加强无产阶级专政的物质基础。我们要理直气壮地促进社会主义商品生产，发展社会主义商品流通。

华国锋 1978 年 7 月 7 日在"全国财贸学大庆学大寨会议"上发表的长篇讲话，引用毛泽东 1959 年对李先念一篇报告所作的批示，强调了商业工作的重要性。讲话指出，生产总过程中生产、交换、分配、消费四个环节缺一不可。生产是生产总过程中的决定因素，但是交换、分配、消费也对生产起着重大作用。商业的发展固然是工农业生产发展的结果，同时又是工农业生产的强有力的促进者。财贸工作是联结生产和消费、联结各个生产部门的纽带。商业和服务业是同工农业并驾齐驱的重要社会行业。社会经济的这种发展趋势，必将愈来愈明显。讲话要求通过学习和实践，提高对社会主义经济规律的认识，提高运用客观经济规律的自觉性，提高经济工作的管理水平，提高现代科学技术水平。

对这篇讲话，外电评论说：这是华国锋当了主席后第一篇务实的讲话。

（2）关于按劳分配原则

在文化大革命中，按劳分配原则横遭批判。粉碎"四人帮"后，在按劳分配原则上的正本清源、拨乱反正，成为一项紧迫的任务。

邓小平复出后，在多次谈话中都讲到必须贯彻按劳分配原则，强调这是整个国家的重大政策问题。在思想理论界，在胡乔木支持下，于光远主持召开了从北京地区到全国范围的关于按劳分配问题的几次研讨会。在此基础上，从 1977 年 12 月起，胡乔木和于光远、邓力群一起着手起草关于按劳分配的论文。对这篇文章，邓小平看了两遍，具体指导了文章的起草和定稿。

1978 年 3 月 28 日，邓小平在和胡乔木、邓力群谈话时说：

> 这篇文章我看了，写得好，说明了按劳分配的性质是社会主义的，不是资本主义的。

第四部分还要好好改一下，同当前按劳分配中存在的问题联系起来，切实解决一些实际问题。还有脑力劳动的问题，文章中讲得不够。生产力愈向前发展，从事脑力劳动的人愈来愈多。当然，从事脑力劳动的人还要搞体力劳动，将来还要保存手工业，到了共产主义社会，做菜烧饭是不是都变成自动化了？我不相信会完全变成自动化。脑力劳动者也是劳动者，要把这一点强调一下。

邓小平要他们改好后再送他看一下，然后发表。

过了一个月，4 月 30 日，邓小平又找胡乔木、邓力群，再谈文章的修改问题。邓小平说：

今天找你们来，主要是谈按劳分配的文章。文章其他部分都可以了，最后一部分中讲到工资改革，有些话要说得活一点。工资级别一定要有，而且定级别一定要以技术为主。工人的工资是不是一定是八级，还可以考虑。上海在八级之外，又加了半级。不一定就是八级，改成十级，十二级都可以嘛！也许不需要搞上海那么多级。总之，八级工资制需要作些改革。还有行政人员的工资级别，也有一个改革问题。

胡乔木插话说：文章再改一改，改后是不是再送给您看一下？先念同志已看过这篇文章，他的意见是可以发表了。

邓小平说：我不看了，不知先念同志有没有时间看。我看这篇文章可以了，你们稍微改一改，就送《人民日报》，可以用特约评论员的名义发表。

这篇文章改后再送请李先念审阅。李先念看了两遍，给予肯定，提了意见。1978 年 5 月 5 日，《人民日报》以特约评论员名义发表了《贯彻执行按劳分配的社会主义原则》一文，比《实践是检验真理的唯一标准》在《光明日报》上公开发表还早六天。

文章针对"四人帮"把按劳分配说成是"资本主义因素"、是"产生资本主义和资产阶级的经济基础和条件"、是"生产力发展的障碍"等错误观点，运用马克思主义理论，有力地论证了按劳分配是社会主义的原则。实行按劳分配原则不但不会产生资本主义，而且是最终消灭一切形式的资本主义和资产阶级的重要条件；按劳分配是促进社会主义阶段生产发展的重要力量，而根本不是什么"生产发展的障碍"；按劳分配原则是通过一定的劳动报酬形式实现的，在工资制度中，必须实行以计时工资为主、计件工资为辅、工资加奖励的方针,一方面反对分配上的平均主义,另一方面反对分配上的过分悬殊。

文章发表后引起很大震动。坚持"两个凡是"的人反对它,主张解放思想、实事求是的人支持它。1978年5月17日,汪东兴就在一个小会上点名批评,说《实践是检验真理的唯一标准》和《贯彻执行按劳分配的社会主义原则》这两篇文章,"我们都没有看过。党内外议论纷纷,实际上是把矛头指向主席思想。我们的党报不能这样干。这是哪个中央的意见?"还说:"要查一查,接受教训,统一认识,下不为例"。并要中宣部"把好关"。但是,更多的人支持和响应这篇文章。7月22日,李先念在全国农田基本建设会议上说:"真正贯彻执行'各尽所能,按劳分配'的原则,保证多劳多得,反对平均主义"是"现在最关紧要的两条"之一。胡乔木也未予理睬,仍然到全国劳动局长会议上发表了关于按劳分配的讲话。

(3) 关于大力发展生产力

"四人帮"在生产力方面的错误论调主要是批判所谓"唯生产力论"。在粉碎"四人帮"后,理论界重申了生产力标准,要求改变生产力的落后状况,通过改革、引进来,大力发展生产力,加快经济建设的步伐。这种思想在全国上下是一致的,大家的心情是急迫的。

1976年12月,华国锋在第二次全国农业学大寨会议上讲话,着重强调了发展生产的重要意义。1977年8月23日,华国锋在中共十一大政治报告中,再次论述了发展生产力的重大意义。他说:"坚持社会主义的方向下迅速发展生产力,是加强无产阶级专政的物质基础,战胜资本主义势力的需要,是加强国防力量,准备对付帝国主义和社会帝国主义侵略的需要,是逐步提高人民物质生活和文化生活水平的需要,从长远来说,也是逐步缩小三大差别,为过渡到共产主义社会准备物质条件的需要。生产力是最革命的因素。"1978年7月7日,华国锋在全国财贸学大庆学大寨会议上的讲话中又说:"在今天,发展经济就是要大力发展现代化的工业、农业、交通运输业,发展和它们相适应的内外贸易、金融事业和各项服务事业,并且在这个基础上增加财政收入。保障供给就是要保障供给现代化生产和扩大再生产所需要的物资和资金,保障满足人民物质生活和文化生活逐步提高和国家必要的军政开支的需要。"

1978年9月16日,邓小平在听取吉林省委常委汇报时说:

社会主义制度优越性的根本表现,就是能够允许社会生产力以旧社会所没有的速度迅速发展,使人民不断增长的物质文化生活需要能够逐步得到满足。按照历史唯物主义的观点来讲,正确的政治领导的成果,归根结底要表现在社会生产力的发展上,人民物质文化生活的改善上。

对于如何发展生产力,当时已经认识到要对外实行开放,对内进行改革。邓小平在 1978 年 9 月 18 日听取鞍山市委负责人汇报时的讲话、10 月 10 日会见联邦德国新闻代表团的谈话、10 月 11 日在工会九大的致词中,都讲了这个意思。他说:但是,对于怎样进行改革开放,在中共十一届三中全会前夕,许多人有急躁情绪,盲目主张大规模地引进外国的资金、设备,影响了经济正常顺利地发展。

(4) 关于按经济规律办事

关于按经济规律办事,提高经济管理水平等涉及到经济体制方面的问题,实质上是社会主义制度的自我完善,是改革的尝试。中共十一届三中全会前,在党内一部分领导同志中,已经开始酝酿了。

1978 年 6 月 20 日,李先念在全国财贸学大庆学大寨会议开幕式上的讲话中说:"我们的这次会议,要把提高经济管理水平作为一个十分重大的问题进行讨论。"他还说:"提高管理水平的问题,并不是只存在于财贸战线,同样存在于农业、工业、基本建设、交通运输业和其他战线。这是目前整个经济工作和整个社会主义建设事业必须着重解决的迫切问题,必须引起全党的充分注意。"

1978 年 7 月 28 日,胡乔木代表国务院研究室和中国社会科学院在国务院务虚会上作了题为《按照经济规律办事,加快实现四个现代化》的重要发言。国务院即发给各部、委、办学习。邓小平、李先念指示以胡乔木署名在《人民日报》发表。10 月 6 日,《人民日报》从第一版转二、三版全文登载了这篇长文。

胡乔木从历史唯物主义的高度,科学地总结"大跃进"和"文化大革命"的经验教训,特别是"唯意志论"盛行所造成的惨痛损失,针对当时重又冒出来的高指标、大口号等现象,强调经济工作必须按照客观经济规律办事。

胡乔木着重指出,社会主义制度不能自动地保证国民经济有计划和高速度地发展,"只有把社会主义制度的优越性同发达资本主义国家的先进科学技术和先进管理经验结合起来,把外国经验中一切有用的东西和我们自己的具体情况、成功经验结合起来,我们才能够迅速提高按照客观经济规律办事的能力,才能够加快实现四个现代化的步伐。"

对怎样按照经济规律办事，胡乔木提出了一系列新的指导思想、方针政策和改革措施，对此很多是长期视为禁区，人们噤若寒蝉的。胡乔木强调按经济规律办事就是要按价值规律、按供求规律办事。他提出不但要重视研究马克思主义的经济学，而且要重视资产阶级学者所写的经济学，还要学习计量经济学，研究经济活动要将定性研究和定量研究结合起来进行。他十分重视企业和个人的作用，提出要发挥中央、地方、企业和个人四个积极性。他指出，要把国家、集体、个人的利益直接地结合起来，使企业中的每个人都能从物质利益上关心国家计划的完成，关心企业经营的成果；要坚决贯彻按劳分配原则，处理好有关个人物质利益的问题。他指出，要利用资本主义国家中早已存在并且取得经济实效的公司组织形式，逐步建立起一套适应现代化需要的科学的管理制度和管理方法，达到精简、统一、效能、节约、反对官僚主义的目的。在经济体制的改革方面，胡乔木建议：实行合同制，发展专业公司(托拉斯)，加强银行的作用。他还提出要加强经济立法和经济司法工作。这些建议为改革开放制造了舆论，设计了路径，很快在经济工作中得到贯彻实施。

胡乔木此文还提出许多新观点、新主张，促使人们的思想从长期的禁锢中解放出来。胡乔木指出：商品生产和商品流通将继续长期存在，在我国还需要大大发展；要严格进行经济核算，努力降低单位产品的成本，提高劳动生产率和资金利润率；要运用价值规律来制定价格政策；要合理地安排好积累和消费的比例关系；要缩小工农业产品交换的剪刀差，承认生产队的自主权；要改革不完善、不合理的工资制度，恢复按技术高低、贡献大小定工资级别的制度，以及技术考核、定级升级的制度；要努力学习现代化的管理方法，极大地提高经济管理水平，不能用管理小生产的方法来管理社会主义大生产，也不能照搬管理政治、军事、文化的方法来管理经济，等等。胡乔木的这些主张在改革开放的历史进程中都逐步得到实现，发挥了积极作用。

胡乔木这篇重要发言在《人民日报》发表后，在国内外引起强烈反响。人民日报出版社、人民出版社先后出版单行本。"按经济规律办事"这个口号在中国国内广泛传开。从10月9日至25日，中国社会科学院收到一百五十多封来信，一致认为：这是一篇酣畅淋漓的马克思主义政治经济学的好文章。它既清算了林彪、"四人帮"十多年对经济工作的破坏，从理论上拨乱反正、正本清源；同时又找出我国经济长期发展缓慢的根本原因,指明了加速实现四个现代化的根本途径。此文也引起国际瞩目,美国、日本等国的著名经济学家认为,胡乔木此文在经济理论方面为中国吹响了改革开放的号角。①

关于国务院务虚会

在解放思想、拨乱反正的进程中,党中央、国务院致力于恢复生产,发展经济,改善人民生活。从1976年底起,中共中央和国务院采取种种措施改善人民生活。在城市,调整部分职工工资、支付加班工资、实行计件工资和奖励制度(发奖金);提高教师首先是中小学教师的工资待遇。在农村,实行减轻或免征(低产缺粮生产队)农业税、降低农用物资价格,提高农产品价格、发展社队企业等措施活跃农村经济,提高农民收入,改善农民生活。同时,先后召开计划、铁路、工业、财贸、煤电、运输、粮食等全国性的生产建设会议,开展学大庆学大寨的群众性运动,工业交通各部门生产秩序、工作秩序恢复正常,国民经济得到恢复和发展。

1977年底,工农业总产值达到5 067亿元,超过计划4.4%,比上年增长10.7%。其中,工业生产总值3 728亿元,超过计划3.6%,比上年增长14.3%;农业由于受自然灾害的影响,没有完成原订计划,粮食产量5 655亿斤,比上年减产71亿斤,但农业总产值1 339亿元,仍比上年增长1.7%(以上按1970年不变价格计算)。基本建设投资总额382.37亿元,比上年增长1.6%。进出口贸易总额272.5亿元,比上年增长3.2%。全年财政收入874.5亿元,超过年初预算指标6%,超过了历史上最高的年收入水平。当年财政收支相抵,结余31亿元,扭转了连续三年收不抵支的状况。社会商品零售总额1 432.8亿元,比上年增长7.1%,库存总额增长12%,市场供应情况开始好转。1978年工农业生产进一步恢复发展。

伴随着国民经济的恢复发展,急于求成的指导思想滋长起来。早在1977年4月11日,《人民日报》社论《全面落实抓纲治国的战略决策》的社论,就作出了"一个新的跃进形势正在形成"的估计。9月11日,华国锋召集国务院有关负责人研究加快经济建设速度问题,提出:不能满足今年工业增长10%的速度,12%的速度也

---

① 转引自马洪:《中国社会科学院的奠基人》,《我所知道的胡乔木》,当代中国出版社1997年版,第109页。

不满足,要争取更高的速度。强调今后"要开足马力,挽起袖子大干","明年的积累要加快"。1978年《人民日报》元旦社论强调"建设的速度问题,不是一个单纯的经济问题,而是一个尖锐的政治问题。"在"新跃进"的指导思想下,政府决策部门不断拔高国民经济的主要指标。

华国锋对经济形势的估计过于乐观。他没有认识到,国民经济的迅速好转,是一种低基础低水平上的恢复性质的增长。华国锋在1978年2月26日五届全国人大一次会议的《政府工作报告》中说:"我国国民经济扭转了'四人帮'破坏造成的停滞不前、甚至下降倒退的局面,走上了稳步上升、健康发展的轨道。工业学大庆、农业学大寨的群众运动蓬勃发展,一个新的跃进形势已经来到了。"在7月全国财贸学大庆学大寨会议上又说:"粉碎'四人帮'以来的一年多中间,我们挽救了濒于崩溃边缘的国民经济,使它开始转上持续增长、健康发展的轨道。国民经济的这种恢复和发展,不是表现在一个或几个部门和地区,而是表现在所有的部门和地区。"①

为研究加快发展我国四个现代化建设的速度,组织"新跃进",从1978年7月6日起召开了国务院务虚会。会议开了两个来月,一直延续到9月11日。

会上有两个重要文件值得注意。一个是7月28日胡乔木的长篇发言《按照经济规律办事》。一个是9月9日李先念的总结报告。李先念讲了经济体制改革问题。他认为:要实现现代化,必须勇敢地改造一切不适应生产力发展的生产关系和不适应经济基础要求的上层建筑,放手发挥经济手段和经济组织的作用。在经济领导工作中,要坚决地摆脱墨守行政层次、行政区划、行政权利、行政方式而不讲经济核算、经济效果、经济效率、经济责任的老框框,掌握领导和管理现代化工农业大生产的本领。报告强调实事求是和遵循客观规律对发展经济的重要性,指出:"要高速度地协调地发展国民经济,就一定要遵循客观经济规律,首先是国民经济有计划按比例发展的规律,搞好综合平衡。"还指出:"实践是检验真理的唯一标准。凡是经过长期社会实践证明是符合客观规律、符合大多数人利益的事,就坚决地办,坚持到底,不允许任何人轻易改变和取消。"

会议在总结建国以来经济建设经验教训的基础上,提出和讨论了经济管理体制改革的问题,强调发挥经济手段和经济组织的作用,坚决实行专业化,发展合同

① 《人民日报》1978年7月12日。

制，贯彻按劳分配的原则，扩大企业的自主权。会议还提出了改革开放的思想，强调放手利用我国资源，要利用外国资金，要从外国大量引进先进技术设备。会议要求有关部门尽快提出贯彻上述原则的具体措施。

会议提出要组织国民经济"新跃进"，用比原来设想更快的速度实现四个现代化。会议的整个调子是要以更大的规模、更高的速度来进行社会主义建设。华国锋的提法是"四个一点"：思想再解放一点，胆子再大一点，办法再多一点，步子再快一点。对各项经济指标，这次务虚会又在已经过高的《十年规划纲要（草案）》的基础上加码。陈云对华国锋在《政府工作报告》和《十年规划纲要（草案）》中提出的不切实际的高指标就已表示过不同意见，看了务虚会的简报，觉察一股急躁冒进之风正在形成，分别对主持会议的李先念和谷牧提出：国务院务虚会最好用几天时间专门听听反面意见。①

国务院务虚会后，加快了引进项目的谈判步伐，有的部门突击签订谈判协议。到年底，共签订了 78 亿美元协议，其中 31 亿美元的协议是在 1978 年最后十天签的。这些项目（主要是化工项目）基本上没有进行经济技术可行性论证，没有进行综合平衡，没有按基本建设程序办事，造成很大损失。

"新跃进"实际是"新冒进"，因其以盲目引进为突出问题而被称为"洋跃进"、"洋冒进"。它带来了一系列新矛盾，造成了一系列新问题。到 1978 年秋冬中共十一届三中全会前后，出现的最突出的问题是：农业的增长不能适应工业增长的需要，甚至难以满足人口增长的需要；轻纺工业许多重要产品数量不足、质量不高、品种不多，市场供应不充分；各个工业部门内部和相互之间存在许多不协调的方面；基本建设同时进行的项目过多，许多工程不能形成新的生产能力；经济管理体制和企业管理体制都存在明显缺陷，严重妨碍职工、企业、地方、中央部门积极性的发挥，妨碍设备、流动资金的使用效率的提高；全国重点企业的主要工业产品质量指标和原材料消耗指标分别只有 43％和 55％，没有恢复到历史最高水平；有 24％的国营工业企业存在着程度不同的亏损。这些矛盾和失调的情况，只有进行必要的调整才能解决。

关于国务院务虚会的评价，一方面，要看到反映了加快发展的要求，另一方面，

---

① 据《陈云年谱》（下卷），中央文献出版社 2000 年版，第 223 页。

要看到急躁冒进毛病的重犯。《关于建国以来党的若干历史问题的决议》中对华国锋这一段的评论是："对经济工作中的求成过急和其他一些左倾政策的继续，华国锋同志也负有责任。"程度上没有说主要责任，也没有说重大责任。《华国锋同志生平》中对这一段是基本肯定的："粉碎'四人帮'后，华国锋同志担任了中共中央主席、中央军委主席和国务院总理等职务。在此期间，他先后主持了党的十届三中全会、十一大、十一届三中全会等重要会议。他在老一辈无产阶级革命家的支持下，拨乱反正，恢复党和国家政治生活的正常秩序，动员组织广大干部群众积极投入经济建设各项工作，揭发批判'四人帮'罪行，清查他们的帮派体系，取得了很大成绩。他根据广大干部群众的要求，开始复查、平反冤假错案。他强调千方百计把国民经济搞上去，使工农业生产得到比较快的恢复和发展。在他的推动下，教育科学文化工作开始走向正常，外交工作取得了新的进展。华国锋同志在领导揭批'四人帮'和动员全党全国各族人民建设社会主义现代化强国方面作出了很大努力。"

是"两年徘徊"，还是"在徘徊中前进的两年"？

1. 问题的提出

对这两年，《关于建国以来党的若干历史问题的决议》已经做出了结论。在"历史的伟大转折"这一部分中，第 25 节，讲了这两年的工作、华国锋的功过（包括对中共十一大的评价）；第 26 节，在叙述和评论中共十一届三中全会的历史作用时，对这两年作出了论断："在徘徊中前进"。（《关于建国以来党的若干历史问题的决议》中这句话是："全会结束了一九七六年十月以来党的工作在徘徊中前进的局面"。）

我查过《关于建国以来党的若干历史问题的决议》的过程稿，在提供给四千人大讨论的决议稿印发之前夜，1980 年 10 月 10 日，胡乔木对稿子又作了修改。其中重要的一处就是对三中全会前两年的论断。原稿是"两年徘徊的局面"，胡乔木亲笔改为"两年间在徘徊中前进的局面"。最后通过的《关于建国以来党的若干历史问题的决议》对这两年的论断是"在徘徊中前进"。（时限"两年间"，有"一九七六年十月以来"指明。）

但是，党史界一位权威人士以后仍多次讲"两年徘徊"，而且把这两年放到"文化大革命"时期去论述。直到去年讨论《中国近现代史纲要》的会上，另一位党史研究部门的主要负责人对这两年仍然这样论断。这就不能不认真进行讨论。

2. 问题的讨论

在那个会上，我和该书的主编沙健孙，都发表了不同意见。我讲了这两年所做的大事和《历史决议》对这一论断改定的经过。沙健孙举出后来邓小平对这两年历史作用的评论。会后，我在《党史教学与研究》2007 年第 4 期发表的《历史的转折与新路的打开》中专写了《在徘徊中前进的两年》一节。在《当代中国史研究》2007年第4期上,我们编发了两篇年轻人写的文章:张金才的《论"在徘徊中前进"的两年》和覃采萍的《中共在徘徊中前进时期为伟大转折所做的理论准备》。

3. 为什么说这两年不是"两年徘徊"而是"在徘徊中前进"?

对这两年的工作,《历史决议》是放在"历史的伟大转折"这一部分中的。《关于建国以来党的若干历史问题的决议》第25节是这样评论的:

> 一九七六年十月粉碎江青反革命集团的胜利,从危难中挽救了党,挽救了革命,使我们国家进入了新的历史发展时期。从这时开始到十一届三中全会之前的两年中,广大干部和群众以极大的热情投入各项革命和建设工作。揭发批判江青反革命集团的罪行,清查他们的反革命帮派体系,取得了很大成绩。党和国家组织的整顿,冤假错案的平反,开始部分地进行。工农业生产得到比较快的恢复。教育科学文化工作也开始走向正常。

《关于建国以来党的若干历史问题的决议》讲得很概括。我在《历史的转折与新路的打开》中按《关于建国以来党的若干历史问题的决议》的评论作了具体的列举:

> 在粉碎"四人帮"以后的短短两年间,开始了拨乱反正、改革开放的进程,办了许多令人欢欣鼓舞的大事:揭发批判"四人帮"的罪行,清查他们的反革命帮派体系和"三种人";恢复全国人大、全国政协的工作和各民主党派和人民团体的活动;开始平反冤假错案,一大批在"文化大革命"中被打倒的中央和地方的领导干部重新走上领导岗位;推倒教育战线上的"两个估计",恢复高校招生考试制度;推倒文艺战线上的"黑线专政论",一大批电影、戏剧、小说等文艺作品重见天日;召开科学大会,重申科学技术是生产力,知识分子是劳动者;在理论上正本清源,理直气壮地论述发展商品生产、贯彻按劳分配原则;接连不断地派高级别的代表团出访日本和西欧诸国,引进国外的先进技术、设备和资金,学习国外先进的经营管理经验,对外开放迈出了坚定的步伐;国务院召开务虚会,探讨怎样按经济规律办事,实行改革开放,加快实现四个现代化;展开实践是检验真理的唯一标准的全国性大讨论,解放思想,推进了拨乱反正,恢复和确立了实事求是的思想路线;等等。事实说明,虽然由于时任党中央主席

的华国锋在指导思想上继续犯了"左"倾错误，中共十一大又肯定了"文化大革命"，造成这两年间的徘徊和曲折，但由于在党中央占主导地位的邓小平、陈云、叶剑英、李先念和胡耀邦等老革命家的努力，也由于华国锋在许多问题上并没有坚持其错误，因而这两年总的发展趋势还是前进，是"在徘徊中前进"的两年，是解放思想、拨乱反正、改革开放酝酿和起步的两年；是为十一届三中全会实现历史转折做准备的两年。邓小平说得好："粉碎'四人帮'以后的前两年，做了很多工作，没有那两年的准备，三中全会明确地确立我们党的思想路线、政治路线，是不可能的。所以，前两年是为三中全会做了准备。"①

---

① 邓小平：《目前的形势和任务》，《邓小平文选》第 2 卷，第 242 页。

华国锋有没有阻挠邓小平复出?

对于华国锋的历史功绩,在华国锋去世以后新华社发表的生平中已经作了肯定的评价。不过,对华国锋评价具有关节点意义的一个问题,即华国锋是否有意阻挠邓小平复出,认识并不一致。我们研究的结论是:华国锋有意拖延邓小平复出,但没有阻挠邓小平复出。

让我们来看一看华国锋当时的做法和想法。

粉碎"四人帮"后,叶剑英多次向华国锋提议让邓小平复出。在玉泉山召开的一次政治局会议上,叶剑英又正式向华国锋提议,尽快让邓小平同志出来工作。他在会上发言说:我建议让邓小平出来工作,我们在座的同志总不会害怕他吧? 邓小平参加政治局,恢复了工作,他总不会给我们挑剔吧?

李先念马上表示同意让小平同志尽快出来工作。其他与会人员没有发表意见,大家的目光一齐投向主持会议的中共中央主席华国锋。然而,对于叶帅的建议,对于先念的意见,华还是觉得时机尚不成熟,而采取等一等再说的办法。

华国锋有他对形势的判断和考虑。1977 年 1 月 6 日,华国锋在政治局会议上讲话,把他对邓小平复出的疑虑和打算和盘托出。①

华国锋说:

关于邓小平的问题,在处理"四人帮"问题的过程中反复考虑过,当时提出批邓反右是正确的。邓小平同志的问题是要解决的,实际上也在逐步解决,外电也看出了这个动向。开始提深入批邓,后来提继续批邓,现在又提"四人帮"

---

① 以下讲话内容据档案中保存的李鑫传达这次讲话的记录。

批邓另搞一套。现在有人不主张这样搞，主张打倒"四人帮"后，小平马上出来工作。如果一打倒"四人帮"邓小平就马上出来工作，"四人帮"的人会说邓小平可能要上台，有人要给邓小平翻案。邓小平不是一个人，是一层人，如果急着给邓翻案，会带来问题。因为材料之一还没有发，问题没有澄清，坏人会乘机煽动。这样会被动的。如果急急忙忙提出要邓小平出来工作，那么四号五号文件、毛主席处理的这些问题，还算不算数？吴德的讲话还算不算数？这样人家会不会说是为邓小平翻案？是不是不继承毛主席的遗志？

华国锋又说：

> 我们同"四人帮"的斗争，不是为邓小平翻案，是反对"四人帮"搞阴谋、搞篡党夺权。"四人帮"反对毛主席，是极右，抓住这些问题进行斗争，才是正确的。如果打倒"四人帮"就马上提出解决邓小平的问题，会引起混乱。我们同"四人帮"的斗争，是无产阶级同资产阶级、马克思主义同修正主义长期斗争的继续。他们是要篡党夺权。我们要抓住这个实质性的问题同"四人帮"斗争，把那些不急于解决的问题，往后拖，这样有利。有些问题要逐步解决，要经过适当步骤，把问题弄清楚，要服从同"四人帮"斗争这个大局，不要把问题搞颠倒了。当时这样的决策是对的。

> 小平同志出来工作的问题，应做到"瓜熟蒂落，水到渠成"。头脑要清醒。

> 小平同志的问题，要解决，但不要急。我们这样解决的办法，小平同志自己也会理解的。有些不同的看法，不要紧，要引导，要讲清楚。

这里，有必要穿插讲一下当时叶帅的意见。熊向晖和当时很多老同志一样，希望邓小平早日出来工作。他跟叶帅讲了大家这份心情。

叶帅说：

> 小平是要出来工作，不过要晚一点。车子转弯转得太急要翻车的。小平这个事是毛主席提的，政治局通过留党察看、以观后效的。现在一下子马上出来不行，要一个过程。不然真成了宫廷政变了。

叶帅又说：

> 小平晚一点出来，也可以显示华主席的能力。现在粉碎"四人帮"很得人心，但是他在其他方面怎么样？还要让群众看一看嘛。

不过叶帅还是说，小平晚一点出来，总要出来的。他说，你看（华国锋主持正在编辑的)《毛泽东选集》第五卷,一反原来的编辑方针,原来凡是涉及、讲到刘少奇、邓小平、林彪好话的地方全删;现在反过来,凡是讲邓小平好的地方,一概不删,保留。保留了十几处。将来大家看了,知道毛主席赞扬过他。这都是在为邓小平复出做铺垫啊!①

应该指出,这里所说的叶帅的态度与前面讲到的"在玉泉山召开的一次政治局会议上,叶剑英又正式向华国锋提议,尽快让邓小平同志出来工作"有矛盾。这里说"晚一点",前面说"尽快"。怎么理解(解释)? 说晚一点在前,是刚粉碎"四人帮"的时候;要求"尽快"是到 12 月了。叶有一句话,大家注意到没有:"我建议让邓小平出来工作,我们在座的同志总不会害怕他吧? 邓小平参加政治局,恢复了工作,他总不会给我们挑剔吧?"针对性是什么? 可见,华国锋心存的顾虑中有这么一点,害怕邓小平恢复工作后华领导起来不顺手。

从 1977 年 1 月开始,群众要求恢复邓小平工作的呼声,日益高涨,华国锋又是如何处置的呢?

1977 年 1 月 8 日,是周恩来逝世一周年的忌日。1 月 6 日,天安门广场人民英雄纪念碑下就出现了花圈,悼念的诗文、标语,人民群众通过声讨"四人帮",通过集会、演讲、刷大标语、写大字报等形式,肯定 1975 年邓小平主持整顿的成绩,表达要求邓小平出来工作的迫切愿望。北京的李冬民等人在天安门广场公开贴出大标语:"强烈要求党中央恢复邓小平职务!""为天安门事件平反!"全国各地也都出现了类似的标语,要求邓小平出来工作的群众呼声越来越高。这段时间,叶剑英、陈云、李先念、徐向前、聂荣臻、王震、许世友等一批德高望重的老同志,在不同场合以不同的方式向华国锋和党中央提出,要尽快让邓小平同志出来工作。特别是陈云和王震,在三月工作会议上提出了这个问题。

尽管华国锋在三月工作会议开始时不让触及这个问题,陈云的发言也没有在会议简报上登载出来,但对党内外的呼声,华国锋没有置之不理。3 月 14 日,他在中央工作会议上讲话,一方面说"批邓、反击右倾翻案风,是伟大领袖毛主席决定的,批是必要的","四五运动"中,"确有极少数反革命分子把矛头指向伟大领袖毛主席,乘机进行反革命活动,制造了天安门广场反革命事件";一方面又说"群众在

---

① 引自熊蕾:《1976 年,华国锋和叶剑英怎样联手的》,《炎黄春秋》2008 年第 10 期,第 8 页。

清明节到天安门去表示自己对周总理的悼念之情，是合乎情理的。""'四人帮'批邓另搞一套"，"对邓小平同志进行打击、诬陷，这是他们篡党夺权阴谋的重要组成部分"。"'四人帮'对邓小平同志的一切诬蔑不实之词，都应当推倒，比如，他们诬蔑邓小平同志是天安门事件的总后台，经过调查，邓小平同志根本没有插手天安门事件"。华表示："邓小平同志的问题应当解决，但是要有步骤，要有一个过程。我们的方针是，高举毛主席的伟大旗帜，多做工作，在适当的时机让邓小平同志出来工作。"①

3 月 17 日上午，陈云参加西南组讨论。陈云发言说："时机成熟的时候，让邓小平同志出来工作，我很赞成。"

4 月 10 日，邓小平给华国锋、叶剑英和中共中央写信。信中指出："我们必须世世代代地用准确的完整的毛泽东思想来指导我们全党、全军和全国人民，把党和社会主义的事业，把国际共产主义运动的事业，胜利地推向前进。"邓小平以"准确、完整"的毛泽东思想做指导的观点，从根本上否定了"两个凡是"，表现了一个政治家敏锐的眼光。邓小平在信中说："我感谢中央弄清了我同天安门事件没有关系这件事"，"肯定了广大群众去年清明节在天安门是合乎情理的。""至于我个人的工作问题，做什么，什么时机开始工作为宜，完全听从中央的考虑和安排。"邓小平提出："如果中央认为恰当，我建议将我这封信，连同去年十月十日的信，印发党内。"

4 月 14 日晨，邓小平致信华国锋、叶剑英，说明根据他们的意见修改这封信的有关情况。同日，华国锋在邓小平来信上批示，要汪东兴将来信及附件印发中央政治局同志，"经研究确定印发范围"。

4 月 14 日后，汪东兴、李鑫受华国锋委派同邓小平谈话，要求邓小平出来之前写个东西，写明"天安门事件"是反革命事件，遭到邓小平严辞拒绝。邓小平明确表示："两个凡是"不行。他说：我出不出来没有关系，但是天安门事件是革命行动。

5 月 3 日，中共中央将邓小平的这封信和 1976 年 10 月 10 日致中央的信转发至县团级。②

---

① 据李先念 1980 年 12 月 25 日在中央工作会议上的发言。参见《邓小平年谱（1975—1997）》（上），第 156 页。

② 1977 年 10 月 10 日，邓小平致信汪东兴转华国锋并中共中央，表示坚决拥护党中央一举粉碎"四人帮"的果断行动，拥护党中央关于由华国锋同志担任党中央主席和军委主席的决定。

这时,要求邓小平复出的呼声更加高涨。华国锋顺乎党心民意,主持中共十届三中全会在 1977 年 7 月 21 日一致通过了《关于恢复邓小平同志职务的决议》。全会一致决定,恢复邓小平同志中共中央委员、中央政治局委员、常委、中共中央副主席,中共中央军委副主席,国务院副总理,中国人民解放军总参谋长的职务。

还应看到,华国锋在这个问题上是有自我批评精神的。他在中共十一届三中全会前的中央工作会议闭幕会上讲话,先对当初提出"凡是"的缘由和指导思想作了解释:"我在去年三月中央工作会议的讲话中,从当时刚刚粉碎'四人帮'的复杂情况出发,从国际共产主义运动历史上捍卫革命领袖旗帜的正反两方面的经验出发,专门讲了在同'四人帮'的斗争中,我们全党,尤其是党的高级干部,需要特别注意坚决捍卫毛主席伟大旗帜的问题。在这一思想指导下,我讲了'凡是毛主席作出的决策,都必须维护;凡是损害毛主席形象的言行,都必须制止'。当时的意图是,在放手发动群众,开展揭批'四人帮'的伟大斗争中,绝不能损害毛主席的伟大形象。这是刚粉碎'四人帮'的时候,我思想上一直考虑的一个重要问题。"接着,华国锋作自我批评说:"后来发现,第一句话,说得绝对了,第二句话,确实是必须注意的,但如何制止也没有说清楚。当时对这两句话考虑的不够周全。现在看来,不提'两个凡是'就好了。在这之前,二月七日中央两报一刊还发表过一篇题为《学好文件抓住纲》的社论。这篇社论也讲了两个'凡是',即'凡是毛主席作出的决策,我们都坚决拥护,凡是毛主席的指示,我们都始终不渝地遵循'。这两个'凡是'的提法就更加绝对,更为不妥。以上两处关于两个'凡是'的提法虽不尽相同,但在不同程度上束缚了大家的思想,不利于实事求是地落实党的政策,不利于活跃党内的思想。我的讲话和那篇社论,虽然经过政治局讨论和传阅同意,但责任应该主要由我承担。在这个问题上,我应该作自我批评,也欢迎同志们批评。"应该说,华国锋的态度是诚恳的、负责任的。

再来比较一下邓小平两次复出的时间表:

邓小平第二次复出,从 1972 年 8 月毛泽东批示到 1973 年 3 月恢复工作、4 月公开露面,经过七八个月。具体过程:1972 年 8 月 14 日,毛泽东对邓小平 8 月 3 日的信批示,应与刘少奇区别。讲了邓的四点好处:(1)中央苏区挨整,所谓毛派头子。(2)没有历史问题。(3)打仗得力,有战功。(4)到莫斯科谈判,没有屈服于苏修。这个批示,为邓小平复出铺平了道路。第二天,8 月 15 日,周恩来即在政治局传达。此后三四个月未见下文。12月18日，周总理利用毛主席指示应让谭震林"回来"，传达时提出邓小平的工作问题。12月27日，纪登奎、汪东兴提出邓小平仍任副总理。1973年2月22日，邓一家回到北京。3月10日，中央发出邓小平恢复副总理职务的决定。4月12日邓小平在欢迎西哈努克的宴会上公开露面。

邓小平第三次复出，从1976年10月粉碎"四人帮"到1977年7月21日中共十届三中全会决定恢复邓小平职务，经过八九个月。具体过程：1977年一月政治局会议提出应做到"瓜熟蒂落，水到渠成"。1977年三月工作会议表示要"在适当的时机让邓小平同志出来工作。"1977年5月3日，批转邓小平4月10日信（至县团级）。5月24日，邓小平同王震、邓力群谈话，说我马上要出来工作，而且还做大官。7月21日，中共十届三中全会决定恢复职务。7月30日晚，邓小平在北京工人体育场看香港足球队同中国青年足球队的比赛，公开亮相。

两次复出比较，第三次复出的时间并不比第二次复出长多少。

从上述历史事实出发，对华国锋在邓小平复出问题上的态度和做法，可以作出这样的评价——

对邓小平复出的问题，华国锋的方针是让邓小平恢复工作，但要等待时机成熟，所谓"瓜熟蒂落，水到渠成"。这没有什么不对。粉碎"四人帮"后不能"马上"出来，要晚一点，是稳妥的。对"尽快"的要求，华采取"拖"的办法，从原则上讲，无可厚非。但跟当时的党心民意，确有不一致的地方，说不符合党心民意，甚至说有违党心民意，也不为过。至于具体时机的选择，见仁见智，很难专必。按个人浅见，1977年三月工作会议，陈云、王震等提出让小平复出，为天安门事件平反，那时华国锋如顺势完成这件大事，是最佳时机。但受历史的局限和认识的局限，华没有在这时作出决断，还是继续做让邓小平复出的准备，虽然不能说不积极——收到邓4月10信后，即派汪东兴、李鑫去同邓谈；邓拒绝后，4月14日还是批发邓信给政治局研究；5月3日将邓信印发全党；5月24日邓小平与王震、邓力群谈话就说要出来，还是做大官；7月正式复出——但还是延迟了。所以，说华在邓复出的问题上"拖延"，无论从华的主观意图，还是客观效果，是符合实际的。不过，这也不是华个人的专断，都是当时中央领导集体决定的。在这个问题上，同样不必过多地追究个人的责任。

十一届三中全会前对外开放有哪些举措？

"文化大革命"结束后，越来越多的中国人感觉到了与先进国家的差距，要求学习国外先进的管理经验，引进国外的先进设备、技术和资金的基本思想，在绝大多数人当中已逐步形成了共识。在中央决策层，当时在对外开放问题上的决心已经下定，他们思索和考虑的不是要不要开放，而是怎么搞对外开放。

为了学习借鉴外国经济建设和经济管理的先进经验，1977年底，中央派出由国家经委主任袁宝华、外贸部部长李强率领的代表团，赴英法考察。李先念给代表团下达任务：出去看看人家是怎么干的。代表团主要了解国外的企业管理情况。结论之一是当时欧洲的企业管理是与现代化的生产技术紧密结合的。

1978年3月至5月，中央又派出四个高层次的代表团，对东欧、日本、港澳和西欧诸国进行考察。这几个代表团的出访，对中共十一届三中全会确定对外开放、对内改革的总方针，产生了重大影响。

3月31日至4月10日，以中联部副部长李一氓为团长的中国共产党工作者代表团访问了罗马尼亚和南斯拉夫，回国后递交了《关于南斯拉夫计划工作的报告》。这个报告指出，因实行市场经济而被认为是修正主义的南斯拉夫仍然是社会主义国家，南斯拉夫共产主义者联盟仍然是社会主义政党。后来，又从南斯拉夫引进了农工商联合企业等形式。所有这些，对以后社会主义市场经济理论的形成颇有启发。

1978年3月18日至4月22日，由上海市革命委员会副主任林乎加率领中国经济代表团对日本进行了考察、访问。代表团归来后写出调查报告，向政治局汇报，总结日本战后经济快速发展的三条主要经验：一是大胆引进新技术；二是充分利用外国资金；三是大力发展教育事业和科学研究。代表团建议：利用外国资金引进建设几个大项目：一亿吨年生产能力的煤炭矿井，一千万吨年生产能力的冀东钢铁厂，多搞几个有色金属矿，保证 1985 年化纤和塑料产量各达到 200 万吨。邓小平听了汇报后说：下个大决心，不要怕欠账，只要有产品就没有危险。华国锋说：凡是中央原则定了的，你们就放开干，化纤搞 200 万吨，由计委、经委、建委落实。

1978 年 4 月 10 日至 5 月 6 日，由国家计委副主任段云率领的港澳考察团在香港、澳门进行了实地调查研究，了解两地经济飞速发展的原因。当时香港 1977 年进出口总额达 196 亿美元，而中国内地只有 148 亿美元。考察团返回途经广州，向广东省党政领导介绍情况，建议将宝安、珠海两县改为两个省辖市，改革农业，发展加工业和旅游业。考察团回京后，向中央递交了考察报告，第一次提出在宝安、珠海建设经济特区。6 月 3 日，党中央、国务院主要领导人听取了汇报，原则同意他们的建议，要求"说干就干，把它办起来"。

1978 年 5 月 2 日，国务院副总理谷牧带领代表团乘专机离开北京前往法国等西欧国家进行友好访问。这是一个阵容强大、级别很高的代表团，也是新中国建立后首次向发达资本主义国家派出的国家级经济代表团。出访前，邓小平在北京饭店接见代表团，指示要"广泛接触，详细调查，深入研究些问题"。

代表团一行三十多人，肩负重大使命，从 5 月 2 日到 6 月 6 日，历时五周、行程两万多公里，先后访问了法国、瑞士、比利时、丹麦、西德五国的 15 个城市，会见有关政界人士和企业家，参观工厂、农场、城市设施、港口码头、市场、学校、科研单位和居民区，收集了大量的资料信息。

代表团参观的项目以工业交通为主，电力、冶金、机械，到公路、机场、港口等所有先进的工艺和设施，都引起代表团成员们浓厚的兴趣。在参观中，代表团对西欧工厂、企业广泛使用电子计算机于自动控制、生产调度、产品质量检查、辅助设计等工作，留下了深刻的印象。在农业方面，代表团注意到西欧这几个国家对农业科研和农业生产的技术培训十分重视。

6 月下旬，中共中央政治局专门听取了谷牧访问欧洲的情况汇报。谷牧着重讲了三点：第一，"二战"后西欧发达国家的经济确有很大发展，尤其是科技日新月异，我们已经落后很多。它们在社会化大生产的组织管理方面也有许多值得借鉴的经验；第二，它们的资金、商品、技术要找市场，都看好与中国发展关系；第三，国际经济运作中有许多通行的办法,包括补偿贸易、生产合作、吸收国外投资等,我们可以研究采用。谷牧在提交的《访问欧洲五国的情况报告》中说:西欧资本主义国家经济萧条,资本过剩,急于找出路,建议立即与西欧几个国家进行正式谈判,争取签订长期贸易协定,把口头协定的东西尽快落实下来。

听了汇报,华国锋说:原来认为二十三年很快就过去了,一考察,日本搞现代化只用了十三年,德国、丹麦也是十几年。今年我们起步是3 000万吨钢,日本起步时只有2 200万吨钢。我们可以赶上去。他又说:现在法国已提出二十几亿美元供我使用,实际上还可以多,50亿也可以,西德提出200亿,日本更积极。谈判时间过长不行,要早点把项目定下来,把大单子开出来,然后一批一批地去搞。他要求出国考察的人共同研究,提出几条,在国务院务虚,一面议,一面定了就办。叶剑英、聂荣臻、李先念等都表示该是下决心采取措施实行对外开放的时候了。

随后,邓小平单独听取了谷牧的汇报。邓小平听后指示:引进这件事要做,下决心向国外借点钱搞建设,要尽快,抓紧时间。

邓小平又找余秋里、谷牧、康世恩谈话,提出:同国外做生意搞大一点,搞它500亿,利用资本主义危机,形势不可错过,胆子大一点,步子大一点。不要老是议论,看准了就干,明天就开始,搞几百个项目,从煤矿、有色、石油、电站、电子、军工、交通运输一直到饲料加工厂,明年就开工。分期付款不干了,搞补偿贸易、银行贷款。

为了加快国民经济的发展,实现在20世纪把我国建设成为现代化强国的目标,“文化大革命”结束后,我国在对外经济政策方面突破了许多禁区,实施了一系列引进政策,其中从引进国外先进技术和设备,发展到引进外资,是最重大的突破。

1977年7月17日,国家计委向国务院提交了今后八年引进新技术和成套设备的计划,提出在第五个五年计划后三年和第六个五年计划期间,除抓紧1973年批准的“四三方案”中在建项目尽快建成投产外,拟围绕长远规划的目标和任务,再进口一批成套设备、单机和技术专利。

引进国外先进技术设备,需要大量的外汇。根据1977年7月国家计委向国务院提交的八年引进计划,共需外汇65亿美元,国内配套工程的基建投资需要400亿元人民币。当时我国的外汇储备很有限,1978年仅有15.57亿美元。随着引进规模的扩大和引进速度的加快,外汇不足成了一个严重的问题。不解决这个问题,大量引进国外先进技术设备的目标就无法实现。为解决这一矛盾，我国政府采取了一些办法，主要是：发展出口创汇、发展非贸易创汇、采取延期付款、分期付款、补偿贸易等灵活方式，引进技术设备，减少现汇的支出。在实际工作中，当时我国主要是采取延期付款的做法。1977年我国签订的引进技术设备合同二百二十多项，成交金额三十多亿美元，其中26个大型成套项目，43套综合采煤机组，用费占80％以上，而其中40％的金额采用的就是延期付款的办法支付的。发展引进出口产品加工设备和外国技术，然后用这些设备和技术生产的产品支付进口的补偿贸易方式，从1978年也开始得到了重视。

值得注意的是利用外国贷款和吸收外商直接投资，此时也正式成为解决外汇不足问题的灵活方式之一。

1978年8、9月间，国务院先后召开了国务院务虚会和全国计划会议。在国务院务虚会上，李先念等提出了引进外资问题。全国计划会议确定了经济战线的三个转变，其中之一就是要求"从那种不同资本主义国家进行经济技术交流的闭关自守或半闭关自守状态，转到积极地引进国外先进技术，利用国外资金，大胆地进入国际市场"。

9月28日《人民日报》的一篇文章在谈到我国外贸形式比过去灵活之后说："我国还准备采取更加灵活的贸易方式和支付方式。"什么是更加灵活的贸易方式和支付方式？文章没有说。但联系当时的形势，显然是指利用外国贷款和允许外国投资。

1978年10月，邓小平访问日本。有人问到中国政府对日本政府贷款给中国的态度时，邓小平回答说："我们还没有考虑，今后将研究这个问题。"在这里，邓小平虽未对所提问题作出明确的正面回答，但对外国贷款并没有拒绝之意。稍后的11月11日，李先念在会见外国客人时就明确表示：可以贷款买设备，或外商出资金、设备来建工厂，我们用产品偿还，还可以考虑合股经营工厂。在此基础上，该月召开的中共中央工作会议就正式明确提出：要善于利用国际国内有利形势，吸收外国资金技术。1978年12月15日，外贸部长李强在香港向世界公布了中国利用外资政策的重大转变。他说："不久以前，我们在对外贸易上，还有两个禁区。第一，政府与政府之间的贷款，不干，只有银行与银行之间的商业贷款。现在不是了。第二，外商在中国投资不干。最近我们决定把这两个禁区取消了，基本上国际贸易上惯例的做法都可以干。"12 月 18 日,李强又在香港举行中外记者招待会,介绍中国的对外贸易政策和接受外国货款、投资等问题。他说,中国尊重国际上习惯的贸易做法,只要条件合适,我们现在可以考虑同意政府之间的贷款。政府之间与非政府之间的贷款,中国都可以接受。在回答关于中国政府是否愿意同台湾发生贸易和经济关系时,他说:"台湾是中国的,台湾和大陆为什么不可以贸易?"12 月 25 日,我国政府公布了接受国外政府贷款和允许外商来华投资的利用外资政策。

与此同时,中共十一届三中全会批准的《1979、1980 两年经济计划的安排》,提出了党的经济工作的指导思想要实现重大转变,积极引进国外先进技术,利用外国资金,大胆地进入国际市场。对外开放的步伐,由此迈得更大了。

怎样评价十一届三中全会？

关于中共十一届三中全会的研究以及叙述、评价等问题，可以从以下几个方面把握：

两个阶段：36 天的三中全会前的中央工作会议（1978 年 11 月 10 日—12 月 13 日）；十一届三中全会（12 月 18 日—22 日）。

三个确立：思想路线（实事求是）、政治路线（以经济建设为中心，以后发展为一个中心两个基本点的党在社会主义现代化建设新时期的基本路线）、组织路线（增选陈云为中央政治局委员、常委，中央副主席，形成了历史转折时期以邓小平为核心的中央领导集体）。

一个开启：开启了建设中国特色社会主义的新道路。完整一些可以这样表述：中共十一届三中全会树起了实事求是的大纛，吹响了改革开放的号角，拉开了经济调整的序幕，组成了第二代领导集体，开启了建设中国特色社会主义的新道路。

一座里程碑：伟大历史转折的里程碑。从发展的过程来看，前面有酝酿和准备（1975 年整顿做了实验，1976 年十月的胜利创造了前提，此后的两年从思想上、政治上、组织上做了准备），后面有发展、完成。

以组织方面来说，中央最高层的人事调整到中共十一届六中全会，也就是1981 年 6 月，才最终完成。中共十一届三中全会对中央人事采取只上不下的办法，不过，会后，在 1978 年 12 月 25 日召开的中央政治局会议，对负责中央日常工作的机构和人事即做了重新安排。决定：设中央秘书长、副秘书长，作为中央日常工作机构，任命胡耀邦为中央秘书长兼中央宣传部部长、党委书记；胡乔木为中央副秘书长兼毛泽东著作编委会办公室主任；姚依林为中央副秘书长兼中央办公厅主任。免去汪东兴的各项兼职(中办主任、党委书记,中央警卫局局长、党委书记,8341 部队政委兼党委书记,毛办主任、党委书记)。1980 年 2 月中共十一届五中全会,同意邓小平、陈云的建议,决定:增选胡耀邦、赵紫阳为常委,恢复设立中央书记处;批准汪东兴、纪登奎、吴德、陈锡联四人辞职,免除其党和国家的领导职务。对此,邓小平说:三中全会以后,党中央考虑,不进一步解决党的组织路线问题,政治路线、思想路线就得不到可靠的保证(《邓小平思想年谱》第 144—145 页)。至于华国锋的职务,也是逐步下来的。1980 年 8 月至 9 月召开的全国人大五届三次会议根据中共中央的建议,决定华国锋不再兼任国务院总理。1980 年在讨论《关于建国以来党的若干历史问题的决议(草案)》第四阶段时,很多同志要求对华的职务进行调整。自 1980 年 11 月 10 日起至 12 月 5 日,中央政治局连续开了九次会议,决定向中共十一届六中全会建议:同意华国锋辞去中央主席、军委主席的职务,选举胡耀邦为中央主席、邓小平为军委主席。中央政治局希望,六中全会继续选举华国锋为中央政治局常委、中央副主席。1981 年 6 月举行的中共十一届六中全会接受了中央政治局的建议,进行了选举。经过两年半时间,第二次历史转折在组织上的任务才最终完成。

要着重研究两个文献:邓小平的主题报告和全会公报。

以下分工作会议和中央全会两部分,对有关中共十一届三中全会的一些重要问题,作一些简要的评述。

1. 关于三十六天中央工作会议

(1) 中央工作会议的召开和预先设定的议题

1978 年 9 月,邓小平在东北视察工作时,首先提出及时结束揭批"四人帮"的群众运动,把工作着重点转移到四个现代化建设上来。他在沈阳军区说,揭批"四人帮"运动总有个底,总不能还再搞三年五年吧? 我说你们要区别一下,哪些单位可以结束,有百分之十就算百分之十,这个百分之十结束了,就转入正常工作,否则你搞到什么时候。

1978 年 11 月 10 日下午,中央工作会议在北京京西宾馆举行。共有 212 人出席会议。他们是:中央各部委、各省市自治区、各军兵种、各大军区的第一二把手,其中有的是中央委员,也有的不是中央委员。会议分六个组:东北组、华北组、西北组、西南组、中南组、华东组。

华国锋主持会议并发表讲话。他代表中央政治局宣布这次会议的议题主要有三项：(1)讨论如何进一步贯彻执行以农业为基础的方针，尽快把农业生产搞上去的问题；(2)商定1979、1980两年国民经济计划的安排；(3)讨论李先念在国务院务虚会上的讲话。

华国锋同时宣布了中央政治局的一个决定：在讨论上面这些议题之前，先讨论一个问题，这就是：在新时期总路线和总任务的指引下，从明年1月起，把全党工作的着重点转移到社会主义现代化建设上来，动员全党、全军和全国各族人民，同心同德，鼓足干劲，全力以赴，为加快我国社会主义现代化建设而奋斗。这是一个关系全局的问题，是这次会议的中心思想，也是这次会议的中心议题。

(2) 陈云发言：坚持有错必纠方针，解决重大历史问题

11月12日，陈云在东北组发言。他完全同意中央关于把工作着重点转到社会主义建设上来的意见，同时指出"安定团结也是全党和全国人民关心的事"。针对华国锋关于历史遗留问题由有关机关去解决的主张，陈云提出坚持有错必纠的方针，指出重大历史问题"是需要由中央考虑和作出决定的"。陈云列举了六个应该由中央考虑并作出决定的重大历史问题：

(1) 薄一波同志等六十一人所谓叛徒集团一案。他们出反省院是党组织和中央决定的，不是叛徒。

(2) 在"文化大革命"中一些人被错误定为叛徒的问题。中央应该承认1937年的"七七决定"和1941年的决定是党的决定。对于那些在"文化大革命"中被错误定为叛徒的同志应给以复查，如果并未发现新的有真凭实据的叛党行为，应该恢复他们的党籍。

(3) 陶铸同志、王鹤寿同志等是在南京陆军监狱坚持不进反省院，直到七七抗战后由我们党向国民党要出来的一批党员。这些同志，现在或者被定为叛徒，或者虽然恢复了组织生活，但仍留着一个"尾巴"。这些同志有许多是省级、部级的干部，应由中央组织部复查，把问题放到当时的历史情况中去考察，做出实事求是的结论。

(4) 彭德怀同志是担负过党和军队重要工作的共产党员，对党贡献很大，现在已经死了。过去说他犯过错误，但我没有听说过把他开除出党。既然没有开除出

党,他的骨灰应该放到八宝山革命公墓。

(5) 关于天安门事件。现在北京市又有人提出来了,而且还出了话剧《于无声处》,广播电台也广播了天安门的革命诗词。这是北京几百万人悼念周总理,反对"四人帮",不同意批邓小平同志的一次伟大的群众运动,而且在全国许多大城市也有同样的运动。中央应该肯定这次运动。

(6)"文化大革命"初期,康生同志是中央文革的顾问。康生同志那时随便点名,对在中央各部和全国各地造成党政机关瘫痪状态是负有重大责任的。康生同志的错误是很严重的,中央应该在适当的会议上对康生同志的错误给以应有的批评。

会议简报将陈云的发言全文刊出,在会上引起强烈反响。与会者纷纷发言赞成并发挥陈云的意见。会议离开了华国锋预先设定的议题。

大家都认识到,不解决这些重大的历史遗留问题,很难统一大家的思想,顺利地实现全党工作重心的转移。

(3) 中央政治局为重大历史遗留问题平反

11 月 25 日,中央工作会议召开第三次全体会议,华国锋代表政治局讲话,宣布为重大历史遗留问题平反。他说:

(1) 关于天安门事件问题。粉碎"四人帮"以后不久,中央就着手解决在天安门事件和这类事件中革命群众被迫害的问题。随着揭批"四人帮"运动的深入,这方面的问题大多陆续得到解决。但是,问题解决得还不彻底,还没有为天安门事件的性质平反。中央认为,天安门事件完全是革命的群众运动,应该为天安门事件公开彻底平反。

(2) 关于所谓"反击右倾翻案风"问题。实践证明,反击右倾翻案风是错误的。中央政治局决定:中央 1975 年发的 23、24、26、27 号文件,1976 年发的 2、3、4、5、6、8、10、11 号文件全部予以撤销。贯彻执行这些文件的党委和个人是没有责任的,责任由中央承担。

(3) 关于所谓"二月逆流"问题。所谓"二月逆流",完全是林彪一伙颠倒是非,蓄意诬陷,其目的是打倒当时反对他们的几位老帅和副总理,进而打倒周总理和朱委员长。现在,中央决定,由于这个案件受到冤屈的所有同志,一律恢复名誉;受到牵连和处分的所有同志,一律平反。过去各种文件、材料中关于所谓"二月逆流"的不实之词，都应该作废。

（4）关于薄一波同志等六十一人案件问题。现已查明，这是一起重大错案。今年1月间，中央常委就议过要为这一案件平反的问题；六七月间，中央要组织部对这一案件进行复查，向中央写出报告，来解决这个问题。中央组织部于今年11月3日向中央提出报告，其中说，"大量事实证明：薄一波同志等在反省院的表现是好的，他们履行敌人规定的手续，登'反共启事'出反省院，是执行党组织的指示，根据登'反共启事'出反省院的问题，定六十一人为叛徒集团，是不正确的。"中央讨论了这一问题，决定为这一重大错案平反。关于这个问题，中央还要发一个正式文件。

（5）关于彭德怀同志的问题。彭德怀同志是我们党的一位老党员，曾经担任过党政军重要领导职务，对党和人民作过重大贡献。他在历史上也犯过错误，有的错误还是严重的。但是，经过审查，怀疑他里通外国是没有根据的，应予否定。他的骨灰应该安放到北京八宝山革命公墓第一室。

（6）关于陶铸同志的问题。陶铸同志也是我们党的一位老党员，在几十年工作中，对党对人民是有贡献的。经过复查，过去把他定为叛徒是不对的，应予平反。他的骨灰应该安放到北京八宝山革命公墓第一室。

（7）关于杨尚昆同志的问题。经过复查，过去把他定为阴谋反党、里通外国是不对的，应予平反。中央决定，恢复杨尚昆同志的党的组织生活，分配工作。

11月25日中央政治局的决定，得到与会同志的充分肯定，认为上述决定体现了党的实事求是、有错必纠的好传统，对实现安定团结有重要意义。

（4）为天安门事件平反

为"天安门事件"平反的呼声在党内、在社会上从来没有停止过。人们通过各种形式表达为"天安门事件"平反的强烈愿望。邓小平复出后，这方面的思想和行动更加公开化。十一届三中全会前，《天安门诗抄》的出版、话剧《于无声处》的公演，就是集中表现。

为弄清"天安门事件"的真相，从1978年5月开始，北京市公安部门组织专门班子，对这一案件进行全面复查。大量调查证明，这是一起重大冤案，在这个事件中被捕关押的388人中，没有一个是反革命分子。

8月9日，共青团北京市委举行首都青年与"四人帮"斗争英雄事迹报告会。

因四五运动受到迫害的北京房修二公司机械大队推土机司机、22 岁的共青团员韩志雄作为代表,在大会上发言。大会宣布为韩志雄和贺延光这两位因"天安门事件"被捕的青年彻底平反。著名诗人艾青,发表歌颂他们的新诗《在浪尖上》,被广为传诵。中央工作会议期间,1978 年 11 月 14 日,经中共中央批准同意,中共北京市委常委扩大会议正式通过了为"天安门事件"平反的决定。11 月 15 日的《北京日报》公布了这个决定,指出:1976 年清明节,广大群众到天安门广场悼念我们敬爱的周总理,完全是出于对周总理的无限爱戴、无限怀念和深切哀悼的心情;完全是出于对"四人帮"祸国殃民的滔天罪行的深切痛恨,它反映的是全国亿万人民的心愿。广大群众沉痛悼念敬爱的周总理,愤怒声讨"四人帮",完全是革命行动。对于因悼念周总理、反对"四人帮"而受到迫害的同志要一律平反,恢复名誉。

"天安门事件"的平反,赢得了全国人民的拥护,在社会上引起了极大的反响。

(5) 清算"两个凡是"的错误

11 月 25 日华国锋代表中央政治局宣布解决若干历史问题的决定后,建议从 27 日起会议转入对 1979、1980 年两年国民经济计划和李先念在国务院务虚会上讲话的讨论。但是,尽管重大的历史遗留问题基本解决了,可是党在指导思想方面的问题并没有得到充分的检讨,"两个凡是"的错误并没有得到彻底的清算。因此,在小组会上,大家对一些领导人在粉碎"四人帮"后工作中的错误提出了批评意见。批评意见主要集中在汪东兴、纪登奎、陈锡联、吴德 4 位政治局委员,其中对汪东兴、纪登奎两人更加尖锐。对华国锋没有直接指名批评。

面对来自各方面的揭发和批评,汪东兴、纪登奎、陈锡联、吴德等人在各自所在的组作了程度不同的检查。

华国锋在 12 月 13 日中央工作会议闭幕会上讲话,也作了自我批评。他先对当初提出"凡是"的缘由和指导思想作了解释,"我在去年三月中央工作会议的讲话中,从当时刚刚粉碎'四人帮'的复杂情况出发,从国际共产主义运动历史上捍卫革命领袖旗帜的正反两方面的经验出发,专门讲了在同'四人帮'的斗争中,我们全党,尤其是党的高级干部,需要特别注意坚决捍卫毛主席伟大旗帜的问题。在这一思想指导下,我讲了'凡是毛主席作出的决策,都必须维护;凡是损害毛主席形象的言行,都必须制止'。当时的意图是,在放手发动群众,开展揭批'四人帮'的伟大斗争中,绝不能损害毛主席的伟大形象。这是刚粉碎'四人帮'的时候,我思想上一直考虑的一个重要问题。"接着，华国锋作自我批评说："后来发现，第一句话，说得绝对了，第二句话，确实是必须注意的，但如何制止也没有说清楚。当时对这两句话考虑的不够周全。现在看来，不提'两个凡是'就好了。在这之前，二月七日中央两报一刊还发表过一篇题为《学好文件抓住纲》的社论。这篇社论也讲了两个'凡是'，即'凡是毛主席作出的决策，我们都坚决拥护，凡是毛主席的指示，我们都始终不渝地遵循'。这两个'凡是'的提法就更加绝对，更为不妥。以上两处关于两个'凡是'的提法虽不尽相同，但在不同程度上束缚了大家的思想，不利于实事求是地落实党的政策，不利于活跃党内的思想。我的讲话和那篇社论，虽然经过政治局讨论和传阅同意，但责任应该主要由我承担。在这个问题上，我应该作自我批评，也欢迎同志们批评。"应该说，华国锋的态度是诚恳的、负责的。

（6）中央人事调整"不能下，只能上"

邓小平11月5日出访泰国、马来西亚、新加坡，11月14日才回国，所以他没有参加中央工作会议的开幕会。邓小平回国后，很快就把注意力放到会议上，并在许多场合发表了一系列重要谈话。

关于中央有错误的几个领导人的处理问题，邓小平说：现在世界上就看我们有什么变动，加人可以，减人不行，管你多大问题都不动，硬着头皮也不动。这是大局。外国好多人和我们做生意，也看这个大局。

在此之前，有人曾提出过增加政治局委员管组织宣传的建议。在此之后，与会者提出中央委员会和政治局加人的意见就逐渐多起来了。

12月1日，鉴于与会者的注意力没有转到讨论经济工作的问题上，中央常委又召集部分大军区司令员和省委第一书记开会，通过他们向会议打招呼。邓小平作了重要谈话，再次讲到中央人事调整问题，他说：

对中央的人事问题，任何人都不能下，只能上。对那几个同志要批评，但不能动，实际上不止他们几个。现有的中央委员，有的可以不履行职权，不参加会议活动，但不除名，不要给人印象是权力斗争。对那些有意见的人，过关算了。检讨没有全过关的，我们过去也没过关嘛。

关于上的问题，至少加三个政治局委员，太多，也不恰当，不容易摆平。加上几个什么人？陈云兼纪委书记；邓大姐、胡耀邦。够格的人有的是，如王胡子，也够格。两个方案，一个三个人，一个四个人。党章规定，中央委员会不能选中央委员，想开个例,补选一点,数目也不能太多。有几个第一书记还不是中央委员,如习仲勋、王任重、周惠,还有宋任穷、韩光、胡乔木、陈再道。将来追认就是了。

经过充分酝酿讨论,12 月 10 日,在中央工作会议期间召开的中共中央政治局会议上,决定拟增补陈云为中央政治局委员、政治局常委、中央委员会副主席。12 月 13 日,华国锋在中央工作会议闭幕会上的讲话中,代表政治局正式提出增补中央领导人的名单,提请三中全会通过。

（7）对民主和法制问题的讨论

在解决重大历史遗留问题和对"两个凡是"等问题的批判的过程中,与会同志以亲身的经历和切肤之痛,深入思考:"文化大革命"前后十几年,"左"的错误在党内登峰造极,给党和国家造成了严重的灾难,其根本原因究竟在哪里? 大家比较一致和集中的结论是:党内民主生活遭到了严重破坏,党和国家的民主与法制遭到了破坏。为此,在中央工作会议各小组的讨论中,健全党内民主集中制,加强法制建设,成为大家共同的话题。

粟裕在发言中说:林彪、"四人帮"长期凌驾于党之上,重要原因是党内民主生活不正常。批评只能在上级对下级或平级间进行,下级不能批评或不敢批评上级,甚至党的会议上也不能批评,否则就是反党。有的群众说有权就是真理,值得深思。

谭震林结合自己的亲身体会说:井冈山时期,毛泽东、朱德、陈毅有不同意见就开会辩论,吵嘴,那时不叫反毛主席。一个领导人,如果人家讲了不同意他的话就叫反他,那还有什么民主集中制。我提议把党的民主集中制,把中华人民共和国的民主集中制建立起来。各级领导以身作则,很好地实行民主集中制。

徐向前在发言中说:现在党内外心有余悸的状况仍然存在,有些人讲话有顾虑,不能把心里话全部倾诉出来。因此应该广开言路,让人把心里话全说出来。

张震发言说:对十年"文化大革命"应总结教训:(1)民主集中制被破坏。"文化大革命"不经中央全会讨论,一下子轰起来。民主在哪里? (2)集体领导被破坏。今后全会闭会时应由政治局领导。(3)政策多变,失信于民。(4)法制不健全。"文化大革命"中那么多干部被抓、劳改,哪里有法制!

胡耀邦发言说:"文化大革命"教训深刻,应很好总结,根本教训是党的生活不正常。

为了很好地总结党内民主生活方面的经验教训，叶剑英在 12 月 13 日的闭幕会上，专门讲了发扬民主和加强法制问题。

(8) 邓小平的"主题报告"

1978 年 12 月 13 日，在中央工作会议闭幕会上，邓小平发表了《解放思想，实事求是，团结一致向前看》的著名讲话。这个讲话，共分四大部分。

第一，解放思想是当前的一个重大政治问题。

邓小平指出：

> 解放思想，开动脑筋，实事求是，团结一致向前看，首先是解放思想。只有思想解放了，我们才能正确地以马列主义、毛泽东思想为指导，解决过去遗留的问题，解决新出现的一系列问题，正确地改革同生产力迅速发展不相适应的生产关系和上层建筑，根据我国的实际情况，确定实现四个现代化的具体道路、方针、方法和措施。目前进行的关于实践是检验真理的唯一标准问题的讨论，实际上也是要不要解放思想的争论。大家认为进行这个争论很有必要，意义很大。从争论的情况来看，越看越重要。一个党，一个国家，一个民族，如果一切从本本出发，思想僵化，迷信盛行，那它就不能前进，它的生机就停止了，就要亡党亡国。这是毛泽东同志在整风运动中反复讲过的。只有解放思想，坚持实事求是，一切从实际出发，理论联系实际，我们的社会主义现代化建设才能顺利进行，我们党的马列主义、毛泽东思想的理论也才能顺利发展。从这个意义上说，关于真理标准问题的争论，的确是个思想路线问题，是个政治问题，是个关系到党和国家的前途和命运的问题。

第二，民主是解放思想的重要条件。

邓小平指出：

> 解放思想，开动脑筋，一个十分重要的条件就是要真正实行无产阶级的民主集中制。我们需要集中统一的领导，但是必须有充分的民主，才能做到正确的集中。

他强调民主的极端重要性：

> 当前这个时期，特别需要强调民主。因为在过去一个相当长的时间内，民主集中制没有真正实行，离开民主讲集中，民主太少。

> 我们要创造民主的条件，要重申"三不主义"：不抓辫子，不扣帽子，不打棍

子。在党内和人民内部的政治生活中,只能采取民主手段,不能采取压制、打击的手段。

> 一个革命政党,就怕听不到人民的声音,最可怕的是鸦雀无声。现在党内外小道消息很多,真真假假,这是对长期缺乏政治民主的一种惩罚。

他又强调了法制的重要性:

> 为了保障人民民主,必须加强法制。必须使民主制度化、法律化,使这种制度和法律不因领导人的改变而改变,不因领导人的看法和注意力的改变而改变。国要有国法,党要有党规党法。没有党规党法,国法就很难保障。

第三,处理遗留问题为的是向前看。

邓小平指出:

> 这次会议,解决了一些过去遗留下来的问题,分清了一些人的功过,纠正了一批重大的冤案、假案、错案。这是解放思想的需要,也是安定团结的需要。目的正是为了向前看,正是为了顺利实现全党工作重心的转变。

> 我们的原则是"有错必纠"。凡是过去搞错了的东西,统统应改正。有的问题不能够一下子解决,要放到会后去继续解决。但是要尽快实事求是地解决,干净利落地解决,不要拖泥带水。对过去遗留的问题,应当解决好。但是,不可能也不应该要求解决得十分完满。要大处着眼,可以粗一点,每个细节都弄清不可能,也不必要。

第四,研究新情况,解决新问题。

邓小平指出:

> 要向前看,就要及时地研究新情况和解决新问题,否则我们就不可能顺利前进。各方面的新情况都要研究,各方面的新问题都要解决,尤其要注意研究和解决管理方法、管理制度、经济政策这三方面的问题。

他特别强调要在经济政策上让一部分地区、一部分人生活先好起来。他说:

> 在经济政策上,我认为要允许一部分地区、一部分企业、一部分工人农民,由于辛勤努力成绩大而收入先多一些,生活先好起来。一部分人生活先好起来,就必然产生极大的示范力量,影响左邻右舍,带动其他地区、其他单位的人们向他们学习。这样,就会使整个国民经济不断地波浪式地向前发展,使全国各族人民都能比较快地富裕起来。

邓小平的这个讲话虽然是在工作会议上讲的,但实际上成为后来中共十一届三中全会的主题报告。近二十年后,江泽民在中共十五大报告中盛赞邓小平的这个讲话,说这个讲话是"开辟新时期新道路、开创建设有中国特色社会主义新理论的宣言书"。从这一意义上说,中央工作会议实际已为中共十一届三中全会作了充分准备。

2. 关于十一届三中全会上的人和事

1978 年 12 月 18 日至 22 日,中共十一届三中全会在北京京西宾馆举行。

实际出席会议的中央委员 169 人,候补中央委员 112 人。准备在全会上增选为中央委员的宋任穷、黄克诚、黄火青、胡乔木、韩光、周惠、王任重、习仲勋、陈再道等 9 位同志列席了全会。

全体与会人员,除中央主席、副主席外,按地区分为 6 个组:华北组、东北组、华东组、中南组、西南组、西北组。

12 月 18 日晚上,全会开幕,华国锋主持并讲话。华国锋通报中共十一届三中全会前中央工作会议的情况之后,宣布了中共十一届三中全会的主要任务:

讨论通过中央政治局关于从明年 1 月起,把全党工作着重点转移到社会主义现代化建设上来的问题。同时审议、通过农业问题的两个文件,和 1979、1980 两年经济计划的安排;讨论人事问题和选举成立中央纪律检查委员会。

会议前两天的讨论

各小组在会议前两天的讨论中,一致同意中央确定的这次会议的议程、开法和时间安排以及会议的指导思想,坚决拥护中央坚强的决心,从明年 1 月份起,把全党工作的重点转移到社会主义现代化建设上来的战略性决策,并表示一定要集中精力抓紧时间学好会议的九个文件,讨论好全党工作着重点转移等重大问题。

20 日上午,华北组有同志发言说:从无产阶级专政的任务来说,必须大力发展生产,只有生产力的大发展,无产阶级专政才能巩固。还必须改革上层建筑与生产关系同生产力不相适应的某些制度。经济制度的改革,主要是经济管理体制和管理方法的改革。体制就是中央和地方的关系,方法就是用经济管理的办法来管理经济。政治方面,主要是政权机构改革。一是党、政要分开,改变党、政不分,以党代政的状况。根据马列主义、毛泽东思想关于无产阶级专政的学说,不是党专政。

党是起领导作用,是领导一切的,不是讲党直接专政。请中央考虑,把各级党委和革委会分开。省、市、自治区也应如此,党委第一书记除特殊者外,一般不兼革委会主任为好。如果党政不分,就会形成事无巨细,都拿到党委会上讨论。应本着大权独揽小权分散的原则,党委定了方针政策后,应放手让革委会去抓经济工作。

同一天上午,西南组有同志发言说:搞好全党工作着重点的转移,首先要有一个安定团结的政治局面。只有经过全党的团结,才能达到全国的团结。搞好党内团结,重要的一条要坚持民主集中制,大事要集体讨论。领导干部要听逆耳之言,让人家说话、出气,不要老虎屁股摸不得。只有充分发扬民主,才能统一认识,增强团结,提高战斗力。

12 月 18 日上午和 19 日下午西北组讨论后,向中央提了五点具体建议:

(1) 今后中央开会,在主席台就座的,应为主席、副主席、军委副主席,政治局的其他同志应和中央委员坐在一起,可以坐在第一排。这是我们党"文化大革命"以前的老传统、老作风。建议今后主席、副主席步入会场时,不要起立鼓掌,可以坐着鼓掌。这既体现了我们党的领导人和大家亲切的相互关系,又照顾了一些年老体弱同志起坐不便的困难。

(2) 部分开放中南海。毛主席、周总理、朱委员长在中南海的旧居,要开放供中国人民和世界人民参观。将周总理、朱委员长的旧居,开辟为周总理、朱委员长的纪念馆,可不再另建纪念馆。这样,对我们的教育意义更大,感到更加亲切,还可以节省国家开支。

(3) 开放人民大会堂。现在不少跟随毛主席南征北战、革命多年的老同志,连进人民大会堂看看都不行,这种状况应当改变。人民大会堂可供我国人民和国际友人参观,也可提供国际组织在此召开国际会议,赚取外汇。

(4) 政治局的同志要多接触群众,克服特殊化。现在政治局的同志在京西宾馆开会,单独在十三楼开饭,有时看戏还摆烟摆茶搞特殊照顾,甚至擦脸毛巾还有大小之分。政治局有的同志到医院看病,警卫森严。要改变这种作风,希望政治局的同志要利用一切机会,多接近群众。

(5) 成立中央书记处或设立中央秘书长。为了让中央常委集中精力考虑党和国家的大事,建议成立中央书记处,协助常委处理日常事务。如目前成立书记处的条件不成熟,也可设立中央秘书长、副秘书长。

会议前期，还有不少代表就民主与法制等方面的问题，提出了积极的建议。

对四个政治局委员的批评

中央工作会议期间，汪东兴、纪登奎、陈锡联、吴德已经有了不同程度的检讨。邓小平、叶剑英等中央常委表示，对他们的错误，要给他们一些考虑的时间，再作进一步检查。由于有一批中央委员、候补中央委员没有参加中央工作会议，他们在会上听了介绍，看了四人的书面检讨后，颇为不满。对这四人的批评便成为12月20日以后小组会议论的主要内容。

20日，有同志向西北组提交书面发言，对汪东兴提出比较系统的、严厉的批评：汪东兴同志的这个检讨，令人大失所望，和他所担负的职务是极不相称的：一是上推下卸；二是避重就轻；三是应付交卷。建议中央考虑他本人的请求，免去他所兼任的一切职务，以利于汪东兴同志加强学习，认识错误，做好工作。同时，希望汪东兴同志尽快地向中央写出检查报告，并建议中央下发各委员和各单位，以利监督汪东兴同志改正错误。

各小组对纪登奎的问题进一步揭发和批评，有三十多人发言。他们指出：不解决纪登奎同志的问题，河南就安定团结不了，实现党的工作重点转移就有困难。必须解决好纪登奎同志的问题，否则河南广大干部和群众还是心有余"纪"。

各小组对陈锡联问题的揭发与批评，较多地集中在他捧毛远新和在东北的错误。

由于华国锋当时在党内的特殊地位，虽然四个政治局委员所犯的错误有许多是和他有直接联系的，有的实际上是因他的错误而犯的，但在小组会的发言中，基本上没有人提华国锋的错误或对他的错误提出批评，更多的是对华国锋所作的自我批评的高度赞扬，有的甚至还替华国锋的错误辩护。不能不说这是党内个人崇拜等消极现象没有肃清的一种表现。

关于农业和农村的两个文件及1979、1980年计划安排

会议的前三天，大家的注意力放在历史问题和几个犯错误同志的问题上，对会上印发的《中共中央关于加快农业发展若干问题的决定（草案）》、《农村人民公社工作条例（试行草案）》和《1979、1980两年经济计划的安排（草案）》这三个文件，各组发言中很少涉及，即使有所涉及，也是泛泛而谈。

从12月20日下午开始，各小组的发言开始比较多地涉及这三个文件。有从

宏观方面谈农业和农村问题和两年计划安排的,也有不少是对这三个文件的内容提出具体的修改意见和建议。

中南组有同志希望,文件要充分反映邓小平提出的经济民主问题。东北组有同志建议,计划安排和体制改革都应当体现邓小平关于让一部分地区和单位先走一步,发展快一些,使一部分工人农民生活先好起来以及权力下放、给下面以机动权的精神。西南组有同志认为,农业要上去,首先要解决两个问题:一是要努力调动社队干部的积极性;二是要落实好农村经济政策。西南组还有同志指出:二十多年我国农业生产发展缓慢的经验教训,其中很重要的一条就是在很多方面搞的是"左"倾盲动。他列举了14种表现,说:我们党吃"左"倾盲动的苦头太大了,应该总结这个教训。建议在这次会议将要通过的文件中把这个意思写进去,从根本上解决这个问题。

胡乔木受中央委托,综合各组汇总上来的意见和建议,对农业的两个文件,特别是对《中共中央关于加快农业发展若干问题的决定(草案)》,再次进行修改。

中共十一届三中全会原则通过了《中共中央关于加快农业发展若干问题的决定(草案)》。

《决定(草案)》分析了农业的现状,总结了历史的经验,部署了实现农业现代化的工作。这个文件对于冲破"左"倾错误在农业问题上设置的禁区,解放和统一广大农村干部的思想,调动亿万农民的积极性,大幅度提高粮食产量和增加农民收入,起到了积极的历史作用;同时,也为中国农村的改革奠定了重要的政策基础。

中央领导机构的加强和中纪委的成立

会议期间,各小组对中央政治局提出的增选政治局委员和中央委员的人选均表示满意,一致积极支持。12月22日晚,全会进行选举,陈云当选为中央政治局委员、政治局常委和中央副主席,当选为政治局委员的有邓颖超、胡耀邦和王震。增补为中央委员的是黄克诚、宋任穷、胡乔木、习仲勋、王任重、黄火青、陈再道、韩光、周惠等9人。

成立中央纪律检查委员会是中央政治局早就拟议的事。中共十一大会通过的《中国共产党章程》规定:党的中央委员会以及各级地方党的委员会都设立纪律检查委员会。

中央组织部根据中央政治局的指示,在中共十一届三中全会前就开始做了大量深入细致的工作,在全国范围内考察、提出候选人,供中央参考。1978 年 10 月 25 日、12 月 2 日先后两次拿出方案上报中央,并在中央工作会议上广泛征求意见。12 月 16 日,中央组织部就中纪委组成人员问题第三次向中央报告。报告中说:上届中央监委委员共 60 人。现在提出的中央纪委候选人名单(草案)是 99 人。其中,书记、副书记 15 人,常委 23 人,委员 61 人。按我们党的状况,同时考虑到目前还有一批老干部能工作而没有分配实职工作,我们认为,中纪委候选人的总名额 99 人是适宜的。中组部在向中央报告的同时,附上了他们提出的中央纪律检查委员会候选人名单(草案)。

根据这一方案,中央纪律检查委员会建议组成人员是:第一书记陈云,第二书记邓颖超(女),第三书记胡耀邦,常务书记黄克诚,副书记王鹤寿等;常委帅孟奇等 23 人;委员朱穆之等 61 人。其中有不少引人注目的人物:如年逾八旬,到正式选举为止,被中央专案一办定为“叛徒”尚未正式改正的帅孟奇;有年仅 39 岁的藏族干部西藏自治区党委常委、日喀则地委第一书记多吉才让;有编印《天安门诗抄》的“童怀周”主要负责人、北京第二外国语学院汉语教研室主任汪文风;有在基层辛勤工作,担任沈阳市公安局副局长兼政治部主任的女公安干警刘丽英;有被错划为右派二十多年,确定改正但尚未最后正式改正的原中宣部秘书长李之琏。

12 月 22 日晚,全会进行选举,中组部提出的候选人全部当选。

中共十一届三中全会是中国共产党历史上具有决定意义和深远影响的一次会议。它以其特有的成就和建树,成为中国共产党和中华人民共和国历史发展过程中一个伟大的转折点。

邓小平为什么要提出坚持四项
基本原则？有何重大意义？

　　1979 年 1 月 18 日，中共中央宣传部、中国社会科学院联合召开的理论工作务虚会开幕。会议目的一是要把思想理论上的重大原则问题讨论清楚，统一到马克思列宁主义、毛泽东思想的基础上来；二是要总结理论宣传战线的基本经验教训，研究全党工作重心转移之后理论宣传战线的根本任务。会议分五个小组进行讨论，着重对提出和坚持"两个凡是"错误的人进行批评，进一步分清了思想路线的是非，认清围绕"两个凡是"和真理标准问题的争论是一个关系到党和国家命运的重大政治问题。与会者对"无产阶级专政下继续革命理论"、"社会主义时期阶级和阶级斗争问题"、"社会主义民主问题"等重大理论问题和若干经济理论与实际问题，进行了比较深入的研讨。与会者还提出了许多需要继续打破禁区、深入进行研究的重大问题。邓小平对这次会议评价说："在三中全会以后召开的这次理论工作务虚会上，大家敞开思想，各抒己见，提出了不少值得注意、需要研究的问题，总的说来开得是有成绩的。"[1]

　　在 1979 年春的一段时间里，有一些地方出现了少数人闹事现象。有些坏分子不但不接受党和政府的负责人的引导、劝告、解释，并且提出在目前不可能实现的或者根本不合理的要求，煽动、诱骗一部分群众冲击党政机关，占领办公室，实行静坐绝食，阻断交通，严重破坏工作秩序、生产秩序和社会秩序。北京、上海、天津、贵州等地出现自发组织 80 多个。他们编印、张贴油印刊物，明目张胆地诽谤马列主

---

[1]　邓小平：《坚持四项基本原则》，《邓小平文选》第 2 卷，人民出版社 1994 年版，第 158—159 页。

义、毛泽东思想，污蔑共产党的领导和无产阶级专政的社会主义国家制度，并鼓动和组织闹事，还蓄谋让外国人把他们的言论行动拿到世界上去广为宣传。国外敌对势力企图使事态演变为与1968年春的布拉格事件类似的"北京之春"。对于这股错误思潮及其蔓延之势，理论工作务虚会的有些参加者没有足够重视。

新出现的资产阶级自由化泛滥和少数人闹事等问题，引起邓小平等中央领导的极大关注。党和政府一方面采取切实措施继续解决平反冤假错案等遗留问题，另一方面运用法制手段打击反对四项基本原则的违法活动。

3月28日，理论工作务虚会在休会一个多月后复会，改由中共中央召开，称全国理论务虚会。3月30日，邓小平代表中共中央发表题为《坚持四项基本原则》的重要讲话①。讲话分三部分：(1)形势和任务。(2)实现四个现代化必须坚持四项基本原则。(3)思想理论工作的任务。

邓小平首先分析了粉碎"四人帮"以来特别是中共十一届三中全会以来的形势，指出当前以及今后相当长一个历史时期的主要任务是搞好四个现代化建设。邓小平明确指出：能否实现现代化，决定着我们国家的命运，民族的命运。社会主义建设是我们当前最大的政治。要在本世纪实现现代化，是一个非常艰巨的任务。必须从中国特点出发，适合中国情况，"走出一条中国式的现代化道路"。

邓小平强调指出："中央认为，我们要在中国实现四个现代化，必须在思想政治上坚持四项基本原则。这是实现四个现代化的根本前提。"这四项基本原则是："第一，必须坚持社会主义道路；第二，必须坚持无产阶级专政；第三，必须坚持共产党的领导；第四，必须坚持马列主义、毛泽东思想。"邓小平指出："某些人(哪怕只是极少数)企图动摇这些基本原则，这是决不许可的。""如果动摇了这四项基本原则中的任何一项，那就动摇了整个社会主义事业，整个现代化建设事业。"

邓小平指出：现在一方面，坚持"左"倾错误的人攻击三中全会以来所实行的方针政策违反马列主义、毛泽东思想；另一方面，党内和社会上产生一种怀疑或反对四项原则的思潮。因此，我们要在继续批判极左思潮的同时，对怀疑或反对四项基本原则的思潮进行批判。邓小平这次讲话运用逻辑与历史结合的方法，分别论述了坚持四项基本原则中的每一项原则，逐项说明必须坚持的极端重要性，着重对从

---

① 这篇讲话收入《邓小平文选》第2卷。人民出版社1994年版，以下引文均引自该书。

右的方面来怀疑或反对四项基本原则的错误思潮进行了旗帜鲜明的、充分说理的批判。

邓小平在讲话中还指明了"思想理论工作的任务"。他强调要深入研究中国实现四个现代化所遇到的新情况、新问题,并且作出有重大指导意义的答案,希望思想理论战线为坚定不移地贯彻三中全会的方针,为实现党的工作着重点的转移贡献力量。

《坚持四项基本原则》的重要讲话,具有十分重要的现实意义和深远的历史意义。它为全国理论工作务虚会作了总结,为思想理论工作指明了方向,为批评从右的和"左"的方面来怀疑和反对四项基本原则的错误思潮提供了锐利的武器。并为党的基本路线的制定提供了重要内容,也为安定团结,为改革开放和社会主义现代化建设,提供了根本的政治保证。

在全国理论务虚会后,理论界有人继续在公开场合甚至在报纸上发表文章,攻击四项基本原则。社会上一些非法组织和非法刊物假借种种名义放肆地发表反党反社会主义的言论,用"文化大革命"中的办法进行煽动和闹事。①为坚持四项基本原则、反对资产阶级自由化思潮,党和政府采取了一系列果断措施,邓小平旗帜鲜明地进行了批判斗争。1980 年 1 月 16 日,邓小平在中共中央召集的干部会上讲话,将怀疑和反对四项基本原则的思潮称为"资产阶级自由主义思潮"②。同年 12 月 25 日,邓小平在中央工作会议的讲话中,又把这股错误的社会思潮称为"资产阶级自由化"。指出:"最近与一些非法组织有关的人物特别活跃,他们假借种种名义放肆地发表反党反社会主义的言论。这种危险的信号,应该引起全党、全国人民和全国青年的足够警惕!"③他还严肃地指出:"尤其严重的是,对于这些不正确的观点、错误的思潮,甚至对于一些明目张胆地反对党的领导、反对社会主义的观点,在报刊上以及党内生活中,都很少有人挺身而出进行严肃的思想斗争。"④为了保证安定团结,他"建议国家机关要通过适当的法律法令"。⑤

①　参见《邓小平文选》第 2 卷,人民出版社 1994 年版,第 365、370 页。

②　《邓小平文选》第 2 卷,人民出版社 1994 年版,第 272 页。

③　《邓小平文选》第 2 卷,人民出版社 1994 年版,第 369、365 页。

④　《邓小平文选》第 2 卷,人民出版社 1994 年版,第 365 页。

⑤　《邓小平文选》第 2 卷,人民出版社 1994 年版,第 371 页。

　　针对党内和社会上出现的资产阶级自由化思潮和思想战线上存在软弱涣散的问题,邓小平于 1981 年 7 月 17 日与中共中央宣传部负责同志谈话。指出当前思想和文艺战线的主要问题不在于存在资产阶级自由化的种种现象,而在于对待这些现象处置无力,存在着软弱涣散的状态。

　　1981 年 8 月 3 日至 8 日,中共中央宣传部主持召开全国思想战线问题座谈会,传达、贯彻邓小平 7 月谈话,讨论、部署反对资产阶级自由化、纠正软弱涣散状态。此后,软弱涣散的状态在一定程度上有所改变,资产阶级自由化思潮暂时受到了抑制。但思想战线上软弱涣散的问题并未从完全解决,导致资产阶级自由化思潮不久又再次泛滥起来。

十一届三中全会后实行改革
开放做了哪三件大事?

第一件大事:农村改革先行

(1) 从"省委六条"到包工到组

1977 年 11 月,中共安徽省委由第一书记万里主持通过并下发了《关于当前农村经济政策几个问题的规定》,简称"省委六条"。其主要内容是:尊重生产队的自主权;落实按劳分配制度;减轻生产队和社员负担;允许和鼓励社员经营自留地和正当的家庭副业;搞好农村经营管理,允许生产队根据不同农活建立不同的生产责任制,可以组织作业组,只需个别人完成的农活,也可以责任到人;队干部参加集体生产劳动。

1978 年 2 月 3 日,《人民日报》加编者按在头版发表该报记者姚力文和新华社记者田文喜的报道《一份省委文件的诞生》,详细介绍了安徽"省委六条"的主要内容、诞生经过以及得到广大群众欢迎的情况。报道在全国产生很大反响,对各地改革和落实农村经济政策发生促进作用。

这一天,邓小平赴尼泊尔访问途中在成都等待转机,看到了《人民日报》的报道,遂与前来迎送的中共四川省委负责人谈安徽发生的事情。邓小平说:"农业的路子要宽一些,思想要解放,只是老概念不解决问题,要有新概念……只要所有制不动,怕什么! 工业如此,农业如此。要多想门路,不能只在老概念中打圈子。"

在邓小平的鼓励和支持下,四川省委也制定了《关于当前农村经济政策的几个主要问题的规定》。这个规定有十二条,简称"四川十二条"。四川改革的重点是耕作制度,由三熟制恢复两熟制。农业生产得到恢复。

　　从安徽开始点燃的中国农村改革的希望之火，逐渐地向四川，向全国各地蔓延。而安徽省的广大农民群众，从实际出发，不断调整农村政策和改革农村体制，一步一步地探索新的更加适合安徽农村实际的办法。从 1979 年 1 月起，安徽全省扩大了农业体制改革的试点范围，在责任制搞得比较早的肥西县和凤阳县，允许许多生产队打破土地管理和使用上的禁区，试行"分地到组，以产计工，统一分配"的责任制。中共四川省委也鼓励一些生产队，进行"包产到组"和"以产定工，超额奖励"的试验，并逐步在全省扩大这种试验的范围。《人民日报》从 1979 年 1 月起，陆续报道了这些省份在农村实行生产责任制的经验和情况，并明确表示，这是中国农业体制改革的最初实验。其后，全国又有不少省、市、自治区的农村也实行了不同形式的生产责任制。到 1980 年 3 月，全国实行包产到组的生产队占全国生产队总数的28％，其他实行不联产的各种包工责任制的生产队，占全国生产队总数的 55.7％。

　　但就是这样一种农业生产责任制，在推行过程中也不是一帆风顺的。

　　1979 年 3 月 15 日，《人民日报》发表了一封题为《"三级所有，队为基础"应当稳定》的读者来信。指责搞分田到组、包产到组，是脱离群众、不得人心的。同样会搞乱"三级所有，队为基础"的体制，搞乱干部、群众的思想，挫伤积极性，给生产造成危害，对搞农业机械化也是不利的。《人民日报》加编者按说："已经出现'分田到组'、'包产到组'的地方，应当认真学习三中全会原则通过的《中共中央关于加快农业发展若干问题的决定（草案）》，正确贯彻执行党的政策，坚决纠正错误做法。"

　　万里坚决顶住压力。3 月 17 日，他在滁县地区考察工作，针对《人民日报》发表的读者来信和编者按，明确表示："它说是'错误做法'，我看是好办法。什么是好办法？能叫农业增产就是好办法，能叫国家、集体和个人都增加收入就是好办法，反之就是孬办法。我们这儿，不管谁吹这个风那个风，都不动摇。"在万里的支持下，《人民日报》3 月 30 日头版发表了安徽省农委几位同志的信，对前面那封读者来信及编者按，进行了尖锐的批评，并结合安徽实际，对"包产到组"、"联系产量评定奖惩的责任制"给予了积极评价。《人民日报》也加了编者按，指出："包工到组，联系产量是一种新的计酬办法，在试行中出现这样那样的问题是难免的。只要坚持生产队统一核算和统一分配这个前提，不搞包产到户和分田单干，就可以试行。"

　　此后，各地农村以"包产到组"、"包工到组"为主要内容的农村改革继续发展。到 1979 年冬，安徽全省实行包产到组责任制的生产队已经达到生产队总数的

61.6%。同期四川全省实行"包产到组"责任制的生产队,也达到了生产队总数的57.6%。

(2) 包产到户不胫而走

实践总是走在前面。其实,早在中共十一届三中全会前,在安徽的肥西县和凤阳县,就有一些被贫困所强烈压迫着的农民,豁出一切,冒险搞起了被明令禁止的包产到户、包干到户的尝试。

1978年10月初,肥西县官亭公社农场大队老庄生产队的社员,在生产队队长的带动下,把全队土地划分到户,每亩定产200斤,以产计工;明年收获后超产1斤粮食奖励3分工,节约归自己,超支不补,种子、肥料各家自筹自用。这实际就是大胆、公开地宣布"包产到户"。在1978年的同期,肥西县的山南区,也有不少社队比较早地、悄悄地把土地分给农民,搞起了包产到户。

1979年2月初,安徽省农委政策研究室主任根据万里等人指示,带工作组到山南区的山南公社搞试点。省委充分尊重广大农民群众的意见,肯定了山南公社搞包产到户的做法。山南全区和肥西全县加快了包产到户的步伐。一个月左右的时间内,首先是山南全区实行了包产到户,接着肥西全县40%的生产队实行了包产到户。5月,万里专门到山南区考察包产到户的情况,对包产到户在山南区的实践及其取得的成果表示支持。这年秋天,肥西全县有8 199个生产队在各种名义下实行了包产到户,占生产队总数的97%。

另一个典型的例子是凤阳县梨园公社小岗队"包干到户"的尝试与实践。

1978年12月的一个晚上,凤阳县梨园公社小岗队的18个农民,开了一个"绝密会议",做出一个大胆的举动,产生了日后影响全中国几亿农民的壮举——搞包干到户。

18个农民一致表示:第一,我们分田到户,瞒上不瞒下,不许向任何人透露;第二,上缴粮食的时候,该交国家的交国家,该是集体的留集体,剩下的归自己,不准任何人到时候装孬;第三,万一走漏风声,队干部为此蹲班房,全队社员共同负责把他们的小孩抚养到18周岁。

小岗人率先在中国的农村,悄悄地搞起了包干到户。小岗队包干到户的消息不胫而走,很快在周围地区引起了不小的骚动。1979年秋收以后,看到小岗人一天天好起来的梨园公社的其他生产队,也学着小岗人的样子,搞起了包干到户。

安徽省委第一书记万里,在听取汇报和实地考察小岗和其他一些地区搞包干到户的实际情况后,对以小岗为代表的广大农民的尝试和创造,采取了充分肯定和支持的态度。

1980 年 1 月底,万里向小岗人表示:现在好了,马列主义竟出在你们这小茅屋里了。你们干得好,能完成国家的,留足集体的,社员生活水平能提高,这是对国家有利,对集体有利,对你们个人也有利的事。哪个再说你们走资本主义道路,不搞社会主义,这个官司交给我万里给他们打好了。

万里的小岗之行,使包干到户迅速推广。从 2 月到 4 月,短短两个月时间,凤阳全县有 25% 的农户实行了包干到户。小岗队所在的梨园公社及板桥区,实行包干到户的农户达到了 80%。到 8 月上旬,除少数生产条件较好的公社外,凤阳全县都试行了包干到户。1980 年,安徽省肥西、凤阳这两个县,实行包产到户和包干到户的生产队已经达到 95% 以上。

由于包干到户和包产到户把每个农民的切身利益和生产的成果紧密地结合了起来,最大限度调动了农民的人力、财力,发挥了他们的生产积极性,所以,农业生产的成果就显得特别突出。1980 年,肥西县 41 万亩麦子总产量达 1.36 亿斤,比历史最高水平的 1979 年增长了 13.4%;18.7 万亩油菜子,总产量达到三千多万斤,比 1979 年增长了 1 倍多。1980 年,凤阳县粮食总产量比历史上最高水平的 1979 年增长了 14.2%。

肥西、凤阳等县农业发展上迅速增长的产量和"一年翻身"的事实,极大地吸引和影响了安徽全省以及周围的省市。一些临近县市的干部群众,也纷纷冲破阻力,仿照搞起包产到户来。

1980 年初,远在西南的贵州省,在安徽等地"双包"责任制获得成功的影响和带动下,也进一步放宽农村政策,使包干到户和包产到户在贵州得到大范围、大规模的推广。到 1980 年底,贵州实行"双包"的生产队已经占到全省生产队总数的 80%。1980 年 5 月 11 日,《甘肃日报》发表省委书记宋平在省委常委会上的讲话,明确指出:"有些贫困山区群众要求实行责任到劳动力的责任田制度,也应该允许;已经实行的,应积极帮助他们搞好。"包产到户迅速在甘肃农村普遍推广开来。

到 1980 年底,在全国范围内,实行包产到户、包干到户等责任制形式的生产队,已经占到全国生产队总数的 50% 以上。

然而,安徽、贵州、甘肃等省包产到户、包干到户的尝试与实践,当时并没有得到一致的认可,不仅省内有怀疑和反对的意见,还有来自省外,乃至上层的批评与责难。

1980年1月11日至2月2日,国家农委在北京召开全国农村人民公社经营管理会议。会议认为包产到户、包干到户冲击了原有的"三级所有,队为基础"的人民公社体制,会议纪要明确表示要"坚定地走人民公社集体化道路","坚守农村的社会主义阵地"。

（3）邓小平肯定和推行家庭联产承包制

在以安徽为代表的省份推行包产、包干到户责任制遇到阻力,不少舆论宣传对包产到户大加挞伐的时刻,万里一方面组织舆论力量宣传以包产到户、包干到户为主要内容的农村改革的重要成就和积极意义,一方面积极寻求邓小平等的支持。

1980年4月9日,在万里的直接关心和支持下,《人民日报》刊登了《联系产量责任制好处多》的长篇署名文章,用大量事实驳斥了对包产到户的非难。文章指出:包产到户是集体生产责任制的一种形式,不是分田单干,是农户向生产队承包,实行联产计酬,有利于调动农民群众的生产积极性,对农业生产有利;实行联系产量责任制决不是倒退,而是符合现阶段中国农业发展实际的好办法;不能因为联产责任制实行过程中出现问题,就将其视为洪水猛兽,而是要采取积极的态度解决前进中存在的问题。

对从安徽兴起的农村改革及其争论,邓小平一直比较关注。他不仅多次听取万里等人对农村搞包产到户、包干到户情况的汇报,而且看了大量材料。对包产到户、包干到户等农村改革的政策,邓小平给予了积极的肯定和支持。

1980年4月2日,邓小平与胡耀邦、万里、姚依林、邓力群等谈话。在谈到农村政策时,邓小平说:政策一定要放宽,使每家每户都自己想办法,多找门路,增加生产,增加收入。有的可包产到组,有的可包给个人,这个不用怕,这不会影响我们的制度的社会主义性质。政策放宽以后,有的地方一年可以增加收入一倍多。我看到了许多这样可喜的材料。要解放思想! 此事请万里同志研究个意见,提到书记处讨论。

4月20日,邓小平在经济发展长期规划会上说,在甘肃、内蒙古等地,与其搞外国粮食解决吃饭问题,不如干脆搞包产到户。

5月31日，邓小平在同中央负责同志的一次谈话又明确表示：

> 农村政策放宽以后，一些适宜搞包产到户的地方搞了包产到户，效果很好，变化很快。安徽肥西县绝大多数生产队搞了包产到户，增产幅度很大。"凤阳花鼓"中唱的那个凤阳县，绝大多数生产队搞了大包干，也是一年翻身，改变面貌。有的同志担心，这样搞会不会影响集体经济。我看这种担心是不必要的。我们总的方向是发展集体经济。

> 实行包产到户的地方，经济的主体现在也还是生产队。这些地方将来怎么样呢？可以肯定，只要生产发展了，农村的社会分工和商品经济发展了，低水平的集体化就会发展到高水平的集体化，集体经济不巩固也会巩固起来。关键是发展生产力，要在这方面为集体化的进一步发展创造条件。

邓小平的讲话对于打破和克服各级领导干部中还普遍存在的僵化思想和畏惧心理，起了非常重要的作用。

9月14日至22日，中共中央召集各省、市、自治区党委第一书记座谈会，研究和讨论加强与完善农业生产责任制问题。会后，中共中央将会议纪要以"中发〔1980〕75号"文件下发各地。文件指出：

> 在那些边远山区和贫困落后的地区，长期"吃粮靠返销，生产靠贷款，生活靠救济"的生产队，群众对集体丧失信心，因而要求包产到户的，应当支持群众的要求，可以包产到户，也可以包干到户，并在一个较长的时间内保持稳定。就这种地区的具体情况来看，实行包产到户，是联系群众，发展生产，解决温饱问题的一种必要的措施。就全国而论，在社会主义工业、社会主义商业和集体农业占绝对优势的情况下，在生产队领导下实行的包产到户是依存于社会主义经济，而不会脱离社会主义轨道的，没有什么复辟资本主义的危险，因而并不可怕。

（以上引文参见聂辉《邓小平与安徽农村改革(2)》，载于"中国共产党新闻网"。）

这是一份具有历史意义的重要文件。此后，联产承包责任制进入了大发展的阶段。

第二件大事：贯彻新八字方针，进行国民经济调整

（1）陈云、李先念力主"调整"

粉碎"四人帮"以后我国的经济建设取得了恢复性的发展，但也存在着严重的

问题。特别是在"新跃进"的口号下,国民经济本来就已失调的比例关系,变得更加严重。高投资、高积累、低效益、低消费的问题非常突出。主要表现在:农业的增长不能适应工业增长的需要,甚至难于满足人口增长的需要;轻纺工业的许多重要产品数量不够,质量不高,品种不多,市场供应不充分;煤炭、石油、电力工业和交通运输业的发展不能完全适应国民经济发展的需要;各个工业部门内部和相互间存在许多不协调的方面;基本建设同时进行的项目过多,许多工程长期不能形成新的生产能力。

对于不顾比例和客观规律,盲目追求高速度进行经济建设问题,陈云早有觉察并提出过不同意见。在中共十一届三中全会上,陈云正式提出要对国民经济进行必要的调整。邓小平支持陈云的意见。此时,"新跃进"带来的问题已越来越明显,党内愈来愈多的人认识到问题的严重性,思想渐趋统一。这样,在中共十一届三中全会的公报中实际上已经把调整的问题提到了全党、全军、全国各族人民的面前。公报指出:"必须看到,由于林彪、'四人帮'的长期破坏,国民经济中还存在不少问题。一些重大的比例失调状况没有完全改变过来,生产、建设、流通、分配中的一些混乱现象没有完全消除,城乡人民生活中多年积累下来的一系列问题必须妥善解决。我们必须在这几年中认真地逐步地解决这些问题,切实做到综合平衡,以便为迅速发展奠定稳固的基础。"

1979 年 1 月 1 日和 5 日,陈云就不留缺口和降低指标问题作了两次批示。1月 1 日,陈云在李先念送请审阅的《国务院关于下达一九七九、一九八〇两年经济计划的安排(草案)》的信上批示:"国务院通知中'一九七九年有些物资还有缺口。'我认为不要留缺口,宁可降低指标,宁可减建某些项目。"1 月 5 日,陈云将新华社一份反映国家计委安排 1979 年的生产计划和物资供应时还在留缺口的材料批转华国锋、邓小平、汪东兴,指出:"我认为有物资缺口的不是真正可靠的计划。"

邓小平对陈云的这一意见十分赞同,批示:"请计委再作考虑。"

1 月 6 日,邓小平又在一次谈话中说:"我们要从总方针来一个调整,先搞那些容易搞,上得快,能赚钱的,减少一些钢铁厂和一些大项目。引进的重点要放在见效快、赚钱多的项目上。今年计划有些指标要压缩一下,不然不踏实、不可靠。"

3 月 8 日,陈云在《计划与市场问题》的讲话提纲中指出:马克思提出的社会主义经济是有计划按比例发展的理论是正确的。他提出整个社会主义经济必须有两部分：计划经济部分，这是基本的、主要的；还有市场调节部分，这是从属的、次要的。在今后经济的调整和改革中，计划与市场这两种经济的比例的调整将占很大比重。

3月14日，李先念、陈云联名向中央上书，建议在国务院下设立财政经济委员会，作为研究制订财经工作的方针政策和决定财经工作中大事的决策机关，并对财经工作提出六点意见：(1)前进的步子要稳。不要再折腾，必须避免反复和出现大的"马鞍形"；(2)从长期来看，国民经济能做到按比例发展就是最快的速度；(3)现在的国民经济是没有综合平衡的，比例失调的情况是相当严重的；(4)要有两三年的调整时期，才能把各方面的比例失调情况大体上调整过来；(5)钢的指标必须可靠。钢的发展方向，不仅要重数量，而且更要重质量；要着重调整我国所需要的各种钢材之间的比例关系。钢的发展速度要照顾到各行各业(包括农业、轻工业、其他重工业、交通运输业、文教、卫生、城市住宅建设、环境保护等)发展的比例关系。由于钢的基建周期长，不仅要制订五至七年的计划，而且要制订直到二〇〇〇年的计划；(6)借外债必须充分考虑还本计息的支付能力，考虑国内投资能力，做到基本上循序进行。

根据李先念、陈云的建议，中共中央决定在国务院下设立财经委员会，由陈云任主任，李先念为副主任，姚依林任秘书长。

3月21日至23日，中央政治局讨论国家计委修改过的1979年国民经济计划和经济调整问题。陈云再次指出：按比例发展是最快的速度。不按比例，靠多借外债，靠不住。要有两三年调整时间，最好三年。现在比例失调的情况相当严重。基本建设项目大的一千七百多个，小的几万个，搞不了的，丢掉一批就是了。1985年搞六千万吨钢根本做不到。

邓小平也说："现在的中心任务是调整，首先要有决心，过去提'以粮为纲'、'以钢为纲'，是到该总结的时候了。"

3月30日，邓小平在理论工作务虚会上又说："过去十多年来，我们一直没有摆脱经济比例的严重失调。在总的前进过程中都还需要有一段调整的时期，才能由不同程度的不平衡走向比较平衡。"

3月的中央政治局会议原则同意计委修改和调整的1979年经济计划的意见，决定用三年时间调整国民经济。

（2）"新八字方针"正式确定

1979年4月5日至28日，中共中央召开工作会议，讨论1979年国民经济计划和思想理论工作方面的问题。李先念代表中央作了《关于国民经济调整问题》的重要讲话。他着重讲了调整的必要性、调整的主要任务、调整的原则措施、搞好企业整顿、改革经济管理体制等六个问题。李先念分析了当时国民经济比例严重失调的现状和原因，指出今后一段时期经济工作的方针是："调整、改革、整顿、提高。"以调整为中心，"边调整边前进，在调整中改革，在调整中整顿，在调整中提高。"

这个"八字方针"，习惯称为"新八字方针"，因为在1962年也提出和制订过"八字方针"，叫"调整、巩固、充实、提高"。进行的结果，是渡过了"大跃进"、反右倾和自然灾害造成的困难时期，恢复了国民经济。

李先念的讲话还提出了调整工作的四项主要任务：（1）坚决地、逐步地把各方面严重失调的比例关系基本上调整过来，使整个国民经济真正纳入有计划、按比例健康发展的轨道；（2）积极而又稳妥地改革工业管理和经济管理体制，充分发挥中央、地方、企业和职工的积极性；（3）继续整顿好现有企业，建立健全良好的生产秩序和工作秩序；（4）通过调整、改革和整顿，大大提高管理水平和技术水平，更好地按客观经济规律办事。

为了保证这些任务的完成，李先念提出了十二条具体措施：（1）集中主要精力把农业搞上去，调整好农业和工业的关系。（2）加快轻纺工业的发展，使轻、重工业的比例协调起来，使商品供应同国内购买力和对外出口的增长相适应。（3）在重工业中要突出地加强煤、电、油、建材工业的生产建设和交通运输建设，以保证其他工业和整个国民经济的发展。（4）按照国民经济发展的需要和燃料动力、原材料供应的可能，认真调整工业企业。（5）坚决压缩基本建设战线，使建设规模同可能供应的钢材、水泥、木材、设备和资金相适应。（6）引进要循序渐进，前后衔接，步子不能太急。（7）我们要多引进一些国外先进技术，最可靠、最主要的途径，就是扩大出口。（8）在保持物价基本稳定的前提下，对某些不合理的价格作必要的调整。（9）坚持统筹兼顾的方针，解决好劳动力安排。（10）必须切实控制人口的增长。（11）切实做到在发展生产的基础上改善人民生活。（12）各项计划要互相衔接，不留缺口。要严格遵守财政平衡、信贷平衡、物资平衡、外汇平衡的原则。

会议通过了"调整、改革、整顿、提高"的总方针，决定从1979年起，用三年时间对国民经济认真进行调整，同时进行改革、整顿、提高工作。会议通过了调整后的1979 年国民经济计划。

6 月 18 日至 7 月 1 日召开的五届全国人大二次会议同意用三年时间搞好国民经济的"调整、改革、整顿、提高"，同意政府工作报告中规定的三年调整要达到的主要目标。①"新八字方针"的制定，标志着我国经济开始摆脱"左"的思想的束缚，逐渐迈入健康发展的轨道。

（3）国民经济的初步调整

根据中央确定的"新八字方针"的精神，国家计委对 1979 年国民经济计划作了修改。4 月份，中央工作会议讨论通过了这一计划。5 月 14 日，国务院发出通知，正式下达这一计划。该计划对原计划作了较大幅度下调。经过全国人民的努力，调整后的计划的主要指标都完成和超额完成了，一些重大的比例关系开始向着合理方向发展，经济生活开始活跃起来，人民生活有所改善。这一时期比较显著和突出的方面是采取了一系列大幅度提高农产品价格，扶持轻纺工业的措施，改善了人民生活，缩小了工农业产品的剪刀差，提高了农业和轻工业的比重，一定程度上缓和了农轻重比例失调的矛盾。在基建、工业、财政等方面也采取了一些相应的调整措施。这些调整措施，使广大的农民和工人得到了实惠，为提高农副产品收购价格和减免农业税收，国家比预计多拿出了 16 个亿，为提高工人福利，国家支付工资奖金比预计多拿出了 25 个亿。

（4）排除阻力，继续调整

贯彻落实"八字方针"将近两年，取得了不小的成绩，但是一些重大问题仍然存在。国民经济比例失调的情况没有从根本上改变过来，积累和消费的分配超过了国民收入的总额。表现在财政上，国家安排的基本建设开支和各种消费开支仍然超过了财政收入，发生巨额财政赤字，1979 年财政赤字达 170 亿元，是建国以来所

---

① 主要目标是：1.要使粮食生产和其他农副产品生产的发展同人口的增长和工业的发展比较适应。2.在轻纺工业方面，要使它们的增长速度赶上或略高于重工业的增长速度，使主要轻纺产品的增长大体上同国内购买力的增长相适应，并大量增加出口。3.要经过努力增产和厉行节约，使目前燃料动力和交通运输的紧张局面有所缓和。冶金、机械、化工等重工业部门，要在增加生产的同时，着重提高质量，增加品种。4.基本建设要坚决缩短战线，集中力量打歼灭战，提高工程质量，降低工程造价，缩短建设周期。5.在发展生产的基础上，要使全国农民从集体分得的平均收入和全国职工的平均工资继续有所提高。

未有过的。基本建设战线没有按计划缩短,规模仍然过大,基建总规模基本上没有压下来,要把计划内的大中型项目全部建成,还需投资 1 500 亿元。外贸逆差增大,1979 年进口大于出口 31.1 亿元人民币,折合美元 20.1 亿。到 1980 年底,国家面临严峻的经济形势。在建的大中型项目全部建成尚需投资一千三百多亿元,财政赤字预计与 1979 年相同,零售物价总指数 1980 年上涨 6%,1979 年和 1980 年货币发行预计达 130 亿元(实际是 132 亿元),货币流通量接近引起经济危机的临界点。

以调整为中心的"新八字方针"没有收到预期效果的原因,主要是"左"的思想的影响。一些地方和部门对"新八字方针"贯彻执行不力,有的甚至反对和抵制。因此,要使国民经济走上健康发展的轨道,必须排除阻力,继续调整。如果不下大的决心,采取果断措施,对国民经济进一步调整,该退的不退或不退够,就不能取得全局的稳定和主动,国民经济就不能在切实可靠的基础上稳步前进。

1980 年 3 月 17 日,在陈云建议下,中央政治局常委决定成立中央财经领导小组,原国务院财政经济委员会撤销。在会议期间,邓小平、陈云、李先念等都强调基本建设要退够,压缩 1981 年计划。认为发展速度 5% 有困难,4% 也可以,并不丢面子。

1980 年 12 月 16 日至 26 日,中共中央召开工作会议,决定"在经济上实行进一步调整,在政治上实行进一步安定团结"的重大方针。邓小平、陈云、李先念等在会上分别讲话。12 月 16 日,陈云在讲话中谈了十四个问题。他表示同意中央财经小组提出的调整计划,并说:调整意味着某些方面的后退,而且要退够。这次调整不是耽误,如果不调整才会造成更大的耽误。我们这次调整是清醒健康的调整,我们会站稳脚跟,继续稳步前进。

12 月 25 日,邓小平在闭幕会上讲话,他说:"我完全同意陈云同志的讲话。这个讲话在一系列问题上正确地总结了我国三十一年来经济工作的经验教训,是我们今后长期的指导方针。"邓小平总结三中全会以来调整工作执行得很不得力的原因是"全党认识很不一致,也很不深刻",指出:"这次调整,就是进一步贯彻这一方针。"

他对"退够"特别作了阐述:

这次调整,在某些方面要后退,而且要退够。只有某些方面退够,才能取得全局的稳定和主动，才能使整个经济转上健全发展的轨道。

　　所谓某些方面要退够，主要是说，基本建设要退够，一些生产条件不足的企业要关、停、并、转或减少生产，行政费用（包括国防开支和一切企业事业单位的行政管理费用）要紧缩，使财政收支、信贷收支达到平衡。生产建设、行政设施、人民生活的改善，都要量力而行，量入为出。这就是实事求是。下决心这样做，表明我们真正解放了思想，摆脱了多年来"左"的错误指导方针的束缚。

他还说："我完全同意陈云同志的意见，今后一段时间内，重点是要抓调整，改革要服从于调整，有利于调整，不能妨碍调整。"

1981年1月5日，中共中央发出关于贯彻这次会议精神的通知，印发了常委们的讲话。《人民日报》专门发表了社论。

根据中央两次会议的精神和要求，对五届全国人大三次会议通过的1981年经济计划作了较大调整。工农业总产值由原来的6 955亿元减为6 800亿元，比上年预计增长速度由5.5％减为3.7％；财政收入由原来的1 154.5亿元减为1 056.6亿元，比上年减少0.6％；财政支出由原来的1 204.6亿元减为1 056.6亿元，收支平衡；基建投资由原来的550亿元减为300亿元，比上年预计减少40％；国防战备费由原来的193亿元减为170亿元，减少12％；行政管理费由62亿元减为57亿元，减少8％；文教科学卫生体育等事业费略有增加；社会商品零售额由原来的2 200亿元增为2 220亿元；进出口贸易总额由373亿美元减为356亿美元。

由于中央态度坚决，部署明确，也由于认识趋于统一，1981年的调整工作十分得力。年初，国务院采取措施压缩计划外投资，随后抓紧农业、轻工业的增产和机械工业的转轨，到年底比例失调关系有所改善。基建投资比上年减少126亿元，积累率回落到28.3％，农业生产在克服重大灾害后获得丰收，增长6.4％，轻工业生产增长14.3％，财政赤字减少到25亿元。市场供应紧张状况缓和，物价趋于稳定。

第三件大事：进一步对外开放，创办经济特区

（1）邓小平倡导对外开放

粉碎"四人帮"后，邓小平对引进外资、利用外资、学习外国先进技术和管理经验等问题,作过多次论述。

1978 年 3 月,邓小平在全国科学大会上讲话就着重强调:

> 独立自主不是闭关自守,自力更生不是盲目排外。任何一个民族、一个国家都需要学习别的民族、别的国家的长处,学习人家的先进科学技术,我们不仅因为今天的科学技术落后,需要努力向外国学习,即使我们的科学技术赶上了世界先进水平,也还要学习人家的长处。

1978 年 9 月 16 日,邓小平在听取中共吉林省委常委汇报时,特别谈到:

> 我们现在要实现四个现代化,有好多条件,毛泽东同志在世的时候没有,现在有了。……比如毛泽东同志在世的时候,我们也想扩大中外经济技术交流,包括同一些资本主义国家发展经济贸易关系,甚至引进外资、合资经营等等。但是那时候没有条件,人家封锁我们。……毛泽东同志关于三个世界划分的战略思想,给我们开辟了道路。我们坚持反对帝国主义、霸权主义、殖民主义和种族主义,维护世界和平,在和平共处五项原则的基础上,积极发展同世界各国的关系和经济文化往来。经过几年的努力,有了今天这样的、比过去好得多的国际条件,使我们能够吸收国际先进技术和经营管理经验,吸收他们的资金。……世界天天发生变化,新的事物不断出现,新的问题不断出现,我们关起门来不行,不动脑筋永远陷于落后不行。

1978 年 10 月 22 日至 29 日,邓小平访问日本。11 月 5 日至 14 日,又到泰国、马来西亚、新加坡访问。世界现代科技的发达和各国利用外资带来的经济迅速发展的状况,给他留下了深刻的印象。

10 月 26 日下午,邓小平乘新干线"光—81 号"超特快列车离开东京前往京都访问。列车以每小时 210 公里的速度运行。一批日本记者要他谈对新干线的观感。邓小平说:"就像推着我们跑一样,我们现在很需要跑。"

从新马泰访问回来后,邓小平对新加坡利用外资带动经济迅速发展印象很深。后来他在一次讲话中说:

> 我到新加坡去,了解他们利用外资的一些情况。外国人在新加坡设厂,新加坡得到几个好处:一个是外资企业利润的百分之二十五要用来交税,这一部分国家得了;一个是劳务收入,工人得了;还有一个是带动了它的服务行业,这都是收入。我们要下这么个决心,权衡利弊、算清账,略微吃点亏也干,总归是

在中国形成了生产能力，还会带动我们一些企业。我认为，现在研究财经问题，有一个立足点要放在充分利用、善于利用外资上，不利用太可惜了。

1979年1月，在一份反映香港厂商要求在广州开设工厂的材料上，邓小平批示：这种事，我看广东可以放手干。

1月17日，邓小平在同胡厥文、胡子昂、荣毅仁等工商界领导人谈话时，明确提出：现在搞建设，门路要多一点，可以利用外国的资金和技术，华侨、华裔也可以回来办工厂。吸收外资可以采取补偿贸易的方法，也可以搞合营，先选择资金周转快的行业做起。

11月20日，邓小平在会见联邦德国研究和技术部部长福尔克尔·豪夫时说：我们要采取正确的政策，其中最重要的一条是搞国际合作。要充分利用国际上先进的技术，包括要吸收发达国家的资金，学习国际上先进的管理经验。

11月26日，邓小平在会见美国不列颠百科全书出版公司编委会副总裁吉布尼和加拿大麦吉尔大学东亚研究所主任林达光等时，第一次将中国对外经济合作的方针、政策用"开放"的概念进行概括和表述。邓小平说：

> 实现四个现代化必须有一个正确的开放的对外政策。我们实现四个现代化主要依靠自己的努力，自己的资源，自己的基础，但是，离开了国际的合作是不可能的。应该充分利用世界的先进的成果，包括利用世界上可能提供的资金，来加速四个现代化的建设。这个条件过去没有，后来有了，但一段时期没有利用，现在应该利用起来。

> 社会主义为什么不可以搞市场经济，这个不能说是资本主义。市场经济不能说只是资本主义的。市场经济，在封建社会时期就有了萌芽。社会主义也可以搞市场经济。同样地，学习资本主义国家的某些好东西，包括经营管理方法，也不等于实行资本主义。这是社会主义利用这种方法来发展社会生产力。

邓小平这些关于对外开放的论述，奠定了中国对外开放政策的理论基础。在明确指导思想以后，如何加快对外开放的步伐，采取什么样的具体政策有效地吸引外国的先进技术、设备、经验和资金，就成为一个必须用新思路才能解决的问题。正是在这样的背景下，邓小平提出了建立经济特区的思想，为中国的对外开放揭开了新篇章。

（2）试办"出口特区"

中国"经济特区"的创建，经历了一个从浅层次到深层次逐步探索的过程。"出口特区"就是这个探索过程的起点。

1979年1月6日，广东省和交通部联合向国务院报送了《关于我驻香港招商局在广东宝安建立工业区的报告》。《报告》表示，根据中央对交通部《关于充分利用香港招商局问题的请示》的批示即"立足港澳，依靠国内，面向海外，多种经营，工商结合、买卖结合"的精神，同意交通部驻香港招商局在广东省宝安县临近香港的地方建立一批与交通航运有关的工业企业的请求，在广东省宝安县境内临近香港的地方建立工业区。《报告》说："这样既能利用国内较廉价的土地和劳动力，又便于利用国外的资金、先进技术和原材料，把两者现有的有利条件充分利用并结合起来，对实现我国交通航运现代化和促进宝安边防城市工业建设，以及广东省的建设都将起到积极作用。"

这份报告当即引起中共中央的高度重视。李先念立即与谷牧副总理商量，决定将交通部长和香港招商局董事长找来，当面研究。1月31日，李先念、谷牧等听取了香港招商局董事长的工作汇报。2月2日，在谷牧主持下，召开了一个国家计委、国家建委、财政部、外贸部、人民银行和交通部负责同志的会议，商讨在蛇口地区开设工厂的问题。会上，香港招商局董事长作了详细汇报，大家各抒己见，对在国内划出一块土地，让驻港企业来开发、经营、建设，这样一个中华人民共和国历史上没有过的事情进行讨论。谷牧在会上传达邓小平的意见：广东、福建可以更放开一些。经讨论，与会者同意交通部驻香港招商局在蛇口办工业区。

就在这时，中共广东省委也在作积极扩大对外开放，发展广东经济的探索。1979年1月，中共广东省委在传达贯彻中共十一届三中全会精神时，不少同志提出了利用临近港、澳地区的地理优势，加强经济交流，加快经济发展的设想。一位地委书记向省委提出了一条建议：广东应当拿出一个地方对外开放。最好从汕头开始，可以在汕头建一个像台湾搞的那样的出口加工区。那里有海港，历史上也是开放的，而且地理位置偏在一边，即使出一点毛病影响也不大。广东省委进行了讨论，省委第一书记习仲勋认为，要搞全省搞，除了重要的侨乡汕头外，毗邻香港、澳门的深圳和珠海也可以同时搞。会议决定将这个意见上报中央。

4月5日至28日，中共中央召开专门讨论经济建设问题的工作会议。会议期间,习仲勋等向中央汇报了广东的设想,希望中央下放若干权力,让广东在对外经济活动中有一定的自主权,允许在毗邻港、澳的深圳市、珠海市和重要的侨乡汕头市搞出口加工区。这一建议在会上引起了争议。有人当场大泼冷水,说广东如果这样搞,那得在边界上拉起7000公里铁丝网,把广东与毗邻几省隔离开来。

当天,邓小平听取了广东省领导同志的汇报,对他们采取完全支持的态度。邓小平说,就划出一块地方,叫做特区。还是叫特区好,陕甘宁开始就叫特区嘛!中央没有钱,可以给些政策,你们自己去搞,杀出一条血路来。邓小平亲自向中央提议批准广东的这一要求。

会议期间,在讨论如何扩大对外贸易的过程中,与会的不少负责人也认为,在广东省的深圳、珠海、汕头和福建的厦门试办出口特区,发展出口商品生产,是一项可行的措施。这些意见写进了会议文件。会后,中共中央、国务院责成广东、福建两省,就试办深圳、珠海、汕头和厦门四个“出口特区”问题进一步组织论证,提出具体的实施方案报中央审定。

5月11日至6月5日,受中共中央委托,谷牧带领国务院进出口领导小组办公室、国家计委、外贸部、财政部、国家建委、物资部等部门的同志,组成工作组到广东、福建,与当地同志一道,分别就两省经济发展的条件和规划设想进行调查和讨论。经过反复研究,理出了一个思路:粤、闽两省要把潜在的经济优势发挥出来,必须对经济体制进行改革,改变过分集中的计划经济体制,调动地方的积极性。谷牧等按这个思路拟定了几项重要措施,并帮助两省的同志起草了向中央请示的报告。

6月6日,中共广东省委向中央提交了《关于发挥广东优越条件,扩大对外贸易,加快经济发展的报告》。6月9日,中共福建省委、省革委会向中央提交了《关于利用侨资、外资,发展对外贸易,加速福建社会主义建设的请示报告》。两省提出的设想主要是:设立特区,“特区内允许华侨、港澳商人直接投资办厂,也允许某些外国厂商投资设厂,或同他们兴办合营企业和旅游等业。”特区的管理原则是:“既要维护我国的主权,执行中国的法律、法令,遵守我国的外汇管理和海关制度;又要在经济上实行开放政策。”

7月15日,党中央、国务院批转了广东省委、福建省委关于对外经济活动实行特殊政策和灵活措施的两个报告,肯定广东、福建两省提出的在深圳、珠海、汕头和厦门辟出部分地区试办出口特区的初步规划设想是可行的。广东规划到1990年外汇收入达到100亿美元,赶上和超过香港目前的出口水平。福建规划到1990年外汇收入达到35亿美元,比现在增长10倍以上。这是一个有雄心壮志的规划,也是应当做到和能够做到的规划。中央和国务院同意两省报告中所提出的经济管理体制,即在中央统一领导下实行大包干。并指出出口特区可先在深圳、珠海两市试办,待取得经验后,再考虑在汕头、厦门设置。

（3）"经济特区"正式启动

1980年3月24日至30日,谷牧等代表中共中央、国务院在广州主持召开了广东、福建两省会议,进一步研究特区的建设问题。会议肯定两省省委和国务院有关部门在贯彻对外开放方针、试办"出口特区"等工作中取得的初步成果。指出这一改革,受到了两省广大人民群众的欢迎;在国内外,特别是港澳地区,反映强烈。会议形成的《纪要》明确提出:特区的管理在坚持四项基本原则和保障国家主权的条件下,采取与内地不同的体制和政策;主要是吸收侨资、外资进行建设;要先搞好水、电、道路、通讯等基础设施,为外商投资创造条件;应先上一些投资少、周转快、收效大的项目。根据半年多特区筹办工作的实践,考虑到特区在其发展中不但要办出口加工,也要办商业、旅游等行业,不但要拓展出口贸易,还将在全国经济生活中发挥多方面的作用,会议采纳了广东省提出的建议:将"出口特区"改为内涵更加丰富的"经济特区"。

5月16日,中共中央、国务院发出《关于〈广东、福建两省会议纪要〉的批示》。批示指出:一年来的实践证明,中央决定广东、福建两省在对外经济活动中,实行特殊政策和灵活措施是正确的。两省工作进展很大,成绩显著。根据广东、福建两省的有利条件,中共中央决定,在广东省的深圳市、珠海市、汕头市和福建省的厦门市,各划出一定范围的区域,试办经济特区。在特区内,在维护中国主权、执行中国法律、法令等原则下,实行经济开放政策,吸引侨商、外商投资办厂,或同他们合办企业,引进先进技术,发展对外贸易。

为了给"经济特区"的创办提供法律依据,为"经济特区"经济运营提供法律保障,国务院很早就开始组织人员,着手起草有关"经济特区"的法规性文件。1980年8月26日,五届全国人大常委会第15次会议,听取了国家进出口管理委员会副主任江泽民所作的关于在广东、福建两省设置经济特区和《广东省经济特区条例》的说明,经审议予以批准。从此,中国的"经济特区"以国家立法的形式正式诞生。

　　不久，国务院批准了上述两省四个经济特区的具体位置和区域范围。①四个经济特区最初划定的面积共 338.21 平方公里。以后随着特区发展的需要，国务院又先后批准对珠海、汕头、厦门三个特区的区域范围作了扩大性的调整。

　　为了加强领导，广东省成立了以中共广东省委书记吴南生为主任的"广东省经济特区管理委员会"；福建省成立了以中共福建省委书记郭超为主任的"福建省厦门经济特区管理委员会"，开始制订建设规划、建立工作机构、宣传招商等方面的工作。至此，深圳、珠海、汕头和厦门四个经济特区的建设，进入了有序运作的轨道。

　　1980 年 8、9 月间，为借鉴国外举办经济特区的经验和教训，在全国人民代表大会常务委员会立法机构工作人员的参与下，江泽民带领国务院有关部门和广东、福建及深圳、厦门两个特区领导干部组成的九人小组，先后对斯里兰卡、马来西亚、新加坡、菲律宾、墨西哥、爱尔兰等六个国家的九个自由贸易区、出口加工区等各种类型的经济特区进行考察。其间，他们还利用路过日内瓦的机会，邀请联合国组织的十多位专家举行了两天的讨论和研究。考察组根据所见所闻及掌握的大量第一手资料，对国外建立经济特区的基本经验作了归纳。主要有五条：立法比较健全，可操作性比较强；有开发的总体规划，从小到大逐步建设；管理体制灵活，地方和企业有很大的自主权；注重人才培训；有优惠政策。回国以后，他们向中央上报了考察报告。

　　1980 年 12 月中央工作会议上，邓小平谈到特区建设时，明确表示："在广东、福建两省设置几个特区的决定，要继续实行下去。"邓小平的讲话，为广东、福建两省的经济体制改革和对外开放工作，提供了强有力的政策保证。

　　1981 年 5、6 月间，谷牧代表中共中央、国务院在北京主持召开广东、福建两省和经济特区工作会议。会议总结了初步开展的经济特区的建设工作，参考和结合国外经济特区的成功经验，从中国的实际出发，对创办特区的指导思想、基本方针和重要的政策、措施，进行了深入的讨论，提出了比较系统的意见和建议。会议纪

---

　　①　深圳经济特区，位于广东省深圳市境内，南沿深圳河与香港新界为邻，北以梧桐山脉走向为界，东和西均迄于海，总面积 327.5 平方公里。此外，早在 1979 年 1 月，经国务院批准，交通部香港招商局投资举办的蛇口工业区，也划为深圳经济特区的一部分。珠海经济特区，位于广东省珠海市境内珠江入海口的西面，面积 6.81 平方公里。汕头经济特区，位于汕头市东郊龙湖村一带，面积 1.6 平方公里。厦门经济特区，位于厦门本岛西北部湖里村一带，面积 2.3 平方公里。

要上报中共中央、国务院审查,7 月 19 日得到批准,以 27 号文件《中共中央、国务院批准〈广东、福建两省和经济特区工作会议纪要〉》下发。

经济特区启动建设的初期,它的作用就显现了出来。1979 年,广东省外贸出口创汇创历史最高水平,比 1978 年增长 32%;福建省外贸出口,1979 年也比 1978 年增长 30%。贸易和非贸易外汇收入,广东完成 20.5 万美元,比 1978 年增长 32%;福建完成了 3.5 万美元,比 1978 年增长 21.5%。

经济特区的创建,为在全国范围内进一步扩大改革开放,奠定了坚实的基础。

怎样评价国庆三十周年讲话和《关于建国以来党的若干历史问题的决议》在探索中国特色社会主义历程中的历史地位？

众所周知，1978 年的中共十一届三中全会实现了伟大的历史转折，开启了改革开放的历史新时期；1982 年 9 月 1 日，邓小平在中共十二大开幕词中首次提出"建设有中国特色的社会主义"。在十二大之前，在邓小平十一届三中全会"主题报告"的指导下，全党对建国以来三十年正反两方面经验，特别是"文化大革命"的失败教训和拨乱反正的成功经验，已经进行过多次科学的总结。经过 1979 年国庆三十周年讲话到 1981 年作出《关于建国以来党的若干历史问题的决议》，实际上开始了对中国特色社会主义理论的科学概括。

1979 年邓小平主持起草、中共十一届四中全会通过、由叶剑英发表的国庆三十周年讲话，对开创中国特色社会主义具有重要意义。讲话对现代化作出新的解释，指出："我们所说的现代化，是实现现代化的四个主要方面，并不是说现代化事业只以这四个方面为限。我们要在改革和完善社会主义经济制度的同时，改革和完善社会主义政治制度，发展高度的社会主义民主和完备的社会主义法制。"在提出民主与法制的要求后，又进而第一次提出精神文明建设的任务，指出："我们要在建设高度物质文明的同时，提高全民族的教育科学文化水平和健康水平，树立崇高的革命理想和革命道德风尚，发展高尚的丰富多彩的文化生活，建设高度的社会主义精神文明。"从而相当完整地确定了富有中国特色的社会主义现代化的目标和纲领。国庆三十周年讲话虽然还没有"中国特色社会主义"的命题，但已经明确提出了要走出适合中国的道路的问题："我们要从中国的实际出发，认真研究经济规律和自然规律,努力走出一条适合我国情况和特点的实现现代化的道路。"①

邓小平主持起草、1981 年 6 月经中共十一届六中全会通过的《关于建国以来党的若干历史问题的决议》,第一次指明我国正处在社会主义"初级的阶段"②,并对"一条适合中国情况的社会主义现代化建设的正确道路"是什么样的道路,从主要矛盾、工作重点、经济建设、政治建设、文化建设、国防建设、民族政策、外交政策和执政党党风建设等方面,第一次作了阐述。《历史决议》共讲了十个要点:(1)在社会主义改造基本完成以后,我国所要解决的主要矛盾是人民日益增长的物质文化需要同落后的社会生产之间的矛盾。党和国家工作的重点必须转移到以经济建设为中心的社会主义现代化建设上来,大大发展社会生产力,并在这个基础上逐步改善人民的物质文化生活;(2)社会主义经济建设必须从实际出发,按照客观经济规律和自然规律办事,努力做到各经济部门按比例地协调发展,有步骤分阶段地实现现代化的目标;(3)社会主义生产关系的变革和完善必须适应生产力的状况,有利于生产的发展;(4)在剥削阶级作为阶级消灭以后,阶级斗争已经不是主要矛盾。既要反对阶级斗争扩大化的观点,又要反对认为阶级斗争已经熄灭的观点。一定要巩固和扩大爱国统一战线;(5)建设高度民主的社会主义政治制度,完善国家的宪法和法律,巩固人民民主专政;(6)努力提高教育科学文化在现代化建设中的地位和作用;(7)改善和发展社会主义的民族关系,加强民族团结,坚持民族区域自治,切实帮助少数民族地区发展经济文化,继续贯彻执行宗教信仰自由的政策;(8)加强现代化的国防建设,把人民解放军逐步建设成为一支强大的现代化的革命军队;(9)继续坚持反对帝国主义、霸权主义、殖民主义和种族主义,维护世界和平,在和平共处五项原则的基础上,积极发展同世界各国的关系和经济文化往来;(10)加强执政党的党风建设,把中国共产党建设成为具有健全的民主集中制的党。

正是在上述国庆三十周年讲话到《历史决议》总结历史经验教训和现实成功经验的基础上,邓小平在 1982 年中共十二大开幕词中创造性地提出了一个全新的科学命题:"把马克思主义普遍真理同我国的具体实际结合起来,走自己的道路,建设有中国特色的社会主义,这就是我们总结长期历史经验得出的基本结论。"这段名言,成为开创中国特色社会主义的标志。

---

① 《三中全会以来——重要文献选编》(上),人民出版社 1982 年版,第 233—234 页。
② 《三中全会以来——重要文献选编》(下),人民出版社 1982 年版,第 838 页。

邓小平怎样提出中国特色社会主义？

1982 年 9 月 18 日，中共十二大刚刚闭幕，邓小平在陪同金日成前往四川访问途中，不无喜悦地告诉金日成："从十一届三中全会到十二大，我们打开了一条一心一意搞建设的新路。"①这条新路，就是邓小平在十二大开幕词中提出的建设中国特色社会主义的道路。本文拟对从中共十一届三中全会到中共十二大这四年间，邓小平从理论上不断总结，作出概括，逐步提出这个科学命题，指明这条新路的经过，作一扼要的评述。

1. 1978 年 12 月 13 日：邓小平在十一届三中全会的"主题报告"中提出了探索中国特色社会主义道路的新任务和新思路，明确了探索这条新道路的指导思想

邓小平在十一届三中全会前召开的中央工作会议闭幕会上讲话，提出并充分论述了探索中国特色社会主义道路的指导思想："解放思想，开动脑筋，实事求是，团结一致向前看"。②并提出在这个指导思想下需要实现的新任务和新思路："正确地以马列主义、毛泽东思想为指导，解决过去遗留的问题，解决新出现的一系列问题，正确地改革同生产力迅速发展不相适应的生产关系和上层建筑，根据我国的实际情况，确定实现四个现代化的具体道路、方针、方法和措施。"③

两年以后，在 1980 年十二月中央工作会议上，邓小平进行了一个初步的总结，指出："党的三中全会要求全党解放思想，开动脑筋，实事求是，团结一致向前看，研究新情况，解决新问题。两年来，我们按照这个指导思想，确定了一系列的政策，进

---

① 《邓小平文选》第 3 卷，人民出版社 1993 年版，第 11 页。

②③ 《邓小平文选》第 2 卷，人民出版社 1994 年版，第 141 页。

行了一系列的改革,取得了显著的成绩。"①并提出当前和今后进一步贯彻十一届三中全会以来一贯方针的总的任务:"经济上实行进一步的调整,政治上实现进一步的安定。"②

2. 1979 年 3 月 30 日:邓小平在《坚持四项基本原则》的讲话中提出"走出一条中国式的现代化道路"的目标和任务

在论述"实现四个现代化必须坚持四项基本原则"时,邓小平明确提出了"走出一条中国式的现代化道路"的目标和任务。他说:"过去搞民主革命,要适合中国情况,走毛泽东同志开辟的农村包围城市的道路。现在搞建设,也要适合中国情况,走出一条中国式的现代化道路。"③

邓小平在提出目标、任务的时候指出:"过去搞民主革命,要适合中国情况,走毛泽东同志开辟的农村包围城市的道路。"这句话,简要地说明了社会主义建设时期走出一条中国式现代化道路的历史渊源,这就是中国革命成功经验的示范和启示。毛泽东领导中国共产党和中国人民将马克思主义与中国革命实际结合,开辟了一条富有中国特色的通向胜利的农村包围城市的道路。它昭告从事社会主义建设事业的中国共产党人,必须沿着这条成功之路继续前进。而正是由于实行马克思主义中国化而领导中国民主革命取得胜利的毛泽东,在新中国成立后不久,明确提出了探索马克思列宁主义同中国社会主义革命和建设的第二次结合的任务。他在苏共二十大以后提出"以苏为鉴",指出现在中国处在社会主义革命和建设时期,要求"进行第二次结合","努力找出在中国这块大地上建设社会主义的具体道路"。④邓小平参与了五六十年代毛泽东领导的艰苦探索,取得了正反两方面的宝贵经验。而"中国式现代化道路"的提出,正是他继承毛泽东的遗愿,在历史转折时期继续探索的一个最新成果。

邓小平在提出目标、任务的时候,特别强调要"适合中国情况"。他指出:"要使中国实现四个现代化,至少有两个重要特点是必须看到的","一个是底子薄","第

---

① 《邓小平文选》第 2 卷,人民出版社 1994 年版,第 357 页。
② 《邓小平文选》第 2 卷,人民出版社 1994 年版,第 374 页。
③ 《邓小平文选》第 2 卷,人民出版社 1994 年版,第 163 页。
④ 吴冷西:《十年论战》,中央文献出版社 1999 年版,第 23—24 页。

二条是人口多,耕地少"。对这两个重要特点,邓小平作了历史的、具体的分析,指出"这就成为中国现代化必须考虑的特点"。①这是贯彻实事求是思想路线的生动体现。

邓小平在提出目标、任务的同时,还就怎样走出中国式现代化道路的问题,指明方向,并举例加以说明。邓小平说:"中国式的现代化,必须从中国的特点出发。比方说,现代化的生产只需要较少的人就够了,而我们人口这样多,怎样两方面兼顾?不统筹兼顾,我们就会长期面对着一个就业不充分的社会问题。"②这一段话,言简意赅,富有远见。邓小平强调了"从中国特点出发"这个方向;从分析现代化与人口多这一对矛盾出发,强调了"统筹兼顾"的方针。抓住了主要矛盾,为怎样从中国特点出发走出新道路作了很好的示范。邓小平还进一步提出探索新路的具体任务:"这里问题很多,需要全党做实际工作和理论工作的同志共同研究,我们也一定能找出适当的办法来妥善解决。"③

3. 1979 年 9 月 30 日:叶剑英国庆三十周年讲话对社会主义现代化目标和道路的新概括

1979 年 9 月 30 日,叶剑英委员长代表中共中央、全国人大常委会、国务院发表了《庆祝中华人民共和国成立三十周年的讲话》。对建国三十年的历史作出了初步的、基本的总结。邓小平后来评价说:"叶剑英同志代表党中央发表的国庆讲话,不单是带有总结文化大革命的意义,实际上总结了、或者说基本上总结了建国以来三十年的经验教训。"④这篇讲话,是在邓小平主持下起草、经中共十一届四中全会通过的。邓小平一开始就要求这个讲话要有一些新的内容,要能讲出新的水平。⑤起草过程中,邓小平审阅了每一次修改稿,并提出原则的和具体的修改意见。讲话是集体智慧的结晶,同时也反映了邓小平在探索社会主义现代化建设目标和道路方面的新进展。

---

① 《邓小平文选》第 2 卷,人民出版社 1994 年版,第 163—164 页。
②③ 《邓小平文选》第 2 卷,人民出版社 1994 年版,第 164 页。
④ 《目前形势和任务》(1980 年 1 月 16 日),《邓小平文选》第 2 卷,人民出版社 1994 年版,第 164 页。
⑤ 转引自胡乔木《关于叶剑英国庆三十周年讲话稿起草情况的说明》,《胡乔木文集》第 2 卷,人民出版社 1993 年版,第 117 页。

"国庆三十周年讲话"在探索中国社会主义现代化建设目标和道路方面的重要贡献有二：

其一，第一次提出社会主义精神文明建设的任务，从而相当完整地确定了中国社会主义现代化的目标和纲领。在这之前，关于社会主义现代化的目标一直是提"四个现代化"，即工业、农业、国防、科技现代化。在讨论这篇讲话稿的过程中，有人提出，四个现代化都是讲的物质文明，社会主义现代化还应该包含社会主义的精神文明；不仅要建设四个现代化，还要建设社会主义精神文明。大家认为这个意见很好，应该采纳。这样，国庆讲话对四个现代化作出了新的解释，不仅提出改革和完善经济制度和政治制度的任务，而且还第一次提出建设社会主义精神文明的任务，从而相当完整地确定了中国社会主义现代化的目标和纲领。讲话说："我们所说的四个现代化，是实现现代化的四个重要方面，并不是说现代化事业只以这四个方面为限。我们要在改革和完善社会主义经济制度的同时，改革和完善社会主义政治制度，发展高度的社会主义民主和完备的社会主义法制。我们要在建设高度的物质文明的同时，提高全民族的教育科学文化水平和健康水平，树立崇高的革命理想和革命道德风尚，发展高尚的丰富多彩的文化生活，建设高度的社会主义精神文明。这些都是我们社会主义现代化的重要目标，也是实现四个现代化的必要条件。"[①]

其二，对我国实现社会主义现代化的道路作出了新概括。"国庆三十周年讲话"虽然还没有"中国特色社会主义"的命题，但已经明确提出了要走出适合中国的道路的问题，对我国实现社会主义现代化的道路作出了新概括。"国庆讲话"指出："我们要从中国的实际出发，认真研究经济规律和自然规律，努力走出一条适合我国情况和特点的实现现代化的道路。"[②]

同邓小平在《坚持四项基本原则》讲话中提出的"中国式现代化道路"比较，除了在指导思想上继续强调"从中国实际出发"、将"中国式"具体化为"适合我国情况和特点"之外，还提出了认真研究两个规律（经济规律和自然规律）的问题。对于《坚持四项基本原则》讲话中作为举例分析的矛盾（现代化和人口多）、提出的"统筹兼顾"方针，有所发展，显得更加全面，也更加理论化。这是进一步总结建国三十年

①② 《三中全会以来——重要文献选编》（上），人民出版社 1982 年版，第 233—234 页。

社会主义建设中违背经济规律和自然规律的惨痛教训得到的认识。不言而喻，认真研究的目的，就是要认识经济规律和自然规律，掌握经济规律和自然规律，遵循经济规律和自然规律。这在认识上是一个巨大的飞跃。

4. 国庆三十周年讲话以后，邓小平在七十年代末、八十年代初，进一步探索"中国式现代化道路"，总结、概括新经验、新认识

在"国庆三十周年讲话"以后，邓小平对"努力走出一条适合我国情况和特点的实现现代化的道路"的探索随着实践的发展，一直没有停顿，在目标、途径以及方针、政策等方面，不断充实、发展，逐步趋于完善。

1979 年 10 月 4 日，邓小平在中共省、市、自治区委员会第一书记关于经济工作的座谈会上讲话，对中国式的现代化又一次作出具体解释。他说："所谓政治，就是四个现代化。我们开了大口，本世纪末实现四个现代化。后来改了个口，叫中国式的现代化，就是把标准放低一点。特别是国民生产总值，按人口平均来说不会很高。"他依据一个统计材料，列举了占世界前五位的科威特、瑞士、瑞典、挪威、美国的人均国民生产总值的数字，第一次提出在我们现有人均不到三百美元的基础上，提高两三倍，"到本世纪末国民生产总值能不能达到人均上千美元"的目标。①邓小平还提出："要用经济办法解决政治问题、社会问题"；"经济工作要按经济规律办事，不能弄虚作假，不能空喊口号，要有一套科学的办法"；"真正鼓干劲，就是要解放思想，实事求是地解决问题"；贯彻以调整为核心的新"八字方针"是为了"能够有一个比较好的又比较快的发展速度"；"现在研究财经问题，有一个立足点要放在充分利用、善于利用外资上"；"扩大企业自主权，这一条无论如何要坚持"；等等。②

1979 年 10 月 30 日，《在中国文学艺术工作者第四次代表大会的祝词》中，邓小平再一次对中国社会主义现代化建设的内涵进行完整的阐述。邓小平说："我们的国家已经进入社会主义现代化建设的新时期。我们要在大幅度提高社会生产力的同时，改革和完善社会主义经济制度和政治制度，发展高度的社会主义民主和完备的社会主义法制。我们要在建设高度物质文明的同时，提高全民族的科学文化水

---

① 《邓小平文选》第 2 卷，第 194—195 页。
② 《邓小平文选》第 2 卷，第 196、197、199、200 页。

平,发展高尚的丰富多彩的文化生活,建设高度的社会主义精神文明。"①

　　1979 年 11 月 26 日,邓小平会见美国不列颠百科全书出版公司编委会副主席吉布尼和加拿大麦吉尔大学东亚研究所主任林达光等谈话,对什么是社会主义、我们要什么样的社会主义,做出了鲜明的回答。邓小平指出:中国实现现代化"确实是一场新的革命。我们革命的目的就是解放生产力,发展生产力。离开了生产力的发展、国家的富强、人民生活的改善,革命就是空的"。他具体指出:"当然我们不要资本主义,但是我们也不要贫穷的社会主义,我们要发达的、生产力发展的、使国家富强的社会主义。"他还指出:"我们相信社会主义比资本主义的制度优越。它的优越性应该表现在比资本主义有更好的条件发展社会生产力。"②邓小平强调:"实现四个现代化必须有一个正确的开放的对外政策。""我们实现四个现代化主要依靠自己的努力,自己的资源,自己的基础,但是,离开了国际合作是不可能的。应该充分利用世界的先进的成果,包括利用世界上可能提供的资金,来加速四个现代化的建设。"③邓小平还特别明确地提出一个重要观点:"社会主义也可以搞市场经济。"他指出:"说市场经济只存在于资本主义社会,只有资本主义的市场经济,这肯定是不正确的。社会主义为什么不可以搞市场经济,这个不能说是资本主义。""市场经济不能说只是资本主义的。市场经济,在封建社会时期就有了萌芽。社会主义也可以搞市场经济。同样地,学习资本主义国家的某些好东西,包括经营管理方法,也不等于实行资本主义。这是社会主义利用这种方法来发展社会生产力。"④

　　1979 年 12 月 6 日,邓小平在会见日本首相大平正芳时,回答"你们那个四个现代化究竟意味着什么"的提问,明确提出中国式四个现代化的"小康"目标。他说:"我们要实现的四个现代化,是中国式的四个现代化。我们的四个现代化的概念,不是像你们那样的现代化的概念,而是'小康之家'。到本世纪末,中国的四个现代化即使达到了某种目标,我们的国民生产总值人均水平也还是很低的。要达到第三世界中比较富裕一点的国家的水平,比如国民生产总值人均一千美元,也还得付出很大的努力。就算达到那样的水平,同西方来比,也还是落后的。所以,我只能

---

①　《邓小平文选》第 2 卷,第 208 页。
②　《邓小平文选》第 2 卷,第 231 页。
③　《邓小平文选》第 2 卷,第 233—234 页。
④　《邓小平文选》第 2 卷,第 236 页。

说，中国到那时也还是一个小康的状态。"①

1980 年 1 月 16 日，邓小平在中共中央召集的干部会议上讲《目前的形势和任务》，着重讲了"八十年代我们要做的三件大事"和"实现四个现代化必须解决的四个问题，或者说必须具备的四个前提"。②邓小平指出："三件事的核心是现代化建设。这是解决国际问题、国内问题的最主要的条件。""在国际事务中反对霸权主义，台湾回归祖国、实现祖国统一，归根到底，都要求我们的经济建设搞好。一切决定于我们自己的事情干得好不好。"③他强调："搞四个现代化建设这个总任务，我们是定下来了，决不允许再分散精力。"④邓小平总结三中全会以后三年来的经济建设，指出："我们在发展经济方面，正在寻求一条合乎中国实际的，能够快一点、省一点的道路"。并概括在这条道路的探索上当时已经取得的经验的要点："其中包括扩大自主权和民主管理，发展专业化和协作，计划调节和市场调节相结合，先进技术和中等技术相结合，合理地利用外国资金、外国技术等等。"⑤邓小平讲述了同外宾会谈时关于"小康水平"目标的具体内涵，他说："前不久一位外宾同我会谈，他问，你们那个现代化到底意味着什么？我跟他讲，到本世纪末，争取国民生产总值每人平均达到一千美元，算个小康水平。这个回答当然不准确，但也不是随意说的。现在我们只有二百几十美元，如果达到一千美元，就要增加三倍。"⑥

1980 年 2 月 29 日，邓小平在中共十一届五中全会第三次会议上讲话。重申："我们党在现阶段的政治路线，概括地说，就是一心一意地搞四个现代化。"强调党章中关于党的政治路线"不管怎样表述，实质是搞四个现代化，最主要的是搞经济建设，发展国民经济，发展社会生产力。这件事情一定要死扭住不放，一天也不能耽误。"并指出："一心一意搞四个现代化建设，必须一心一意地维护和发展安定团结生动活泼的政治局面。"⑦在这篇讲话中，邓小平谈解放思想，一方面指明解放思想的必要性，另一方面指明解放思想的科学含义。他说："我们搞四个现代化，不开

① 《邓小平文选》第 2 卷，第 237 页。
② 《邓小平文选》第 2 卷，第 239 页。
③ 《邓小平文选》第 2 卷，第 240 页。
④ 《邓小平文选》第 2 卷，第 241 页。
⑤ 《邓小平文选》第 2 卷，第 246—247 页。
⑥ 《邓小平文选》第 2 卷，第 259 页。
⑦ 《邓小平文选》第 2 卷，第 276 页。

动脑筋,不解放思想不行。什么叫解放思想? 我们讲解放思想,是指在马克思主义指导下打破习惯势力和主观偏见的束缚,研究新情况,解决新问题。解放思想决不能够偏离四项基本原则的轨道,不能损害安定团结、生动活泼的政治局面。"①

1980 年 4 月 1 日,邓小平同中央负责同志谈话,从革命的高度强调发展生产力的重要。他说:"革命是要搞阶级斗争,但革命不只是搞阶级斗争。生产力方面的革命也是革命,而且是很重要的革命,从历史的发展来看是最根本的革命。"②

1980 年 4 月 12 日,邓小平会见赞比亚总统卡翁达时谈发展速度问题,指出:"任何革命都是扫除生产力发展的障碍。社会主义总要比资本主义优越。社会主义国家应该使经济发展得比较快,人民生活逐渐好起来,国家也就相应地比较强盛一些。""现在我们正在摸索比较快的发展道路,我们相信这方面是有希望的。""经济长期处于停滞状态总不能叫社会主义。人民生活长期停止在很低的水平总不能叫社会主义。"③

1980 年 4 月 21 日,邓小平会见阿尔及利亚民族解放代表团时向客人介绍建国三十年来搞社会主义建设的经验。他说:"总起来说,第一,不要离开现实和超越阶段采取一些'左'的办法,这样搞不成社会主义。我们过去就是吃'左'的亏。第二,不管你搞什么,一定要有利于发展生产力。发展生产力要讲究经济效果。"④

1980 年 5 月 5 日,邓小平在会见几内亚总统杜尔时,强调从各自特点出发和按经济规律办事。他指出:"各个国家应该根据自己的特点来实行社会主义政策。像中国这样的大国,也要考虑到国内各个不同地区的特点才行。"他从分析造成有些地区粮食不能自给的原因为例,指出其原因"主要是脱离了当地的客观经济现实,超越了经济发展水平,没有按经济规律办事。这样制订出来的政策就不能调动积极性。……总之,我们现在强调要按照经济规律办事"。⑤他再一次强调发展生产力的重要。他说:"根据我们自己的经验,讲社会主义,首先就要使生产力发展,这是主要的。只有这样,才能表明社会主义的优越性。社会主义经济政策对不对头,

① 《邓小平文选》第 2 卷,第 276 页。
② 《邓小平文选》第 2 卷,第 311 页。
③ 《邓小平文选》第 2 卷,第 311—312 页。
④ 《邓小平文选》第 2 卷,第 312 页。
⑤ 《邓小平文选》第 2 卷,第 313—314 页。

归根到底要看生产力是否发展，人民收入是否增加。这是压倒一切的标准。"①

　　1980 年 12 月 25 日，邓小平在十二月中央工作会议闭幕会上的讲话《贯彻调整方针，保证安定团结》，是对这次重要会议的总结。在概括新经验，探索新道路方面，达到了一个新的水平，新的高度。邓小平强调，中共十一届三中全会的指导思想是"解放思想，开动脑筋，实事求是，团结一致向前看，研究新情况，解决新问题"；"我们必须坚定不移地继续执行三中全会以来的一切行之有效的方针、政策、措施"；"总之，经济上实行进一步的调整，政治上实现进一步的安定，这都是为了贯彻三中全会以来的一贯方针。"②

　　在经济工作方面，邓小平坚决支持陈云提出的调整方针，完全同意陈云在这次工作会议上就经济和调整问题提出十四点意见的讲话③，说："这个讲话在一系列问题上正确地总结了我国三十二年来经济工作的经验教训，是我们今后长期的指导方针。"④邓小平指出，贯彻调整方针，"是同三中全会纠正'左'倾错误，一切从实际出发的总方针完全一致的，是实现四个现代化的必要条件"。这次调整"是为了站稳脚跟，稳步前进，更有把握地实现四个现代化，更有利于达到四个现代化的目标"。"如果再不认真调整，我们就不可能顺利地进行现代化建设"。要求通过调整，使我们的经济能够"稳步前进"，"转上健全发展的轨道"。强调"生产建设、行政设施、人民生活的改善，都要量力而行，量入为出。这就是实事求是。下决心这样做，表明我们真正解放了思想，摆脱了多年来'左'的错误思想的束缚。"⑤在这次讲话中，邓小平进一步明确提出："经过二十年的时间，使我国现代化经济建设的发展达到小康水平，然后继续前进，逐步达到更高程度的现代化。"同时又指出："至于走什么样的路子，采取什么样的步骤来实现现代化，这要继续摆脱一切老的和新的框框的束缚，真正摸准、摸清我们的国情和经济活动中各种因素的相互关系。"⑥

　　关于社会主义精神文明建设，也是这次工作会议的重要议题之一。对此，邓小

---

①　《邓小平文选》第 2 卷，第 314 页。
②　《邓小平文选》第 2 卷，第 357、358、374 页。
③　陈云的这次讲话收入《陈云文选》第 3 卷，人民出版社 1986 年版。
④　《邓小平文选》第 2 卷，第 354 页。
⑤　《邓小平文选》第 2 卷，第 355 页。
⑥　《邓小平文选》第 2 卷，第 355、356 页。

平讲话作了深刻的阐述,指出:"我们要建设的社会主义国家,不但要有高度的物质文明,而且要有高度的精神文明。所谓精神文明,不但是指教育、科学、文化(这是完全必要的),而且是指共产主义的思想、理想、信念、道德、纪律,革命的立场和原则,人与人的同志式关系,等等。……没有这种精神文明,没有共产主义思想,没有共产主义道德,怎么能建设社会主义? 党和政府愈是实行各项经济改革和对外开放的政策,党员尤其是党的高级负责干部,就愈要高度重视、愈要身体力行共产主义思想和共产主义道德。"[①]

5. 1981 年 6 月:《关于建国以来党的若干历史问题的决议》的深刻认识和系统总结

邓小平主持起草,经过多次讨论、反复修改,于 1981 年 6 月经中共十一届六中全会通过的《关于建国以来党的若干历史问题的决议》,在中国特色社会主义道路的探索和中国特色社会主义理论的概括方面具有十分重要的地位。它的主要贡献是:

(1) 第一次指明我国正处在社会主义"初级的阶段"[②]。《关于建国以来党的若干历史问题的决议》第 33 节指出:"只有社会主义才能救中国。这是中国各族人民从一百多年的切身体验中得出的不可动摇的结论,也是建国三十二年来最基本的历史经验。尽管我们的社会主义制度还是处于初级的阶段,但是毫无疑问,我国已经建立了社会主义制度,进入了社会主义社会,任何否认这个基本事实的观点都是错误的。"

(2) 再次对社会主义现代化建设的目标和实现这个目标的政治基础作出概括。《关于建国以来党的若干历史问题的决议》第 32 节指出:"我们党在新的历史时期的奋斗目标,就是要把我们的国家,逐步建设成为具有现代农业、现代工业、现代国防、现代科学技术的,具有高度民主和高度文明的社会主义强国。我们还要实现台湾回归祖国,完成祖国统一的大业。我们总结建国以来三十二年历史经验的根本目的,就是要在坚持社会主义道路,坚持人民民主专政即无产阶级专政,坚持

①　《邓小平文选》第 2 卷,第 367 页。
②　《三中全会以来——重要文献选编》(下),人民出版社 1982 年版,第 838 页。

共产党的领导，坚持马克思列宁主义、毛泽东思想这四项原则的基础上，把全党、全军和全国各族人民的意志和力量进一步集中到建设社会主义现代化强国这个伟大目标上来。四项基本原则，是全党团结和全国各族人民团结的共同的政治基础，也是社会主义现代化建设事业顺利进行的根本保证。"

（3）对"一条适合中国情况的社会主义现代化建设的正确道路"是什么样的道路，第一次作了明确具体系统的阐述。《关于建国以来党的若干历史问题的决议》第35节写道："三中全会以来，我们党已经确立了一条适合我国情况的社会主义现代化建设的正确道路。这条道路还将在实践中不断充实和发展，但是它的主要点，已经可以从建国以来正反两方面的经验、特别是从'文化大革命'的教训中得到基本的总结。"

《关于建国以来党的若干历史问题的决议》从主要矛盾、工作重点、经济建设、政治建设、文化建设、国防建设、民族政策、外交政策和执政党党风建设等方面，共总结了十个主要点：

（1）社会主义改造基本完成以后，我国所要解决的主要矛盾是人民日益增长的物质文化需要同落后的社会生产之间的矛盾。党和国家工作的重点必须转移到以经济建设为中心的社会主义现代化建设上来，大大发展社会生产力，并在这个基础上逐步改善人民的物质文化生活。党的各项工作都必须服从和服务于经济建设这个中心。

（2）社会主义经济建设必须从实际出发，量力而行，积极奋斗，有步骤分阶段地实现现代化的目标。我们必须采取科学态度，深入了解和分析情况，认真听取各方面干部、群众和专家的意见，努力按照客观经济规律和自然规律办事，努力做到各经济部门按比例地协调发展。

（3）社会主义生产关系的变革和完善必须适应生产力的状况，有利于生产的发展。国营经济和集体经济是我国基本的经济形式，一定范围的劳动者个体经济是公有制经济的必要补充。要大力发展社会主义的商品生产和商品交换。社会主义生产关系的发展并不存在一套固定的模式，我们的任务是要根据我国生产力发展的要求，在每一个阶段上创造出与之相适应和便于继续前进的生产关系的具体形式。

（4）在剥削阶级作为阶级消灭以后，阶级斗争已经不是主要矛盾。既要反对阶级斗争扩大化的观点,又要反对认为阶级斗争已经熄灭的观点。一定要巩固和扩大爱国统一战线。

(5) 逐步建设高度民主的社会主义政治制度,是社会主义革命的根本任务之一。必须根据民主集中制的原则加强各级国家机关的建设,使各级人民代表大会及其常设机构成为有权威的人民权力机关,在基层政权和基层社会生活中逐步实现人民的直接民主。必须巩固人民民主专政,完善国家的宪法和法律并使之成为任何人都必须遵守的不可侵犯的力量,使社会主义法制成为维护人民权利,保障生产秩序、工作秩序、生活秩序,制裁犯罪行为,打击阶级敌人破坏活动的强大武器。决不能让类似"文化大革命"的混乱局面在任何范围内重演。

(6) 社会主义必须有高度的精神文明。要坚决扫除长期存在而在"文化大革命"期间登峰造极的那种轻视教育科学文化和歧视知识分子的完全错误的观念,努力提高教育科学文化在现代化建设中的地位和作用,明确肯定知识分子同工人、农民一样是社会主义事业的依靠力量,没有文化和知识分子是不可能建设社会主义的。要在全党大大加强对马克思主义的理论研究,要加强和改善思想政治工作,用马克思主义世界观和共产主义道德教育人民和青年,坚持德智体全面发展、又红又专、知识分子与工人农民相结合、脑力劳动与体力劳动相结合的教育方针,抵制腐朽的资产阶级思想和封建残余思想的影响,克服小资产阶级思想的影响,发扬祖国利益高于一切的爱国主义精神和为现代化贡献一切的艰苦创业精神。

(7) 改善和发展社会主义的民族关系,加强民族团结。必须坚持实行民族区域自治。要切实帮助少数民族地区发展经济文化,努力培养和提拔少数民族干部。坚决反对一切破坏民族团结和民族平等的言论和行为。要继续贯彻执行宗教信仰自由的政策。要求宗教不得干预政治和干预教育。

(8) 必须加强现代化的国防建设。国防建设要同国家的经济建设相适应。把人民解放军逐步建设成为一支强大的现代化的革命军队。

(9) 在对外关系上,必须继续坚持反对帝国主义、霸权主义、殖民主义和种族主义,维护世界和平。在和平共处五项原则的基础上,积极发展同世界各国的关系和经济文化往来。

(10) 加强执政党的党风建设,把中国共产党建设成为具有健全的民主集中制的党。

《关于建国以来党的若干历史问题的决议》虽然还没有用"中国特色社会主义"来指称这条新的道路，但这条"适合我国情况的社会主义现代化建设的正确道路"的科学内涵和具体路径，已经清晰可见，具体明确。

6. 1982年9月1日：邓小平在十二大开幕词中提出"建设有中国特色的社会主义"的科学命题

从中共十一届三中全会"主题报告"提出解放思想、实事求是，研究新情况、解决新问题的指导思想，经过《坚持四项基本原则》提出"中国式现代化道路"，到国庆三十周年讲话全面确定中国社会主义现代化的目标、纲领和提出开创"适合我国情况的社会主义现代化建设的正确道路"，再到《关于建国以来党的若干历史问题的决议》总结历史经验教训，提出这条正确道路的科学内涵和具体路径，邓小平在这四年间，不断研究新情况，解决新问题，并从实践中不断作出新概括，对适合中国特点的社会主义现代化建设道路的认识，越来越具体、丰富、系统，也越来越集中、凝炼、升华，到中共十二大开幕时，"建设有中国特色的社会主义"这一创造性的、马克思主义中国化的科学命题，已是呼之欲出，水到渠成。邓小平在1982年十二大开幕词中说："我们的现代化建设，必须从中国的实际出发。无论是革命还是建设，都要学习和借鉴外国经验。但是照抄照搬别国经验、别国模式，从来不能得到成功。这方面我们有过不少教训。把马克思列宁主义的普遍真理同我国的具体实际结合起来，走自己的道路，建设有中国特色的社会主义，这就是我们总结长期历史经验得出的基本结论。"

邓小平不愧为毛泽东思想与事业的继承人和发展者。他参与并继续了毛泽东开始的马克思主义与中国革命和建设实践第二次结合的探索，在新时期进行社会主义现代化建设的实践中，提出了"建设有中国特色的社会主义"这一全新的科学命题，作出了开创性的贡献，发展了马克思列宁主义、毛泽东思想。而胡耀邦代表中共十一届中央委员会所作的十二大报告《全面开创社会主义现代化建设新局面》，从总结十一届三中全会以来的成就与经验和提出全面开创社会主义现代化建设新局面的纲领与方针政策两个重要方面，对怎样建设中国特色社会主义作了具体切实的论述和阐发。

怎样从总体上认识和评价历史转折时期?

以中共十一届三中全会为里程碑的"伟大历史转折"是中华人民共和国史上最重大的事情。对这一重大历史事件可以从几个不同的层面和角度来认识和把握。

1. 时段

从纵的方面,即从历史转折的发展过程、发展阶段来看,"历史转折时期"的时段和时限,可以有两种划分。

一种是六年,即1976年(10月粉碎"四人帮")到1981年(6月中共十一届六中全会通过《关于建国以来党的若干历史问题的决议》)。"历史转折时期"的起点是粉碎"四人帮",《关于建国以来党的若干历史问题的决议》(第25节)说,十月的胜利,"使我们国家进入了新的历史发展时期"。终点是通过《关于建国以来党的若干历史问题的决议》,因为它标志着拨乱反正任务的完成。六中全会《公报》说:"这次会议将以在党的指导思想上完成拨乱反正的历史任务而载入史册。"胡耀邦的"七一讲话"说,六中全会通过了《关于建国以来党的若干历史问题的决议》,还作出了其他重要决定。这次全会,"是党和国家拨乱反正、继往开来的一个新的里程碑"。十年前,中央文献出版社出版的我们写的那本书《1976—1981年的中国》(最近又增订再版,书名改为《转折年代》,原来的书名变为副标题),就是按这种划分来的。

另一种是八年,向前后各伸一年,1975年(邓小平主持整顿)到1982年(中共十二大)。这种划分,打破"文化大革命"期间和"文化大革命"以后的界限,把历史转折这一事件放在更广阔的历史背景上来认识。关于时段的分析,分为五段:

(1)邓小平主持的1975年整顿是历史转折的前奏。为什么以1975年作为起始？用邓小平的话来说："拨乱反正在 1975 年就开始了。"（《邓小平文选》第 3 卷第 81 页）"说到改革，其实在 1974 年到 1975 年我们已经试验过一段"，"那时的改革，用的名称是整顿，强调把国民经济搞上去"。（第 255 页）胡乔木说，1975 年整顿时邓小平提出的"三项指示为纲"，"这里已经提到一个中心，一个基本点，另一个基本点改革开放，当时还不可能提出来，只能叫整顿，实际上不但包含了改革，也包含了开放。"胡乔木还指出，邓小平"把侧重点放在安定团结和把国民经济搞上去上面"，"这两个口号的实质一直到十一届三中全会，一直到十三大和十三大以后，都还起着指路标的作用"（《胡乔木文集》第 2 卷，第 248 页）。

（2）1976 年粉碎"四人帮"的胜利为历史转折创造了前提。

（3）此后的两年为历史转折作了准备。

（4）十一届三中全会实现了历史转折，十一届三中全会是历史转折的里程碑。

（5）十二大，提出建设有中国特色社会主义的命题，作出开创新局面的部署。

十二大闭幕后不久，9 月 18 日，邓小平陪同金日成去四川访问途中谈话，对这段历史作了概括。他说："从十一届三中全会到十二大，我们打开了一条一心一意搞建设的新路。"这条新路，即邓小平在十二大开幕词中所提出的"建设有中国特色的社会主义"。也就是说，以邓小平为核心的党中央第二代领导集体，开辟了一条建设中国特色社会主义的新道路。

根据这样的认识，我发表过一篇论文，题目就是《历史的转折与新路的打开》。最近出版了一本专题论文集，标题是《转折与新路》。还出版了一本纪实性的简明历史读物，标题是《难忘这八年》，包含上、中、下三篇，即：《历史转折的前奏——邓小平与一九七五年整顿》、《两种中国之命运的决战——1976 年：从四五运动到粉碎"四人帮"》、《历史的转折与新路的打开——十一届三中全会到十二大》。被列为 2007 年社科基金重点课题的《历史转折研究》，目标就是写成"历史转折三部曲"：《前奏》、《决战》、《新路》。

2. 主题词和关键词

从总体把握，采取 1976 年到 1981 年或者 1982 年的分法，对历史转折时期的最概括的提法是：历史的转折与新路的打开。新路的打开是实现历史转折的结果。当然要从历史的与逻辑的统一来认识，也就是说，要从实践的发展和理论的创新及其相辅相成来认识和把握这段历史。

历史转折时期的关键词,也就是我们研究的重点,教学的重点,最主要的应该是:解放思想,实事求是,拨乱反正,改革开放。前三句话,着重在转折,后一句话,着重在新路。

3. 重大事件

如果说,时段的划分,是纵向的把握,是线;主题词是中心、核心、实质、要害;那末,重大事件,就是面,就是横向的把握。如果说,时段的划分、主题词的确定,比较概括,比较虚一点,那末重大事件的把握就非常具体、实在。对其背景、过程(的叙述),其作用、影响(的历史评价),对事件涉及的种种问题的不同看法及其争论,都要搞清楚。当然,随着占有材料的丰富全面,研究的深入,特别是随着实践的发展,实践的检验,对事件及其相关的问题的认识,必然会发展。正确的态度是坚持真理、修正错误。

历史转折时期有哪些重大事件呢? 见仁见智,有多有少。我在《难忘这八年》的下篇《历史的转折与新路的打开》中,列了二十个题目,基本上就是这一时期的二十件大事。因为是写书,做标题的表述,有些文学语言,与列大事不同。下面我先说书的标题,有必要的地方作一点说明。

第一个题目　华国锋稳定局势、抓纲治国(1)

第二个题目　邓小平第三次复出(2)

第三个题目　打开拨乱反正的突破口(恢复高校招生考试(3)和推倒"两个估计"(4)——一个大题目下有的有几件事,列大事的话,也可以作为两件事。也可以将召开科学教育座谈会作为一件事)

第四个题目　迎来科学的春天(召开全国科学大会)(5)

第五个题目　经济领域的思想解放

第六个题目　真理标准大讨论(6)

第七个题目　胡耀邦初理冤假错案(可以同第14件合并,成为:平反冤假错案(7),分为三中全会前后两段)

第八个题目　迈开对外开放的步伐(高级代表团出访欧美日本8)

第九个题目　加快四个现代化建设,国务院召开务虚会(9)

第十个题目　中央工作会议三十六天(第10件也可以并入三中全会)

第十一个题目　十一届三中全会：历史转折的里程碑(10)

第十二个题目　理论工作务虚会，邓小平提出坚持四项基本原则(11)

第十三个题目　农村改革先行(或说：农村推行包产到户)(12)

第十四个题目　大规模平反冤假错案和全面解决历史遗留问题(13)

第十五个题目　陈云、李先念主持国民经济调整(贯彻执行新八字方针)(14)

第十六个题目　对外开放与创办经济特区(15)

第十七个题目　提出政治体制改革的纲领(16)

第十八个题目　公开审判林彪、江青反革命集团主犯(17)

第十九个题目　第二个《历史决议》诞生(18)

第二十个题目　走自己的路，建设有中国特色的社会主义(十二大)(19)

当然，还可以有补充，如：提出"二为"方向。从四次文代会到人民日报发表社论，这也是有全国影响的大事。军事、国防方面，也可以作补充。

4. 重要人物

邓小平、陈云、叶剑英、李先念；胡耀邦、胡乔木；华国锋；汪东兴等等，他们在这一历史阶段的活动：思想、事迹、功过、评价等等。事是人做的，人物是贯穿时段和事件的，是事件、时段的连结点，初步的研究不妨从人物研究入手。

总的说来，从上述四个方面，纵横交错、虚实结合，可以较好地总体把握这一时期的历史。当然，不可能一次完成，要经过多次反复。认识也有一个由表及里、由浅入深的过程。这样的做法，在一定意义上，即历史研究的具体的工作方法上，可以说，具有一定的普遍适用的方法论的意义。

新时期军事战略方针作了怎样的调整？

20 世纪 70 年代末、80 年代初，依据国际形势和中国安全环境的变化以及人民解放军的现状，中共中央、中央军委适时调整军事战略方针，重新确立军队建设总目标，为新时期人民解放军建设的改革和发展指明了方向。

20 世纪 70 年代，国际关系逐步缓和，中国面临的军事压力和威胁也相对减弱，周边安全有所改善。到 70 年代中期，邓小平预见到世界战争可能延缓和推迟。在 1978 年 12 月 28 日中央军委扩大会上，他明确指出："国际形势也是好的。我们有可能争取多一点时间不打仗。""可以争取延缓战争的爆发"。[①]中共十一届三中全会一结束，中央军委即召开全军大单位负责人参加的座谈会，研究贯彻十一届三中全会精神，把军队工作的重点转移到军队现代化建设上来。1980 年 1 月 16 日，邓小平在中共中央召集的干部会议上指出：我们有信心，如果反霸权主义斗争搞得好，可以延缓战争的爆发，争取更长一点时间的和平。这是可能的，我们也正是这样努力的。邓小平对世界形势的正确把握，改变了长期以来认为战争不可避免、迫在眉睫的看法，为转变军队建设指导思想，集中力量进行社会主义现代化建设奠定了基础。

中共中央、中央军委领导同志经过充分研究并组织全军高级干部进行深入讨论，1980 年 10 月，决定改变 1977 年军委全体会议确定的"积极防御，诱敌深入"的军事战略方针为"积极防御"的军事战略方针。重新调整后的军事战略方针，规定在战争初期要坚决抗住敌人的突然袭击，制止敌人的长驱直入，掩护部队的战略展

---

① 《邓小平文选》第 2 卷，人民出版社 1994 年版，第 77 页。

开和国家转入战时体制，把战局稳定下来。在作战形式上，战争初期以坚守防御的阵地战为主。军事战略方针的调整，解决了新形势下反侵略战争的战略指导问题，为推动人民解放军的全面建设和改革起到了牵引作用。军事战略方针的调整也为人民解放军体制编制调整、武器装备发展、军事训练等各项工作改革提供了基本依据。

与调整军事战略方针相适应，中央军委抓住机遇，把建设一支革命化、现代化、正规化军队这个总目标重新提上军队建设的日程。1980 年 9 月 4 日，中央军委印发《一九八〇年至一九八二年军队建设三年规划》，提出了有步骤地建设一支强大的现代化革命军队的总任务和军队建设服从国家"四化"建设全局的要求。规划指出，在三年时间内武器装备建设根据国民经济和科学技术发展的可能，主要要改进现有装备，加强现役部队的齐装配套，增强部队储备，以防空、反坦克武器为重点，抓紧新型武器装备的研制和生产。1981 年 9 月 19 日，邓小平在华北地区检阅军事演习部队时发表重要讲话，明确提出并号召全军为建设一支强大的现代化、正规化军队而奋斗。邓小平指出人民解放军在新的历史时期必须完成的主要任务：(1)坚持四项基本原则，加强政治思想建设，努力使部队成为贯彻党的路线、方针、政策的模范。(2)在国民经济不断发展的基础上，改善武器装备，加速国防现代化。(3)密切军政、军民关系，增强军队内部团结，加强民兵建设，继承和发扬人民军队的光荣传统。(4)加强军政训练，进一步增强部队的军政素质，努力提高现代条件下诸军兵种协同作战的能力。(5)谦虚谨慎，戒骄戒躁，进一步开展"四有、三讲、两不怕"①活动，加强作风培养，使部队具有严格的组织纪律性。(6)扎扎实实地做好反侵略战争的准备，为保卫世界和平，为保卫祖国领土的安全，为争取台湾早日回归祖国，实现祖国统一的神圣大业作出新的贡献。邓小平的重要讲话，指明了实现军队革命化、现代化、正规化建设的途径和任务。

---

① 这项活动是解放军总政治部于 1981 年 2 月根据中共中央关于建设社会主义精神文明的号召和军队的特点组织开展的。"四有"：有理想、有道德、有知识、有体力；"三讲"：讲军容、讲礼貌、讲纪律；"两不怕"：不怕艰难困苦、不怕流血牺牲。

新时期外交政策作了怎样的调整？

中共十一届三中全会前后，鉴于国际环境有所变化，国内工作重点将转移到社会主义现代化建设上来，同时又认识到"文化大革命"期间"革命外交路线"存在的问题，中国外交从指导思想到外交政策开始了重大调整。

在外交工作的指导思想上，逐步认识国际形势发生了变化，放弃大规模世界战争不可避免的估计，强调争取和平，延缓和避免战争；看到现实世界的多样化，认识到中国与世界各组成部分既有矛盾斗争的一面，也有相互依赖的一面；在国际问题的处理上存在共同利益，需要也可能合作。据此，对中国一贯坚持的独立自主的和平外交政策作出了一些新的阐释，开始注重国家利益，强调要把国家的主权和安全放在第一位；提出外交工作的任务，除维护国家独立、主权和社会主义制度外，主要是为配合国家经济建设和祖国统一大业创造一个和平的国际环境。

在外交政策上，从 70 年代末期开始作出了相应的重大调整。这一调整到 80 年代中期完成。主要是：

（1）改善中苏关系，改变联美抗苏的"一条线"战略，致力于建立更均衡的国际关系。

（2）提出实行真正的不结盟，在与世界各国的交往中，根据世界发展趋势和中国自身利益的要求来处理与不同类型国家的关系，不再以意识形态划线，不再继续划分敌我友。

（3）向多层次、全方位方向发展。改善和发展与周边国家的睦邻关系；加强同第三世界国家的政治、经济合作；力争中美关系稳定发展；继续发展同西方国家和东欧国家的政治经济关系。

（4）中国共产党与世界各国执政党和合法的在野党广泛进行交流和合作。

外交政策的调整使我国对外关系在十一届三中全会前后取得了突破性的重大进展，主要是：签订中日和平友好条约，实现中美建交，与世界各国的友好关系得到发展。

1. 与世界各国友好关系的发展

"文化大革命"结束后，发现在"文化大革命"期间对外关系存在一个相当突出的问题，就是各国领导人来访的不少，而我国领导人回访的很少。这在保持国与国之间的平等关系方面是不正常的。70 年代末，中国领导人纷纷走出国门，进行国事访问，足迹遍及五大洲，同世界进行了广泛接触，增强了彼此了解和信任，促进了友好合作。对这一前所未有的外交举措，当时有人誉为当代中国"睁眼看世界"的一次高潮，内部则有外交"还债"之说。

1978 年，中国有 13 位副委员长和副总理以上的领导人 21 次率团出访了 51 个国家。其中邓小平出国四次，年初访问缅甸、尼泊尔，9 月访问朝鲜，10 月访问日本，11 月访问泰国、马来西亚和新加坡。华国锋于 5 月访问朝鲜，8 月访问了罗马尼亚、南斯拉夫和伊朗。1979 年初，李先念访问了坦桑尼亚、莫桑比克、赞比亚、扎伊尔和巴基斯坦五国。1979 年 10 月至 11 月，华国锋到西欧四国（法、德、英、意）进行了国事访问。从 1978 年 2 月至 1979 年 6 月，中国也接待了三十多个国家的领导人来访。

通过这些相互访问，中国发展了同这些国家的友好合作关系，加强了在平等互利基础上的贸易往来，开展了科技、文化交流和合作。与此同时，中国和各国的民间友好往来也有了显著的发展，增进了中国人民和各国人民的相互了解和友谊。

中国特别注意与周边国家发展睦邻友好关系。中国人民同东南亚各国人民有着传统的友谊。这几年中，中国表示愿意同这个地区的所有国家恢复和建立外交关系，支持东南亚各国加强区域经济合作、争取实现东南亚中立化的努力。中国高度评价东盟作为一个区域性组织在国际事务中发挥的重要作用，支持东盟国家建立东南亚和平、自由和中立区的主张，强烈谴责越南在柬泰边境的冒险。中国同马来西亚、菲律宾和泰国建立了外交关系，国家之间的友好往来和经济文化交流有了新的发展。中国与新加坡共和国虽未建交，但两国关系有明显进展。新加坡总理李光耀 1976 年起多次访华,邓小平也于 1978 年正式访新。1981 年中新互设商务代表处,此后两国陆续签订了多个经济文化交流协定(中国同新加坡于 1990 年 10 月 3 日正式建立外交关系)。同印度尼西亚的关系也有所改善,1978 年 5 月,印度尼西亚工商界组团参加了中国的广交会,并与中国有关单位就恢复两国直接贸易问题交换了意见。

中国同缅甸、孟加拉国、斯里兰卡、尼泊尔、巴基斯坦、阿富汗和伊朗等南亚和西亚国家友好睦邻关系不断发展。中国关注南亚的和平,反复表示希望南亚各国能够排除干扰,通过谈判解决彼此分歧,在和平共处五项原则基础上平等相待,和睦相处;中国支持有关国家提出的建立印度洋和平区、南亚无核区和尼泊尔和平区的主张。尽管由于 20 世纪 60 年代的中印战争使中国与印度之间仍存在悬而未决的问题,但中印两国人民都希望增进友好往来,改善两国关系。"文化大革命"结束后双方恢复互派大使,结束了 15 年间两国只维持代办级外交关系的局面。1977 年,中印恢复了直接贸易和人员互访。在东北亚,中国同朝鲜的友好关系一如既往,并有进一步发展,双方最高领导人进行了互访。

中国同非洲国家的友好合作关系有了很大的发展。中国支持非洲人民为争取非洲的彻底解放而进行的斗争。坚决支持津巴布韦、纳米比亚人民反对殖民主义和种族主义、争取民族独立和解放的正义斗争。支持非洲国家反对超级大国的斗争。主张非洲是非洲人民的非洲。

中国同拉丁美洲国家的关系逐步发展。支持拉美国家维护独立主权、捍卫海洋权、发展区域性经济合作和建立拉美无核区的斗争,支持巴拿马人民为收复巴拿马运河进行的坚持不懈的斗争。

中国同西欧国家的关系有了令人满意的发展,友好往来和经济文化交流逐步扩大。中国表示愿意同他们发展各方面的关系,支持他们反对超级大国的斗争,支持西欧国家联合反霸的努力,希望看到一个联合的、强大的欧洲,同时也希望西欧国家在和平共处五项原则的基础上同第三世界国家加强联系。20 世纪 70 年代后期,中国同西欧的关系出现了既大力开展政治合作又迅速扩大经济往来的局面。

中苏两国曾经是友好邻邦。两国之间的关系从 20 世纪 60 年代初开始日益恶化。"文化大革命"结束后,中国即表示,原则争论不应该妨碍两国在和平共处五项原则基础上保持正常的国家关系。苏联领导集团愿意改善中苏国家关系,不应当停留在口头上，应该拿出实际行动来，首先应当按照 1969 年中苏两国总理北京机场会谈达成的谅解，签订关于维持边界现状、防止武装冲突、双方武装力量在边界争议地区脱离接触的协议，并进而谈判解决边界问题；苏联应当从蒙古人民共和国和中苏边境撤军，撤到 20 世纪 60 年代初期那样的位置。中国表示：中苏关系究竟如何发展，完全取决于苏联方面。1982 年 3 月，勃列日涅夫在乌兹别克加盟共和国(今乌兹别克斯坦)首都塔什干发表讲话，表示愿意改善中苏关系，称苏联从未否认中国存在社会主义制度，也从未以任何形式支持"两个中国"的概念，苏联过去承认，现在仍然承认中华人民共和国对台湾的主权。中共十二大后，两国恢复了政治对话，举行了副部长级磋商。

在中国领导人的主动和积极努力下，在中共十一届三中全会前，中国又与一些国家建立了外交关系。它们是：巴布亚新几内亚(1976 年 10 月 12 日，指建交时间，下同)，利比里亚(1977 年 2 月 17 日)，约旦(1977 年 4 月 7 日)，巴巴多斯(1977 年 5 月 30 日)，阿曼(1978 年 5 月 25 日)，利比亚(1978 年 8 月 9 日)。此外，1977 年 8 月 30 日至 9 月 8 日，南斯拉夫总统铁托访问中国，中南两国两党恢复关系。到 1978 年底，我国已同世界 116 个国家建立了外交关系。到 1980 年底，建交的国家增加到 124 个。

中国在和平共处五项原则的基础上，加强同其他国家的友好关系，同时也坚决反对霸权主义，坚决主张任何国家都不应当在任何地区称王称霸，把自己的意志强加于人。中国认为：是平等待人还是搞霸权，这是区别一个国家是否遵循和平共处五项原则的重要标志之一，也是区别真假社会主义的重要标志之一。中国在对外关系中坚决维护国家主权和领土完整。1977 年 6 月 13 日，中国外交部就日本政府强使《日韩共同开发大陆架协定》在日本国会获得"自然批准"一事发表声明，对日本政府公然侵犯中国主权的行为表示严重抗议。6 月 16 日，《人民日报》发表《且看他们如何表演》，评论苏联领导人掀起的反华浪潮。1979 年 2 月中旬至 3 月中旬，对越南进行了自卫还击、保卫边疆的战斗。

2. 中日和平友好条约的签订

中日两国关系自 1972 年 9 月 29 日邦交正常化以来，多方面的往来和联系不断发展、不断加强。1978 年 8 月 12 日，中国政府和日本政府经过协商，在 1972 年

中日两国政府联合声明的基础上,在北京签订了《中华人民共和国和日本国和平友好条约》。其内容主要是:

第一,缔约双方应在互相尊重主权和领土完整、互不侵犯、互不干涉内政、平等互利、和平共处各项原则基础上,发展两国间持久的和平友好关系。缔约双方确认,在相互关系中,用和平手段解决一切争端,而不诉诸武力和武力威胁。

第二,缔约双方表明:任何一方都不应在亚洲和太平洋地区或其他任何地区谋求霸权,并反对任何其他国家或国家集团建立这种霸权的努力。

第三,缔约双方将本着睦邻友好的精神,按照平等互利和不干涉内政的原则,为进一步发展两国之间经济关系和文化关系,促进两国人民的往来而努力。①

10月22日,国务院副总理邓小平应日本政府的邀请前往日本进行正式友好访问。23日,邓小平主持《中日和平友好条约》两国批准书互换仪式。邓小平致祝酒词说:"让我们为中日两国人民世世代代友好,为迎接中日关系更加光辉灿烂的前景,为亚洲和世界和平而共同努力。"

《中日和平友好条约》的缔结,反映了中日两国人民世世代代友好相处的愿望,为两国的睦邻友好关系奠定了基础,为进一步发展两国政治、经济、文化、科技等方面的交流开辟了更加广阔的前景,也将对维护亚洲和太平洋地区的和平与安全产生积极的影响。条约写入反对霸权主义条款是国际条约中的一项创举,有利于维护中国进行社会主义现代化建设所需要的一个长期的和平国际环境。不过,应该看到,日本右翼势力不愿看到中日两国关系向前发展,不愿看到中日两国人民世代友好,总是不断利用参拜靖国神社、否认侵华历史的教科书、钓鱼岛归属等问题制造事端,破坏中日关系。中日两国人民必须保持高度警觉,与反华势力进行针锋相对、有理有利有节的斗争。

3. 中美建立外交关系

1972年2月28日中美两国在上海发表《联合公报》以后,两国在科学、技术、文化、体育和新闻等方面进行了日益增进的联系和交流,但中美关系一直未能实现正常化。最大的障碍是美国政府对台湾问题的态度。

---

① 《人民日报》1978年8月13日。

　　1977年初，卡特任总统以后，虽有意推进中美关系正常化，但还是提出，实现正常化后必须保证美国同台湾的贸易、投资、旅游、科学交流以及其他私人联系不受影响，并允许美国政府人员"在非正式的安排下"继续留在台湾。对台湾问题，希望中国政府不要强调用武力方法解决。①中国政府坚持：中国人民一定要解放台湾。什么时候用什么方式解放台湾，完全是中国的内政，绝不容许任何外国干涉。要实现两国关系正常化，美国政府必须断绝同台湾的所谓外交关系，撤走美国在台湾和台湾海峡地区的一切武装力量和军事设施，废除美国同台湾的所谓"共同防御条约"。表明"废约、撤军、断交"三原则是中国政府坚定不移的立场。

　　从1978年7月开始，中美就建交问题进行谈判。通过谈判，美国接受了中国提出的建交三原则。但是，在出售武器给台湾的问题上，美国不肯让步。邓小平在最后一轮谈判的关键时刻三次会见美国谈判代表，建议可以先发表建交公报，建立外交关系，售台武器问题留待建交后再商量解决。美国接受了这个建议。②

　　经双方商定，中美建交联合公报提前于1978年12月16日在北京和华盛顿同时公布。16日上午10点整，华国锋在人民大会堂举行中外记者招待会，宣读《中华人民共和国和美利坚合众国关于建立外交关系的联合公报》和《中华人民共和国声明》。中美建交公报宣布："中华人民共和国和美利坚合众国商定自1979年1月1日起互相承认并建立外交关系。"中美两国"将于1979年3月1日互派大使并建立大使馆"。美国申明："承认中华人民共和国政府是中国的唯一合法政府。在此范围内，美国人民将同台湾人民保持文化、商务和其他非官方关系。"中美两国重申上海公报中双方一致同意的各项原则，并再次强调："双方都希望减少国际军事冲突的危险"；"任何一方都不应该在亚洲—太平洋地区以及世界上任何地区谋求霸权，每一方都反对任何其他国家或国家集团建立这种霸权的努力"；"任何一方都不准备代表任何第三方进行谈判，也不准备同对方达成针对其他国家的协议或谅解"；"美利坚合众国政府承认中国的立场，即只有一个中国，台湾是中国的一部分"。中美双方认为："中美关系正常化不仅符合中国人民和美国人民的利益，而且

---

　　① 《当代中国外交》，中国社会科学出版社1987年版，第227页。

　　② 此后，在1982年8月17日，中美发表联合公报，美国承诺逐步减少向台湾的武器销售，而且在数量和质量上不超过建交时向台湾出售的水平，一直到最后完全停止。但自"八一七"公报发表三十多年来，美国并未履行在售台武器问题上的承诺。

有助于亚洲和世界的和平事业。"①

《中华人民共和国政府声明》指出：中美建交"结束了两国关系的长期不正常状态。这是中美两国关系中的历史性事件"。"中华人民共和国政府是中国的唯一合法政府，台湾是中国的一部分。""解决台湾归回祖国、完成国家统一的方式，这完全是中国的内政。"②

同日，美国总统卡特在华盛顿发表电视讲话，宣读了这份中美建交联合公报。美国政府发表声明，美利坚合众国将于 1979 年 1 月 1 日结束同台湾的外交关系，并在四个月内从台湾撤走美方余留人员。③

1979 年 1 月 29 日至 2 月 5 日，为促进中美两国人民的友谊和两国良好关系的进一步发展，应美国政府的邀请，邓小平对美国进行正式访问。邓小平与卡特总统以及美国政界其他领导人进行了卓有成效的、坦率和广泛的会谈。双方签署了科技合作协定和文化协定。双方重申反对霸权主义，重申在有共同利益的问题上和对当前国际形势的看法上取得的共同立场。

在处理中日、中美关系的过程中，以邓小平为代表的中央领导集体作出了重大决策，赢得了中国外交的巨大胜利，集中地体现了伟大历史转折时期中国外交政策调整的指导思想和战略策略。

<hr />

①② 《人民日报》1978 年 12 月 17 日。

③ 中美正式建交后，1979 年 4 月，美国撤走了全部驻台美军；1980 年 1 月 1 日正式中止与台湾签订的"共同防御条约"。但在 1979 年 3 月美国国会通过了《与台湾关系法》，向台湾出售武器，干涉中国内政。

与美国哈佛大学学者研讨转折
年代(1975—1982)的邓小平及其他

2005年10月,作者和夏杏珍研究员应美国哈佛大学费正清东亚研究中心傅高义教授邀请,在哈佛大学进行了为期两周的学术访问。在此期间,与傅高义教授及其助手,与哈佛大学研究中国问题的学者和美国几所大学及在哈佛大学访问的中国、德国、日本、韩国等国研究中国问题的学者,进行了多次不同形式的学术交流。选收在本书中的各篇是就有关问题进行研讨的记录。

十一届三中全会前后的邓小平[*]

傅高义：邓小平1977年复出同1975年整顿时比较,思想有哪些发展? 毛是否活着,在不在台上,是不是一个因素?

程中原：傅高义教授的问题很有启发。国外学者考虑问题的角度有助于开拓我们的思路,可以帮助我们更深入地思考、理解这段历史。傅教授提出的问题有的我也没有认真想过,有的想得不深入。我只就最关键的方面,谈谈个人的认识和理解。

1975年的时候,邓小平搞整顿,从总的指导思想、方针原则到一项一项整顿,都要遵照毛泽东的指示来办,得到毛的批准、同意来做。他纠正"文化大革命"的错误,进行拨乱反正、改革开放的试验,在总体上,要继续维持"文化大革命"的理论与实践,整顿是在这个基础和前提下进行的。

1977年邓小平恢复工作,同当时的斗争形势也有关,他认识到不能再按无产阶级专政下继续革命的理论干事,而"两个凡是"恰恰为这样做设置了最大的障碍。邓小平非常高明。他从当时的实际情况出发,用"实事求是"来摆脱、冲破"两个凡是"。邓小平把毛泽东思想的基本原理、科学体系同毛泽东本人晚年的错误的东西,不那么正确的言行区分开来,剥离开来。1975年整顿是在毛泽东三项重要指示指导下进行的,不可能完全摆脱毛泽东关于"文革"的思想框架。1977年则突破

---

[*] 本篇以《十一届三中全会前后的邓小平及其他——中美学者三人谈》为题在《中华儿女》2008年第4期上发表。又以《关于邓小平复出后的思想发展——中美学者三人谈:"十一届三中全会前后的高端人物"之一》为题收入程中原著《在历史的漩涡中》(中国文史出版社2008年1月出版)。收入本书时作了少量删节。

了"两个凡是"的束缚。一方面高举毛泽东思想旗帜,继承发展毛正确的东西,一方面纠正毛错误的东西,这叫做正本清源,拨乱反正。

1975 年整顿,邓小平只能进行局部的拨乱反正。1977 年他所要做的是冲破"两个凡是"的束缚,使用的理论武器是毛主席的"实事求是"。对毛泽东思想,邓小平先后提出"准确、完整"("我们必须用准确的完整的毛泽东思想来指导我们全党、全军和全国人民,……"1977 年 4 月 10 日致党中央信)、"思想体系"("毛泽东思想是个思想体系","我们要高举旗帜,就是要学习科学原理和运用这个思想体系。"1977 年 5 月 24 日同王震、邓力群谈话)、"科学原理"("要完整地准确地理解和掌握毛泽东思想的科学原理,要在新的历史条件下加以发展。"1978 年 12 月 13 日在中央工作会议闭幕会上的讲话)、"科学体系"("我们要坚持的和要当作行动指南的是马列主义、毛泽东思想的基本原理,或者说是由这些基本原理构成的科学体系。"1979 年 3 月 30 日在理论工作务虚会上的讲话《坚持四项基本原则》),明确指出,个别不恰当的论断,这样那样的失误,不属于马列主义、毛泽东思想的基本原理所构成的科学体系,指明"毛泽东思想,即经过实践检验证明是正确的、应该作为我们今后工作指南的东西。"这样,邓小平就把毛泽东思想与毛泽东晚年的错误区分开来,剥离开来。邓小平冲破"两个凡是"那种僵化的教条主义,同时又坚持了毛泽东思想。邓小平当时很困难。一方面要高举毛泽东思想旗帜,另一方面又要纠正毛泽东的错误。他运用唯物辩证法运用得非常好。

邓小平搞拨乱反正区分三种情况:第一种,毛主席做得对的,继承下来并加以发展;第二种,毛主席做得对而没有做完的,继续做完做好;第三种,毛主席做错的,予以纠正。这样,邓小平就继承和发展了毛泽东思想。

邓小平从中央苏区时就被认为是"毛派"而受到打击。他是真心实意敬佩毛泽东,拥护毛泽东,相信毛泽东思想的。

傅高义:1977 年《人民日报》的"二·七"社论,提出了"两个凡是",而邓于 1977 年 4、5 月就针锋相对,有了"实事求是"的说法,批评"两个凡是"。

程中原:我同意您的看法。据我了解,邓小平批评"两个凡是"的经过是这样的。

"二·七"社论发表后,干部、群众中就有议论。我们当代中国研究所现在的所长,同时也是中国社会科学院副院长朱佳木,当时是国务院政治研究室的党支部书记。他从中国人民大学毕业后先到部队,后被分到那里。政研室并非权力机关,但政治上有作用。朱佳木政治上很敏锐,和群众的联系比较多。朱看了"二·七"社论,感到照"两个凡是"办事,天安门事件就无法平反,邓小平也无法复出,政研室也不一定能办下去了。他就到邓力群那儿反映。大约是在 1977 年 2 月 8 日或 9 日,他对邓力群说,你看,照社论讲的"两个凡是"那样搞,问题就大了。……邓力群听朱说后表示,要向上级反映。朱走后,邓力群就找出《联共党史》的五条结束语,其中第二条讲到:"马列主义理论不是教条,而是行动的指南。"要把字句和实质区别清楚,用这个理论解决实际问题。

邓力群带了《联共党史》和社论,去找王震。他们 50 年代在新疆共过事。那时,王震是中共中央新疆分局的书记,邓力群是宣传部长。邓力群说,王老你看,"两个凡是"问题大了,"两个凡是"不符合马克思主义。

王震就找邓小平反映"两个凡是"的问题,引起了邓小平的注意。4 月 10 日,邓致信华国锋、叶剑英和中共中央,针对"两个凡是",提出必须用"准确的完整的毛泽东思想"来指导我们的事业。4 月 14 日后的某一天,汪东兴和李鑫到邓小平那里去的时候,邓小平明确向他们表示:"两个凡是"不行。

傅高义:5 月 24 日,邓小平和王震、邓力群谈话,是中央安排的吗?

程中原:是邓小平自己找他们两位去的,不是中央安排的。邓找他们谈话,我想,直接的原因就是因为有了前面说的这回事。

傅高义:我印象中王震是个"粗人"。

程中原:是个好人。他文化水平不高,原来是铁路扳道工。1927 年参加秋收暴动,当工人纠察队。他对党忠诚,对知识分子很好。在武汉地下工作时,拉黄包车赚来钱,去养活地下党的知识分子干部。50 年代他管农垦系统,在新疆和北大荒,收留了不少打成右派的知识分子,如艾青等等。王震对张闻天也很好。在南泥湾时把自己的皮大衣送给张。1943 年张闻天到晋西北调查,路过王震那里,王震把自己的窑洞让给张闻天夫妇住。

夏杏珍:王震原则性强,人好,帮过很多知识分子。王震说话直来直去。

程中原:他有的话说得很好。比如,他在邓力群写的回忆张闻天的文章上批示:历史要真、正、实。又交代我们张闻天文集传记组的同志要把张闻天主持和参加过的所有中央会议记录都查一遍。

傅高义：(没有完全听明白)真、正、实？

夏杏珍：真，就是不能假，真实的而不是虚假的；正，就是不能歪，正确的而不是错误的，客观公正，不能歪曲；实，就是不能虚，实在的而不是空洞的、浮泛的。就是说，要实事求是，讲真理。

傅高义：邓力群在新疆时跟王震共过事？

程中原：邓力群在王震主持新疆工作时是新疆分局常委、秘书长和宣传部长。1949年6月，刘少奇率领中央代表团秘密访苏，商谈新中国建国的有关问题。高岗、王稼祥是代表团成员。邓力群、戈宝权等三人是秘书。预定王稼祥留下组建新中国的驻苏使馆，当大使。邓力群、戈宝权等三人任代办。谈判期间，形势发生变化。美帝国主义企图策划新疆独立，搞伊斯兰共和国。为加快解放新疆的进程，毛泽东与刘少奇商定，并得到斯大林支持，派人去新疆三区(指中苏边界地带的伊犁、塔城、阿勒泰三个地区)了解情况，对三区革命力量做促进团结的工作，迎接解放军部队进疆，邀请新疆进行民主革命的民族代表人物参加即将在北平召开的新政协。刘少奇看中邓力群，向他交代了任务。于是，邓力群作为中央联络员(后改称特派员)，带一部电台，三个机要员，于8月8日从莫斯科出发，在8月15日那天到达伊宁(伊犁地区的首府)。邓力群与阿合买提江等三区革命的军事和政治领导人进行了多次会谈，他们表示拥护中共中央的领导，并选定了阿合买提江等五个人作为代表去北京。途中飞机失事，五位代表不幸遇难。只好重新派人。这样，赛福鼎等到北京参加了政治协商会议，成为新疆少数民族的代表人物。

邓力群留在新疆工作，联络包尔汉、陶峙岳等和平起义。后来，王震率解放军进入新疆，邓力群就成了王震的秘书长、宣传部长。

邓力群是湖南桂东人。延安时期是马列学院的学员。他关系最亲近的是张闻天。张是马列学院院长。邓力群在马列学院结业后留校工作，故他称张闻天是恩师。以后在中央材料室，主任是张闻天。抗战胜利后到东北，1948年7月邓力群被调到东北巡视团，又在张闻天直接领导下工作。再就是王震，和王震的关系也很密切。

让我们回到原来的话题。1977年5月24日，邓小平见了王震和邓力群，说中央两个人来过(指汪东兴和李鑫)。邓小平追叙了和他们的谈话以及自己给中央写信的情况。这些谈话的主要内容《邓小平文选》第二卷中选进去了，就是《"两个凡是"不符合马克思主义》和《尊重知识,尊重人才》。邓小平谈到了马上就要出来工作。在这之前,在三月中央工作会议上,陈云和王震都提出要让邓出来工作。

傅高义:我听说抓了"四人帮"后,是叶剑英提出让邓小平出来的。

程中原:我听吴德谈过,大致是这样的。抓"四人帮"时,邓小平住在西山军委疗养地,叶剑英住在玉泉山中央机关疗养地。1976 年 10 月 6 日,粉碎"四人帮"后,李先念和吴德一起去看邓小平,告知他"四人帮"被粉碎了。邓听后很高兴,说:这下我可以安度晚年了! 李先念和吴德接着说:不,你还要出来工作,至少恢复到原来的职务!

高申鹏:这些情况,《吴德回忆录》中写了。

傅高义:抓了"四人帮"之后,邓小平只想到"安度晚年"么?

程中原:据吴德讲,邓小平的第一反应是如此。1977 年 7 月,邓小平复出工作,比较低调,说愿当教育和科研的"后勤部长"。邓出来后确实很注重教育和理论。胡乔木说,邓很关心理论,甚至比毛泽东还要关心。

傅高义:但是邓很务实,不是理论家。

程中原:邓不像一般理论家那样谈理论,他谈得更多的是实在的东西,解决实际问题的论断、决策。但是他对理论很关心、很敏感。在领导中国改革开放的实践中,在建设有中国特色的社会主义的过程中,他的思想观点形成了理论体系,称之为"邓小平理论",是恰当的。

傅高义:邓小平理论中最重要的是什么部分呢?

程中原:我认为是关于什么是社会主义,以及中国应该怎样建设社会主义。

邓小平所说的社会主义,是要实现共同富裕,以公有制为主体,但不排除私有制作补充。

傅高义:邓小平什么时候有了这些理论呢?

程中原:应该是 80 年代。

夏杏珍:应该是改革开放之后,原来根本不允许搞私有经济。

程中原:邓小平说,市场经济是手段,资本主义可以用,社会主义也可以用。中国的社会主义是初级阶段。

傅高义:邓小平考虑社会主义再发展五十年之后会是怎么样的呢?

程中原:邓小平认为共产主义是长远目标,其实毛泽东也这样认为。毛同金日成说过，那至少是一二百年之后的事。在邓小平自己的时代，现实目标是建设社会主义，中国争取 21 世纪中叶达到中等发达国家的水平，20 世纪的目标则只是小康水平。他订立的目标很具体、实在。

傅高义：邓小平是否并不在乎真能实现共产主义，他的这些提法只是为了说服别人？

程中原：不能这么说。邓小平从青年时期就接受马列主义，树立了共产主义理想。他们那一代人很多人虽然家庭出身是地主、资本家，但真心实意接受马列主义。认识到社会发展的规律必然走到共产主义，理想的社会就是共产主义。否则很难解释他们一代人做了那么多牺牲。这些都是为了这个理想。这是一个科学的问题，信仰的问题。

邓小平的理论简单明了，但很管用。刚才谈过的，改革开放、共同富裕、初级阶段、市场经济，等等，这些都是邓小平理论的主要组成部分。归结到培养人，是培养"四有新人"，要培养有理想、有文化、有道德、有纪律的社会主义新人。

傅高义：很多外国人认为邓说的商品经济和市场经济是一样的，现在看来并不完全一样。

程中原：邓小平有个底线，是要坚持社会主义原则。

傅高义：1975 年后，邓的思想发生了很大改变。毛在的时候他在毛所允许的范围内工作，毛一死，他就慢慢地开始做更多的事情。1974 年他去了美国，1975 年他去了法国，他比较了解外国。1977 年初，他发现华国锋不够开放，他思想发展了，反对"两个凡是"。去年，我见到新加坡的李光耀。李光耀告诉我，1978 年邓去新加坡时，惊叹新加坡的发展水平，新加坡的发展出乎他的意料。他看到新加坡发展如此之快，意识到国内的体制需要改革。

程中原：我同意您的看法。

傅高义：1978 年他去日本时，也意识到了差距。在这之前，他也许想不到差距竟这样大。1976、1977 年大概还未考虑到体制改革。

程中原：我们没有机会接触李光耀这样的人物。您刚才讲的李光耀跟您谈的情况，对我来说，是很新鲜的信息。先前我们没有得到这些信息。不过，在这方面，我也可以就我知道的情况做点补充。有些情况您也许已经注意到了。1978 年 10 月邓小平访问日本，参观了汽车厂、钢铁厂，从东京到京都，乘新干线上的超特快列车,非常感慨,说:就感觉到快,有催人跑的意思,我们现在正合适坐这样的车。后来又访问东南亚,到了新加坡、泰国、马来西亚。对新加坡的印象最深。回来时,党的十一届三中全会前的工作会议已经开了几天……

傅高义:他 11 月 14 号回来,工作会议在 12 月中结束,……

程中原:是的。这时,全党工作重心转移的问题已经成为共识,确立实事求是的思想路线,坚持有错必纠方针等新问题提了出来。原来准备的邓小平在工作会议闭幕会上的讲话稿,已不能适应新形势的需要。邓小平亲自写了三页提纲,要求把讲话稿重新写过。对重新写出的稿子,邓小平看后又谈了很多意见,其中就讲到了新加坡的发展。这次谈话,胡乔木有一个记录,用圆珠笔,字很小,记在文稿的最后一页背面。邓小平特别提出工人工资和农民收入问题,还有工人的住房问题。邓特别举了新加坡的例子:新加坡月收入 1 500 新币有权买房产,5 间房子,70 平米,花半年工资。那里的房租＝工资 15％(欧美日 1/3)。我在关于邓小平这篇讲话稿(通常称为十一届三中全会的主题报告)起草经过的论文中作了介绍。胡乔木记录的手迹后来在《党的文献》上发表过。这篇论文收入了我们的《历史转折论》。

傅高义:从 1975 年到 1978 年三中全会,邓的思想不断发展,一步一步地发展。

夏杏珍:邓小平关于怎样抓教育的问题尤其值得重视。他特别强调要多吸收外国的东西,要用外国的教材、仪器、教学方法。这个在 1975 年没有,但在 1977 年就有了。他还提出要向国外派留学生,请外国专家学者来。他对向外国学习很重视。

傅高义:这很重要。邓小平不怕国外的影响,他很大胆,也很自信。

程中原、夏杏珍:是这样的。

傅高义:邓小平的这个判断是很不容易的。当时很多人怕外国的影响,而他能够这样的自信。这也是因为中国已经改革开放了,找到了自己发展的正确道路。

毛泽东对邓小平的看法和对刘少奇的看法不一样,他认为邓还是毛派的人。1956 年毛让邓做总书记,当时毛考虑过林彪、邓小平为接班人。1966 年,毛为何打倒邓？毛觉得邓不完全跟着自己。邓不太说话,不和毛沟通,却自己干了很多事情,导致毛的不满,最终把邓打倒。1971 年林彪出事之后,毛慢慢地才让邓回来,用了一年半的时间。毛为什么不在林彪倒台后,马上让邓小平出来呢？

程中原:这个我也不清楚。只能作一点分析、推测。毛的安排和考虑是很精心的。他对邓很器重。"文化大革命"发动起来以后，毛让邓找过林彪，希望两人能合作，但是邓和林一谈就崩，谈不拢。林出事后，毛看好的接班人是李德生。李是十二军军长，曾在刘邓大军中当师长，朝鲜战争中有战功。在安徽支左中很勇敢，亲自跑到堡垒里说服武斗的两派停止战斗，还让解放军挥舞着红宝书站在两派中间，阻止他们武斗。李做了安徽革委会主任。在1968年八届十二中全会上，周恩来让李德生站起来，介绍给毛泽东认识，也让大家都知道李德生。林彪事件时，李德生在空军作战值班室坐镇指挥。

批林批孔时，毛看好的是李德生。本来他看好王洪文，但后来对王洪文失望。

傅高义：毛为何对王洪文失望呢？

程中原：王当党中央副主席，没有什么作为，又太腐败。

夏杏珍：他老跟着江青跑，不同周总理等老干部合作。文化水平也不高。

傅高义：我以为毛对人的判断不错，但他对王洪文的判断似乎不准确。为何要重用王呢？

程中原：这和"文化大革命"当时的需要有关。毛看重有工农兵背景的人。王是吉林人，当过工人，又当过兵。王属于那种流氓无产者，造反起家，当上了上海工总司的头头，在上海的"安亭事件"中表现突出。张春桥当时在上海，支持闹事，看中王，推荐王。

到了1973年，八大军区司令员对调时，主要对象之一是李德生。他当时是党中央副主席，北京军区司令员，还是总政治部主任。他被调到沈阳军区当司令员。至于总政治部主任，毛一句话，总政主任李不当了吧，他就失去了这个职位，由张春桥接替了。

夏杏珍：毛为何要李德生下来呢？

程中原：和批林批孔有关。在此之前，军队搞批林整风，清查和林彪有关的人和事。李德生直到1978年十一届三中全会后才平反。平反决定里有一句话，说李德生"推行林彪路线"，"上林彪贼船"，是"不合乎事实的"。这说明，当时怀疑李德生和林彪有不一般的关系。但是后来查清楚这是不实之辞。在粉碎"四人帮"之后，才落实政策，得到平反。"四人帮"当权的时候整李，想来一定是因为李有对"四人帮"不满的表示。林彪死后，"四人帮"就利用它把李打下去。李德生和许世友关系也不错，许也很反对张春桥和姚文元。这样，李德生"出事"之后，毛泽东自然而然地就想到了邓小平。

八大军区司令员调动后,毛采纳叶剑英的意见,请出邓小平,当政治局委员、军委委员,说是请了一个军师,政治局添一个秘书长。叶剑英主持军队工作。

傅高义:1975年初,基本工作是由邓领导的,但毛怀疑邓不支持"文化大革命",所以让"四人帮"控制宣传,用以制约邓。1975年王搞得不太好。一开始,党组织和宣传由"四人帮"控制,1975年7月则开始让邓领导。邓平反了不少干部,特别是一批老的、能干的干部。后来批右倾翻案,但翻案平反确实是邓的意旨。毛认为邓平反太多,在7月后,毛邓的矛盾加深了。您的意见如何?

程中原:平反,主要的发动人还是毛泽东自己。林彪事件后,毛主席就平反"文化大革命"中蒙冤的老干部了。1975年毛对平反的批示有三十多件。我们写的《邓小平在1975》,书中列举了从1972到1973年毛批示平反的军队干部的名单(见该书第400页注2)。

1974年冬,毛提出要解决被关押、受监护的干部,把他们解放出来。同时,提议四届全国人大后进行特赦,"把国民党那些战犯放出来"。文艺调整方面,仅仅周扬一案,就涉及七八十人。毛泽东在林默涵给他的信上批示说:"周扬一案,似可从宽处理。"当时,华国锋、吴德、汪东兴领导专案组,解放了四五百名高级干部。根据毛的批示,对干部的问题予以定性,是人民内部问题还是敌我问题,如果是人民内部问题,工资照发。以前扣发的照数补发给他们。

傅高义:1974年8月,"文化大革命"已搞了八年,毛泽东想搞安定团结,毛对"文化大革命"有自己的判断。

程中原:邓在1975年主持工作时,整顿了军队,解决了冤假错案。其中包括解决所谓"五·一六反革命集团"的问题。该案是江青他们制造的,牵连很广。在徐州市有六千人,算上家属受株连,就是三四万人。

邓小平平反了老干部,下面的干部也就跟着被平反了。

教育界的不少错案也被解决。学校的干部、老师,所谓"臭老九",被扣上各种帽子被打倒的,都得到平反解放。我本人就是在那时得到平反,被解放出来的。我当时在淮安师范学校。我的帽子是"反动学术权威",保皇派。1966年"文化大革命"开始时,校长被揪出来,说他是修正主义分子、走资本主义道路当权派。我公开站出来保他。校长倒了,我也跟着倒了。我成了"牛鬼蛇神"。我被送进牛棚,接受劳动改造。

我哥哥在南京师范大学外语系。他在清查"五·一六"时被怀疑，这使我也受到牵连。当时已经复课，一个被怀疑为"五·一六分子"的同事、青年教师，常来听我的课。工宣队更加密切注意我们，怀疑我们会借听课秘密联络。所以，上课时工宣队也坐在后面听。气氛搞得很紧张，而我还要谈笑风生地讲课，而且不能出错。真难。1975年邓小平上台后，对"五·一六"问题"一风吹"。吹到我们那里已经是冬天了。这才得到自由，可以回江南老家看望老母亲和儿子、女儿。

夏杏珍：所以，我们是邓的路线的受益者。

傅高义：毛自己发动了平反。1975年7月邓主持了党中央工作后，还继续做么？

程中原：全国范围在继续做。但不是邓的工作重点。

夏杏珍：教育上的整顿触到了毛的痛处，超出了他容忍的范围。清华大学是毛抓的一个"点"，邓干预了这个点。后来的反击右倾翻案风不局限于教育范围，但是毛的不满源于教育部门。邓转了刘冰的信，毛非常不满，认为邓转刘冰的信，表明他支持刘冰。

傅高义：时间已经到了。非常感谢两位，解决了我的不少问题。夏杏珍教授谈的这个话题，我们留到下一次再谈吧。

关于整理毛泽东的《论十大关系》

傅高义：关于胡乔木整理毛的《论十大关系》的情况，能否请您谈谈？

程中原：《论十大关系》是毛主席的一篇很重要的著作。当时邓小平主持编辑毛选第五卷。国务院政治研究室成立后，邓要胡乔木重点整理毛主席的讲话。胡绳、李鑫、熊复等共同做这项工作。毛主席在 50 年代中期的重要著作《关于正确处理人民内部矛盾的问题》已经公开发表，而《论十大关系》还没有发表。1975 年 7 月 5 日，国务院办公室正式发出政治研究室成立的通知。实际上 6 月下旬工作已经开始。胡乔木开始介入整理毛泽东文稿更早。1975 年 4 月上旬，李鑫就把要整理的稿子交给胡乔木，第一篇就是《论十大关系》。此前，《论十大关系》由姚文元整理过。姚整理得不好，把并非毛当年讲的话加进去，不符合当时的实际情况。邓小平主持工作后重新搞，由胡乔木负责整理。整理工作做得很细致。先将不同的几个稿本集中起来，进行研究，加以比较。整理稿完成后有一个详细的报告。整理稿拿到国务院政研室七个负责人的会议上通读讨论。这种会由邓小平主持。当时叫"读文件"，在军委所在地三座门举行。讨论修改通过后，再拿到政治局会议上讨论。

傅高义：不是政治局常委会？

程中原：是政治局会议。政治局会议讨论定稿后，再送给毛主席本人审阅批准。整理报告连同定稿一起送上去。毛主席本人对每一篇文章都非常慎重。

《论十大关系》的意义，用邓小平给毛主席的送审报告上的话来说："这篇东西太重要了，对当前和以后，都有很大的针对性和理论指导意义，对国际（特别是第三世界）的作用也大。"邓建议："希望早日定稿，定稿后即予公开发表，并作为全国学理论的重要文献。"从 1975 年整顿来看,邓小平认为此文对各方面工作有十分重要的指导作用。1975 年各方面关系非常复杂,斗争尖锐,很需要用毛的这篇著作做指导来处理好各种关系。因此,邓小平写报告给毛主席,请求发表《论十大关系》。

夏杏珍: 不仅经济关系、政治关系要处理好,文化政策也要调整好。十大关系处理好了,中国的事情就好办了。其中,正确处理人民内部矛盾是最重要的关键问题。邓小平重视《论十大关系》的原因,在于当时形势太乱,他要用毛主席论十大关系做理论依据,统一大家的思想,调动一切积极因素。

程中原: 整理稿毛主席看了两次,考虑的结果,最终没有同意立即公开发表。批示:"可以印发政治局同志阅。暂时不要公开,可以印发全党讨论,不登报,将来出选集再公开。"毛主席对自己的著作非常慎重。毛知道他说过的话影响太大了。他强调理论要经过实践检验。他的讲话,他的著作,也要在实践中得到验证才行。

关于军队整顿

傅高义：关于军队整顿，我有两个问题：(1)林彪垮了台，来了李德生的人，后来又来了一些叶剑英的人。当时邓小平和叶剑英一起。与林彪有关的一些人是否还在军队？(2)邓小平要求军队人数减少。他跟军队的矛盾是否与减少人数有关？

程中原：对军队整顿，我研究不够深入。按我个人理解，军队整顿有不同层面，不同时期。1971 年"9·13"林彪事件后，毛主席即指示"军队要整顿"。这时邓小平还没有出来，叶剑英主持。成立了军委办公会议，筹备召开军委扩大会议。预定军委扩大会议在 1972 年 3 月举行。2 月就准备好了主报告和决议案。但是，由于此后接连发生各种事件：批林整风，中共十大(1973 年 8 月)，八大军区司令员调动(1973 年 12 月)，西沙自卫反击战(1974 年 1 月)，批林批孔(1974 年)，军队高干会(1974 年夏)，军委扩大会议就没有开起来。1975 年 1 月，邓小平任总参谋长、叶剑英任国防部长，召开军委扩大会议、部署军队整顿的工作重新启动。1975 年 1 月25 日，邓小平在总参谋部机关团以上干部会上讲话，提出遵照毛主席指示整顿军队的任务。

也就是说，1975 年前，军队的整顿已经开始部署，关键性的措施，如八大军区司令员调动，1973 年冬就进行了。从这时到 1974 年夏召开军队高干会，军队上层继续清查、清理与林彪有关的人和事，这七八个月，是 1975 年前军队整顿最重要阶段。以后，通过 1975 年军队整顿，最重要的一项收获，就是调整了部队主官，把军队的领导权，从上到下掌握在可靠的干部手里。至于裁减军队人数、调整编制建制，腾出有限的国防经费，用于加强国防科技研究，加强空军、海军、导弹部队等部队建设，改善部队武器装备，一句话，加强军队的现代化建设，邓小平与军队干部，全军上下，是一致的，没有矛盾。

　　毛主席讲八大军区司令员对调的理由，其中有一条，一个人在某个地方呆长了不好。但是，毛说过后发现自己这话逻辑不周全，就又说，有些人呆得并不长。司令员调动时，不带秘书，光杆司令一个，到另一个大军区上任。

关于派性和铁路整顿、钢铁整顿

傅高义：中国是个大国,瓦解地方派系的问题很重要。背靠背揭批,地方有派系。派系问题是否"文化大革命"留下来的问题,而不是知识分子之间的问题?

程中原："文化大革命"派系问题也是几经变化。到1975年,继续当派头头的人已经不是老造反派。各地最初成立革委会时,搞三结合,革委会中的群众代表是造反派(有不同派别),老干部代表大多是同邓小平一致的人。总的说来,造反起家的人,跟党中央不一致,跟"四人帮"是一致的。后来"批邓"时讲邓小平"举逸民",就是说他启用被打下去的老干部,让被打倒下台、在野的老干部("逸民")又复出掌权。徐州一个坏头头名叫顾炳华,本是徐州地区物资局的技术员,靠造反起家。南京也有两大派。一派是红总,称"好派"。1月26日夺江苏省委的权,红总为主。红总说"一二六"夺权好得很,故称"好派"。另一派"八二七",说"一二六"夺权好个屁,故称"屁派"。"屁"字不雅,用英文字母P代替,写作"P派"。徐州两派称为"支派"和"踢派",同南京两派是分别联着的。"四人帮"的一贯做法是支一派打一派。派别很多是以工人作为基本队伍的。武汉最大的造反派,称为"百万雄师"。徐州两派,一派控制铁路,一派炸桥破路,严重影响铁路运输。当时,邓小平以铁路整顿为突破口,3月5日发出《中共中央关于加强铁路工作的决定》。万里新任铁道部长,亲自到徐州整顿。江苏省委派一名常委前往协助。搞了十二天,把徐州的问题解决了。

傅高义：革委会组织什么时候结束的?

程中原：1975年四届人大,革委会写进宪法,明确地方各级革委会是地方各级人民代表大会的常设机构,同时又是地方各级人民政府。"文化大革命"以后,1979

年 7 月,五届全国人大二次会议通过地方各级人民政府组织法,地方各级革委会改回地方各级人民政府。"革委会"的历史终结,各部门、各单位不再使用革委会的名称。

傅高义:邓小平有头脑,有战略。在徐州让铁道部与江苏一起搞整顿,这很重要。

程中原:邓小平抓铁路整顿,有三个主要特点:一是敢字当头,敢于碰硬,雷厉风行,大刀阔斧;二是捉住主要矛盾,善于抓要害,抓突破口;三是放手发动群众,中央文件,方针政策,一竿子到底,同干部群众直接见面。

邓小平善于抓突破口,看准了哪里是关键所在,就把那里作为突破口。突破一点,带动全局。1975 年整顿,首先抓铁路,以徐州为突破口。1977 年拨乱反正,从教育突破,以恢复高考和推倒"两个估计"为突破口。邓小平亲自抓恢复高考大家都知道,亲自抓推倒"两个估计"的文章,很多人不大知道。

邓小平认为,历史证明,"文革"前十七年培养的人大多数是好的,是为社会主义服务的。在写文章过程中,从迟群的笔记本上发现毛主席 1971 年的谈话,说十七年培养的人才大部分都是好的。"一年土,二年洋,三年不认爹和娘"。毛主席说,爹娘还是认的,只是碍于面子,背后还是认的。说明"四人帮"搞的全教会纪要篡改了毛主席原话,与毛说的意见完全相反。邓小平亲自抓这篇文章的写作,还让胡乔木直接参与修改。每一稿邓小平都看。最后定稿,由他批示在《人民日报》上发表。这篇文章发表以后,推动了拨乱反正的全面展开。"文化大革命"从教育开始。邓小平针锋相对,拨乱反正以教育战线作为突破口,带动其他部门。

他还根据不同部门不同情况提出解决问题的不同办法。比如铁路整顿,邓强调铁路与地方要脱钩。铁路可说是半军事化的部门,一定要集中,铁路的造反派同地方的造反派搞在一起,势必影响正常运输,一定要脱钩。钢铁整顿,邓小平主张钢铁要与地方结合。因为工人吃饱、吃好才能炼好钢。离开了地方支持,钢铁生产就搞不上去。太原钢铁厂,经过整顿局面很快好转,同太原市支持分不开。太钢工人需要的肉、蛋、烟、酒,太原市都保证优先、充分供应。所以,钢铁与地方结合是一条经验。

邓力群与《论总纲》以及国务院
政治研究室的命运

傅高义：请谈谈邓力群与《论总纲》的情况。

程中原：邓力群获得解放,在五七干校和回到北京后,做了三件事:整理写成《〈论持久战〉的哲学思想》、整理《毛泽东读社会主义政治经济学批注和谈话》、整理《毛主席论阶级斗争和人民民主专政》。这时,刚好邓小平筹建国务院政治研究室,他被提名为七位负责人之一。1975 年 7 月 5 日,国务院办公室发文件宣布政治研究室成立。国务院政治研究室七位负责人,分成两个部分。一部分主要负责编毛选,一部分负责日常工作。胡乔木总抓,主要精力放在编毛选。邓力群和于光远负责日常工作。这期间,邓力群协助邓小平做了很多工作,特别是主持写《论全党全国各项工作的总纲》。《论总纲》讲了邓小平用"三项指示为纲"做指导领导整顿的思想,是为当年冬天到第二年春天开展全面整顿做思想理论准备的。究竟是怎么写出来的,很多人不清楚。

傅高义：这是三株"大毒草"之一?

程中原：是的。另外两株"大毒草"是加快工业发展的条例《工业二十条》和《科学院汇报提纲》。

"四人帮"气势汹汹地批判"三株大毒草"。说这是邓小平刮"右倾翻案风"的一体两翼:《论总纲》是主体,《工业二十条》和《科学院汇报提纲》是两翼。就邓小平的总体布局来讲,倒也是。《论总纲》讲的是总的指导思想,全面整顿的总体部署,总方针、总政策,确实可以说是主体。《工业二十条》讲的虽是工业问题,但所有经济部门都可以参照执行。科学技术部门的问题,也都是全方位的整顿,经济部门、意识形态、上层建筑都包括，其重点是知识分子问题，对上层建筑特别是文化、教育等意识形态部门，都有指导意义。写《论总纲》这样一篇文章，是胡乔木出的题目，讲了基本的构思，要邓力群主持写作。胡乔木向邓小平汇报了这个主意，邓小平很满意，说写好了，可以给国务院负责同志看，可以作为《人民日报》社论发表。但是邓小平并没有具体指示该怎么写。这个稿子当时也没有最后定稿。

傅高义：1977 年邓小平回来后，认为《论全党全国工作的总纲》是香花不是毒草。

程中原：是的。邓小平 1975 年并没有看到这个稿子，后来才看到。1977 年 5 月 24 日接见王震和邓力群时，讲了您上面引用的那句话。

邓力群主持写《论总纲》这篇文章，找了四个人：胡绩伟、余宗彦（邓力群在马列学院的同学）、苏沛、滕文生。邓力群要大家先学习、研究 1975 年以来中央发的文件、小平同志的历次讲话，同时阅读毛主席的理论指示和其他有关指示，以及马、恩、列有关无产阶级专政的语录。还找一些单位的同志来开了两次座谈会。然后讨论写作方案，商量确定了一个文章的框架，然后分工去写，每人写一段。胡绩伟第一个写出来，邓力群看后感到不行，不能用。于是，邓力群采用由他口授，让苏沛、滕文生笔录的办法。邓讲一段，苏、滕记录整理一段，付印一段，然后五个人在一起讨论，最后由邓力群修改、定稿。题目也是到最后由邓力群确定的。

傅高义：《论总纲》1977 年邓小平看过后就出版了吗？

程中原：1976 年"批邓"时，张春桥他们搞批判三株"大毒草"，就出版了。三个小册子印刷了几千万本，是由人民出版社出版的。

傅高义：是不是"四人帮"本来想把它们当作毒草批判，但是很多人看了以后认为写得很好，不是毒草而是香花？

夏杏珍：您说得很对。这叫"适得其反"。

程中原：大家拿到让批判的小册子一看，《论总纲》写得很好啊！照《工业二十条》、《科学院汇报提纲》办，不错嘛！于是对邓小平更加支持了。

接着再说一点关于《论总纲》写作的情况。1975 年 10 月 7 日《论总纲》初稿写成。现在有一种误传，说初稿是胡绩伟写的，其实不是。胡绩伟参与了写作，是四个人中的一个。他第一个完成了分工写的那一部分，但是，邓力群看后觉得不行，又重新搞。

《论总纲》初稿搞出来后,给政研室的其他几位负责人看,被胡乔木否定了。说写得太尖锐,用论战性的语言不好,要考虑策略。但熊复却认为还不够尖锐。结果还是按胡乔木的思路重新写,还是邓力群负责,不用论战语言,题目改为《为巩固无产阶级专政而奋斗》。给胡乔木一看,没有讨论就说,题目就不行。这个题目给人一个印象,无产阶级专政不巩固,所以要为巩固而奋斗。于是,邓力群同苏沛、滕文生又搞一个稿子。同时,胡乔木叫吴冷西也写一篇。两个组平行作业。第三稿写出来后,就要开始批邓了。所以最后交出去的还是第一稿。邓力群承担责任,把稿子是如何起草的情况,写了一个报告,交给华国锋。"四人帮"拿到的《论总纲》是最初的稿子。他们就拿出来批判,其实这篇文章还要修改,没有定稿呢。

傅高义:《工业二十条》也有好几个稿子。"四人帮"其实掌握后面的稿子,但是他们没有用后面的稿子,拿出来批判的是比较早的(9月2日)一个颇多错漏的手抄本,不知为什么?

程中原:《论总纲》稿子上没有署名,"批邓"清查的时候,查是谁写的。邓力群当着清查的人的面,在题目上画一个圈,一条直线划下来,签上"邓力群"三个字。说这篇文章是我主持搞的。每句话,每个标点,都由我负责。上面没有布置,具体参加工作的同志也没有责任。邓力群还给华国锋一封信,说明起草经过,独自承担责任。后来印发批判《论总纲》的小册子,作者署名就是邓力群。胡乔木也如实说明:这篇文章是我要邓力群写的,同邓小平没有关系,但我有责任。粉碎"四人帮"后,人们都知道邓力群肩膀硬,是条汉子,在那样严重的高压下毫不推诿,承担责任,很佩服。人们不知道胡乔木也是明确承担责任的。

傅高义:1977年研究室还存在吗?

程中原:华国锋要解散国务院政治研究室。1977年3月4日正式宣布解散。国务院政治研究室的人,哪里来回哪里去。七个负责人中,四个人到了毛泽东著作编辑委员会办公室(简称"毛办"),这个机构设在前毛家湾1号。胡乔木、邓力群、于光远三个,同邓小平关系比较密切,晾在一边。邓力群提出,有些事情没有做完,不能散。"四人帮"批判三株"大毒草",我们要写文章反驳"四人帮"的诬蔑。我们还要到大庆、大寨去看一看。

傅高义:这么说,实际上没有解散。

程中原:后来,5月24日,邓小平接见了王震和邓力群,说你们的事以后再说,反正有用的人总还是要用就是了。不久，邓小平就出来工作了。这样，政研室就没有解散。但是，华国锋已经宣布解散了，怎么办呢，改了一个名字，把中间的"政治"两个字拿掉，叫国务院研究室。

傅高义：他们还继续工作？

程中原：是的，写了一些批判文章。

傅高义：1977 年邓小平主要抓教育工作。这时国务院研究室做些什么工作呢？

程中原：还是配合邓小平做工作，为拨乱反正、解放思想造舆论。比如：胡乔木参与修改教育部写的推倒"两个估计"的教育战线大论战的文章；胡乔木支持于光远搞按劳分配的讨论和写这方面的文章；邓力群到了国务院财贸小组，就发展社会主义商品生产的问题，编了材料，写了文章，等等。

1975 年整顿为何中断？

傅高义：邓小平这样有本事，但 1975 年他主持的整顿却中断了。这是为什么？原因何在呢？

程中原：对于这个问题，我们在《邓小平在 1975》那本书中作了分析。讲到 1975 年整顿反映了历史的必然要求，全国上下，久乱思治，久贫思富；同时，整顿的中断，又说明这个要求在当时的历史条件下事实上之不可能实现。

为什么 1975 年邓小平主持的整顿导致"批邓、反击右倾翻案风"是必然的？我们分析，因为邓小平和毛泽东在三个层面上存在明显的分歧。第一，在实践层面上，是肯定"文化大革命"，还是否定"文化大革命"？第二，在路线层面上，是以阶级斗争为纲，还是以经济建设为中心？第三，在理论层面上，对什么是社会主义，认识不一样。毛追求一大二公，还有纯，邓则不这样看。

当然，毛泽东的认识也不只是个人的。他追求的社会主义，不仅是中国，而且是国际的一种思潮。中国搞改革开放以后，外国抱着这种极左思潮的人还进行批判。法国的夏尔·贝特兰，曾担任过法中友协主席，写了一本书，书名叫《大跃退》，说改革开放不是进而是退，而且是大跃退。他们在精神上追求平等，认为穷与富，经济是否发展、发达，并不重要。甚至认为只有中国的"文化大革命"才是真正搞社会主义。而邓小平则认为，贫穷不是社会主义，生产力的发展是至关重要的。破除资产阶级法权要有物质基础。没有高度发展的经济，资产阶级法权消除不了，按需分配也是一句空话，社会主义的优越性体现不出来，战胜不了资本主义。这是一个根本性的分歧。记得张闻天在庐山会议(1959 年 7 月)的发言中说过这样一句话："不是要把富的向穷的拉平，而是要把穷的向富的提高。"这句话说得很好，我在《张闻天传》中把它引上了。

　　邓小平与毛泽东在三个层面上存在明显分歧，因此，邓小平整顿中断的命运是不可避免的，邓小平再一次被打下去有其必然性。

关于"四人帮"篡改毛主席的嘱咐

傅高义:"四人帮"更改毛泽东的嘱咐"照过去方针办"为"按既定方针办",究竟是怎么一回事呢?

程中原:10 月 2 日,华国锋看乔冠华出席联合国大会的发言稿,发现稿子中又引用了"四人帮"一直宣传的毛主席"按既定方针办"的嘱咐。华国锋警觉起来,感到在这个问题上已经无可退让,就把发言稿上"遵照毛主席'按既定方针办'的嘱咐"这十四个字删掉,并写批注说:"其中引用毛主席的嘱咐我查对了一下,与毛主席亲笔写的错了三个字,毛主席写的和我在政治局传达的都是'照过去方针办',为了避免再错传下去我把它删去了。"华国锋指出,毛主席的嘱咐是"照过去方针办","四人帮"宣传的,他们搞的稿子,六个字错了三个字。华国锋有毛主席的手迹为证,"四人帮"没法反对华国锋的批注。张春桥即写批语提出此事不向下传达,免得引起不必要的纠纷。江青表示同意。因为华国锋实际上揭穿了他们篡改毛主席指示的严重问题,他们要竭力缩小影响。

华国锋是从地方(湖南)调到中央来的,在北京认识人很少。他把耿飚找来,问耿飚,乔冠华已经去了纽约,这事十分紧急,该怎么处理。耿飚回答说:要改过来,时间来得及。北京和纽约有十三个钟点时差。只要让韩念龙打个电话,通知乔冠华把毛主席那句话改过来就是。华国锋立即把外交部副部长韩念龙找来,问题解决了。当时,中国代表在联合国大会上的发言是要向全国、全世界播放的,影响很大。

华国锋还对耿飚说,最近可能有事。有事我给你打电话。以我亲自打电话为准,秘书的不算。后来,10 月 6 日晚上,抓了"四人帮"后,华国锋在怀仁堂亲自打电话给耿飚，要他带部队占领广播电台。我是听耿飚讲的。以后即由耿飚掌管宣传口。

　　耿飚，红军长征时是红一军团二师四团团长，解放战争期间担任过兵团副司令员兼参谋长。建国后，党中央找一批将军当外交官。耿飚曾担任过北平军调处执行部中共代表团副参谋长，同美国人和国民党打过交道，有外交工作经验，被选派同时担任中国驻瑞典大使和驻丹麦公使。耿飚是湖南人。华国锋在湖南当省委书记时，耿飚回湖南，华国锋接待过耿飚，相互认识。

关于恢复高考

傅高义:下面谈谈教育整顿。1975 年肯定了十七年的教育,要重视教育、科技,提高知识分子的地位,还提到科技大学要恢复直接从高中毕业生中招生。可是,恢复高考到 1977 年才提出来啊。

夏杏珍:1975 年教育整顿主要是周荣鑫领导。周荣鑫原来是国务院秘书长,四届全国人大后当教育部长。林彪事件后,周总理主持工作,批判林彪的极左路线。毛主席对批极左不满意,说林彪卖国,投敌,不是极左,是极右。在教育领域,也进行整顿,当时叫调整。周总理要北大校长周培源在《人民日报》上发表文章,强调加强基础理论课的教育。针对"文化大革命"中不重视基础理论的教育与研究,搞实用主义的做法。

傅高义:我在 1973 年 5 月参加美国科学家代表团访问中国。5 月 27 日下午,受到周恩来总理接见。周培源也在场。周总理说,教育方面的情况问周培源(傅高义的客厅里摆放着周总理当年会见美国科学家访华团全体成员的合影)。

程中原:"文化大革命"期间学校以阶级斗争为主课。学校里主要讲政治课,参加"文化大革命"的活动,搞阶级斗争。中学物理课也取消了,教"三机一泵",就是柴油机、电动机、拖拉机和水泵。

夏杏珍:周荣鑫对"两个估计"进行了批评,但又不能根本否定,因为作出"两个估计"的文件全国教育工作会议纪要是毛主席圈阅过的。周荣鑫主要是为教育整顿做思想、理论上的准备,澄清一些是非问题,比如对"读书做官"、"社来社去"该怎么看。在"文化大革命"的框架内,要彻底整顿教育是不可能的。

傅高义:1975 年教育整顿的对象主要是什么人呢?

程中原：主要是针对观点、思潮，当然也必然会涉及人，但都没有明确地点出来。如加强基础理论教育，迟群就是针对的一个对象。他曾多次讲过，清华所有的系第一专业都是斗走资派。迟群把清华大学的系科搞得很乱，把有长期传统的电机系取消了。有的也是针对毛远新的。比如他提倡的朝农经验、社来社去之类。

傅高义：1975 年邓小平是怎样领导教育整顿的？

程中原：关于这个问题，还有刚才说到的周荣鑫怎么具体进行教育整顿的情况，我们那本书里有相当具体的叙述。夏杏珍以前写过一篇《周荣鑫与 1975 年教育整顿》，收在论文集《邓小平与一九七五年整顿》里。她还有一篇论文《邓小平与教育战线的拨乱反正》，是讲粉碎"四人帮"以后的，发表在《当代中国史研究》去年第四期上面。我在这里说一说大体情况。在 1975 年 9 月农业学大寨会上，邓小平明确提出"教育也要整顿"的任务。会后，在讨论《科学院工作汇报提纲》的会上，邓有很多插话，说教育搞不上去，会拖四个现代化的后腿。科技大学要恢复，从高中生中直接招生。

高申鹏：科技大学在安徽合肥，1958 年就建校了。

傅高义：1975 年进大学的人是经过考试还是靠推荐？

程中原：还是推荐。科技大学从高中生中直接招生也没有来得及做。

夏杏珍：教育整顿改革方面，1975 年想办的事，没有来得及进行。主要是舆论准备，弄清对和错，分清是非。那时有一项重要工作，就是像《科学院工作汇报提纲》那样，搞一个《教育工作汇报提纲》。周荣鑫带领人搞，前后改了好几稿，最后一稿 1975 年 10 月 8 日搞好，这时发生了邓小平转刘冰的信受到批评的事件。刘冰是清华大学副校长，写信给毛主席反映迟群、谢静宜的问题。信交给教育部副部长李琦，李琦送给胡乔木，胡乔木送到邓小平家里，由邓小平转送毛主席。毛说：信的矛头是对着我的。由此引出批邓，周荣鑫也受到批判。《教育工作汇报提纲》虽然搞好了，没有送上去。

程中原：迟群这个人因为没有当上中央委员、部长，就闹情绪，喝酒后发酒疯。刘冰他们写信反映迟群的问题，没有错。

傅高义：工宣队是什么时候撤离的？

程中原：1975 年整顿，胡乔木等人就要求在哲学社会科学部的工宣队回去了。各单位工宣队撤离的具体时间要查一下（经查，1977 年 11 月 6 日，中共中央转发教育部党组《关于工宣队问题请示报告》。批准从学校中撤出工人宣传队。此后，工宣队即撤离)。

夏杏珍：《教育工作汇报提纲》当时没有拿出来。在批了所谓"三株大毒草"以后，张春桥才知道教育方面起草了这个文件，说早知道的话，那是第四株大毒草。

在1975年，教育整顿主要是思想理论上斗争。在许多具体事情上展开。比如，当时有的部门提出要外语人才，就抓住这个问题说，照毛远新的意见搞社来社去，公社又不需要，哪里来外语人才啊。对"两个估计"还不可能触及，不可能根本否定。到1977年拨乱反正，邓小平就没有顾虑了，同1975年不同，首先对准"两个估计"，大力推倒"两个估计"。邓小平大胆地对十七年作出与"两个估计"针锋相对的估计，说：我看，主导方面是红线。十七年中绝大多数知识分子辛勤劳动，努力工作，取得很大成绩。教育工作者更辛苦。现在各条战线上的骨干力量，大都是建国以后我们自己培养的。并明确指出："两个估计"是不符合实际的。还说：《纪要》是毛泽东同志画了圈的。毛泽东同志画了圈，不等于说里面就没有是非问题了。他亲自出题目，要教育部组织力量写推倒"两个估计"的文章。七八九月，他多次讲话，批判《纪要》，驳斥"两个估计"，指导文章的写作，还要胡乔木参与修改。在写作过程中，邓小平对这篇近两万字的文稿，逐字逐句审看了四遍，提出了许多关键性的修改意见。在写作过程中，发现迟群的笔记本上记录的毛主席在1971年全国教育工作会议期间的讲话，同《纪要》所作的"两个估计"完全相反。写作组报告胡乔木，胡乔木又向邓小平报告。邓让胡乔木把毛主席的这些话写到文章中去，不仅非常有力地驳斥了"两个估计"，而且十分有力地揭露了"四人帮"一伙搞阴谋诡计的真面目。《教育战线的一场大论战》这篇文章，最后由邓小平亲自批示在《人民日报》上发表，成为拨乱反正的一个突破口，推动了全国的拨乱反正。

程中原：《教育战线上的一场大论战》的发表，在揭批"四人帮"的过程中打了一个大胜仗。

夏杏珍：《教育战线上的一场大论战》的发表，从思想理论上批判"两个估计"，恢复高考是从实际上批判"两个估计"。

傅高义：邓小平关于教育工作的一些具体思想，开办重点学校，恢复高考，是从哪儿来的，是否看了一些外国的报告？

程中原：邓小平教育思想，他的具体办法，来源有几个方面。第一，从自己的经验中来，从实践中来。邓重视经验，包括重视自己的经验。第二，从儿女那里，通过同子女交谈，如邓朴方和他的同学的情况。第三，遵循客观规律。邓小平讲过这样一番话："为什么要直接招生呢？道理很简单，就是不能中断学习的连续性。18岁到20岁正是学习的最好时期。过去我和外宾也讲过，中学毕业后劳动两年如何如何好。实践证明，劳动两年以后，原来学的东西丢掉了一半，浪费了时间。"

傅高义：邓小平很坦率，敢于承认自己错了。对毛"大跃进"的错误，他也说，错误不是主席一个人犯的，我们都有错。这是邓小平伟大的特点。可以说，他的正确思想来源于实践。

程中原：是的。也有从学者那里得到的。比如黄昆，一位半导体专家，对邓小平也有启发。邓小平看到我们的科技水平同外国的差距很大，不抓教育科技不行，不搞改革不行。怎样培养人才？邓小平提出的措施中，有一项是办重点学校，他很强调这一点。为什么？我们没有那么多钱啊！只能集中有限的财力、人力，先办好重点学校，培养一批人才。这就是从实际出发，这就是抓主要矛盾。

傅高义：邓小平善于从战略上考虑问题。推动现代化建设，需要人才。但中国穷，只能先抓重点，是不是这个逻辑？

程中原：是的。钱只有那么一点，如果遍地开花，数量是多了，没有高质量的，难以培养出高精尖的人才。

傅高义：邓小平很有才华。他能去法国留学，也是靠才华，经过考试的。他的教育改革的思想是由来已久的，是有根底的。

夏杏珍：恢复高校招生考试制度，是邓小平拨乱反正、深得人心的一个举措。

程中原："文化大革命"中恢复高校招生，采取"自愿报名，群众推荐，领导批准，学校复审"的办法，主要是领导批准，实践证明，这种办法不可能把最优秀的人才推荐、选拔出来。

傅高义：会拍马屁的人推荐领导干部的子女，是不是这个问题？

夏杏珍：不仅如此，在乡下劳动的知识青年要想得到推荐上大学，就得给干部送礼。走后门，干部特权，种种腐败就从这里来了。"文化大革命"中形成的十六字招生方针实行群众推荐，取消考试制度。邓小平抓住要害，针锋相对，恢复高考，(从高中毕业生中)直接招生。邓小平还没有恢复工作的时候，1977年5月24日同王震、邓力群谈话，就指出：要经过严格考试，把最优秀的人集中到重点中学和大学。复出后,即提出:是否废除高中毕业生一定要劳动两年才能上大学的做法? 指出:重中之重还是直接招生。此后他听取恢复高考的呼声,针对高校招生会议作出的基本沿用十六字方针的决定,在 8 月 8 日科学与教育座谈会结束时明确指示:今年就要下决心恢复从高中毕业生中直接招考学生,不要再搞群众推荐。后来又指出:招生主要抓两条:第一是本人表现好,第二是择优录取。

程中原:恢复高考是邓小平最得人心的大事之一。影响到千家万户。农村孩子,俗话说靠书包翻身,就是说靠读书上学走出农村,改变命运。对好学上进的知识青年来说,也有了奔头。

夏杏珍:1977 年恢复高考,考生多达 570 万,录取 273 000 人;1978 年,考生 590 万,录取 674 000 人。

傅高义:刚恢复高考,大学招生等工作是否有些乱?

程中原:在当时也难免,那么大的工作量,那么多的考生,学校长期没有正常招生、正常工作了。单说考试卷,几百万考生,几门课,就是二三千万份试卷。那么多纸从哪里来? 听说,邓小平拍板,动用印《毛选》的纸印考试卷,才应了急。

傅高义:恢复高考,是不是邓小平说服了教育方面的负责人?

程中原:当时还没有展开真理标准讨论,人们的思想还不够解放。"文化大革命"中恢复高校招生,还有那个取消考试,实行群众推荐的办法,是毛主席定的,不是要"照过去方针办"吗,谁都想不到要改变,也不敢改变。

夏杏珍:1977 年 6 月下旬,全国高校招生工作会议是在山西太原的晋祠开的。恢复高校招生考试的意见遭到否定。理由是招生考试是"两个估计"中所批评的"资产阶级专了无产阶级的政"的"十七年"的做法,而"两个估计"是毛主席画过圈的,不能违背。会议决定,继续采取"文化大革命"中的招生办法。

傅高义:参加第一次招生工作会议的人士是不是有很多"左派"?

程中原:没有想过这个问题。

夏杏珍:也未必。"左派"自然有,但不见得很多。主要是当时受"两个凡是"和"两个估计"束缚,思想解放没有到那个程度。

傅高义:这么说,太原会议是失败了。那么,第二次会议是怎样进行的呢?

夏杏珍:上面已经说了,邓小平对高校招生,紧紧抓住两条,一条是直接招生,一条是严格考试。邓小平不同意太原会议的决定,在 8 月 8 日科学和教育工作座谈会结束时明确地说："今年就要下决心恢复从高中毕业生中直接招考学生，不要再搞群众推荐。"教育部根据邓小平的指示，于8月13日起在北京召开第二次招生工作会议。会上发生激烈争论。教育部门有的领导受"两个凡是"束缚，对邓小平的主张抱犹豫、观望态度。也有人提出，可以招百分之一到百分之五高中生试试。绝大多数还是招收工农兵学员，还是用群众推荐的办法。恢复高校招生考试制度再次陷入困境。9月19日，邓小平同科学和教育工作的负责同志谈话，再次重申从高中毕业生中直接招生的主张。并且讲了为什么要直接招生的道理，以及搞好招生工作的关键所在。由于邓小平坚持，第二次招生工作会议才做出决定：恢复高校招生统一考试制度。教育部在邓小平指导下拟订了《关于1977年高等学校招生工作的意见》，邓小平亲自修改，报中央政治局讨论并原则通过，修改后经华国锋圈阅同意，国务院转发了《关于1977年高等学校招生工作的意见》。当年冬天，因"文化大革命"停止了十年的高校招生考试制度恢复。

傅高义：中国人民大学是不是在这时恢复的？

程中原：要稍早一点。1977年7月29日和8月1日，为准备召开科学和教育工作座谈会，邓小平听取方毅、刘西尧汇报（方是科学院副院长，刘是教育部部长），并就教育工作怎样改革开放谈了许多指导性的意见。其中提出：要抓一批重点大学。北大、清华要恢复起来。人大恢复要做准备。在这之前，胡乔木、于光远已经向邓小平建议恢复人民大学。8月3日，方毅到胡乔木家中传达了邓小平两次谈话的内容。胡乔木即找有关同志研究落实。8月中旬，人民大学的一些领导同志就提出《关于恢复中国人民大学的几点意见》，着手落实邓小平恢复人民大学的指示。8月3日方毅的传达，胡乔木有个记录，大概有六七页纸。上面写明是8月3日。看胡乔木亲笔记录的内容，我以为是乔木直接听邓小平谈话的记录。我觉得很重要，向文献研究室《邓小平年谱》编写组提供这份手迹。他们从档案中发现，8月3日下午有一次谈话，是邓小平同胡乔木、于光远、邓力群三个人进行的，内容是商议为邓小平起草在中共十一大的讲话稿和撰写一篇关于三个世界的文章等问题。胡乔木8月3日的这份记录究竟是怎么一回事呢？他们进行了细致的调查。据朱佳木（当时是胡乔木的秘书）的笔记本记载，8月3日，方毅到胡乔木家里传达邓小平的谈话。这才搞清楚，胡乔木记录的邓小平的谈话，并非直接听取，而是方毅向他做的传达。

傅高义:恢复中国人民大学有困难吗?

程中原:困难很多,主要有两个。一个是教师。人民大学停办以后,教授、老师都转到北大、北师大去了。要把这些人找回来,不是一件容易的事。另一个困难是房子。人大停办后,刚好解放军一个新的军种第二炮兵,也就是导弹部队创立,占用了人大的校舍。高校招生考试制度的恢复,全国 1977 年、1978 年接连招收近百万新生,当然有利于中国人民大学的恢复。

关于实践是检验真理的唯一标准的讨论

傅高义：上次讲到，邓小平在东北的讲话很重要。从 1978 年 5 月到 9 月，我觉得，风向变化很快。

程中原：是这样的。但同时要看到，在 1978 年真理标准讨论之前，已经有很长一段时间的舆论准备。上面已经讲到，针对"两个凡是"，邓小平在 1977 年 4 月 10 日给中央的信中提出运用毛泽东思想要准确、完整（这信经华国锋批准于 5 月 3 日在党内转发），5 月同王震、邓力群的谈话中强调毛泽东思想是一个科学的思想体系。与准确、完整地学习、运用毛泽东思想相呼应，并有发展。1977 年 9 月纪念毛主席逝世一周年时，《人民日报》发表陈云、聂荣臻、徐向前的纪念文章，强调实事求是、群众路线等毛泽东思想的基本原理。1978 年 1 月和 3 月，《人民日报》发表了讲实践检验真理标准的文章，不过没有产生什么影响。这时实事求是同"两个凡是"虽然还没有正面交锋，但邓小平等领导同志已经认识到必须用"实事求是"战胜"两个凡是"，才能打开新局面。

傅高义：《实践是检验真理的唯一标准》发表后怎么会引起那么大的讨论？

程中原：汪东兴当时是党中央副主席，管宣传。《实践是检验真理的唯一标准》发表后，他说，这篇文章理论上是荒谬的，思想上是反动的，行动上是砍旗的，还说那是"丢刀子"。批得很厉害。中宣部、《红旗》杂志等都采取压制态度。邓小平在 6 月全军政治工作会议上讲话强调实事求是的思想路线，批评"两个凡是"，支持真理标准讨论。以后又多次在不同场合讲这个问题，还同宣传部负责人谈，你不要再下禁令，设禁区了，不要再把刚刚开始的生动活泼的政治局面向后拉。但一些负责人还是坚持"两个凡是"，反对真理标准讨论。叶帅说，既然理论界对真理标准有不同意见,那就开个理论务虚会讨论吧。那时关于经济工作,国务院开了一个务虚会,效果不错。所以,叶帅提议理论界也开一个务虚会。后来,开中央工作会议,接着又开党的十一届三中全会,就拖下来了。理论工作务虚会在党的十一届三中全会以后才开,形势已经大不一样了。提出和坚持"两个凡是"、反对真理标准的人都已经受到批判,在理论工作务虚会上就是进一步清算了。

关于农村改革

傅高义：1978年人们了解到,应该给农村好的待遇,所以给农业投资的比例多一点,把农产品价格提高了,而轻工业产品便宜一点。华国锋希望机械化,很快实现机械化(三年之内)。机械化,主要是指用拖拉机么?

程中原：农村解决运输、收割时候的脱粒等,主要靠拖拉机。实际上,中国到"文化大革命"后期发展得多的是手扶拖拉机,俗称"小手扶"。它对道路的要求不高。既可运输,也可作为粮食加工的动力,也可作为抽水机的动力。

傅高义：1978年搞机械化,减少农民的负担,但是关于农业政策如何?

程中原：1978年实行包工到作业组,但是边远地区和山区可以包产到户。

傅高义：以生产队为基本单位,还有自留地,这些都是1978年解决的。万里在安徽,赵紫阳在四川,都已经搞了一些包产到户。

程中原：邓力群对肥西县的经验是肯定的。他首先向邓小平报了肥西县的材料。万里也亲自去了这个县。

傅高义：我的理解是,邓力群完全支持包产到户。在这点上,当时跟万里和赵紫阳是一致的。

程中原：赵紫阳在四川,主要搞的是农业生产的耕作办法,如不一定要搞一年三季。万里主要是调整生产关系,调整到包产到户。还有宋平在甘肃也搞了包产到户。

傅高义：我认为,很多地方实际上都搞了,但因为政治原因,没有向上面报告。

胡耀邦与平反冤假错案

傅高义:关于胡耀邦主持平反,你书里提到了很多名字,但是每一个案子的平反过程我不太了解。

程中原:冤假错案当时很多,不可能同时全部处理。谁先提出平反的问题就先处理谁的。家属、本人提出来了,就处理。

傅高义:平反是中央和地方同时进行么?

程中原:从中央先开始的。毛主席在世的时候,1974 年、1975 年,他就提出要放出关押的干部,要解除关押,解除监护,解除隔离审查。1975 年据说放了六百多个中央专案管的干部。毛主席当时讲,对国民党的战犯要释放,要给他们路费,愿意去台湾的让他们去台湾。我们自己的干部也解放。1975 年放了很多,对周扬一案,毛说要从宽处理,说干部能出来工作的就出来工作。

关于平反,往往一个重要的决策出来后,很多问题就迎刃而解了。首先是毛主席批示后,进行定性。确定错误的性质,如果是人民内部问题,马上就放人,至于做结论,那是底下的、后来的事,首先解决的是放的问题。如果是敌我矛盾作为人民内部问题的,也马上释放。一般来说不用仔细看档案。关键是定性。如果历史问题不清楚的话,那就要看档案,要查清楚。

1977 年粉碎"四人帮"后,首先牵涉到的问题,就是干部平反问题。有人去看胡耀邦,胡耀邦说了三句话:停止批邓,人心大顺。冤案一理,人心大喜。生产狠狠抓,人心乐开花。说出了当时大家的心愿。

傅高义:有人说,胡耀邦 1977 年 12 月做组织部长后,直到党的十一届三中全会时,对平反工作贡献很大。十一届三中全会后,汪东兴等人也自我检讨了,更多的人可以平反。

程中原：胡耀邦的功劳的确很大。他到了党校以后，抓的很重要的一件事就是平反。胡耀邦组织人写文章，说要把"四人帮"颠倒了的干部路线颠倒过来，为平反制造舆论。等到 1977 年 10 月 7 日，粉碎"四人帮"一周年的时候，胡耀邦把这篇文章发表了。

傅高义：中央专案组的案子多么？

程中原：胡耀邦之前由郭玉峰主持的中组部，对于平反是"不积极，不及时"。郭玉峰把案子都压着。

中央几次提出要把中央专案组（内有一办、二办、三办，以及负责"五一六"案件的联合办公室）的档案、材料转交组织部，但是专案组不交。

专案组的案子相当的多。

胡耀邦组织党校写文章，对平反很积极，因此陈云、邓小平都力荐胡耀邦当组织部长。

傅高义：比较高级的人物，如刘少奇，到 1980 年才解决。陶铸平反得比较快。刘少奇的案子为何那么迟？是否因为比较复杂？

程中原：刘少奇的案子确实比较复杂。"叛徒"、"内奸"、"工贼"三个帽子的伪证要全部推倒，需要时间。

这是和《关于建国以来党的若干历史问题的决议》的起草同时进行的。当时做历史决议，势必会碰到这些问题。在搞历史决议的同时，中国面临很多这样的问题。

傅高义：到 1980 年，平反工作基本解决了么？

程中原：地方解决得比较快，上面解决了，下面的问题也就迎刃而解了。党的十一届三中全会后，进一步平反，不但把"文化大革命"中的，还把历史上的一些冤假错案也解决了。比如建国后遗留的很多历史问题，如处理过"左"造成的错案，也纠正过来了。还有给右派分子的"摘帽"（从 1978 年开始），给改造为劳动者的地主富农摘帽，对地富子女正确对待。还有小商小贩小业主，过去被定为剥削者，现在恢复他们为劳动者。还有起义官兵、地下党造成的冤案……一系列的社会关系作了调整。解决这些问题，对于保证中国整个社会的安定团结、调动各个阶层的积极性，使大家都拥护社会主义，至关重要。执行三中全会的路线，产生了很大的变化，很好的影响。

傅高义：胡耀邦 1977 年 12 月任组织部长。党的十一届三中全会后，胡耀邦又担任宣传部长兼秘书长。为何让胡耀邦去宣传部呢？

程中原：宣传部的任务比较重，需要拨乱反正。原来宣传部是汪东兴管，张平化任部长。他们搞"两个凡是"，压制真理标准讨论。他们此时干不下去了，要走人。宣传部这时非常需要人。

傅高义：中共十一届三中全会后，中央办公厅日常工作由胡耀邦领导么？

程中原：当时姚依林任中共中央办公厅主任。胡耀邦的职务更高，是中央秘书长。中央秘书长实际相当于中共八大时的总书记。

胡乔木是副秘书长兼"毛办"的主任；姚依林是副秘书长兼中央办公厅主任。宋任穷是组织部长。

傅高义：胡耀邦在 1981 年 6 月当了中共中央主席，十二大后是总书记，这时他的工作有无改变？

程中原：他的职务更高了，成了党的"一把手"。工作内容自然也有改变，因为成了总管了嘛。

傅高义：我个人很喜欢胡耀邦。他性格可爱、热烈，能大胆坚持真理。

程中原：胡耀邦在老干部中很受欢迎。在平反冤假错案的问题上，他提出"两个不管"：凡是不实之词，凡是不正确的结论和处理，不管是什么时候、什么情况下搞的，不管是哪一级组织、什么人定的、批的，都要实事求是地改正过来。这"两个不管"极大地推进了平反工作。胡耀邦把中组部变成了老干部之家。他是 1977 年 12 月 15 日正式上任的。组织部放鞭炮欢迎他。胡耀邦概括当时的状况是：积案如山，步履维艰。但他大刀阔斧地干，解决了不少老干部的问题。所以，他在干部中间印象非常好。

傅高义：陈云在延安时期也对干部好。但是康生就不行。

程中原：是的。陈云对干部的要求也十分严格。比如，他提出作家要下乡，说留在这里不下去就不管饭。他强调作家要深入群众生活。胡耀邦主要是平反冤假错案，对干部、对知识分子严格要求方面，与陈云不同。

胡耀邦重视党员干部的党性修养，强调进行新长征，要把革命进行到底。他一辈子忠心耿耿干革命，一直到死。除了平反冤假错案外，他作风民主，热情、坦诚，没有架子。他重视知识分子。这些都是胡耀邦的人格魅力。我的一位朋友杨犁，是《新观察》副主编，跟我谈过他同胡耀邦接触的印象。1957 年，杨犁在《文艺报》被打成右派，下放到涟水县，在江苏苏北地区。当时我在那里工作，与杨熟悉了。杨犁讲过，他对平反，要求不强烈。他说，我不提出平反，因为现在生活很安稳，不愿找麻烦。他是北大的地下党，解放前就到解放区。北平和平解放，他是第一批进城接收的知识分子。第一次文代会时，他是工作人员。1979 年组织上主动找他，给他平反。他又调回北京，筹备第四次文代会。当时，胡耀邦当宣传部长。杨犁说，胡耀邦这个人非常热情，相处平易。有一次召开文艺界会议，前一天晚上，胡耀邦看了一本有关文艺理论的书，第二天即兴讲了一些很内行的话。会后，要发表胡耀邦的讲话。杨犁把整理好的稿子交给胡耀邦，说请你过目，审查一下。胡耀邦没有接过去看，说：不用审阅，就这样发表吧。杨说，没有遇到过这样的领导人，这么相信下面的干部。这是胡耀邦同其他领导不同的性格。

思想解放运动中的胡乔木与胡耀邦

傅高义：胡乔木同胡耀邦的关系怎样？

程中原：1975 年邓小平搞整顿的时候，胡乔木和胡耀邦都是他的得力助手。"二胡"在科学院整顿、搞《科学院工作汇报提纲》这些事情上，互相配合合作，关系很好。粉碎"四人帮"后，胡乔木和胡耀邦在解放思想、拨乱反正、改革开放这些方面，认识都是一致的。胡耀邦到中央党校工作，重要的事情请胡乔木参谋。当时反对思想解放、改革开放，主张"两个凡是"的人，说胡乔木和胡耀邦是邓小平手里的一把"二胡"。说 1977、1978 年是"五胡乱华"。这里说的五个"胡"就是指胡耀邦、胡乔木、胡绩伟、胡克实、胡启立等人（任意当场在互联网上查资料后补充：当时所谓"五胡乱华"之说是"凡是"派对走在思想解放前沿的人的攻击。所谓"五胡"，指胡耀邦"胡说"，胡乔木"胡写"，胡绩伟"胡编"。胡绩伟当时是人民日报总编辑。还有当过团中央书记处书记的胡克实、胡启立）。在十一届三中全会前，北京的沙滩（《红旗》杂志社就在那里），老北大红楼前面围墙上，贴出油印长篇传单，专门攻击胡乔木和胡耀邦搞"修正主义"。两人的一致，也表现在党的十一届三中全会以后召开的理论工作务虚会上。主持理论工作务虚会的是胡耀邦，开幕词和闭幕词都是胡耀邦做的。开会前，胡耀邦请胡乔木在中宣部碰头会上讲话。这篇讲话作为理论工作务虚会的文件发给大家。胡乔木协助邓小平起草《坚持四项基本原则》的讲话。对这篇讲话，理论界有些人不服。胡耀邦坚决支持邓小平，说邓小平的讲话是对的。邓小平讲，党的十一届三中全会前，理论界是很有成绩的，党的十一届三中全会后也是做了很多工作的。理论界有些人认为邓小平对党的十一届三中全会后的评价低了，不如党的十一届三中全会前。胡耀邦说，党的十一届三中全会才开不久嘛！以后成绩多了再说嘛。

理论工作务虚会开会前，1979 年 1 月 3 日，中宣部开了一个碰头会，胡耀邦请胡乔木去讲话。胡乔木在讲话里提出了对一系列问题要重新看待和评价，其中包括"以阶级斗争为纲"，包括"党内矛盾是阶级斗争的反映"这些观点。胡乔木讲话的倾向很明显，是否定毛泽东的无产阶级专政下继续革命的提法。胡乔木提出的问题不单是一个理论问题，同时也是一个实践问题。因为他对毛在社会主义下阶级斗争、党内斗争、党的历史等诸多问题提出了质疑。这个讲话就成为理论工作务虚会之前下发的五六个学习文件中的一个，发到参加务虚会的每个人手里，胡耀邦是把它作为理论工作务虚会的启发报告来看待的。

这一段，胡耀邦和胡乔木是基本一致的。也有不够一致的地方。对资产阶级自由化思潮的性质的认识，胡耀邦认为它是"民主个人主义"，这是毛泽东在建国前评白皮书中评价那些思想没有改造好的知识分子的话。这个话这时被胡耀邦运用。应该说，他对问题性质的严重性认识不够。

理论工作务虚会期间，各地否定四项基本原则的活动很严重，生产秩序、社会秩序、工作秩序都受到影响。一开始社会上只是要求平反冤假错案，这和党内主流思想，即解放思想，批判毛泽东"文化大革命"的错误，是基本一致的。而发展到这时，性质起了变化。如西单民主墙，变成了否定共产党的领导、寻求西方民主的舞台。特别是，出现了要求卡特来解决中国人权问题这样一类内容的大字报，还有在西单民主墙，发生了出卖关于中国对越南战争的情报这样的活动。

傅高义：十一届三中全会后知识分子的幼稚病使他们说了很多过头的话。

程中原：在理论工作务虚会上，胡乔木和胡耀邦是一致的，虽然两个人对否定四项原则的严重性的认识上可能有点不同。当时胡耀邦是宣传部长、秘书长，地位更重要，要更加直接地面对这些问题。

另外，到 1981 年，思想战线座谈会，批《苦恋》(改编成电影后片名《太阳和人》)，就是在这个时候，他们也是大致一致的，没有什么分歧。因为对《苦恋》的批判是在邓小平看了电影之后，由邓小平主动发动的。邓小平认为这部影片是否定共产党、否定共产党领导下的中国。邓小平非常敏锐，看了电影之后就觉得它不行，跟解放军总政治部的负责人提出要批评该片(白桦是部队作家)。很快，《解放军报》就发表了文章。邓小平也交待了，批评中要讲道理。《解放军报》发文章以后,文艺界却按兵不动,没有跟着发动批判。当时一段时间,是文艺界有些人在抵制邓小平的这项决策。

到了 1981 年 7 月 17 日,邓小平找宣传部门负责人王任重等谈思想战线的问题,要求开展批评与自我批评,克服思想战线上的软弱涣散。邓小平说,文艺界有问题不可怕,可怕的是我们负责管理的部门在面对这些问题上表现得软弱和涣散。王任重向胡乔木做了汇报。胡乔木觉得邓小平这个谈话很重要,把这个谈话做了整理,给中央书记处学习、讨论。中央书记处会议决定,召开包括中央、地方、军队三方面的思想战线座谈会,从 8 月 3 号开始,中心议题,我个人理解,是围绕对《苦恋》的批评,开展批评与自我批评,解决思想战线的软弱涣散问题。胡耀邦在开幕会上讲话,胡乔木在闭幕会上讲话。两人在这个问题上基本是一致的。中央后来发的文件,即"如何克服软弱涣散"问题的文件,要全党学习三个人讲话,即邓小平、胡耀邦、胡乔木。

胡乔木在讲话里,一方面分析了白桦的问题,说明我们的思想战线存在什么问题,应该怎么办;另一方面,对毛泽东《在延安文艺座谈会讲话》以来中共在文艺方面的工作做了总结,在肯定毛泽东文艺思想的同时,提出也要反对"左"的问题。胡乔木大胆地指出,延安文艺座谈会上的讲话中,关于文艺从属于政治的提法,把政治标准作为衡量文艺作品的第一标准的提法,关于把具有社会性的人性完全归结为阶级性的提法,还有把到延安来的带有小资产阶级习气的作家同国民党相比、同大地主大资产阶级相提并论的提法,都是不恰当的。胡乔木在讲话稿作为文件发出之前,又给胡耀邦和邓小平写了信,对一些问题作了说明,请他们审阅。胡乔木的这些意见为后来第四次文代会后提出文艺的"两为"方向(不再提文艺从属于政治,提文艺为人民服务,为社会主义服务)奠定了基础。邓小平在第四次文代会的祝辞还没有明确提"两为",但精神是这样的。后来,《人民日报》根据周恩来等的一贯提法的精神,根据邓小平祝辞的精神,写了一篇社论,提出"两为",此后,即称为"两为"方向。

第四次全国文代会上,周扬做报告,事先把稿子送给胡耀邦看。胡耀邦按照惯例,分发给邓力群、胡乔木看,吸收大家的意见。在这个过程中,胡耀邦给邓力群写了封信,说周扬的报告他看过了,认为四次文代会开好的关键,是解决政治和文艺的关系问题。邓力群主持起草邓小平的祝词,由卫建林执笔,贺敬之提了很好的意见,胡乔木做了最后的修改。

在这些事情上,他们基本上是一致的。

关于中国社会科学院的成立及
其后胡乔木等人的工作

傅高义:社科院是什么时候成立的?

程中原:1977 年 5 月 7 日,中央批准成立中国社会科学院。在 1975 年整顿的时候,哲学社会科学部就成立了一个三人领导小组。胡乔木是 1977 年 11 月就任院长的。

傅高义:1977 年 7 月邓小平恢复工作后,胡乔木、于光远、邓力群等人在邓小平手下工作,政治研究室、社会科学院也都协助邓小平做工作。邓小平提出要做"后勤部长",他们三个人是不是基本上搞科学、教育工作呢?

程中原:他们不单单搞科学、教育工作,也协助抓经济方面的工作。比如按劳分配、商品生产等问题上的拨乱反正也参与。

当时,邓力群面临一个到哪儿去工作的问题。1977 年 6 月,姚依林按李先念的意见找邓力群谈话,征求他的意见,愿意不愿意去国务院财贸小组。财贸小组是陈云、李先念分管的国务院的办事机构,姚依林在那里当第一副组长,他是邓力群"一二·九"运动时的老战友,一说就答应了。财贸小组组长是李素文,第二副组长陈国栋。邓力群去当副组长,负责理论研究工作,不管日常事务。

邓力群首先面临的工作是筹备财贸系统学大庆、学大寨的会议(简称"双学会议")。准备领导人的讲话稿,起草会议通知和关于发展商品生产、搞好财贸工作的文章。

首先是起草召开这个会议的通知。这个通知,当时担任国务院副总理的纪登奎在要抓紧做好财贸工作的意见上加上了四个字:理直气壮,变为要理直气壮地抓紧做好财贸工作。胡乔木对中央领导人的讲话稿(后由华国锋讲)进行了多次修改。胡乔木很强调商业和服务业这些第三产业。讲话指出商业和服务业是同工农业并驾齐驱的重要社会行业,社会经济的这种发展趋势,必将愈来愈明显。这是很有预见性的。华国锋的这篇讲话影响很大。外电评论说:这是华当了主席以后第一篇务实的讲话。

傅高义:这样看来,这个财贸战线的双学会议邓小平是与华国锋合作的。

程中原:可以这么说。

傅高义:双学会议陈云有否参加?

程中原:陈云已经出来工作了,但是没有参加。会议由李先念、纪登奎等人领导。

傅高义:1978 年陈云提出调整,邓力群也是这样看吗?

程中原:不太清楚邓力群的看法。不过,邓力群对陈云的经济思想是很佩服的。1980 年冬,他到中央党校讲"学习陈云同志的经济思想",讲了四次。介绍《陈云同志文稿选编(1956 年—1962 年)》。1981 年 3 月出版了《向陈云同志学习做经济工作》的小册子。

傅高义:我有邓力群的这本书。有些外国人认为整理陈云选集出版的时候还没有邓小平选集。邓小平是最高领导人,为什么陈云经济文稿选编先于邓小平选集? 有的人甚至认为这是保守派抢占阵地。

程中原:没有想过这个问题。但我知道一些关于编辑出版《陈云文稿选编》的情况,可以说明外国人的猜测是没有根据的。

为什么要搞《陈云文稿选编》呢? 邓力群在 1978 年访问了日本,1979 年又访问了美国。通过访问,思考中国企业的生产经营制度改革问题。同日本、美国对照,中国企业在生产经营方面存在两个突出的问题,一个是统收统支,一个是企业只管生产不管经营。非改革不行。从访日回来,就成立了质量管理委员会,接着又成立了企业管理协会。经委办了干部轮训班。为给干部轮训班提供学习和讨论的教材,邓力群主持书记处研究室编了两本书,一本是《陈云文稿选编》,开头是从解放后编到 1956 年,以后又编到 1962 年;另一本是马克思《资本论》的摘编本《马克思主义再生产理论》。

傅高义:原来如此。

关于邓小平何时居于主导地位

傅高义：邓小平的势力是何时超过华国锋的呢？

程中原：其实，在中国共产党的历史上，往往是谁的路线方针正确，谁的意见为大家所接受，谁就成为主导力量，谁就能够居于领导地位。华国锋虽然在台上，当了党中央主席，掌握了权力，但他未能正确回答历史提出的"中国向何处去"的问题，他只是照毛泽东过去的方针办，继续"批邓"这一套，违背了历史的潮流。他的下台是必然的。事实上，华国锋在台上时，很多大主意，很多关键性的决策，已经是邓小平、陈云还有胡耀邦等人提出或做出的。华国锋讲民主，没有违拗占多数的、正确的意见，他个人实际上并不左右局面。

关于对粉碎"四人帮"以后两年的认识，中国国内学术界有不同看法。有人认为，从粉碎"四人帮"到十一届三中全会前，是"两年徘徊"，甚至认为这两年历史要摆在"文化大革命"时期来叙述。我们不同意这种看法。这两年的主流是拨乱反正，无论是思想路线、政治路线还是组织路线，都已经变或正在变了。这两年虽然还有"文化大革命"余绪，但不再是"文化大革命"时期了。这两年的基本走向是"前进"。《关于建国以来党的若干历史问题的决议》原稿说这两年是"徘徊"的局面。胡乔木做了修改，加了"前进"二字，成为"在徘徊中前进"的局面。落脚在"前进"上面。这是胡乔木协调不同观点的结果，得到中央全会认可。《关于建国以来党的若干历史问题的决议》是把粉碎"四人帮"后的这两年放在"历史的伟大转折"这一部分来评述的。

至于邓小平何时居于主导地位的问题，我们先来看一下史实。

1978 年 9 月，邓小平访问朝鲜后回国，途经东北视察。邓小平提出，要尽快结束揭批查"四人帮"的运动，把全党工作重心转移到经济建设上来。他说，揭批"四人帮"运动总要有个底,不要总这样搞下去,总不能再搞三年五年。如果搞得好,再有半年就可以了。有些单位搞得差不多了就可以结束,就要转入正常工作。这时,李鑫在北京为华国锋起草党的十一届三中全会讲话稿。华对李说,不要再强调揭批"四人帮"第三战役了,现在要强调经济建设。李鑫问:第三战役不是政治局决定的吗?华回答:邓小平同志在沈阳讲了这个问题,政治局都同意。

我认为,邓小平在东北的谈话,华国锋这样看重,并遵照邓的谈话,转变全党工作中心,应该是邓小平居于主导地位的标志。

现在,邓小平在东北和天津视察的一系列谈话,被称为"北方谈话",与1992年的"南方谈话"相对应。这是支持真理标准讨论、实行改革开放的宣言。邓小平讲了真理标准、实事求是等理论问题,讲了及时转移工作重心的问题,还对工业、农业,科技教育,贯彻按劳分配原则等问题发表了重要的意见。我们当代中国研究所的老所长李力安,当年是黑龙江省委书记。他在吉林的陶赖昭车站上车,陪同邓小平视察,先到哈尔滨,后来又去了大庆。前几年他写了回忆录,记载了邓小平此行的经过,特别是发表的谈话。

傅高义:一些外国人认为华邓之争是权力斗争。现在,听了你的解释,我的印象,这个问题是"谁能领导好中国"的问题。人们认为邓比华更有能力领导好中国。

程中原:我赞成您的看法。中共中央的领导集体是在长期斗争中自然形成的。1977年、1978年,很多大主意都不是华国锋提出的,而邓提出的很多主意都被接受。在群众中,普遍觉得华国锋忠厚老实但能力稍逊,特别是从电视上看到他同外宾谈话,仪态、言谈,都比较拘谨,不像毛主席、周总理、邓小平那样开阔自如。而广大干部群众对邓小平复出后的作为很满意。邓小平恢复了高考,此举深得人心,这也是去除干部特权的有力措施。"文化大革命"中上大学采取组织推荐的办法,干部拥有很大的特权。

1978年开展关于真理标准问题的讨论,汪东兴和宣传部门的一些负责人进行压制,是违背党心民意的。这就使他们处于被批判、被揭发的地位。这时候,全党、全国的主流都站到了支持实事求是的一边。

党的十一届三中全会以后,华国锋仍然是中共中央主席,很多事情仍然由他出面宣布。邓小平的组织观念也很强,党的十一届三中全会"主题报告"写好后,在讲之前,还先送交华国锋审阅。他按照党内的规矩办事。

陈云的贡献和他同邓小平的配合合作

傅高义：由于时间关系，我们来谈陈云吧。党的十一届三中全会以前，陈云与邓力群关系，同胡乔木关系如何？

程中原：党的十一届三中全会前后，陈云与胡乔木关系多一些。1977 年 3 月，陈云在中央工作会议的书面发言，事前同胡乔木商量过。胡乔木帮陈云加了一段，说现在的暂时困难是可以克服的。

胡乔木病危的时候，陈云派秘书前往看望，陈云有三句话，肯定胡乔木的功绩：乔木同志为毛主席做了很多工作，为党中央和中央领导同志做了很多工作，为中纪委做了很多工作。胡乔木听了很感动，表示要继续做工作。陈云主持制定关于党内政治生活的若干准则，主持修改党章，胡乔木都参与了。党的十一届三中全会到十二大，有关党的建设的文件，胡乔木都参与撰写。

陈云和邓力群的关系更加密切。关于历史决议该怎么写，陈云与邓力群谈了四五次，同胡乔木也谈了三次。邓小平与邓力群谈了八九次，直接指导怎么写。

傅高义：关于历史问题，其实陈云在延安时期，就很了解党内情况，因为他的位置比邓小平高，是吧？

程中原：是的。30 年代在上海，陈云就是中共临时中央政治局常委。

傅高义：解放后，经济方面，陈云对毛有看法，也许和邓力群等谈过。不是公开的谈话吧？

程中原：陈云的谈话、文稿先是收到《陈云文稿选编》中公开发表，接着是在《陈云文选》中，然后是《陈云年谱》和最近出版的《陈云传》，公布了许多材料。

傅高义：《关于建国以来党的若干历史问题的决议》的起草问题，陈云和邓力群谈了很多次。邓小平和邓力群也谈了八九次话,但是在《邓小平文选》中只收进了五六次。为什么?

程中原:有几次没有收到《邓选》中去。我想,主要是从内容的重要性考虑,不是因为有什么秘密的内容。对这些谈话,包括没有收进《邓选》的,去年出版的《邓小平年谱》记载很详细。

傅高义:我听说在陈云手下工作的人都很佩服陈云。因为他认真负责,全心全意为党服务,有办法。

程中原:是的。

傅高义:陈云认为市场可以利用,但是计划经济更重要。

程中原:据我了解,陈云首先提出市场经济政策,但他的含义与资本主义关于市场经济的含义不完全一样。他主张计划经济与市场经济结合。外界对陈云的"鸟笼经济"有误解。他对"鸟笼经济"的解释不是狭窄的,是富有弹性的。这只"笼子"对于国际贸易来说,可以包容全世界范围。

傅高义:我同意您的说法。

程中原:陈云同时也是比较注意市场经济的作用的。

傅高义:陈云怕腐败现象。市场经济的确容易带来一些副作用。陈云害怕。邓力群也有同样的心理。按我的理解,邓小平的看法与他们也算一致吧?

程中原:是的,完全是一致的。邓小平有一点很高明,他认为只有发展经济,经济发展了,水平提高上去了,这些问题才可能解决。保持警惕,必要的限制,必要的防止腐败的措施不能缺少。但根本的问题是要发展经济。许多问题,经济发展后才能得到解决。邓小平有一句名言:发展是硬道理。

傅高义:邓小平好像说过"只要开门苍蝇蚊子都会进来",是什么时候说的?

程中原:大概 1981 年或 1982 年吧。

傅高义:我看了你们讲 1975 年的那本书,邓小平说要敢干,大胆干,一些政策后来可以再修改。我认为邓小平为了进步和发展国家经济,就要他们敢干,不要害怕。

程中原:对,邓小平在"文化大革命"中被打成第二号走资派。他从积极方面总结过去经验教训,没有因为被整而害怕。他不怕再一次被打倒。但是,许多干部没有邓小平这样的胆量。

傅高义：我看1975年那本书，1975年10月毛批评邓主持工作的一些做法。毛要邓说"文化大革命"百分之七十是好的。但他就是不说。

程中原：做到这一点真是不容易。"文化大革命"中，一会儿是这样的政策，一会儿是那样的政策。今天你是正确的，明天又说你错了。前一阵批倒批臭，过一阵又结合你，叫做翻烧饼。经过这样反复的政治运动，大批干部吓怕了，就怕犯错误，被打倒。

傅高义：所以他们只有服从领导的指示，是吧？

程中原：邓小平讲实践是检验真理的唯一标准，即使这样，人们也还是害怕犯错误。在重大历史关头，必须好好观察形势，才免得犯错误。

傅高义：1975年可以说是邓小平第一次不服从毛，是吗？

程中原：不，其实以前也有过不同意毛的做法。比如淮海战役，毛开头没有同意打。邓帽子一甩，下定决心打。后来毛同意了。要是一概服从，不发表不同意见，毛不会说有两个"独立王国"，肯定内部有些不听指挥的事情发生，只是我们没有具体研究这些问题。而1975年不愿意对"文化大革命"做决议，违背毛的意愿比较明显。我们叫"软抵抗"。

傅高义：桃花源中人，不知有汉，何论魏晋。这样说表示邓小平不接受毛的要求。毛知道邓跟他不完全一致。不然他不会说一生作了两件事情那番话。

程中原：邓小平超越了不能否定"文化大革命"这个底线。

傅高义：毛知道邓小平能干，邓也不是赫鲁晓夫，但是还是要给他一点压力。小平喜欢和毛谈话，但是后来小平不同意毛的关于肯定"文化大革命"的说法。

程中原：是的，毛要邓小平对"文化大革命"作决定，这是毛对邓抱有的最后希望。

夏杏珍：是毛对邓的最后希望和试探。

程中原：1975年整顿前面一段，邓小平感觉很好，毛很信任他。胡乔木和邓力群向邓小平汇报，江青在大寨讲评《水浒》要害是宋江架空晁盖，江青指的是邓小平架空毛主席。邓小平听了说，是吗，我要向毛主席汇报这个情况。毛听后说江青放屁，文不对题。据说，陈云问邓小平：你对主席的脉把准没有？邓答：把准了。这是个传说。被打倒前，邓对毛有信心。跟毛远新辩论时问毛远新，我主持中央工作从1975年9号文件开始，你看我干得怎么样，我都是按照主席的指示办的。在此之前,他到毛那儿谈过,毛对邓主持整顿以来的工作还是肯定的。

傅高义:十一届三中全会后,陈云是政治局常委,党中央副主席。12 月 25 日任财经委员会主任。

程中原:1979 年 3 月 14 日,中央决定国务院设立财政经济委员会。主任陈云,副主任李先念。当天,他们联名写信给中央,提出要用两三年进行调整。

傅高义:陈云和邓小平的年龄差不多。政法工作是否陈云具体做?

程中原:1978 年 12 月 25 日的政治局会议,确定陈云分管中央纪律检查委员会和公安、检察、法院、民政等中央政法部门工作。政法工作具体是彭真负责做。

傅高义:陈云的工作也包括平反工作吧?

程中原:对,十一届三中全会前陈云就提出不少建议。

傅高义:除平反外,中纪委也管党内犯错误的人?

程中原:是的。违纪违法,都管。陈云做的一件重要的事是确立党规党法,包括制订党内政治生活的若干准则。这是党章的补充。

解决中央人事问题,特别是交接班问题,陈云管得多。一项重要措施是成立中央书记处,集体接班。

傅高义:彭真也负责这项工作吗?

程中原:彭真负责国家宪法的修改和法律的制订,管整个国家。陈云负责党内,在制订党规党法、整顿党风方面的贡献很大。

傅高义:带关键性的是经济问题、人事问题和腐败问题。这些都非常重要。在人事问题上,陈云和邓小平作了大量的重要工作。交接班问题邓小平跟陈云商量做吧?

程中原:这些重大问题他们两个人作为核心人物肯定要商量。

傅高义:陈云关心的问题太复杂,比如腐败等问题。邓力群的基本看法如何?

程中原:对腐败,邓力群深恶痛绝,也很忧虑。

陈云对《广东一些地区走私活动猖獗》一文有个批语,很严肃。说:“对严重的经济犯罪分子,我主张要严办几个,判刑几个,以至杀几个罪大恶极的,并且登报,否则党风无法整顿。”

高申鹏:1982 年新华社有个内部资料,反映广东沿海走私猖獗。陈云指出,严重的要杀头。在陈云的批示上,邓小平加了八个字:雷厉风行,抓住不放。1 月 11

号，中央就向全国发出了打击严重走私贩私、贪污受贿等违法犯罪活动的紧急通知。

傅高义：陈云讲全国一盘棋。1984年对海南岛汽车事件的处理，就是针对全国而来。经济也是如此，从全国范围着眼。

程中原：在历史转折时期，在确立思想路线、政治路线、组织路线的过程中，在解放思想、实事求是，拨乱反正，改革开放，坚持四项基本原则等一系列重大问题上，陈云和邓小平配合合作得很好，关系很密切。我写过一篇题为《邓陈合作与十一届三中全会的胜利》的文章，可以参考。

（姜小凌、任意　记录整理）

后　记

　　本书是一部关于国史研究理论、实践与方法的专题文集,选自作者二十多年来发表的有关本课题的五六十篇文章和公开回答中外学者有关中华人民共和国史研究中遇到的几十个问题,书名为:《信史立国:当代中国史研究纵横谈》。

　　作者在十一届三中全会以后就进入党史、国史研究领域。1991 年专事研究、编撰中华人民共和国史的机构当代中国研究所成立,即调入该所工作。先后承担和参与多卷本《中华人民共和国史稿》的编写工作(序卷和第一至四卷已于 2012 年出版),主持马克思主义理论研究和建设工程高校重点教材《中华人民共和国史》的编写工作(2013 年出版),一直从事重要人物传记的写作(《张闻天传》执笔者、《胡乔木传》的主要执笔者、《邓小平传》部分章节执笔者)和口述史的采访整理(《刘英自述》、《邓力群自述》等的主要记录整理人,《新四军两姐妹程桂芬程兰芬自述》的编辑者)。因专业的需要和便利,接触和研究、思考本书涉及的问题可能比较广泛一些、深入一些,能够提供一些未被发现或重视的材料,提出若干别人未曾提过的观点。这样,在这些文章陆续发表的时候,承蒙国内外学术界的朋友不弃,有些还得到大家的肯定和鼓励。现在把它们编在一起出版,希望能够对读者有所助益,对国史这门新兴学科的发展有所推动。

　　全书分为三编。第一编,关于国史研究的理论和方法。主要就国史研究、编撰的意义和指导思想,国史的主题、主线、主流,国史的特点,国史的分期等理论问题发表一些个人学习的心得和浅见。研究方法也只是就自己在实践中有所领悟、有点体会的问题,如:人物研究和传记写作问题,史料考证方法问题,对口述史的认识和做法问题,谈谈自己的看法,提供一些例证,做一些诠释,如能对运用唯物史观研究当代中国史起一点推动作用，那就是对本人莫大的奖励。第二编，是国史研究过程的记录和实践经验的总结。三十多年来，本人参加了国史著作和人物传记的编写工作，参与了国史研究的部分组织工作。其间对一些学术研讨活动和一些重要史著编写工作作了总结和介绍，留下了国史研究编撰历程的记录，期望对读者有所启发。第三编是同国内外从事中华人民共和国史研究的学者，从事国史宣传、教学工作的同志和有志于学习研究国史的学生，对中华人民共和国史中的一些重要的、敏感的、疑难的、有争论的问题的研讨。个人的回答仅是一孔之见，不一定正确，希望引起大家讨论的兴趣，起到抛砖引玉的作用。书中个别文章在观点和内容上互相有重复之处，考虑到文章的完整性，基本未作删改，特此说明。

　　本书的出版得到上海人民出版社的大力支持，该社审读室原主任陆宗寅和历史与文献读物编辑中心孙瑜主任给我许多帮助，在此表示深切的感谢！书中存在的不妥不当不对之处，恳请读者和识者批评指正。

程中原

2013 年 12 月 27 日

图书在版编目(CIP)数据

信史立国：当代中国史研究纵横谈/程中原著.——
上海：上海人民出版社，2015
（名家专论）
ISBN 978-7-208-12986-3

Ⅰ.①信… Ⅱ.①程… Ⅲ.①中国历史-现代史-文
集 Ⅳ.①K270.7-53

中国版本图书馆 CIP 数据核字(2015)第 099822 号

特约编辑 陆宗寅 陈敬山
责任编辑 孙 瑜 杨 清
封面设计 范昊如

名家专论
信史立国：当代中国史研究纵横谈
程中原 著

出 版 上海人民出版社
　　　　（200001 上海福建中路 193 号）
发 行 上海人民出版社发行中心
印 刷 上海商务联西印刷有限公司
开 本 720×1000 1/16
印 张 26
插 页 2
字 数 417,000
版 次 2015 年 6 月第 1 版
印 次 2020 年 8 月第 2 次印刷
ISBN 978-7-208-12986-3/K·2351
定 价 78.00 元